THEOKRATIA

THEOKRATIA

JAHRBUCH

DES INSTITUTUM JUDAICUM DELITZSCHIANUM

III

1973-1975

FESTGABE

FÜR HARALD KOCH

ZUM 70. GEBURTSTAG

LEIDEN
E. J. BRILL
1979

Herausgegeben von

KARL HEINRICH RENGSTORF

in Verbindung mit

SVERRE AALEN, Oslo · BERNHARD BRILLING, Münster
RUDOLF MEYER, Jena · ERWIN ROSENTHAL, Cambridge
ABRAHAM SCHALIT, Jerusalem · GEO WIDENGREN, Uppsala

Redaktionssekretäre

MICHAEL BACHMANN, Münster und WILFRID HAUBECK, Münster

ISBN 90 04 06000 6

INHALTSVERZEICHNIS

III. BIBLIOGRAPHIE

VORWORT

Wenn der nunmehr vorgelegte Band III des Jahrbuchs THEOKRATIA, dessen Erscheinen schon für 1976 geplant war, erst jetzt erscheint, so bildet den Hauptgrund dafür die zeitweise geradezu stürmische Entwicklung, die die Arbeit des Institutum Judaicum Delitzschianum seit 1973 genommen hat. Sie hat nicht allein meine eigene Zeit und Kraft oft bis über ihre Grenzen hinaus beansprucht; sie hat auch Zeit und Kräfte meiner nächsten Mitarbeiter in einem so ungewöhnlichen Maß belastet, daß die Vorbereitung dieses Bandes jahrelang hinter anderen drängenden Aufgaben hat zurücktreten müssen. Um so mehr verdienen mein früherer Assistent Studienrat z.A. Dr. theol. Michael Bachmann und mein jetziger Assistent Wilfrid Haubeck vielfachen Dank dafür, daß sie bei aller sonstigen Inanspruchnahme immer wieder an die Redaktion des Jahrbuchs zurückgekehrt sind und sie schließlich, allen Schwierigkeiten zum Trotz, doch mit Erfolg zum Abschluß haben bringen können. Erfreulicherweise veranschaulicht der fertige Band nun in glücklicher Weise einerseits die Fruchtbarkeit der interdisziplinären Arbeit, in die das Institutum Judaicum Delitzschianum seit 1971 mit der Zuordnung zum Fachbereich Alte und außereuropäische Sprachen und Kulturen der Westf. Wilhelms-Universität in Münster mehr und mehr hineingewachsen ist, andererseits auch die Weite der persönlichen und wissenschaftlichen Beziehungen, die sie ihm eingetragen hat. Das eine wie das andere wird auf seine Weise auch der nächste Band des Jahrbuchs für die Jahre 1976–1978 bekunden, dessen Vorbereitung bereits so weit durchgeführt worden ist, daß mit seiner Veröffentlichung schon im kommenden Jahr gerechnet werden darf.

Der Druck des vorliegenden Bandes wurde durch großzügige Beihilfen der Gesellschaft zur Förderung der Westf. Wilhelms-Universität, Münster, des Lutherischen Kirchenamts der Vereinigten Evangelisch-Lutherischen Kirche Deutschlands, Hannover, und der Franz Delitzsch-Gesellschaft, Münster, ermöglicht. Ihnen allen sei für die Förderung der Arbeit des Institutum Judaicum Delitzschianum auch in der Form der Selbstdarstellung, wie sie durch das Jahrbuch erfolgt, aufrichtig und herzlich gedankt.

Mit diesem Band seines Jahrbuchs stattet das Institutum Judaicum Delitzschianum zugleich seinen tiefgefühlten Dank dem langjährigen

Vorsitzenden der Franz Delitzsch-Gesellschaft, Herrn Staatsminister
a.D. Dr. Harald Koch, Dortmund, in der Form einer nachträglichen
Gabe zu seinem 70. Geburtstag am 4. März 1977 ab. Sie möchte in
weithin erkennbarer Form deutlich machen, wie sehr sich das Institut
in seinem Leiter und in dessen Mitarbeitern, aber auch in der in den
letzten Jahren so stark gewachsenen Zahl seiner Studierenden ihm
als immer ansprechbarem und hilfsbereitem väterlichem Freund und
 Förderer verpflichtet und verbunden weiß und wie sehr wir alle
wünschen und hoffen, daß uns seine verständnisvolle und hilfreiche
Begleitung für unsere Arbeit weiterhin und recht lange erhalten bleiben
möge.

Münster, im Frühjahr 1979

                                        Karl Heinrich Rengstorf

I

AUFSÄTZE

CASPAR RENÉ GREGORY
ÜBER DIE LETZTE LEBENSZEIT FRANZ DELITZSCHS
UND SEINE BEISETZUNG

Seine Berichte an Wolf Wilhelm Graf Baudissin,
herausgegeben und erläutert

von

KARL HEINRICH RENGSTORF

Vorbemerkungen zum Ganzen

Bereits in der Einführung zu dem von Otto Eißfeldt und mir veröffentlichten Briefwechsel zwischen Franz Delitzsch und Wolf Wilhelm
Graf Baudissin[1]) ist darauf hingewiesen worden[2]), daß als Annex zu
diesem auch die Berichte erhalten sind, die sich Baudissin im Verlauf
der letzten Lebenswochen Delitzschs über dessen Ergehen sowie sein
Ende und seine Beisetzung durch den aus den zusammen in Leipzig
verbrachten Jahren (1873-1876) ihm wie dem gemeinsamen Lehrer
Franz Delitzsch verbundenen Kollegen Caspar René Gregory[3]) hat
erstatten lassen. Dieser, ein Jahr älter als der 1847 geborene Baudissin,
war nach dem Abschluß seiner theologischen Ausbildung in seiner
Heimat, den Vereinigten Staaten von Nordamerika, nach Leipzig
gekommen, um sich unter der Leitung von Konstantin von Tischendorf
(1815-1874), dem Altmeister der Erforschung des Texts des Neuen
Testaments, auf diesem Gebiet weiterzubilden. Nach Tischendorfs
unerwartet frühem Tode wurde er der Erbe und Vollender von dessen

---

[1]) *Briefwechsel zwischen Franz Delitzsch und Wolf Wilhelm Graf Baudissin 1866-1890*,
herausgegeben von Otto EISSFELDT und Karl Heinrich RENGSTORF (= Abhandlungen
der Rheinisch-Westfälischen Akademie der Wissenschaften Band 43), Opladen 1973
(im folgenden als „Briefwechsel" zitiert).

[2]) A.a.O., S. XXIII.

[3]) Näheres über das im folgenden über ihn und sein Lebenswerk Gesagte hinaus
in *RGG*[2] II (1928), Sp. 1447f. (W. MICHAELIS); *RGG*[3] II (1958), Sp. 1850 (H. GREEVEN);
K. J. FRIEDRICH, *Professor Gregory. Amerikaner, Christ, Volksfreund, deutscher Held*,
Gotha 1917; H. FRANKFURTH, Caspar René Gregory, ein Bekenner, in: *Zeitwende* 2,2
(1926), S. 113-136. — Gregory ist, längst Deutscher geworden, trotz seines hohen
Alters 1914 als Kriegsfreiwilliger in das deutsche Heer eingetreten. Er wurde nach
Durchlaufen der Mannschafts- und Unteroffiziersdienstgrade zum Leutnant der Reserve
befördert und starb am 9. April 1917 an den Folgen einer schweren Verwundung in
einem Lazarett in Frankreich.

großer Ausgabe des griechischen Neuen Testaments[4]), sofern es nämlich
nunmehr ihm zufiel, die Prolegomena zu ihren beiden 1869 und 1872
erschienenen Textbänden zu schreiben und sie diesen 1894 folgen zu
lassen[5]). Solange Delitzsch lebte, hat er zu dem Kreis jüngerer Gelehrter
gehört, den Delitzsch von Zeit zu Zeit um sich zu versammeln pflegte
und zu dem, für ihn bezeichnend, nicht nur persönliche Schüler von
ihm und auch nicht nur theologisch ihm Gleichgerichtete oder doch
Nahestehende gehörten[6]). Es ist die Zugehörigkeit zu diesem Kreis,
die es ihm ermöglichte, den schwerkranken Delitzsch auch in den
letzten Wochen seines Lebens häufiger zu sehen, obwohl seine
Angehörigen ihm Besucher fernzuhalten bestrebt waren[7]). Wie die
Mitteilungen an Baudissin ausweisen, dürfte er ihn seit dem 26. Januar
1890 regelmäßig am Sonntag besucht haben[8]), zuletzt an seinem
Geburtstag am 23. Februar[9]). An diesem Tag hat Delitzsch übrigens
seinen letzten Brief an Baudissin gerichtet. Es ist ein ausgesprochener
Abschiedsbrief, den er — offenbar mit größerer Unterbrechung —
nur noch zu diktieren vermochte, den er aber doch mit einem eigen-
händigen Grußwort abzuschließen sich die Mühe machte, einem Wort,
das dem Empfänger noch einmal die Liebe seines alten Lehrers zu
verdeutlichen und zum Bewußtsein zu bringen geeignet war[10]).
    Noch zu Beginn des Wintersemesters 1889/90 war es die Hoffnung
Delitzschs und seiner Angehörigen gewesen, sein Zustand würde sich

---

[4]) *Novum Testamentum Graece ... Editio octava critica maior.* Vol. I, Leipzig 1869;
vol. II, Leipzig 1872.
    [5]) Titel wie in Anm. 4, aber nun vol. III: *Prolegomena scripsit Caspar René Gregory,*
Leipzig 1894. Ein erster Teil war schon 1884, ein zweiter 1890 erschienen.
    [6]) So hat ihm Adolf von Harnack in seiner Leipziger Zeit (1874-1879) angehört.
Zum Verhältnis zwischen Delitzsch und Harnack vgl. die Äußerungen Delitzschs über
ihn in seinem Briefwechsel mit Baudissin (s. oben Anm. 1) an Hand des Personen-
registers.
    [7]) Vgl. dazu Gregorys Brief I an Baudissin vom 8. Januar 1890. Seine Äußerung
hinsichtlich seines eigenen Verhältnisses zu Delitzsch, daß er „ihm näher als die Meisten
stehe" (ebd.), findet eine Bestätigung u.a. in der Tatsache, daß er seine aus den
Prolegomena zu Tischendorfs Editio octava critica maior seines Novum Testamentum
Graece (s. oben Anm. 4) herausgewachsene dreibändige „Textkritik des Neuen Testaments" (Leipzig 1900-1909) „Franz Delitzsch zum Andenken" gewidmet hat. Vgl. auch
noch Brief VIII mit Anm. 11.
    [8]) 26. Januar (Brief III vom 31. Januar); 2. Februar (Brief IV vom gleichen Tag);
9. Februar (Postkarte V vom gleichen Tag); 23. Februar (Brief VIII vom 6./7. März).
Möglicherweise ist ein Besuch am 16. Februar nur zufällig nicht erwähnt. Ein Zwischen-
besuch hat außerdem am 31. Januar stattgefunden (Brief III vom gleichen Tag).
    [9]) An diesem Tag war Delitzsch trotz großer körperlicher Schwäche noch mit Arbeit
beschäftigt (Brief VIII vom 6./7. März).
    [10]) *Briefwechsel,* S. 534.

in den nächsten Wochen so weit bessern, daß er nach Weihnachten wieder mit seinen Vorlesungen beginnen könne[11]. Indes zeigte sich ziemlich bald, daß nicht allein daran nicht gedacht werden konnte, sondern daß mit einer Wiederherstellung überhaupt nicht mehr gerechnet werden durfte[12]. So begannen bereits vor Mitte Dezember in der Leipziger Theologischen Fakultät die Verhandlungen über einen Nachfolger für Delitzsch[13]. Von jeher war es dessen Wunsch gewesen, dereinst möge Baudissin ihn ablösen. An den Verhandlungen der Fakultät hat er, an das Bett gefesselt, nicht teilnehmen können. Er hat sich aber über ihren Gang und Stand unterrichten lassen und nach Gregorys Mitteilungen in seinem Brief an Baudissin vom 10. Januar 1890 auch seine Meinung hinsichtlich der für seine Nachfolge ins Gespräch Gekommenen geäußert. Ob, wann und wie nachdrücklich er selbst Baudissin genannt hat, geht weder aus seinen letzten Schreiben an diesen hervor, noch auch ergibt es sich mit hinreichender Durchsichtigkeit aus Gregorys Äußerungen gegenüber Baudissin in dieser Sache in den im folgenden vorgelegten Berichten. Es ist natürlich möglich, daß Delitzsch angesichts der veränderten Lage in der Fakultät, daß er aber auch wegen der theologischen Entwicklung Baudissins von ihm fort, wie sie der Briefwechsel zwischen beiden erkennbar macht, nicht in aller Form den Wunsch ausgesprochen und daß er vollends nicht gefordert hat, die Fakultät möge ihn dem zuständigen Minister *primo loco* für die Übernahme seines Lehrstuhls vorschlagen. Es dürfte aber wahrscheinlicher — und aus seiner persönlichen Situation heraus auch verständlich — sein, daß er sich gehalten sah, nun nicht sich mit seiner Meinung durchzusetzen, sondern die Dinge ihren Weg gehen zu lassen. Dafür spricht nicht zuletzt der Satz, mit dem sein letzter Brief an Baudissin schließt: „Ich habe meine Zeit gehabt aber sie ist vorüber"[14]. Jemand, der mit seinem Leben abgeschlossen hat, hat das Recht, die letzten und bereits erkennbar schwindenden Kräfte nicht in Auseinandersetzungen zu verbrauchen, die zwar sein eigenes Lebenswerk berühren, ihn selbst aber nicht mehr in sich einzubeziehen vermögen.

Auf der anderen Seite hat Baudissin Recht auf volles Verständnis für seine Enttäuschung angesichts der Tatsache, daß die Leipziger Theologische Fakultät zwar auch ihn in ihre Erwägungen über die

[11]) Brief I Gregorys vom 8. Januar 1890.
[12]) Brief I Gregorys vom 8. Januar 1890.
[13]) Postkarte Delitzschs an Baudissin vom 3. Dezember 1889 (*Briefwechsel*, S. 532).
[14]) *Briefwechsel*, S. 534.

Nachfolge Delitzschs einbezogen, daß sie aber nicht ihn, sondern den Kopenhagener Professor für Altes Testament Frants Buhl[15]) anstelle von Delitzsch für sich zu gewinnen beschlossen hatte. Niemand wird es ihm verdenken dürfen, wenn er, dessen entscheidende Lebensperioden nicht nur mit Delitzsch, sondern auch mit Leipzig verbunden waren, nun zutiefst verwundet war und sich nicht entschließen konnte, an der Beerdigung seines ihm durch Jahrzehnte verbundenen Mentors dort teilzunehmen, wo man übereingekommen war, nicht ihn, sondern einen anderen zur Berufung vorzuschlagen, der es hinsichtlich einer äußeren wie inneren Bindung an die Leipziger Theologische Fakultät nicht im entferntesten mit ihm aufnehmen konnte[16]). Wenn irgend etwas, so dürfte das dafür sprechen, daß Baudissin bis zu Delitzschs Tod und noch darüber hinaus bei aller das Verhältnis beider belastenden wissenschaftlich-theologischen und doch wohl auch kirchlich-konfessionellen Entfremdung menschlich nicht weniger an seinen Lehrer und Förderer gebunden gewesen ist als dieser an ihn, wie sein letzter Gruß an ihn ausweist[17]). Man sollte das nicht dramatisieren; aber man sollte darin etwas von einem verklärenden transsubjektiven Zusammengehören im Ausgang einer Lebensfreundschaft erkennen, die beiden an ihr beteiligten Männern zwar reichen Gewinn, aber auch schwerste äußere wie innere Spannungen eingetragen hat und für sie oft mehr Grund zu schmerzlichen Gefühlen und zum Bewußtsein, letztlich vom anderen nicht verstanden zu werden, gewesen ist als zu Dank und Freude.

Die nunmehr mitzuteilenden Briefe und Postkarten Caspar René Gregorys an Wolf Wilhelm Graf Baudissin haben indes nicht nur Bedeutung, weil im Grunde erst sie Baudissin die Möglichkeit gaben, sich nun abschließend zu seinem Lehrer und väterlichen Freund Franz Delitzsch zu stellen. Sie beleuchten zugleich in bewegender Weise die reine Menschlichkeit, die ein beherrschendes Kennzeichen im Bild

---

[15]) Buhl (1850-1932) kehrte bereits 1898 nach Kopenhagen zurück, um dort den Lehrstuhl für semitische Sprachen zu übernehmen. Die Bearbeitung von Wilhelm GESENIUS, *Hebräisches und aramäisches Handwörterbuch über das Alte Testament* von der 12. bis zur 16. Auflage (Leipzig 1896ff.) ist sein Werk.

[16]) Dies ist um so bemerkenswerter, als Baudissin keinerlei Grund hatte, sich über mangelnde Beachtung als Gelehrter zu beklagen. Bereits 1876, zwei Jahre nach seiner Habilitation und erst 29 Jahre alt, war er als außerordentlicher Professor für Altes Testament nach Straßburg berufen und dort 1880 zum Ordinarius ernannt worden. 1881 war er in gleicher Stellung nach Marburg gegangen, wo u.a. Harnack, wenigstens zeitweise, wieder sein Kollege war. 1900 folgte er diesem nach Berlin und lehrte dort noch über seine Emeritierung (1921) hinaus bis zu seinem Tod (1926).

[17]) Vgl. nochmals *Briefwechsel*, S. 534.

ihres Verfassers Gregory gewesen ist. Es mag seinen guten Sinn und sein Recht haben, wenn gerade auch sie sechzig Jahre nach seinem Tod aus ihnen noch einmal aufscheint und ihn, der mit seiner Lebensarbeit schon längst zu einem Stück Wissenschaftsgeschichte geworden ist, sozusagen noch einmal als Mensch wie als Christ lebendig und anschaulich werden läßt.

Die Briefe und Postkarten Gregorys werden in derselben Weise originalgetreu wiedergegeben, wie es in der Veröffentlichung des Briefwechsels zwischen Delitzsch und Baudissin[18]) geschehen ist. In diesem Fall gilt das auch für die oft nicht korrekten Formulierungen, wie sie für das Deutsch des Ausländers charakteristisch sind, und ebenso für die mitunterlaufenen orthographischen Fehler. Alle Schreiben sind, wie die Adresse auf den Postkarten ausweist, an ,,Herrn Professor Dr. theol. Graf Baudissin in Marburg in Hessen'' gerichtet. Leider sind die Schreiben Baudissins, auf die Gregory mehrfach Bezug nimmt, entweder nicht erhalten oder aber z.Zt. nicht zugänglich. Die wie gestochene Schrift Gregorys ist übrigens sehr gut lesbar. Wie beim Briefwechsel zwischen Delitzsch und Baudissin sind auch hier den einzelnen Schriftstücken einige Erläuterungen beigegeben, die ihr Verständnis erleichtern möchten, vor allem, was die in ihnen erwähnten Personen betrifft.

---

[18]) Siehe oben Anm. 1.

I

Liebigstrasse 9. IV. 1.,
Leipzig,
den 8. Januar 1890.

Lieber Herr Professor:

Ihr freundlicher Brief von gestern[1]) hat mich sehr erfreut, denn ich denke gern an Ihre Güte mir gegenüber, als ich zuerst nach Leipzig gekommen bin[2]). Mir hat es Leid gethan, dass Sie nicht zum Nachfolger Delitzsch's ernannt[3]) worden sind; ich und andere finden die erfolgte Ernennung, ohne dem Ernannten nahe zu treten, eine Schande für Leipzig. Wissen Sie, wie die Ernennung zu Stande gekommen ist? Guthe[4]) zufolge, hat man Kautzsch[5]) haben wollen und darauf Kautzsch's Rath benutzt; Delitzsch und Luthardt[6]) wollten Volck[7]),

der aber Buhl[8]) Platz gemacht auf Vorstellungen des Kautzsch. Ob
das Wahrheit oder Klatzsch[9]) ist, weiss ich nicht, denn ich beschäftige
mich wenig mit Sachen, welche mich nicht direkt angehen. Ich bin
bei Luthardt noch wie in alten Zeiten und ich habe von Ihnen da
auch während dieser Wahlperiode gesprochen. Man vergisst Sie nicht,
bleibt sogar freundlich, rechnet aber mit der Richtung und meint Sie
seien zu wenig „positiv". So viel erzähle ich Ihnen um mir Luft zu
machen, denn ich weiss, dass Ihr Brief darüber keine Auskunft hat
erlangen wollen.

Zu unserem lieben Delitzsch ist es schwer zu gelangen und ich
habe absichtlich vermieden um Erlaubniss ihn zu sehen zu bitten,
trotzdem dass ich ihm näher als die Meisten stehe. Sie werden dies
verständlich finden, wenn ich sage, dass sogar seine Schwiegertochter
Frau (Johanna Baur-Delitzsch-Hartung)[10]) erst in den letzten Wochen
ihn hat überhaupt sehen können oder eigentlich dürfen. Es ist so arg
getrieben worden, dass die Meisten aufgehört haben nach ihm zu
fragen, denn die Nachfrage wurde fast barsch aufgenommen oder
ohne Dank kurz abgefertigt. Daran habe ich mich nicht gekehrt,
sondern ruhig nachgefragt um mich in Kenntniss seines Zustandes zu
erhalten, und ich bin nie unfreundlich behandelt worden. Gerade wie
viel Sie über ihn wissen, weiss ich nicht. Am Anfange des Semesters
und bis vor kurzem hiess es von Seiten seiner Frau und Friedrichs[11]),
die Massage habe seinen Rücken verletzt, es gehe alles ehestens vorbei,
und er lese nach Weihnachten. Jetzt geben auch diese zwei zu, dass
an eine Wiederherstellung nicht zu denken sei. Sein Geist ist rege;
bis zum Herzen bleibt er der alte Delitzsch; aber die Beine sind nicht
zu brauchen und von dem Rücken gehen Strahlen von Schmerzen
wie elektrische Leitungen oder Ströme oder Zuckungen nach allen
Körpertheilen aus[12]). Die unwillkürlichen Zuckungen in den Beinen
sind ihm fast so schwer wie die Schmerzen, denn er nennt sie
„dämonisch". Ist das alles Ihnen schon bekannt? In den letzten
Wochen ist seine Frau seinen Freunden freundlicher geworden. Vielleicht sehe ich ihn einmal. Komme ich dazu, so werde ich Ihnen
darüber Mittheilung machen.

Ich bin selbst sehr abgespannt. Die Sommer- und Weihnachtsferien
habe ich auf den 2. Th. der Prolegomena[13]) angewendet. Stets zu
jedem Dienste bereit, mit herzlichen Grüssen, Ihr treuergebener

                                        Caspar René Gregory

Hofman[14]) sehr krank gewesen: Influenza.

Vorbemerkung: Dieser erste Brief Gregorys setzt nicht nur ein an ihn gerichtetes Schreiben Baudissins voraus, sondern auch die Postkarte Delitzschs an Baudissin vom 5. Januar 1890, in der er selbst den Schüler und Freund davon in Kenntnis setzte, daß Buhl als sein Nachfolger berufen sei (*Briefwechsel*, S. 533). Baudissin scheint daraufhin bei Gregory angefragt zu haben, wie es dazu gekommen sei, da er doch Grund gehabt habe, mit seiner eigenen Berücksichtigung zu rechnen, und welche Rolle Delitzsch dabei gespielt habe. Davon mußte Gregory nach Baudissins Meinung wissen, weil er Delitzsch besonders nahestand.

¹) Baudissins Brief ist nicht erhalten bzw. nicht verfügbar.

²) Vgl. die Vorbemerkungen zum Ganzen.

³) „Ernennen" und „Ernennung" scheinen hier und im folgenden nicht in der gängigen Wortbedeutung gebraucht zu sein, sondern einmal im Sinn von „berufen" und „Berufung", dann aber auch im Sinn von „benennen" und „Benennung", nämlich mit Bezug auf die von der Fakultät dem zuständigen Minister eingereichte Vorschlagsliste. Vgl. noch Brief II mit Anm. 12.

⁴) Hermann Guthe (1849-1936), 1877 Privatdozent, seit 1884 außerordentlicher Professor für Altes Testament. Er hat sich bedeutende Verdienste um die Palästina-Forschung erworben. Vgl. *RGG*³ II (1958), Sp. 1918 (A. Kuschke); *ZDPV* 59 (1936), S. 177ff. (A. Alt). Zwischen ihm und Delitzsch scheint es nicht zu einem näheren Verhältnis gekommen zu sein (vgl. *Briefwechsel*, S. 436).

⁵) Emil Kautzsch (1841-1910), 1869 Privatdozent, 1871 außerordentlicher Professor für Altes Testament in Leipzig, 1872 ordentlicher Professor in Basel, 1880 in Tübingen, seit 1888 in Halle. Vgl. *RE*³ 23 (1913), S. 747ff. (H. Guthe); *RGG*³ III (1959), Sp. 1232f. (R. Rendtorff). Gregorys Angabe, man habe zuerst Kautzsch als Nachfolger Delitzschs in Leipzig gewünscht, für die er sich auf Guthe beruft, wird durch diesen selbst (a.a.O., S. 749) als zutreffend erwiesen. Offensichtlich hat Kautzsch von Anfang an einen Übergang von Halle nach Leipzig abgelehnt, sich der dortigen Fakultät aber als Berater hinsichtlich der Wahl eines Nachfolgers für Delitzsch zur Verfügung gestellt. Zu seinem Einfluß auf die Berufung Buhls vgl. Delitzsch selbst, *Briefwechsel*, S. 533.

⁶) Christoph Ernst Luthardt (1823-1902), 1854 außerordentlicher Professor für Dogmatik und Exegese in Marburg, seit 1856 ordentlicher Professor für systematische Theologie in Leipzig, seit 1895 im Ruhestand. Er war mit Delitzsch eng verbunden. Vgl. *RE*³ 24 (1913), S. 39ff. (J. Kunze); *RGG*² III (1929), Sp. 1754f. (H. Mulert).

⁷) Wilhelm Volck (1835-1904), 1860 Privatdozent für Altes Testament in Erlangen, 1862 außerordentlicher und 1863 ordentlicher Professor in Dorpat, nach seiner Pensionierung dort (1898) Honorarprofessor in Greifswald und seit 1900 in Rostock. Er war Schüler Delitzschs in dessen Erlanger Zeit (1850-1867) und wurde nachhaltig von ihm gefördert (vgl. darüber Delitzsch selbst, *Briefwechsel*, S. 362). Vgl. *RE*³ 20 (1908), S. 730ff. (J. Köberle); *RGG*² V (1931), Sp. 1629f. (H. Gunkel).

⁸) Zu Frants Buhl vgl. bereits oben die Vorbemerkungen zum Ganzen mit Anm. 15. Eine Empfehlung Buhls lag gerade Kautzsch schon deshalb nahe, weil er neben ihm, der die Weiterführung und Neubearbeitung des Hebräischen und aramäischen Wörterbuchs zum Alten Testament von Wilhelm Gesenius übernommen hatte, seinerseits dasselbe mit dessen Hebräischer Grammatik getan hatte (22.-28. Auflage, Leipzig 1878ff.).

⁹) Gemeint ist natürlich das Wort Klatsch.

¹⁰) Gemeint ist die Witwe des früh verstorbenen ältesten Sohns von Franz Delitzsch, des außerordentlichen Professors der Theologie in Leipzig Johannes Delitzsch (1846-1876). Dieser hatte 1873 Luise Baur, Tochter des Leipziger Professors für praktische Theologie Gustav Baur (1816-1889), geheiratet; sie hatte ihrerseits drei Jahre nach dem Tod ihres Gatten im Sommer 1879 mit dem damaligen Archidiakonus an der Leipziger Peterskirche Dr. Hartung eine neue Ehe geschlossen — daher die umständliche Personenbeschreibung! Zu Hartung vgl. noch weiter unten Brief III mit Anm. 19.

[11]) Das ist Friedrich Delitzsch (1850-1922), der jüngste Sohn Franz Delitzschs, seit 1877 außerordentlicher Professor für semitische Sprachen und Assyriologie in Leipzig, seit 1893 ordentlicher Professor in Breslau, seit 1899 in Berlin, führend am Bibel-Babel-Streit zu Beginn dieses Jahrhunderts beteiligt. Vgl. *RGG*[2] I (1927), Sp. 1822f. (H. GUNKEL) und weiter unten Brief VIII.

[12]) Siehe dazu auch Delitzschs eigenen Bericht an Baudissin aus den Tagen vor dem 23. Februar 1890 (*Briefwechsel*, S. 534).

[13]) Vgl. oben die Vorbemerkungen zum Ganzen mit den Anm. 4 und 5.

[14]) Rudolf Hugo Hofmann (1825-1917), seit 1862 außerordentlicher Professor für praktische Theologie, seit 1871 ordentlicher Professor und in der Zeit der letzten Krankheit Delitzschs Dekan der Leipziger Theologischen Fakultät (*Briefwechsel*, S. 534).

II

Liebigstrasse 9. IV. 1.,
Leipzig,
den 10. Jan. 1890,

Lieber Herr Professor:

Ihr freundlicher Brief von gestern[1]) hat mir Weh[2]) gethan. Was ich schrieb beruhte, wie gesagt, auf Aussage Guthe's. Seit meinem Brief habe ich zwei der Fakultät gesprochen (mit dem zweiten *eben* gesprochen) und die Gewissheit erlangt, dass die Sache sich so verhalten hat, wie mein Brief sie geschildert. Nur wüthe ich im Innern noch mehr, weil ich eben erfahren habe, dass derjenige jüngere Professor[3]), welcher Sie eigentlich am meisten vertheidigt hat, am Anfang stark gegen Sie gesprochen, und das stimmt mit gleichzeitigen Äusserungen seinerseits, wovon ich Kenntniss gehabt. Volck[4]) ist D[.....][5]) Kandidat gewesen, obschon die Ansicht herrscht, dass [...][6]) ihn D[.....][5]) beigebracht hat. Am Ende einer Unterredung mit einem zu sich berufenen Mitglied der Fakultät, während welcher D[....][5]) für seinen Volck geredet, sagte er doch, dass Buhl[7]) ein guter Mann sei, und dies sagte er auf eine solche Weise, als ob er eigentlich Buhl vorzöge. Es ist K[....][8]), der den Ausschlag gegeben hat, durch seine Hochschätzung der dänischen Arbeiten Buhls, und ein Ihnen bekannter Christiania Gelehrter[9]) hat den günstigen Eindruck erhöht. Es haben fast alle, wenn nicht alle der Fakultät Sie miternannt[10]) und gewiss mit dem freundlichsten Gefühle, aber die Sache war vom Anfang an schief. Hätte D[5]) Sie zu seinem Kandidaten gemacht, so wären Sie sicherlich berufen[11]) worden. Wie es war, lag die Sache für das Ministerium zwischen den beiden Bevorzugten aus den drei ernannten [12]) und wir können einem gütigen Himmel danken, dass Volck nicht berufen wurde. Es ist sehr Schade [2]). Ich würde aber an Ihrer Stelle D [5]) nicht strafen; er leidet jetzt körperlich und es wäre nicht Ihrer würdig ihn mehr leiden zu lassen. Seine schlaflosen Nächte würden ihn dann noch mehr peinigen, und dass [2]) ·können Sie nicht wünschen, denn bei aller Schwäche hat er doch viel um die Kirche, die Wissenschaft, und die Menschheit verdient auch um uns jüngere Leute. Er und sein Berather haben wie Z [13]) derzeit bei Schü's [14]) Berufung gedacht, nur hat Z [13]) es Schü [14]) derb gesagt (und es hat doch geschmerzt), und der liebe alte [15]) hat auf „japanische" Weise es Ihnen möglichst angenehm machen wollen. Auch lässt sich so etwas brieflich nicht so schonend sagen wie Ihre Natur das verlangt. Kommen Sie dazu ihn einmal zu sehen (was aber nicht wahrscheinlich ist; ich bin vorhin an seiner Thüre gewesen, und es ist nicht die Rede von einer Wendung zum Besseren), so wäre Schonung mit Wahrheit leichter zu verbinden. Das geschriebene Wort ist kurz und wird immer wieder gelesen und sticht immer tiefer. Zerreisen [2]) Sie die Karten [16]); denken Sie nicht daran; gehen Sie auf den lieben Alten zurück. Jene Seite seines Wesens hat auch ihre Berechtigung, ist wirklich, glaub' ich, will und muss ich glauben, sein Kern. Verzeihen Sie, dass ich so darüber schreibe. Stünde ich an Ihrer Stelle, so schrieben Sie mir gewiss in demselben Sinne. Ein zartes Gefühl für die Wahrheit kann unter solchen Umständen etwas dem alten Freund und Gönner verzeihen. Eine öffentliche Verletzung der Wahrheit liegt, Gott sei Dank, nicht vor. Das Vergehen fing bei ihm an, schliesst bei Ihnen ab. Üben Sie Barmherzigkeit. Mir thut es Weh [2]). Ich habe das Gefühl, ich möchte ihn kaum sehen. Doch *würde* ich, wenn es möglich wäre.

> Mit herzlichem Grusse,
> Ihr treuergebener
> Caspar René Gregory.

Vorbemerkung: Der Brief enthält eine Anzahl von Rasuren. Sie gehen offensichtlich auf den Briefschreiber selbst zurück, da sie gelegentlich von ihm selbst überschrieben sind. Sie betreffen vor allem einige Namen, von denen z.T. die Anfangsbuchstaben nicht getilgt wurden, so daß ihre Identifizierung ohne Schwierigkeit möglich ist, während in anderen Fällen eine radikale Beseitigung erfolgt ist. Die so entstandenen Lücken sind im Abdruck gekennzeichnet; in der Mehrzahl der Fälle ist es möglich, sie mit Sicherheit zu schließen.

[1]) Auch dieser Brief Baudissins ist nicht erhalten bzw. nicht greifbar.
[2]) sic.
[3]) Ist Guthe (vgl. oben Brief I mit Anm. 4) gemeint?
[4]) Zu ihm vgl. oben Brief I mit Anm. 7.

⁵) Natürlich ist Delitzsch gemeint.

⁶) Es wird an Luthardt (vgl. oben Brief I mit Anm. 6) zu denken sein.

⁷) Zu ihm vgl. oben die Vorbemerkungen zum Ganzen mit Anm. 15.

⁸) Natürlich ist Kautzsch (vgl. oben Brief I mit Anm. 5) gemeint.

⁹) Es liegt nahe, an Carl Paul Caspari (1814-1892) zu denken, Delitzschs Jugendfreund, seit 1848 Lektor für Biblische Exegese in Kristiania (jetzt: Oslo), seit 1857 dort ordentlicher Professor. Vielleicht hat Gregory seine namentliche Nennung deshalb unterlassen, weil er seit der gemeinsamen Jugend mit Delitzsch verbunden geblieben war, ohne ihm doch folgen zu können, als dieser in höherem Alter gewisse Zugeständnisse an die moderne Bibelwissenschaft, etwa in der Annahme bestimmter Quellen im Pentateuch, machte. Zu ihm vgl. *RE*³ 3 (1897), S. 737ff. (J. BELSHEIM); G. DALMAN, in: *Nathanael, Zeitschrift für die Arbeit der evangelischen Kirche an Israel* VIII (1892), S. 129ff.

¹⁰) Gemeint dürfte auch hier in dem Sinn „mitbenannt" sein, daß Baudissin im Vorschlag der Fakultät nicht den ersten, sondern den zweiten oder den dritten Platz auf der Liste erhielt.

¹¹) Gregory schrieb zunächst „ernannt", durchstrich aber dies Wort und schrieb „berufen" darüber.

¹²) „Ernannten" ist auch hier (vgl. oben Brief I mit Anm. 3) im Sinn von „benannten" zu verstehen.

¹³) Hier steht in dem Brief nur ein einzelner Buchstabe, den als Z zu lesen Gregorys Schrift nahelegt. Wie er indes zu personalisieren ist, ist schwer zu sagen und ohne genaue Kenntnis des Vorgangs, auf den der Briefschreiber anspielt, wohl überhaupt nicht möglich. Vgl. aber noch die nächste Anmerkung!

¹⁴) Es liegt, da es sich um einen Vorgang in der Leipziger Fakultät handelt, der Baudissin nicht ganz unbekannt zu sein scheint, nahe, an Emil Schürer (1844-1910) zu denken. Bevor er, der sich 1869 in Leipzig für Neues Testament habilitiert hatte, 1873 auf Vorschlag der Fakultät zum außerordentlichen Professor ernannt wurde, hatte es zwischen Luthardt (s. oben Brief I mit Anm. 6) und ihm eine Auseinandersetzung über sein Verhältnis zur Bibelkritik gegeben (vgl. darüber A. TITIUS, in: *RE*³ 24 [1913], S. 464), die von Luthardt doch wohl im Auftrag bzw. mit Zustimmung der Mehrheit der Mitglieder der Fakultät geführt wurde. Nach Gregorys Bericht in Brief I läßt sich sehr wohl an Luthardt als Berater Delitzschs in der Frage, wer sein Nachfolger werden solle, denken. Nur ist damit nicht geklärt, wer sich hinter dem verhüllenden „Z" verbirgt. Zu Schürer vgl. TITIUS, a.a.O., S. 460ff.; *RGG*³ V (1961), Sp. 1550 (E. BAMMEL).

¹⁵) Ergänze: Delitzsch.

¹⁶) Hier liegt wohl ein Bezug auf die beiden Postkarten vom 3. Dezember 1889 und vom 5. Januar 1890 vor, die Delitzsch noch selbst an Baudissin schrieb (*Briefwechsel*, S. 532f.). Vgl. schon oben die Vorbemerkung zu Brief I.

III

Liebigstrasse 9. IV. 1.,
den 31. Januar 1890,

Lieber Herr Professor:

Verzeihen Sie, dass ich so lange geschwiegen habe. Ich habe D. sprechen wollen. Erst vorigen Sonntag ist es mir gelungen ihn zu sehen; es war das erste Mal seit dem Sommersemester. Sonntag aber blieb seine Frau im Zimmer und ich habe ihn bald verlassen.

Inzwischen ein Wort zur Erklärung. Meine Idee war, dass וֹלֹק[1]) vielleicht erst auf Drängen λθδτ's[2]) von ihm übernommen worden war und ich habe gehofft dieses von ihm zu erfahren.

Heute, eben, habe ich ihn wiedergesprochen und zwar allein. Ich habe aber nichts in dem obigen Sinne erfahren; er hat mir gegenüber, wie auch aus seiner Weise klar war, gerade dasselbe Spiel getrieben wie in den Zuschriften an Sie. Er ist sehr schwach; athmet schwer durch den Mund, häufig mit etwas Lärm; und es macht sich bisweilen ein Schmerzlaut hörbar.

Ich sagte ihm, es war Schade[3]), dass wir den Dänen Buhl[4]) und nicht Sie bekämen. Er erwiederte[3]), aber augenscheinlich in einer gewissen Verlegenheit: ,,Ich habe immer geträumt, dass Baudissin mein Nachfolger sein würde[5]), er ist so recht mein eigentlichster Schüler. Es hat sich aber dabei gezeigt, dass die Fakultät nicht mehr die alte ist. Lut.[6]) u. ich u. αὐχ[7]) und βργρ[8]) waren für Baudissin, doch haben zwei der Fakultät[9]) bei καυτσχ[10]) Rath geholt und er schlug Buhl vor''. Nun wusste ich schon von ל[11]), dass diese, und vielleicht alle, Sie miternannt[12]) hatten um die Dreizahl vollzumachen, und wusste sonst, dass Sie von ל[11]) für zu wenig positiv gehalten wurden, und dass D. ein anderes Mitglied der Fakultät zu sich berufen hatte um die Wahl וֹלֹק's[1]) zu empfehlen. Aber D. ist so schwach, dass ich ihm[3]) nicht mehr zu drängen gewagt habe. Er sprach, als ob וֹלֹק[1]) nicht existirt[3]) habe. Ich sagte nur: ,,Wenn V.[13]) nur nicht dazwischen gestanden hätte''. Er schwieg. Er sagte aber nachher: ,,Ich fürchte, Baudissin wird sich dadurch gekränkt fühlen'' und ich sagte: ,,Ja, ich weiss, dass er es fühlt''. Darauf habe ich von etwas anderem gesprochen und ihn verlassen. Ich halte es immer noch für möglich, dass er zuerst für Sie gewesen, und dass ל[11]) ihn überredet habe, aber Beweis dafür kann ich nicht erbringen. Sonntag hoffe ich ihn wieder zu sehen. Sollte irgend welche Gelegenheit sich bieten auf

diese Sache zurückzukommen, so werde ich sie ergreifen, und wenn
die Sache so steht, so werde ich dafür sorgen, dass er es Ihnen sagt.
Vorderhand ist meine Hoffnung eine geringe; ich kenne ihn so gut,
dass ich kaum erwarte, dass obige Möglichkeit sich als Wirklichkeit
herausstelle nachdem er so ausweichend wie heute darüber gesprochen
hat.

Seit ich Ihnen geschrieben, habe ich den zweiten Theil der Tischendorf'schen Prolegomena vollendet [14]); der Band erschien vorigen Dienstag, nachdem die Recensionsexemplaren [3]) wohl Sonnabend verschickt
wurden.

Mit herzlichem Grusse,
Ihr treuergebener
Caspar René Gregory.

Hofmann [15]) soll, dem Arzte zufolge, erst nach zwei Jahren vollständig
berufsfähig werden können; es verlautet, dass er die Stelle als erster
Universitätsprediger und ebenfalls das katechetische Seminar aufgeben
will [16]). Das alte Leipzig schwindet hin, auch was die derzeitigen
neueren ordentlichen Professoren betrifft. Haben Sie gehört, dass
Brieger [8]) bei Thieme's [17]) Colloquium *Deutsch* [3]) examinirt habe?
Hauck [7]) sagte er würde im entsprechenden Falle dasselbe thun.
Thieme hat sich übrigens bei seiner Disputation am 22. d.M. recht
gut vertheidigt. Nur Luthardt, Fricke [18]), und ich (auf Wunsch des
Pro-pro-Dekans Fricke) haben opponirt [3]; Hartung [19]) hat ihn am
Ende durch eine schöne Rede begrüsst. Wenn *Sie* nur hierher kämen.

Vorbemerkung: Kennzeichen dieses Briefs ist die Verschlüsselung der Namen von
mehreren an der Regelung der Nachfolge Delitzschs Beteiligten durch ihre Schreibung
in hebräischen oder griechischen Buchstaben. Möglicherweise ist dies „mystifizierende"
Verfahren in dem Kreis um Delitzsch öfter geübt worden, und zwar nach dessen
Vorbild (vgl. z.B. *Briefwechsel*, S. 377. 398). Die Entschlüsselung macht in diesem Fall
erfreulicherweise keine Schwierigkeiten. Baudissin scheint mehrfach an Gregory geschrieben, dieser aber seit drei Wochen geschwiegen zu haben, da er nichts Neues
zu berichten vermocht hatte. In der Zwischenzeit hat sich Delitzschs Zustand wesentlich
verschlechtert.

[1]) וולק = Volck.

[2]) λθδτ = Luthardt.

[3]) sic.

[4]) Vgl. oben die Vorbemerkungen zum Ganzen mit Anm. 15.

[5]) Dies deckt sich fast wörtlich mit Delitzschs eigener Äußerung in seiner Postkarte
an Baudissin vom 3. Dezember 1889 (*Briefwechsel*, S. 532).

[6]) Lut. = Luthardt.

[7]) αὐχ lies: αὐκ = Albert Hauck (1845-1918), Kirchenhistoriker, Verfasser einer
fünfbändigen Kirchengeschichte Deutschlands und Herausgeber der 3. Auflage der RE,

seit 1889 ordentlicher Professor in Leipzig. Vgl. *RGG*[2] II (1928), Sp. 1647 (K. BAUER); *RGG*[3] III (1959), Sp. 87 (E. BEYREUTHER).

[8]) βργρ = Theodor Brieger (1842-1915), Kirchenhistoriker, seit 1886 ordentlicher Professor in Leipzig. Vgl. *RGG*[2] I (1927), Sp. 1257 (H. MULERT); *RGG*[3] I (1957), Sp. 1416 (F. LAU).

[9]) Nach Delitzschs Mitteilung an Baudissin vom 5. Januar 1890 (*Briefwechsel*, S. 533) sind es Fricke (zu ihm vgl. unten Anm. 18) und Rietschel gewesen. — Georg Rietschel (1842-1914), Verfasser eines klassisch gewordenen zweibändigen „Lehrbuch der Liturgik" (Berlin 1899-1900), war seit 1889 ordentlicher Professor für praktische Theologie und Universitätsprediger. Vgl. *RGG*[2] IV (1930), Sp. 2035 (W. BÜLCK); *RGG*[3] V (1961), Sp. 1102f. (W. JANNASCH).

[10]) καυτσχ = Kautzsch. Vgl. oben Brief I mit Anm. 5.

[11]) ל = Luthardt.

[12]) Vgl. oben Brief I mit Anm. 3.

[13]) V. = Volck.

[14]) Vgl. dazu schon oben Brief I mit Anm. 13.

[15]) Zu ihm vgl. bereits oben Brief I mit Anm. 14.

[16]) Delitzsch teilte Baudissin in seinem letzten Schreiben an ihn vom 23. Februar 1890 mit, Hofmann habe „die erste Universitäts-Predigerstelle und andere Functionen definitiv niedergelegt" (*Briefwechsel*, S. 534).

[17]) Es handelt sich um Karl Thieme (1862-1932), 1890 Privatdozent, seit 1894 außerordentlicher Professor für systematische Theologie in Leipzig. Vgl. *RGG*[2] V (1931), Sp. 1147 (H. MULERT).

[18]) Gustav Adolf Fricke (1822-1908) übernahm nach seiner Habilitation in Leipzig (1846) sehr bald eine ordentliche Professur in der Theologischen Fakultät in Kiel (1851-1865), wurde 1865 „Oberkatechet" an der Peterskirche in Leipzig und nahm gleichzeitig seine Lehrtätigkeit in der Theologischen Fakultät wieder auf, in der er von 1867 ab wieder ordentlicher Professor war. 1874-1899 war er Präsident des Gustav-Adolf-Vereins. Vgl. *RE*[3] 23 (1913), S. 484ff. (E. B. HARTUNG).

[19]) Ernst Bruno Hartung (1846-1919), der hier wahrscheinlich gemeint ist, heiratete 1879 als Archidiakonus an der Leipziger Peterskirche die Witwe von Delitzschs früh-verstorbenem Sohn Johannes (vgl. oben Brief I mit Anm. 10). Er wurde 1887 erster Pfarrer an seiner Kirche und zugleich Superintendent der Ephorie Leipzig II und war 1909-1916 Präsident des Gustav-Adolf-Vereins. Vgl. *RGG*[2] II (1928), Sp. 1642f. (H. MULERT).

IV

Liebigstrasse 9. IV. 1.,

Leipzig,

d. 2. Februar 1890: Sonntag,

Lieber Herr Professor:

Ihr Brief von gestern[1]) hat auf mich gewartet, als ich heute früh von Delitzsch zurückgekommen bin. Sie haben vollständig Recht[2]). Ich werde darnach verfahren und es freut mich, dass Sie so zu ver-fahren gedenken. Es geht ihm schlecht, sehr schlecht. Ich sehe nicht

ein, wie er den Kampf lange aushalten kann. Heute sind wir gar nicht
auf die Berufungsfrage zurückgekommen. Ich habe mich nur mit der
vorliegenden Sache beschäftigt und ihn sobald wie möglich verlassen.
Als ich mich zu seinem Stehpult gewendet habe um einige Worte
zu schreiben, fielen seine Augen wieder müde zu, und ich habe mich
fast gescheut ihn von neuem anzureden. Ihr Brief[3]) wird ihm[2])
sicherlich wohlthuend berühren.

Mit herzlichem Grusse
Ihr treuergebener
Caspar René Gregory.

Vorbemerkung: Der Brief setzt voraus, daß Baudissin sich auf Gregorys Zureden
hin entschlossen hat, Rücksicht auf Delitzschs Zustand zu nehmen und ihn von sich
aus mit der Berufungsangelegenheit nicht selbst zu behelligen, sondern eine etwaige
Klärung der Rolle Delitzschs gegebenenfalls Gregory zu überlassen.
[1]) Auch dieser Brief Baudissins an Gregory vom 1. Februar 1890 ist nicht erhalten
bzw. nicht erreichbar.
[2]) sic.
[3]) In der Korrespondenz Delitzschs mit Baudissin ist kein Schreiben mit einem
Datum in der Zeit zwischen dem 5. Januar und dem 23. Februar erhalten. Da Baudissin
alle Briefe und Karten, die er von Delitzsch erhielt, aufzubewahren bemüht gewesen ist,
muß damit gerechnet werden, daß Delitzsch ihm bei zunehmender körperlicher Schwäche,
wahrscheinlich aber auch gehemmt durch seine wirkliche oder scheinbare Rolle in
der Berufungsangelegenheit Buhl, in dieser ganzen Zeit weder selbst geschrieben hat
noch ihm durch andere hat schreiben lassen. Die Vermittlung von Nachrichten zwischen
beiden lag in der genannten Zeit vielmehr bei Gregory, der das Vertrauen beider hatte;
nicht ohne Grund hat Baudissin die Briefe und Karten, die hier veröffentlicht werden,
seiner Sammlung von Briefen und Karten von Delitzsch an ihn beigefügt. Der hier
erwähnte Brief an Delitzsch dürfte von Baudissin zur gleichen Zeit wie der im Eingang
dieses Schreibens erwähnte Brief an Gregory abgegangen sein. Das folgende Schrift-
stück (V) belegt, daß Baudissin dem sterbenden Lehrer und Freund mindestens noch
ein weiteres Mal geschrieben hat. Dabei hat er sich offensichtlich an Gregorys Rat
gehalten, seine Betroffenheit durch die Wahl und die Berufung Buhls zum Nachfolger
Delitzschs ganz zurücktreten zu lassen und nur seiner dankbaren Verbundenheit mit
ihm Ausdruck zu geben. Was Delitzsch in seinen letzten, von ihm diktierten Worten
an Baudissin vom 23. Februar 1890 über das Verhältnis beider zueinander ausgesprochen
hat (*Briefwechsel*, S. 534), spricht dafür, daß er sich bis zuletzt Baudissin fest verbunden
gefühlt hat und daß es ihm ein Bedürfnis gewesen ist, ihm das auch zum Bewußtsein
zu bringen.

V¹)

> Liebigstr. 9. IV. 1.,
> Leipzig,
> den 9. Febr. 1890: Sonntag,

L. H. Pr.: Ihre Zuschrift vom 3. d. M.²) hat mich sehr gefreut³).
Erst heute habe ich D. wieder gesehen und nur einen Augenblick
ἀλλεῖν⁴). Er hat die beiden ἐπιστολάς⁵) erhalten. Er ist sehr schwach;
als ich ihn darüber gefragt habe, war er mitten in einem Briefe und
ich habe mich mit der einfachen bejahenden Antwort zufrieden ge-
stellt⁶). Sollte ich weiteres erfahren, so können Sie sicher sein, dass
ich Ihnen gleich schreibe. Ich sehe aber gar nicht ein, wie er lange
leben kann; er ist sehr schwach und hat viele Schmerzen; man kann
ihm das Leben nicht wünschen. Mit herzlichem Grusse, Ihr treuergebener CRG.

Vorbemerkung: Diese Karte setzt voraus, daß Baudissin die Krise in seinem Ver-
trauensverhältnis zu Delitzsch wenn nicht überwunden so doch so weit gemeistert hat,
daß er imstande war, ihm selbst zu schreiben und dies sogar zweimal zu tun. Ob er
ihm in der Zeit bis zum Todestag am 4. März 1890 noch geschrieben hat, muß offen
bleiben. Die Berichte Gregorys setzen jedenfalls nun bis dahin aus. Delitzsch hat ihm
noch einmal unter dem 23. Februar, seinem letzten Geburtstag, geschrieben (*Briefwechsel*,
S. 534).
¹) Postkarte mit Abgangsstempel des Datums.
²) Nicht erhalten bzw. nicht zur Verfügung.
³) Das bezieht sich wohl auf die Herstellung völligen Einvernehmens zwischen den
beiden Korrespondenten.
⁴) ἀλλεῖν = allein. Vgl. dazu den Anfang von Brief III.
⁵) ἐπιστολάς = Briefe. Gemeint sind natürlich Briefe Baudissins an Delitzsch,
zu denen sich Baudissin auf Grund der Beratung durch Gregory bereitgefunden hatte.
⁶) Zu Delitzschs Reaktion vgl. Brief IV mit Anm. 3.

VI¹)

> Liebigstr. 9. IV. 1.,
> Leipzig,
> d. 4. März 1890: Dienstag,

D. ist heute früh um 6 Uhr sanft eingeschlafen. Herzlich grüssend
> CRG.

Begräbnisfeier Freitag um 2 Uhr Nm. Paulinerkirche²).
Am 20. v. M. ist ein Junge bei uns eingetroffen; er gedeiht.

Vorbemerkung: Delitzsch starb an seinem Tauftag, „den er schon 14 Tage zuvor ahnend als für ihn bedeutungsvollen Tag bezeichnet hatte" (G. DALMAN, Die letzten Lebenstage von Franz Delitzsch, in: *Nathanael, Zeitschrift für die Arbeit der evangelischen Kirche an Israel* VI, 1891, S. 140). Zu seinem Sterben selbst vgl. noch Gregorys Mitteilungen an Baudissin in Brief VIII mit Anm. 14.

[1]) Postkarte mit Abgangsstempel vom gleichen Tag (nachmittags 5-6 Uhr).

[2]) Dies ist die Universitätskirche zu St. Pauli (nicht mehr vorhanden). Über die Aufbahrung Delitzschs dort berichtet Gregory Baudissin in Brief VIII. An der Trauerfeier hat er, wie er dort berichtet, aus gesundheitlichen Gründen nicht teilnehmen können.

VII[1])

> Liebigstr. 9. IV. 1.,
> Leipzig,
> d. 5. März 1890: Mittwoch,

Erhalten[2]). Gern bestellt[3]). Werde schreiben[4]). CRG.

[1]) Postkarte mit Abgangsstempel vom gleichen Tag (9-10 Uhr nachmittags).

[2]) Nachricht von Baudissin als Antwort auf die Mitteilung des Todes von Delitzsch (oben VI).

[3]) Es geht offenbar um die Bestellung eines Kranzes für die Beerdigung Delitzschs.

[4]) Diese Bemerkung setzt voraus, daß Baudissin mitgeteilt hatte, er werde an der Beerdigung nicht teilnehmen.

VIII

> Liebigstrasse 9. IV. 1.,
> Leipzig,
> d. 6. März 1890: Donnerstag,

Lieber Herr Professor:

Den Kranz[1]) habe ich gestern bestellt und ich hoffe ihn morgen in die Kirche zu tragen. Eigentlich hat der Arzt mir die Beiwohnung der Begräbnissfeier[2]) verboten, doch erwarte ich den einen Augenblick hin zu gehen.

Ihre Zuschrift von gestern[3]) habe ich heute früh erhalten. Es thut mir Leid[2]), dass Sie
d. 7. März
[Schläferigkeit hat mich vom Pulte getrieben; nur eine gute Nacht seit Sonnabend gehabt, wegen eines bösen Fingers; Mittwoch operirt[2])

und auf Brett in Binde gelegt; zwei Schlusskollegien gestern und vorgestern mir untersagt.] nicht zum Begräbniss[2]) gekommen sind. Ich hätte es so einrichten können, dass Sie gerade sowenig von den anderen sähen, wie Sie wollten; doch ist mein Finger, *wäre* mein Finger auch hier hinderlich gewesen.

Der Kranz war sehr schön; er war rund, gross, breit, und mit schönen Blumen zart angebracht. Die Aufschrift war, gegen Bestellung, schwarz statt Gold[2]); durch Versehen in der Druckerei wurden Ihr Kranz und der des Senats nebst anderen so gedruckt, dafür liess ich eine Goldfranze[2]) anbringen. Einige Minuten vor zwei Uhr ging ich hin; ein hoffnungsvoller Schüler von mir, Ernst von Dobschütz[4]), hat den Kranz bis in die Kirche für mich getragen; ich nahm ihn da und trug ihn durch das Schiff zur Bahre. Wissen Sie, wie man das hier einrichtet? Die Familie sass bei A, die Professorenfrauen bei B, die Professoren bei C, die Fahnen (abgesehen von denen bei der Bähre[5])) werden im Halbkreis D aufgestellt. Ich war unsicher, wo ich den Kranz niederlegen sollte, und schwankte zwischen dem Kopf, wo er in die Augen der Fakultät fallen müsste, und dem Herzen, wo er der Familie nahe legen[2]) würde. Schliesslich habe ich das Herz gewählt, als Ihnen besser passend, so trug ich ihn dahin und legte ihn ihm gerade unter dem Herzen hin. Der Kranzaufsteller war immer noch nicht mit seiner Arbeit fertig; ich ging mit ihm hinaus und sagte ihm er sollte jenen Kranz lassen. Doch macht das Verbleiben des Kranzes wenig aus. Dahin ist er gelegt worden und die Familie haben[2]) ihn gesehen; Frau D. u. Friedrich[6]), u. Herman[7]) sassen gerade da. Ist es mir möglich so gehe ich bald hinaus um dafür zu sorgen, dass der Kranz im Friedhof auch gut angebracht werde. Hoffentlich sind Sie mit der Ausführung Ihres Wunsches zufrieden; ich vergesse zu erwähnen, dass der Preis des Kranzes 30 Mk war; keine Eile in Bezug auf das Geld.

Es ist mir unleidlich, dass Tranzschel[8]) als Beichtvater reden sollte. Die jüdische Mission[9]) musste wohl herein, obschon ich auch nicht dafür bin. Womöglich werde ich die Reden (sie werden ohne Zweifel

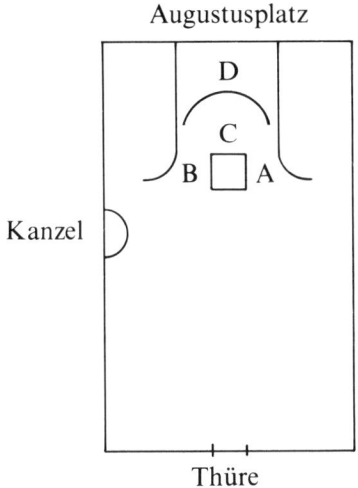

Augustusplatz

D

C

B A

Kanzel

Thüre

gedruckt werden [10])) Ihnen bald schicken. Es hat mir sehr Weh [2]) gethan nicht bei seinem Grabe stehen zu können; ich habe so häufig bei Begrabnissen [2]) ihn vom Grabe weggeführt oder ihn vorher gemahnt oder für ihn sonst gesorgt, dass ich das Gefühl habe, er müsse mich im Friedhof recht vermissen [11]).

Zuletzt habe ich ihn an seinem Geburtstage gesehen [12]); er arbeitete in einem von seinen kleinen blauen Heften; er war sehr schwach. Schon derzeit hat er Bronchialkatarrh gehabt [13]) und bald kam anderes dazu. Heute oder wenigstens morgen vor acht Tagen wurde er sehr schwach und theilnahmlos, redete zum Teile irre. Sonntag Nachmittag war er wieder wach und sprach. Mittwoch, nein Dienstag früh eine Stunde oder dreiviertel Stunden vor dem Tode hat seine Frau ihm einige Sprüche vorgelesen und ein Lied. Sie wollte ihm vorbeten und er sagte, nein, er könne für sich beten. Das Ende war ganz still und friedlich [14]). Ich habe ihn im Sarge nicht sehen wollen, doch hat der amerikanische Konsul, ein Geistlicher und ein Schüler Walthers, des Jugendfreundes Delitzschs [15]), mich gebeten ihn hinzuführen; er war im Herbst angekommen nach dem Anfange des Krankenlagers und hat D. nicht sehen dürfen; so ging ich hin; es war unser lieber, alter Delitzsch gar nicht, es war der Delitzsch der Krankheit. Die Aufbahrung war dazu sehr ungeschickt und seine Orden auf der Brust wirkten befremdend. Doch haben [2]) die Familie es gut gemeint; Sie wissen wahrscheinlich ebensogut wie ich, was er von seiner Frau nebst Johannes [16]) und Friedrich [6]) auszuhalten gehabt [17]); in den letzten Jahren scheint die Behandlung eine angemessenere geworden zu sein [18]).

Es ist nicht nötig auf die leidige Berufung zurückzugehen, sonst könnte ich einiges bestätigendes [2]) hinzufügen. Brieger [19]) ist heute bei mir gewesen, und sagte gelegentlich, *er* habe Sie primo loco genannt und möglichst befürwortet. Ich habe erwiedert [2]): „Nein; wenn Sie nur ordentlich vorgegangen wären, wäre alles gut gewesen [so etwa]", worauf er nichts erwiedern [2]) konnte. Ich wusste, was er gemacht hatte. Aber genug; lassen wir das endgültig fallen. Sie sind derselbe nachher wie vorher, was Ihren inneren Werth betrifft. Ich habe es jedem gesagt, auch dem Minister neulich geschrieben, dass Sie der richtige Nachfolger gewesen wären. Bis Buhl [20]) wirklich da ist [21]), werde ich die letzte Hoffnung nicht aufgeben, dass etwas Sie noch hierher führt.

Mit herzlichem Danke für die Glückwünsche [22]), mit Ihnen trauernd, Ihr treuergebener

Caspar René Gregory.

Vorbemerkung: Mit diesem ausführlichen Brief, in dem Gregory über die Aufbahrung Delitzschs in der Universitätskirche berichtet — an der Trauerfeier selbst und an der Beisetzung konnte er aus gesundheitlichen Gründen nicht teilnehmen, wie er ausdrücklich sagt — und nochmals auf die Vorgänge zu sprechen kommt, die die Berufung Buhls als Nachfolger Delitzschs ergaben, endet die Korrespondenz Gregorys mit Baudissin, soweit dieser sie aufbewahrt und dem Briefwechsel zwischen Delitzsch und ihm (vgl. die Vorbemerkungen zum Ganzen) beigefügt hat.

[1]) Vgl. VII mit Anm. 3.

[2]) sic.

[3]) Sie enthielt wohl die endgültige Absage der Teilnahme an der Trauerfeier.

[4]) Ernst von Dobschütz (1870-1935) habilitierte sich schon 1893 für Neues Testament in Jena und wurde dort 1899 außerordentlicher Professor, 1904 ordentlicher Professor in Straßburg, 1910 in Breslau, 1913 in Halle.

[5]) Lies: Bahre.

[6]) Vgl. zu ihm Brief I mit Anm. 11.

[7]) Delitzschs dritter Sohn Hermann Delitzsch (1848-1895), Beamter der Allgemeinen Deutschen Creditanstalt in Leipzig.

[8]) F. G. Tranzschel, Pastor an der St. Johannes-Kirche, zu deren Gemeinde Delitzsch mit seiner Familie gehörte. Text seiner Ansprache: „Es ist noch eine Ruhe vorhanden dem Volke Gottes" (Hebr 4,9).

[9]) Für den von Delitzsch 1870 begründeten Ev.-luth. Zentralverein für Mission unter Israel sprach bei der Trauerfeier dessen Vorsitzender Graf Vitzthum von Eckstädt, nachdem als zweiter für die Leipziger Theologische Fakultät der Geheime Kirchenrat Professor D. Luthardt (vgl. Brief I mit Anm. 6) gesprochen hatte.

[10]) Das ist geschehen in: *Saat auf Hoffnung* (Organ des Ev.-luth. Zentralvereins für Mission unter Israel) XXVII (1890), S. 133ff., in einem Bericht über die Trauerfeier in der Universitätskirche.

[11]) Dies belegt mehr als viele Worte die nahe Verbindung, in der Gregory nach seiner eigenen Bekundung (vgl. oben Brief I, 2. Absatz, sowie die Vorbemerkungen zum Ganzen mit Anm. 7) während der letzten Lebenszeit Delitzschs mit ihm gestanden hat.

[12]) Siehe zu diesem Tag auch Delitzsch selbst im *Briefwechsel*, S. 534. Über die letzten Lebenstage Delitzschs im Zusammenhang seiner letzten Krankheit gibt es auch einen Bericht von Gustaf Dalman (1855-1941), Schüler und engster Mitarbeiter Delitzschs bei der fortlaufenden Revision seiner Übersetzung des Neuen Testaments in das Hebräische, nach Lehrtätigkeit in der Leipziger Theologischen Fakultät als Privatdozent (1891) und außerordentlicher Professor für Altes Testament (1894) in den Jahren 1902-1916 als erster Direktor des Deutschen evangelischen Instituts für Altertumswissenschaft des Heiligen Landes in Jerusalem, seit 1917 ordentlicher Professor für Altes Testament in Greifswald: Die letzten Lebenstage von Franz Delitzsch, in: *Nathanael, Zeitschrift für die Arbeit der evangelischen Kirche an Israel* VI (1890), S. 136ff. Danach waren an Delitzschs Geburtstag am 23. Februar 1890 mit seiner Gattin die Kinder und die Enkel um ihn versammelt, wie denn der Tag überhaupt für den Kranken durch die Teilnahme vieler Freunde aus der Nähe und der Ferne ein ihn zutiefst erfreuendes Gepräge erhielt.

[13]) Vgl. dazu auch Delitzsch selbst: *Briefwechsel*, S. 534.

[14]) Vgl. den etwas abweichenden, aber im ganzen verwandten Bericht DALMANS, *Nathanael* VI, S. 140f.

[15]) Ferdinand Walther (1811-1887), einer der Begründer und zugleich die im eigentlichen Sinn prägende Persönlichkeit in den Anfängen der jetzigen Lutheran Church-Missouri Synod in den Vereinigten Staaten und darüber hinaus gehörte zu jenem Freundeskreis, dem auch der junge Franz Delitzsch sich angeschlossen hatte und dessen Mitglieder in der Mehrzahl 1838 nach Amerika auswanderten, weil sie sich

aus konfessionellen Gründen außerstande sahen, weiter im geistlichen Amt in ihrer sächsischen Heimatkirche zu verbleiben. Delitzsch, zunächst ebenfalls zur Auswanderung entschlossen, blieb indes aus Gründen, die hier nicht dargelegt werden können, zurück und ließ den ausgewanderten Freunden lediglich entweder seine persönliche Bibliothek im ganzen oder doch einen wesentlichen Teil von ihr zugehen, damit,so der Grundstock für eine theologische Bibliothek für eine Ausbildungsstätte für künftige lutherische Pfarrer in Amerika entstünde. Mit den Ausgewanderten blieb er in Verbindung, bis der Tod den Beziehungen ein Ende setzte. Gregorys Mitteilung belegt das bleibende Verbundensein von beiden Seiten unbeschadet dessen, daß die räumliche Entfernung, die Zeit und eine gewisse unterschiedliche theologisch-wissenschaftliche Entwicklung zu Verfremdungserscheinungen führten, unter denen beide Seiten litten, ohne daß es darüber zum Abbruch der Verbindung gekommen wäre. Indes kann hier auf die damit berührten biographischen und kirchengeschichtlichen Fragen nicht näher eingegangen werden.

[16]) Zu ihm vgl. Brief I mit Anm. 10.

[17]) Die Schwierigkeiten scheinen besonders in finanzieller Bevormundung und in Versuchen, den persönlichen Verkehr Delitzschs zu reglementieren, ihren Grund gehabt zu haben. Indes besteht kein Grund, hier näher darauf einzugehen.

[18]) In diese Richtung weist in jedem Fall DALMANS Bericht (vgl. oben Anm. 12), S. 140 f.

[19]) Zu ihm vgl. Brief III mit Anm. 8.

[20]) Vgl. zu ihm die Vorbemerkungen zum Ganzen mit Anm. 15.

[21]) Er begann mit seiner Arbeit in Leipzig erst mit dem Wintersemester 1890/91, wie von vornherein feststand (Mitteilung Delitzschs an Baudissin vom 5. Januar 1890: *Briefwechsel*, S. 533).

[22]) Zur Geburt eines Sohnes (vgl. oben VI mit der Nachschrift).

WEISHEIT UND ALLEGORIE
BEI PHILO VON ALEXANDRIEN

Untersuchungen zum Traktat De congressu eruditionis*)

von

BURTON L. MACK

I. Die Fragestellung

A. *Aufbau und Inhalt des Traktates als Problem*

Der Traktat De congressu eruditionis, den man zu den allegorischen Kommentaren Philos rechnet[1]), befaßt sich mit einer Auslegung der biblischen Episode von Sarai und Hagar (Gen 16, 1-6a). Sie erzählt, wie Sarai[2]), die Frau des Abram, ihm keine Kinder gebar:

> „Sie hatte aber", so fährt die Erzählung fort, „eine ägyptische Magd, die Hagar hieß. Da sprach Sarai zu Abram: Siehe, Gott hat mich verschlossen, so daß ich nicht gebären kann; gehe zu meiner Sklavin, auf daß du von ihr Kinder zeugest. Und Abram gehorchte der Stimme Sarais. Da nahm Sarai, die Frau Abrams, ihre ägyptische Sklavin Hagar, nachdem Abram zehn Jahre im Lande Kanaan gewohnt hatte, und gab sie ihrem Mann Abram zur Frau. Und er ging zur Hagar hinein, die schwanger ward. Als sie nun sah, daß sie schwanger war, achtete sie ihre Herrin gering. Da sprach Sarai zu Abram: Das Unrecht, das mir geschieht, komme über dich! Ich habe meine Magd dir in die Arme gegeben;

---

*) Die vorliegende Studie ist am Institutum Judaicum Delitzschianum, Münster (Westf.), mit Unterstützung der Heinrich-Hertz-Stiftung und der Otto von Harling-Stiftung unternommen worden. Im Sommersemester 1975 wurde sie in München auf Einladung des Neutestamentlichen Seminars und in Tübingen auf Einladung des Institutum Judaicum und des Disciples Institut zur Erforschung des Urchristentums als Gastvorlesung vorgetragen. Die These versteht sich als Beitrag zur Frage nach einer Quellenforschung des philonischen Schrifttums und wird dem Philo Institute, Chicago, zur Diskussion vorgelegt. Für unentbehrliche Hilfe bei der deutschen Fassung und bei der Vorbereitung und Korrektur des Manuskriptes ist Herrn Reinhard Maiwald herzlich zu danken.

[1]) Gewöhnlich wird das Schrifttum Philos nach literarischen und thematischen Indizien in vier Gruppen eingeteilt: die Exposition des Gesetzes, die allegorischen Kommentare, die Quaestiones et Solutiones in Genesin sowie die in Exodum und die philosophischen und apologetischen Traktate.

[2]) In der Wiedergabe der Namen Σαρα und Αβραμ (statt Σαρρα und Αβρααμ) folgt die LXX dem hebräischen Text. Merkwürdigerweise gibt der griechische Text Philos die Namen folgendermaßen wieder: In Gen 16,1-2a wird von Σαρα und Ἀβρααμ, in Gen 16,2b-6a von Σαρρα und Αβρααμ gesprochen. S. unten, S. 30 Anm. 21 und S. 31 Anm. 24.

nun sie aber sieht, daß sie schwanger geworden ist, bin ich gering geachtet in
ihren Augen. Der Herr sei Richter zwischen mir und dir. Abram aber sprach zu
Sarai: Siehe, deine Magd ist unter deiner Gewalt; tu mit ihr, wie dir's gefällt.
Und Sarai wollte sie demütigen".

Im Traktat wird diese Geschichte, die für uns wegen ihrer primitiven
Kraft und Klarheit einer allegorischen Deutung kaum bedarf, als
Anlaß dafür empfunden, eine lange Allegorese zu entwickeln, deren
Aufbau und Intention nicht sofort verständlich sind. Da Hagar als
Symbol[3]) für die Encyclia bzw. παιδεία, Sarai aber als die Philosophie
bzw. ἀρετή gedeutet werden, wird eine Art Leitthema gegeben, das
durch das Ganze mehr oder weniger sicher verfolgt werden kann.
Das Verfahren aber zeigt kein Interesse dafür, an der Geschichte als
einer erzählerischen Einheit festzuhalten, um die genaue Korrespondenz
der Encyclia-Allegorie zu klären. Eher wird der Text nach Sätzen
bzw. Satzteilen oder sogar einzelnen Vokabeln zitiert und auf ein
ganzes Spektrum von kosmologischen, ethischen, psychologischen und
soteriologischen Anliegen bezogen. Die verwirrende Mischung von
Deutungen, die sich dadurch ergibt, stellt den Forscher vor ein äußerst
schwieriges Problem, das durch die Analyse zu klären ist. Als Vorarbeit
der gleich vorzutragenden Analyse ist eine weitreichende Untersuchung
nicht nur zu diesem Traktat, sondern zum ganzen Schrifttum Philos
unternommen worden, die zu einigen Erwägungen und Thesen gekommen ist, die hier kurz als Kategorien zur Analyse angedeutet werden
müssen.

B. *Kategorien zur Analyse*

Wird man Philo nicht mehr zuerst als systematischen Denker betrachten können — eine Annahme, die in der Philoforschung immer
wieder enttäuscht wird —, so werden seine Werke nicht eigentlich als
theologische oder philosophische Traktate, sondern hauptsächlich als
exegetische Schriften anzusehen sein[4]), die sicher am Ende einer
längeren Entwicklung des alexandrinischen Judentums stehen. Zu vermuten ist, daß die Entwicklung der Schriftexegese aus mehreren
Schichten von Auslegungen besteht, die im Schrifttum Philos ihren
Niederschlag gefunden haben. Hauptaufgabe der Philoforschung wäre
dann, durch Analyse des Schrifttums eine Aussonderung einzelner
exegetischer Traditionen sowie eine Rekonstruktion der vorphilonischen

---

[3]) Σύμβολον ist Terminus technicus der philonischen Allegorese. Vgl. Congr 11.
[4]) S. vor allem V. NIKIPROWETZKY, *Le commentaire de l'écriture chez Philon d'Alexandrie* (Diss. repr.), Lille 1974.

Auslegungsgeschichte überhaupt zu vollziehen [5]). Um eine exegetische Tradition bzw. Gattung herauszuarbeiten, wird die Feststellung ihrer Eigentümlichkeiten in bezug auf die folgenden Indizien nötig sein: literarische Form, exegetisches Verfahren, allegorischer Inhalt und Existenzbereich der Deutungsintention [6]).

Die Methodik der Analyse soll aus formkritischen und sachlichen Erwägungen bestehen, die sich von vier Hauptfragen leiten lassen: (1) Durch literarische *Strukturanalysen* sind verschiedene Schriftarten nach ihren formalen Eigentümlichkeiten zu präzisieren [7]). (2) Durch Berücksichtigung der Frage nach dem *Verhältnis* einer Schriftart *zum Pentateuchtext* ist festzustellen, wie sie formal vom Pentateuch ausgeht und wo im Pentateuch die eigentlichen Anhaltspunkte, d.h. der jeweilige natürliche Ort, einer Auslegungsart zu finden sind [8]). (3) Durch sach-

---

[5]) In der Philoforschung wird mehrfach auf vorphilonische „Traditionen" hingewiesen. Vgl. H. HEGERMANN, *Die Vorstellung vom Schöpfungsmittler im hellenistischen Judentum und Urchristentum* (TU 82), Berlin 1961, S. 27-87: vorphilonische Interpretationen des Sinaigeschehens; I. HEINEMANN, *Philons griechische und jüdische Bildung*, Breslau 1932 (Nachdruck: Darmstadt 1962), S. 137-154, hier S. 138: „Dreierlei Auffassungen der Feste waren bereits vor Philon vertreten: die allegorische ... — die wörtliche ... — die kynische". H. WOLFSON, *Philo* I, 2. Aufl. Cambridge, Mass. 1948, S. 57-73, redet von „three tendencies ..., the traditional, the allegorical, and the extremely allegorical" (S. 71). A. WLOSOK, *Laktanz und die philosophische Gnosis* (Abhandlungen der Heidelberger Akademie der Wissenschaften. Phil.-hist. Kl., Jg. 1960, 2. Abh.), Heidelberg 1960, S. 54 Anm. 24, weist auf drei vorphilonische allegorische Traditionen hin: die astrologische, die platonische und die stoische. W. BOUSSET, *Jüdisch-christlicher Schulbetrieb in Alexandria und Rom* (FRLANT 6), Göttingen 1915, hat eine in den Werken Philos enthaltene „Quelle" einer „physischen Schule" der Schriftauslegung herausgearbeitet. S. auch R. G. HAMERTON-KELLY, Sources and Traditions in Philo Judaeus: Prolegomena to an Analysis of His Writings, in: *Studia Philonica* I (1972), S. 3-26. Das Neue der vorliegenden Studie besteht darin, die Frage nach einer Methodik zur Rekonstruktion der Auslegungsgeschichte des alexandrinischen Judentums überhaupt aufzuwerfen.

[6]) Anzunehmen ist, daß eine „Schicht" der Auslegungsgeschichte eigene theologische bzw. begriffliche Voraussetzungen und Intentionen hat, die ein relativ klares und einheitliches Verständnis vom Pentateuch umfassen. Auch wird man erwarten können, daß ein solches Auslegungssystem spezifische Charakteristika in Form und Inhalt aufweist. Wir reden daher von „Auslegungsarten", „Formen des Kommentars", „Typen der Exegese" usw. und verstehen darunter die „literarischen" Formen der Überlieferungen von Deutungssystemen, die einst eigenständige Größen waren.

[7]) Gründliche Strukturanalysen der einzelnen philonischen Traktate sind in der Philoforschung kaum unternommen worden. Für eine solche Untersuchung gelten noch die elementarsten Fragen nach Aufbau, Stilistik, exegetischer Methodik, technischer Terminologie der Exegese, Wortfeldforschung, Intention usw.

[8]) Da wir uns für exegetische Traditionen interessieren, wird es bei jeder Deutung nötig sein, das Verhältnis zum Pentateuchtext genau festzustellen. Es ist dieses Prinzip, das in der Philoforschung kaum beachtet worden ist. Da aber jede Begrifflichkeit in den Werken Philos als Deutung vom Pentateuch intendiert worden ist, müßte man,

liche Analyse sind die verschiedenen *Allegorien* bzw. Deutungen sowohl
nach ihren entsprechenden literarischen Formen als auch nach ihren
Inhalten *zu unterscheiden*. (4) Schließlich, da eine Deutung auf mehrere
Existenzschichten bezogen werden kann, ist durch vergleichende Studien
das natürliche *Deutungsfeld* einer Deutung *zu charakterisieren*.

Zu (1) und (2): Die für die Analyse des Traktates De congressu
eruditionis in Frage kommenden Auslegungsarten sind: das Enkomium,
die sachanalogische Allegorie, die Seelenallegorese und die thematische
Abhandlung[9]).

Das *Enkomium* ist einer der elementaren Bausteine einer ganzen
Schriftengruppe Philos, die in der Forschungsgeschichte die Benennung
„Expositionen des Gesetzes" erhalten hat[10]). Den Expositionen liegt
ein Gesamtschema zugrunde, nach dem das jüdische Gesetz mit dem
Gesetz des Kosmos identifiziert wird und die Patriarchen als die nach
diesen noch ungeschriebenen Gesetzen Wandelnden vorgestellt werden[11]). Das Schema selbst ist eine relativ späte Bildung, enthält aber
Reste von Lobschreibungen über die Patriarchen, die eine sehr frühe
Form der Bibeldeutung zu sein scheinen. Der Pentateuchtext wird
nicht zitiert, sondern, teils paraphrasierend, in der Wiedererzählung
selbst zur Geltung gebracht. Der erzählende Stil ist also charakteristisch für die Auslegungsform, die aber, im Unterschied zur kon-
tinuierlichen Erzählung, die Episoden der biblischen Geschichte nicht
unbedingt nach ihrer biblischen Reihenfolge wiedergeben muß, sondern

---

bevor man eine rein begriffsgeschichtliche Untersuchung zu leisten gedenkt, der Bedeutung
und Verwendung des Begriffes bzw. Begriffssystems in bezug auf die Auslegung
nachgehen.

[9]) Außer den genannten Auslegungsarten sind noch zu erwähnen: a) eine Schrift-
erklärung unter dem Zeichen τὸ ῥητόν („das wörtliche Verständnis"), die sowohl
sachliche, d.h. historische, soziologische, geographische, Erklärung als auch Apologetik
und Kritik an die Schrift herantragen kann; b) die Etymologie, die allerdings Bestandteil
der Seelenallegorese zu sein scheint, doch ein eigenes System haben dürfte (vgl. E. STEIN,
Die allegorische Exegese des Philo aus Alexandreia, Giessen 1929); c) die Quaestiones
et Solutiones, die auch eigenen Regeln aufgebaut zu sein scheinen; e) die Deutung
von gewissen Aussagen über die Handlungen Gottes, die durch kosmologische Begriff-
lichkeiten versuchen, die Anthropomorphismen zu vermeiden. Diese apologetische Art
der Bibeldeutung ist schon bei Aristobul verwendet worden.

[10]) Unter den Expositionen nennt man die Schriften De Abrahamo, De Iosepho,
De vita Mosis, De decalogo, De specialibus legibus, De virtutibus und De praemiis
et poenis. Möglicherweise ist auch De opificio 1-26 hinzuzurechnen.

[11]) Bekannt ist die philonische Deutung vom Schöpfungsbericht als Ordnung der
Welt nach dem Gesetz sowie die Teilung der Frühgeschichte in eine doppelte Trias
der vorbildlichen Menschen (Enos, Henoch, Noah; Abraham, Isaak, Jakob), die er
νόμοι ἔμψυχοι nennt, da sie eben vor der Gesetzgebung nach dem Gesetz gewandelt
sind. Vgl. Abr 1-6.

sie auf einzelne Szenen verteilen kann, um eine Reihe von getrennten Bildern der exemplarischen Lebensweise darzustellen [12]). Die Szenen befassen sich mit πράξεις bzw. ἔργα und werden als ἔπαινοι oder Enkomien verstanden, und zwar von einem, der als ἄξιος bzw. tugendhaft gilt. Romanhafte Motive können auftauchen sowie rhetorische Formen der Verherrlichung, um die Tugend (ἀρετή) des Patriarchen zu veranschaulichen [13]). Wichtig ist, daß die Charakterisierung, obwohl höchst idealisiert und möglicherweise mit übermenschlichen Zügen ausgemalt, doch auf der Ebene der historischen Persönlichkeit bleibt. Diese Art der Auslegung der Patriarchengeschichten weist eine eigene Intention auf, die nicht der Vervollständigung durch irgendein anderes Deutungsverfahren, etwa durch das der Allegorese, bedarf.

Die *Allegorie* bzw. *Allegorese* ist, auf der anderen Seite, für die Schriftengruppe der „allegorischen Kommentare" das Bestimmende [14]). Hier wird der Bibeltext zitiert, den einzelnen Vokabeln als zu interpretierenden Symbolen nachgegangen und die Deutung nach analogischen Prinzipien als Allegorese vorgeführt. Die Bestandteile der elementaren literarischen Struktur der *Begründungsallegorese* sind folgende: 1) Textzitat, 2) Frage nach der Bedeutung, die allerdings nicht immer explizit vorkommen muß, 3) Feststellung der Symbolik, 4) Begründung, wofür es mehrfach genügt, eine analogische Entsprechung zwischen Symbol und Deutung aufzuweisen, und 5) Beispiele und Erläuterungen [15]). Beliebig sind Anführungen von weiteren Zeugnissen

---

[12]) Beispiele dafür findet man im Traktat De Abrahamo. Vgl. Abr 62-67 zu Gen 12,1-9 (die Auswanderung als Zeugnis seines Gehorsams); Abr 90-98 zu Gen 12,10-20 (Abraham und Sarah in Ägypten: Belohnung für sein Gehorchen); Abr 107-118 zu Gen 18 (Besuch der drei Männer in Mamre: Zeugnis von Abraham als φιλόξενος); Abr 168-177 zu Gen 22 (Versuchung: Zeugnis seiner εὐσέβεια); Abr 208-216 zu Gen 13 (Abraham und Lot: Veranschaulichung seiner δικαιοσύνη πρὸς ἄνθρωπον); Abr 225-235 zu Gen 14 (Kampf gegen die Könige: Zeichen von ἀνδρεῖος); Abr 245-261 zu Gen 23 (Sarahs Tod: Zeichen des μετριοπαθεῖν).

[13]) Als Beispiele vgl. Abr 89 (πράξεις); 178 (ἔργον); 186. 262. 275 (ἔπαινος); 247. 255 (ἐγκώμιον); 11. 107. 167. 204 (ἄξιος; ἄξιον); 93-95 (die romanhaften Motive von der Schönheit Sarahs und der Hilflosigkeit Abrahams); 87 (rhetorisches μόνος); 174 (rhetorische Steigerung der zu überwindenden Krise).

[14]) Die allegorischen Kommentare umfassen 21 Traktate (22, wenn man De opificio mundi dazurechnet), die Auslegungen, vor allem zu Gen 2-17 (mit einigen Ausnahmen), enthalten. Die Traktate werden hauptsächlich nach Themen genannt (etwa: „Über die Cherubim", „Über die Pflanzung Noahs", „Über die Namensänderung" usw.), besprechen aber im Laufe ihrer Entfaltung Verse, Perikopen und Themen, die sich auf die Breite des Pentateuch erstrecken.

[15]) Dieses strukturelle Modell des allegorischen Verfahrens ist durch eine Analyse der Traktate Migr, Heres und Congr im Vergleich mit Abr und den entsprechenden Teilen in Quaes Gen III ausgearbeitet worden, dürfte aber als Arbeitshypothese für

aus der Bibel sowie von Exhortationen, Beziehungen auf das tägliche
Leben und abschließenden Bemerkungen. Man sieht, daß die Grund-
form der Allegorese fest mit dem Bibeltext verbunden ist und, soweit
man von der Form her schließen kann, die einfache Intention hat,
die Entsprechung, d.h. die Richtigkeit ihrer symbolischen Deutung,
aufzuzeigen [16]). Dieses Modell eines allegorischen Verfahrens aber stellt
eine relativ späte Schicht der Auslegungsentwicklung dar. Die frühere
Form ist wohl eine *sachanalogische Allegorie* gewesen, die einfach mit
der Identifikation von zwei Figuren — einer biblischen und einer
außerbiblischen — arbeitete und keiner weiteren Begründung in derjenigen Form bedarf, die mit dem späteren Modell der Allegorese
gegeben wurde [17]).

Abhandlungen von Themen sowie Doxographien mehrerer Arten,
Katenen von allegorisierten Schriftzitaten, Reden in der ersten Person,

---

die anderen allegorischen Traktate ebenfalls gelten. Jedes Element läßt sich durch
formale Indizien weiter definieren. Dem Text kann ein gewisser Rang beigemessen
werden (ἱεροὶ λόγοι, λόγιον, γραφή, τόπος, μνημεῖος, χρησμός usw.). Die Frage kann
durch technische Termini eingeleitet werden (ζήτησις, τίς οὖν ἐστιν..., τί οὖν λεκτέον,
ἐρευνήσωμεν usw.). Die Deutung kann benannt werden (ἡ τροπικωτέρα ἀπόδοσις,
ἡ δι' ὑπονοιῶν φυσικὴ ἀπόδόσις usw.). Die Symbolik kann durch Formeln eingetragen
werden (τοῦτ' ἔστιν..., σύμβολον, ὄνομα δ' ἔστι..., ἑρμηνεύεται usw.). Die Begründung
wird häufig durch Sätze gegeben, die mit αἰτία, γάρ oder ἐπειδή eingeleitet sind.
Beispiele und Erläuterungen aus dem Pentateuch können als μάρτυς, πίστις, νόμος,
δεῖγμα usw. angereiht werden. Dazu sind auch mehrere literarische Wendungen (Ver-
gleichssyllogismen, Diairesis usw.) festzustellen, die der philonischen Allegorese ihre
formalen Merkmale geben. Zu vermuten ist, daß weiteres Forschen nach der Struktur
des allegorischen Verfahrens sehr lohnend sein dürfte, besonders unter Berücksichtigung
der Frage nach der Entsprechung bzw. bestimmten Kombinationen von Terminologie,
Struktur und Deutungsinhalt.

[16]) Zu vermuten ist, daß gewisse *tertia comparationis* im Spiel sind, die mit den
Hauptfiguren der früheren Allegorese (Weisheit, Logos, Physis) schon gegeben sind.
J. CHRISTIANSEN, *Die Technik der allegorischen Auslegungswissenschaft bei Philon von
Alexandrien* (BGBH 7), Tübingen 1969, hat die These aufgeworfen, daß das allegorische
Verfahren Philos von der platonischen Diairesis bestimmt sei, für welche das Prinzip
der Entsprechung von biblischem Symbol und analogischen Deutungen in den zehn
aristotelischen Kategorien zu finden sei. Die These ist nicht überzeugend, da die
Auswahl der besprochenen Stellen eben durch die These selbst bestimmt ist. CHRISTIANSEN
sieht nicht, daß die Diairesis häufig auch als Mittel dafür verwendet wird, verschiedene
exegetische Traditionen bzw. Deutungen miteinander zu vereinbaren, und daß die zehn
aristotelischen Kategorien Philo kein bedeutendes Denksystem liefern. Wichtig ist,
daß die Begründungsallegorese frühere sachanalogische Allegorien voraussetzt, für die
die Diairesis gar keine Rolle spielt. Um die Frage nach den *tertia comparationis* der
verschiedenen Allegorien richtig zu stellen, müßte man daher die Schichtung der
Auslegungsgeschichte mit berücksichtigen.

[17]) Beispiele der sachanalogischen Allegorien sind die Weisheits- und Logos-Alle-
gorien, für die die *tertia comparationis* eben mit gewissen mythologischen *patterns*
gegeben sind.

schöne diairetisch aufgebaute Stücke — das sind alles Schriftarten, durch welche die Grundformen der Allegorie und der Allegorese sich erweitern lassen.

Zu (3): Vergleicht man nun die verschiedenen Deutungen des Bibeltextes unter Berücksichtigung ihrer begrifflichen bzw. metaphorischen Terminologien, so kommt es vor, daß eine allegorische Deutung in enger Verbindung nur zu gewissen Bibelstellen steht, selbst wenn sie zum Topos geworden ist, der auch anderswo verwendet werden kann. Eine solche Verbindung zwischen einer Deutung und einer Figur im Pentateuch nennen wir eine Allegorie im engeren Sinne. Beispiele von *Allegorien* sind: die Hagar-Encyclia-Allegorie, die Hohepriester-Logos-Allegorie, die Schöpfung-Physis-Allegorie, die Adam-Anthropos-Allegorie, die Exodus-Weg/Kosmos-Weg-Allegorie usw. Solche Verbindungen feststellen zu können, ist von großem Wert in der Analyse des einzelnen Traktates als Hilfe dafür, die Schichtung der Allegorese nach ihren mehr elementaren Formen einzuteilen[18]).

Zu (4): Da nun das Anliegen Philos sich weitgehend darin zeigt, jede ihm zufließende allegorische Deutung letzten Endes auf das Individuum und seine seelischen Vorgänge zu beziehen, wird es bei der Analyse lohnend sein, das natürliche Deutungsfeld einer Deutung zu präzisieren. Unter Deutungsfeld wird der Existenzbereich verstanden, auf den eine Deutung bezogen wird. Im Grunde gibt es vier Deutungsfelder, die für die Analyse bedeutsam sind; es sind dies: der Bereich des Historisch-Menschlichen, der Bereich des Kosmisch-Mythologischen, der Bereich der begrifflichen Abstraktionen und der Bereich der Psychologie[19]). In der Studie wird das Deutungsfeld der Psychologie zur Definition der „Seelenallegorie", die die letzte Schicht der Auslegungsentwicklung ist.

---

[18]) Für die eventuelle Rekonstruktion von Auslegungsschichten müßten solche Allegorien in größere Deutungssysteme eingereiht werden. Dafür wäre es lohnend, die spezifischen Bibelstellen oder Symbole zu sammeln, für die eine bestimmte Figur als deren allegorische Deutung verwendet wird. Im Falle der Weisheitsfigur z.B. zeigt sich, daß die eigentlichen Anhaltspunkte im Bibeltext sehr begrenzt sind. Zu fragen wäre, inwieweit und in welcher Beziehung der Pentateuch insgesamt mit Hilfe der Weisheitsmythologie allegorisch gedeutet wurde und welchen Sinn solch eine Allegorie für sich gehabt haben dürfte.

[19]) Nun kommt es häufig vor, daß Philo mit den Nebenbedeutungen eines Terminus absichtlich arbeitet. Das schließt aber nicht aus, daß im Zusammenhang einer vorphilonischen Allegorie ein solcher Terminus mehr eindeutig fungierte. Für die Frage nach der eigentlichen Bedeutung eines Begriffes im Kontext eines Deutungssystems wird die Feststellung von dessen „Ethos" (Deutungsfeld) sehr wichtig sein.

Unter diesen Leitfragen haben wir nun den Traktat zu analysieren.
Es hat sich ergeben, daß der Traktat aus Resten von vier verschiedenen
Auslegungen der betreffenden Bibelstelle aufgebaut ist, die sich nicht
nur als Schichten des Traktates aussondern lassen, sondern auch als
Bestandteile von vier Auslegungsschichten der Auslegungsgeschichte
überhaupt verstanden werden können. Die Schichten im Traktat nennen
wir das Enkomium, die Weisheitsallegorie, die Encyclia-Allegorie und
die Seelen-Allegorie. Zunächst ist das Material abschnittweise zu
besprechen; sodann ist eine Rekonstruktion der Auslegungsgeschichte
vorzuschlagen.

II. Die Analyse[20])

§§ 1-2. Der Text Gen 16,1-2 wird zitiert. Die allegorische Deutung
wird sofort in der Aussage gegeben, daß der Name Sarai in griechischer
Übertragung ἀρχή μου („meine Obrigkeit") bedeute. Der nächste Satz
lautet: „Die Vernunft (φρόνησις) in mir und die Sittlichkeit in mir,
die individuelle Gerechtigkeit (ἡ ἐπὶ μέρους δικαιοσύνη) und alle
anderen Tugenden, die für mich allein bestehen, sind meine alleinige
Obrigkeit. Denn da sie von königlicher Abkunft ist, beaufsichtigt und
lenkt sie mich, der ich ihr zu gehorchen beschlossen habe". Dieser
Ansatz setzt voraus: 1) eine etymologische Deutung der Namen Σαρα
(= ἀρχή μου) und Σαρρα (= ἄρχουσα)[21]), 2) eine allegorische Deutung
des Namenswechsels Gen 17,15, nach dem Sarai die spezifische Tugend,
Sarah dagegen die allgemeine archetypische Tugend bedeute, 3) die
Unterscheidung zwischen der himmlischen und der menschlichen Weis-

---

[20]) Die folgende Analyse des Materials kann eine gründliche Besprechung nicht
leisten. Sie soll nur dem Zweck dienen, die Art und Weise der Befragung zu klären,
die zu den Ergebnissen in den Teilen III und IV geführt hat. Um die Aussonderung
der Auslegungsschichten zu veranschaulichen, wird unten im Anhang eine Skizze der
Analyse gegeben.

[21]) Von שָׂרַי (Eigenname) und שָׂרָה (Fürstin). Beide Etymologien setzen eine
Kenntnis des Hebräischen voraus. Nichtsdestoweniger dürfte die Deutung von שָׂרָה
die frühere sein. Während Sarah als ἄρχουσα ohne Erwähnung des Namenswechsels
verwendet wird (vgl. Leg All II 82; III 244; Cher 41; Quaes Gen III 29. 30), taucht
die Deutung von Sarai als ἀρχή μου nur in diesem Zusammenhang auf (Cher 3-10;
Mut 77-80; Quaes Gen III 53), und zwar unter Verwendung des Schemas von
spezifisch-allgemeiner Tugend. Dieses Schema setzt seinerseits eine Psychologisierung
voraus, die für die Deutung von Sarah als ἄρχουσα nicht unbedingt nötig ist. Daß
die Bedeutung von Sarah als „Fürstin" überhaupt einen allegorischen Sinn bekam,
ist höchstwahrscheinlich auf die Identifikation von Sarah und Weisheit zurückzuführen,
die ja die „Königin" selbst ist.

heit[22]), 4) das kosmo-soteriologische Motiv von der Zweistufigkeit, das hier durch das Schema μέρος-γένος angedeutet wird[23]), und 5) die Seelenallegorese, nach der Philo einfach die Figuren der Geschichte durch sein eigenes Ich ersetzen kann. Diese sehr komplizierte Allegorese kann daher nicht hier am natürlichen Ort sein. Es fehlt die Struktur des allegorischen Modells, insbesondere das Moment der Deutungsbegründung. Statt dessen werden Deutungen von verschiedenen allegorischen Schichten knapp angedeutet und summarienartig dafür verwendet, die einleitende Bekanntmachung zu geben, daß in diesem Traktat die Bibelgeschichte als Seelenallegorese verstanden werden wird. Im Laufe des Traktates wird an der Unterscheidung Sarai-Sarah auch nicht festgehalten, da für die früheren Auslegungen dieses Motiv gar nicht maßgebend gewesen ist[24]). Immerhin ist zu bemerken, daß alle diese verschiedenen Deutungen ihre Quelle in der Weisheitsmythologie haben dürften (ἀρχή, ἄρχουσα, βασιλίς)[25]).

§§ 3-10. Der Abschnitt befaßt sich mit der Unfruchtbarkeit Sarais. Zuerst wird gesagt, daß die Unfruchtbarkeit ein Paradox (παραδοξότατον) sei, da Sarai ja später die Stammesmutter werde. Hier schimmert also ein Motiv durch, das zur Auslegungsetage des Enkomiums gehört und in anderen Schriften zu belegen ist[26]). Bezogen auf die Tugend aber ergibt sich demnächst ein schönes diairetisch aufgebautes Stück, das sowohl das Paradox unfruchtbar-fruchtbar als auch das schon angedeutete Motiv μέρος-γένος verarbeitet. Die Diairesis wird durch die Verwendung des Weisheitsmythologumenon (Weisheit als Jungfrau, Gattin und Mutter), die Bezugnahme auf die Tugend durch die kühne Ersetzung des Abraham (des αὐτῷ im Texte des Pentateuch) durch das „Ich" des Philo (des ἐμοί) ermöglicht[27]). Nur am Ende des

---

[22]) Vgl. Leg All I 43. 78; Heres 126f. 182f.; Mut 39.

[23]) Dieses Schema sprengt die übliche Deutung von Hagar und Sarah als Encyclia und Sophia bzw. Philosophie bzw. Tugend. Es gehört zu einem Deutungssystem, das mit platonischen Kategorien die transzendente Welt von der diesseitigen Welt unterscheiden und als Rahmen des Seelengeschicks verstehen will. Die zweierlei Schemata von der Zweistufigkeit überschneiden sich nicht.

[24]) Von „Sarai" (Σαρα) ist die Rede nur in den Paragraphen 1-12. Sonst wird von „Sarah" (Σαρρα) gesprochen. S. unten die Besprechung des Abschnitts §§ 63-70. Für die früheren allegorischen Deutungen von Sarah als Weisheit oder Philosophie sind weder der Name Sarai noch der Namenswechsel von Belang.

[25]) Zu ἀρχή als Prädikat der Weisheit vgl. B. MACK, Logos und Sophia (SUNT 10), Göttingen 1973, S. 111 Anm. 3. Zu ἄρχουσα als Prädikat der Weisheit vgl. Leg All II 82. Zur Weisheit als Königin s. MACK, Logos, S. 34-42. 87-95.

[26]) Vgl. Abr 247f.; Quaes Gen III 18.

[27]) Der Abschnitt wird aus vier Teilen aufgebaut. Teil I (§§ 3-4) enthält eine Diairesis über die Arete wie folgt: ἀρετή → unfruchtbar in bezug auf das Böse / fruchtbar in

Abschnittes wird das Thema des Traktates nebenbei erwähnt: Sarai
bedeute nun die Sophia, Hagar aber die Vorstufe, d.h. die Encyclia.
Man sieht in diesem Abschnitt die Verarbeitung von drei Deutungen
Sarahs: als Stammesmutter, als Sophia und als Arete. Bedeutsam ist,
daß die Deutung „Sophia" im Zusammenhang der Encyclia-Allegorie
vorkommt[28].

§ 11. Hier taucht ein Übergangssatz zum Thema der Encyclia auf,
dessen Besprechung aber erst im Abschnitt §§ 15-19 erfolgt.

§§ 12-14. Der Text Gen 16,2 wird wiederum zitiert. Eine sorgfältig
aufgebaute Auslegung wird gegeben, die davon ausgeht, daß die
Sophia(!) keinen Neid hat bzw. keinen Vorwurf macht. Das Enkomiummotiv von der Großzügigkeit Sarais, das in De Abrahamo und
in den Quaestiones deutlich zum Ausdruck kommt[29]), dürfte auch

---

bezug auf das Gute → τέχνη/[φύσις] → nach langen Pausen/ununterbrochen →
Kinder/[Erwachsene]. Teil II (§ 5) enthält eine Reihe von Gegensätzen, denen zufolge
die φρόνησις nur den Würdigen, nicht aber denjenigen, die noch nicht reif sind, als
Frau Entgegenkommen zeigt. In Teil III (§§ 6-7) ist die Rede von der Arete, die Gott
gegenüber Frau, dem Würdigen aber Mann sei. Die Seele ohne Tugend „empfängt"
von δόξαι. Teil IV (§§ 9-10) stellt endlich die Stufung Encyclia-[Philosophie] dar. Das
Ganze versteht sich als Antwort auf die Frage der Unfruchtbarkeit Sarahs, setzt aber
die schon entdeckte Apodosis des Enkomiums voraus, nach dem ein Paradoxon
(unfruchtbar-fruchtbar) besteht. Im ersten Teil herrscht die Metapher der (Weisheit als)
„Mutter"; im zweiten Teil die der (Weisheit als) „Frau". Im dritten Teil ist die Arete
(Weisheit) Vermittlerin der „Samen" Gottes (vgl. Abr 99-102). Die Seele könne entweder
als Mann mit der Frau namens „δόξα" den Bastard „Angst" erzeugen oder als Frau
von der „Arete (der Weisheit)" als Mann das eheliche Kind „εὐδαιμονία" empfangen.
Im vierten Teil wird dann versucht, diese Gegensätze mit der Stufung Encyclia-
[Philosophie] unter Verwendung der Metapher der Heirat zu vereinbaren. Aber hier
herrscht eher eine Reihenfolge der Rangordnungen, deren beide Stufen nicht eigentlich
als Gegensätze zu verstehen sind. Man sieht schon die Ungenauigkeit der philonischen
Bearbeitung von exegetischen Traditionen, die er allerdings verbinden kann, da sie aus
bildhaften Redearten bestehen und sich durch die Breite ihrer Nebenbedeutungen
vereinigen lassen. Dafür mußte Philo die Deutung von Sarah als Philosophie zugunsten
seines Interesses für die Weisheit Gottes = γενητικὴ ἀρετή unterdrücken. Doch findet
er die Stufung passend, die mit der Hagar-Sarah-Allegorie gegeben wird, um die
Entwicklung der Seele zuerst durch Erlernen der Tugenden, dann im Erlangen der
Vollkommenheit auszudrücken. Das Nacheinander der Stufung sucht er mit den Gegensätzen zu vereinigen, indem im ersten Teil von „unterbrochen-ununterbrochen", im
zweiten Teil vom „vorehelichen Ritus-Eheleben" die Rede ist. Nur im dritten Teil sind
sowohl die Gegensätze als auch die Stufungen dem Ausgleichsversuch (sogar metaphorisch) nicht angemessen, da nach Philos Meinung die Seele nie eigentlich als „Mann"
der Weisheit Gottes angesehen werden kann, sondern von ihr „empfangen" muß.

[28]) Die Encyclia-Allegorie setzt die Deutung von Sarah als Weisheit voraus, versteht
sie aber nunmehr im Sinne von Philosophie. Im Abschnitt §§ 74-80 ringt Philo mit
dem Problem, daß die Deutung „Philosophie" der soteriologisch-theologischen Bedeutung von Gottes Weisheit nicht gerecht wird.

[29]) Vgl. Abr 249 ff.; Quaes Gen III 20.

hier im Hintergrund stehen, wird aber durch die Absage an eine wörtliche Auslegung in eine Allegorese der Seele umgedeutet. Die eheliche Vermischung gelte nunmehr von der Vereinigung des Nous mit der Tugend. Man sieht in diesem Abschnitt vier Deutungen von Sarai (als Stammesmutter, als Sophia, implizit als Philosophia und als Arete), die durch die Verarbeitung eines gemeinsamen Weisheitsmotivs (des Motivs, daß Sarai keinen Neid hat) zusammengebracht werden.

§§ 15-19. Es folgt nun eine Doxographie der Encyclia, die durch Verwendung von Metaphern der Weisheit (lehren, beschwören, säen, heiraten, scheiden, heilen) die Encycliafächer verherrlichen und mit dem Thema des Traktates verbinden will. Das Stück stellt einen literarischen Block dar; es steht in Beziehung zum Pentateuchtext nur durch die Sachanalogie von Hagar-Encyclia[30]).

§§ 20-23. Erst hier wird die Deutung von Hagar als Encyclia durch die Etymologie ihres Namens (Hagar heißt „Beisassentum")[31]) und die Symbolik ihrer Abstammung (Ägypten bedeutet „Körper") gegeben und begründet. In beiden Fällen aber ist eine Exodusallegorese in bezug auf das Geschick der Seele vorauszusetzen, nach der diese dem Körper eigentlich zu entfliehen hat. Für die erweiterte Deutung von „Körper" als Sinneswahrnehmung (αἴσθησις) ist das erkenntnispsychologische Schema von νοῦς-αἴσθησις die Voraussetzung, das besonders in der allegorischen Auslegung von Adam und Eva seinen festen Platz hat[32]). Mit der Gleichsetzung Körper und Ägypten hat es zunächst gar nichts zu tun. Man sieht, daß Etymologie und Symbolik dazu dienen, das Thema der Encyclia allegorisch, d.h. vom Text her

---

[30]) Die Zuweisung dieses Blockes zu einer bestimmten Schicht der Auslegungsgeschichte ist schwierig, da die Encyclia hier schon auf die Problematik der ethischen Bewertung der dadurch zu gewinnenden Erkenntnisse bezogen ist. Grundlegend aber ist eine Vorstellung von der Encyclia als Einleitung in die Naturwissenschaft, die eine Weisheit-Physis-Identifikation voraussetzen dürfte. Stimmt dies, so stoßen wir hier auf das Problem des ethischen Momentes bei den „Physikern". Zur Diskussion s. unten, S. 49f. Anm. 66-68.

[31]) Die Etymologie setzt die Kenntnis des Hebräischen voraus: גּוּר („abbeugen; wohnen; bei einem als Gast oder Schützling wohnen") oder גֵּר („Fremder") → הָגָר („der Wohnende"). Was für einen allegorischen Sinn diese Etymologie auch immer zunächst (einmal) hatte, es ist klar, daß ihre Verwendung im Dienste der Encyclia-Allegorie den Unterschied zwischen „Vollbürger" und „Beisasse" voraussetzt. Dies aber hängt seinerseits von einer Deutung des Exoduscredos Israels ab, die durch kosmologische Mythologie die Stadt am Ende des Weges als die Weisheit Gottes versteht. Diese Bedeutung der Etymologie („Beisassentum") kann daher die Ursache der Encyclia-Allegorie nicht gewesen sein.

[32]) Vgl. die exegetische Tradition, die von BOUSSET, Schulbetrieb, ausgearbeitet wurde.

durch allegorisches Verfahren, zu verankern; gebraucht werden dafür
aber allegorische Deutungen, die eigentlich nur zur Seelenallegorie
passen. Bemerkenswert ist auch die zweimal betonte ἀνάγκη. Nicht
nur wird gesagt, daß die Encyclia notwendig ist, sondern auch, daß
der Körper, d.h. die Sinneswahrnehmung, für das Studium unentbehrlich ist — eine Bewertung, die von Philo an anderen Stellen als
problematisch empfunden wird[33]). Wie es scheint, wird eine frühere
sachliche Analogie von Sarah und Hagar als Philosophie und Encyclia
hier durch spätere allegorische Methodik zu begründen versucht,
freilich ohne daß die sich daraus ergebende Spannung in bezug auf
die Bewertung des Körpers vermieden würde. Man sieht, daß die
Hagar-Encyclia-Allegorie, die eigentlich nur auf einer Sachanalogie
beruht, sich schwerlich durch andere allegorische Methoden wie etwa
die Etymologie oder Wortsymbolik begründen läßt.

§§ 24-62. Ein langer Abschnitt enthält eine Kette von allegorisierten
Beispielen aus dem Pentateuch zum Thema der Ehe mit mehreren
(gewöhnlich zwei) Frauen. Anlaß dafür wird zwar die Geschichte von
der Vereinigung Abrahams erst mit Hagar, dann mit Sarah sein.
Neues zur Erklärung dieser Geschichte wird aber kaum gegeben.
Verwirrend wirkt die Vermischung von Kategorien und Metaphern,
wenn man versucht, im ganzen Abschnitt eine systematische Einheit
zu finden[34]). Der Abschnitt ist ein Beispiel für eine spätere Form der
Allegorese, die zeigen will, daß der Pentateuch von gewissen elementaren allegorischen Strukturen, die oft mit Zahlen zu tun haben,
Zeugnis ablegen könnte. Wie aber die so gesammelten Bibelstellen
weiter gedeutet werden, läuft in Verwirrung aus. Bemerkenswert ist,
daß in diesem Abschnitt der Körper nicht positiv als Ort der Sinneswahrnehmung, sondern negativ als Ort der Lust und Leidenschaft
gedeutet wird.

§§ 63-70. Der Text Gen 16,2b, „Abraham gehorchte der Stimme
Sarahs", wird zitiert. Ein Enkomiummotiv dürfte in der Erwähnung
der Seltenheit (μόλις) von Abrahams Gehorchen durchschimmern[35]).

---

[33]) Vgl. Cher 41. 52. 71.

[34]) Das einzige systematische Prinzip ist eben die Zweiheit der Frauen im Sinne von
Stufungen oder Rangordnungen irgendwelcher psychologischer Kategorien. Vergeblich
aber versucht man, die verschiedenen gestuften Begriffspaare in einem System weiter
miteinander zu vereinbaren. Es scheint Philo zu genügen, irgendeine Zweistufigkeit
zeigen zu können, nur um das Prinzip im Pentateuch bezeugt zu finden. Letzten Endes
bezieht sich die Zweistufigkeit laut Philo auf das kosmo-soteriologische Schema des
Weges. Der Abschnitt ist also als späte Seelenallegorese anzusehen.

[35]) Vgl. Abr 253; Leg All III 244f.

Das Hauptgewicht wird aber auf die Charakterisierung des Lernenden selbst gelegt[36]), die in einem dreiteiligen Absatz über Aufmerksamkeit in den Hörsälen veranschaulicht wird. Man sieht, daß eine Deutung des Abraham als des vorbildlichen Schülers mit dem Encyclia-Thema kombiniert worden ist. Weiter wird nun dem μανθάνων das Artmerkmal zugeschrieben, daß er nicht Wörter, sondern Handlungen (πράξεις) eines vorbildlichen Lebens (βίος) nachahmt. Das paßt gut zum Schema der Expositionen, nicht aber zu unserem Traktat, da die Rede eben nicht vom βίος Sarahs in diesem Kontext sein kann. Man sieht, daß drei Auslegungsschichten vermischt worden sind, ohne aber in eine Allegorese der Seele umgedeutet zu werden. Die Stelle wird also ein wichtiger Beleg dafür, daß die Geschichte Gen 16,1-6 als Bild von der Lehrerin und ihrem Schüler empfunden wurde. Man bemerke, daß in diesem Zusammenhang die Rede nicht mehr von Sarai, sondern von Sarah ist. Das ist ein klares Indiz, daß Philo hier eine frühere sachanalogische Allegorie verwendet hat.

§§ 71-80. Der Text Gen 16,3 wird zitiert. Als neu und besprechungsbedürftig wird die Angabe empfunden, daß sowohl Sarah(!) als auch Hagar ausdrücklich „Frauen" genannt werden. Dadurch ist Anlaß gegeben, das Enkomiummotiv von der πίστις Abrahams dahingehend zu klären, daß er, selbst während der Zeit, als er Mann der Hagar wurde, nie die Eheversprechung mit ihrer Herrin vergessen habe[37]). Es folgt nun ein schönes Stück, das, in der ersten Person, das Thema Encyclia-Philosophie wiederaufnimmt. In seiner Jugendzeit habe Philo zwar mit der Encyclia verkehrt, aber alle Erzeugnisse dieser Zeit als Geschenke betrachtet, die er der Philosophie selbst zu geben hatte. Da aber die Unterscheidung Encyclia-Philosophie nicht wirklich das betrifft, was Philo eigentlich sagen will, wird weiter versucht, die Philosophie von der Sophia zu unterscheiden, die eher die Ehre und Geneigtheit Gottes (τιμή; ἀρέσκεια) sei[38]). In diesem Abschnitt sieht man die Verarbeitung von drei Auslegungsschichten; es sind dies: das Enkomium Abrahams πίστις, die Allegorie Encyclia-Philosophie und die Deutung auf die Sophia-Arete.

---

[36]) Das Hauptmerkmal des Schülers sei der Gehorsam gegenüber der Arete. Aber nur diejenigen können solchen Gehorsam leisten, die von der Liebe zur Erkenntnis (ἔρως ἐπιστήμης) bestimmt sind.

[37]) Vgl. Virt 223; Quaes Gen III 21.

[38]) Es besteht eine Spannung zwischen Sarah als Philosophie und Sarah als Sophia, da für Philo die Weisheit vor allem eine überweltliche Größe geworden ist, die eine Soteriologie der Errettung ermöglicht. Die Philosophie als Erwerbung der Kenntnis aller Dinge kann daher Inbegriff der höchsten Stufe (Errettung) nicht sein.

§§ 81-88. Der Abschnitt enthält eine Deutung des „zehnjährigen Aufenthaltes" auf den Topos der Entwicklungsstufen des Menschen. Eine Exodusallegorie wird vorausgesetzt [39]).

§§ 89-121. Hier befindet sich eine lange Doxographie der Zehnerzahl in der Form einer Kette von allegorisierten Schriftzitaten. Die Doxographie wird von der Erwähnung des „zehnjährigen Aufenthaltes" im Text veranlaßt, trägt aber nichts zur Erklärung der betreffenden Auslegungen bei. Sie ist also noch ein Beispiel der Kettenform einer Sammlung von Schriftzeugnissen zu einem Thema [40]). Die Störung dieses Einschubes hindert Philo aber nicht, zum Schluß die Angabe zu machen: „Mit Recht beginnt nun der Verkehr mit Hagar erst zehn Jahre nach seiner (Abrahams) Ankunft im Lande Kanaan."

§§ 122-127. Der Text Gen 16,4a, „er ging zur Hagar hinein", wird zitiert und sofort auf das Verhältnis des Schülers zu seiner Lehrerin bezogen. Dafür dienen die schon in der Weisheitstradition geläufigen Weisheitsmotive von dem Entgegenkommen der Weisheit ohne Neid und von den zweierlei Phasen des Umgehens mit der Weisheit, zuerst die Probe, hernach die Vereinigung [41]). Als Schriftbeispiele der verschiedenen Phasen aber gelten Leah (also nicht Sarai), die Jakob bei seiner Rückkehr vom Feld einlädt, und Tamar (also nicht Hagar), die verschleiert an einem Kreuzweg dem Juda die Aufgabe des „Entdeckens" stellt. Man sieht, daß das Mythologumenon von der Weisheit als Lehrerin eine Deutung von drei biblischen Figuren ermöglicht hat und daß diese allegorische Deutung der Grund dafür geworden ist, alle drei zusammenzubringen, um das Thema näher zu erläutern. Der Abschnitt ist ungemein wichtig als Zeugnis dafür, daß eine Weis-

---

[39]) Die Kombination dieses Topos mit der Exodus-Allegorie ist künstlich, gibt aber noch ein Beispiel dafür, daß die Seelenallegorese Philos sich stets als eine Deutung des Exodusweges versteht.

[40]) Zu unterscheiden sind a) eine Zahlen-Doxographie, die nur nachträglich auf den Pentateuch bezogen wird, und b) eine Kette von Schriftzitaten zum Thema einer Zahl. Beispiele für die erstere sind Op 90-128 und Leg All I 8-15 (über die Siebenzahl). In Congr 89 wird auf eine solche Doxographie der Zehnerzahl hingewiesen, vorgeführt aber wird nur die Kette von Schriftzeugnissen. Die Sammlung soll zeigen, daß Mose Kenntnis von der Bedeutung der Zehnerzahl hat und daß wichtige Gegenstände und Geschehnisse im Pentateuch (kultische Dinge insbesondere!) wegen ihrer Zahl mit der Ordnung der Welt korrespondieren. Bei jedem Zitat wird auch die Gelegenheit wahrgenommen, die Gegenstände symbolisch-allegorisch auf die Seele zu deuten. Die Sammlungsform der Allegorese ist spät, setzt aber eine Zahlensymbolik voraus, die eine relativ frühe Wirkung als Beweis für die Korrespondenz von Torah und Physis gehabt haben dürfte.

[41]) Vgl. Sir 4,17-18; 51,13-22.

heitsallegorie für sich möglich und aktuell gewesen war, ohne unbedingt als eine Seelenallegorie gedeutet werden zu müssen.

§§ 128-134. Der Text Gen 16,4b, „im Leibe tragen", wird zitiert. Der Unterschied zwischen „im Leibe tragen" (ἐν γαστρὶ ἔχειν) und „im Leibe empfangen" (ἐν γαστρὶ λαμβάνειν) wird allegorisiert als Gegensatz zwischen „besitzen" (= φιλαυτία) und „empfangen" (= Bekenntnis, daß die Seele nichts von sich aus besitze). Hier verliert also Hagar ihre Bedeutung als encyclische Ausbildung. Der Textteil wird als Gelegenheit dafür betrachtet, ein beliebtes Thema der Seelenallegorie (die Nichtigkeit der Seele) einzutragen.

§§ 135-150. Der Text Gen 16,4c wird zitiert. Die Worte, „sie sah, daß sie ein Kind im Leibe trug", seien von Sarah, nicht von Hagar, gesagt, da „Sehen" eben ein Artmerkmal der Kenntnis (ἐπιστήμη, Philosophie), nicht aber der τέχνη sei. Es folgt dann ein Versuch, die entsprechenden Gegensatzpaare der verschiedenen allegorischen Deutungsfelder in Korrespondenz zu bringen: Sarah-Hagar; Philosophie-Encyclia; ἐπιστήμη-τέχνη; νοῦς-αἴσθησις. Die Korrespondenz bestehe darin, daß vollkommene Wahrnehmung („das Sehen") nur der höheren Stufe jedes Gegensatzpaares, zugeschrieben werden darf. Das Ergebnis ist nicht glücklich[42]. Daß aber solch ein Versuch überhaupt vollzogen werden mußte, weist auf das Vorhandensein mehrerer Auslegungsschichten hin. Darin zeigt sich auch die Arbeitsweise der philonischen Allegorese, die frühere Auslegungen nicht aufgibt, sondern analogisch mit neueren verarbeitet.

§§ 151-157. Im Laufe des Abschnittes wird der Text Gen 16,5-6a, teils paraphrasierend, stückweise zitiert. Behandelt werden der Ärger Sarahs und die Erwiderung Abrahams. Die Auslegung bewegt sich hauptsächlich auf der Ebene des Enkomiums und des Themas Encyclia-Philosophie. Ärger werde gegen diejenigen gerichtet, die sich mit der Paideia begnügen, ohne die Philosophie anzuerkennen[43]. Sarahs Ärger

---

[42]) Im wesentlichen kommt das Problem dadurch zustande, daß Philo versucht, zwei allegorische Systeme miteinander zu vereinbaren, die sich nicht einfach zur Deckung bringen lassen. In dem einen ist die höchste Stufe die Philosophie, in dem anderen ist es die Kenntnis (Schau) Gottes.

[43]) Bei J. HEINEMANN und M. ADLER (Hrsg.), Die Werke Philos von Alexandria VI, Breslau 1938, S. 7 Anm. 2, wird auf die Homerexegese hingewiesen: Nach einem Wort des Stoikers Ariston von Chios gleichen „diejenigen, welche sich mit den encyclischen Wissenschaften beschäftigen und dabei die Philosophie vernachlässigen, den Freiern der Penelope ..., die mit deren Mägden umgingen, da sie die Herrin selbst nicht gewinnen konnten (s. Arnim, StVF. I 350)". Eine Verbindung zwischen der Encyclia-Allegorie und der hellenistischen Homerexegese ist durchaus möglich.

gegen Abraham aber wird dadurch als gemildert empfunden, daß sie sagt, daß Gott die Entscheidung zufalle. Es wird erklärt, daß Abraham doch recht gehandelt, die Herrin Erkenntnis nie vergessen habe und bereit sei, die Paideia in die Hände der Vernunft (φρόνησις; ἐπιστήμη) abzugeben. Man sieht, daß der Abschnitt den Versuch enthält, zwei Schichten der Auslegung zu vereinbaren.

§§ 158-180. Der Text Gen 16,6b, „und sie schuf ihr Drangsal", wird zitiert. κακοῦν wird auf νουθεσία gedeutet, einen Terminus technicus der Weisheitstradition. Es folgt ein langer Abschnitt zum Thema der Zurechtweisung (ἐλέγχειν; παιδεύειν; νουθεσία; πειράζειν) in der Form einer Kette von allegorisierten Schriftzitaten, die diese Wörter enthalten. Hier wird Abraham als Schüler und Hagar als Paideia vergessen, um das Weisheitsmotiv der Zucht thematisch zu entfalten. Mit der Angabe, daß es in der Rede des Pentateuch nicht um Frauen, sondern um Denkseelen (διάνοιαι) geht, bricht dann die Allegorese ab.

III. Zur Rekonstruktion der Auslegungsschichten

Jeder Versuch, die verschiedenen in diesem Traktat vorkommenden Auslegungen zu systematisieren, scheitert deswegen, weil die Deutungen aus verschiedenen Anliegen erwachsen sind und durch entsprechende, bildlich fungierende Sprachkategorien auf mehrere Schichten der menschlichen Existenz bezogen werden. Wir verstehen aber die verschiedenen Deutungen als Reste von mehreren Schichten der Auslegungsgeschichte und sind daher vor die Aufgabe gestellt, jede Schicht sinngemäß herauszuarbeiten. Die Schichten sind: 1) ein Enkomium Sarahs und Abrahams, 2) eine Sarah-Weisheit-Allegorie, 3) eine Hagar-Encyclia-Allegorie, 4) eine Seelenallegorie.

A. *Das Enkomium Sarahs und Abrahams*

Betrachtet man diejenigen Stellen im Traktat, an denen Enkomiummotive und -termini auftauchen (§§ 3. 12-14. 67. 71-73. 151-157; die Termini sind: παραδοξότατον, μόλις, ἄξιος, βίος, ἔπαινος, πράξεις und πίστις), so stellt man fest, daß die Perikope über Sarah und Hagar einst als eine erzählerische Ganzheit gelesen wurde, in der nur die auffallenden Momente von Sarahs Vorschlag, daß Abraham mit ihrer Sklavin Kinder zeugen solle, und von Abrahams Handeln, daß er eben das tut, Anlaß zur Auslegung gaben. Daß es tatsächlich eine solche Auslegung gegeben hat, zeigt das rein enkomiumartige Stück De Abrahamo 245-254, mit dem die Enkomiummotive in unserem

Traktat viel gemeinsam haben. Das Enkomium besteht zunächst in der durch erzählende Paraphrasierung hervorgehobenen Großzügigkeit Sarahs, daß sie wegen ihrer eigenen Unfruchtbarkeit gerade ihre Sklavin Abraham ohne Neid anbot[44]). Abraham akzeptierte die Sklavin, ohne aber als Mann seiner Frau untreu zu werden.

Wie in den Expositionen überhaupt vermischen sich hier Momente der Verherrlichung mit solchen der Apologetik. Als anstößig wurde empfunden, daß von der Stammesmutter eine Geschichte über ihre Unfruchtbarkeit, vom Stammesvater, daß er einst eine Ägypterin zur Frau nahm, erzählt wurde[45]). Doch sind solche Paradoxien leicht überwunden, indem in der Wiedererzählung die Sache sich durch Psychologisierung erklären läßt[46]) und durch rhetorische Wendungen in eine Lobschrift verwandelt werden kann. Wichtig ist, daß die Charakterisierung, obwohl idealisiert, durchaus die der historischen Persönlichkeit bleibt. In dieser Auslegung befindet sich keine Symbolik, keine Etymologie, keine Forschung nach einem tieferen Sinn der Schrift. Der Fokus des Interesses besteht einfach darin, das Vorbildliche der Patriarchen bzw. Patriarchenfrauen zu klären.

B. *Die Weisheitsallegorie*

Da die Weisheit in anderen Schriften Philos als eine überweltliche Größe von soteriologischer Bedeutung aufgefaßt wird, die am Ende des Weges zur Schau Gottes ihre Funktion hat[47]), wird es vielleicht überraschen, daß eine Schicht der Auslegungstradition, in der Philo steht und mit der er noch arbeitet, die Patriarchenfrauen als Weisheit verstanden hat. Diese Schicht der Bibeldeutung kann Weisheitsallegorie genannt werden, da die historische Persönlichkeit völlig in die neue Charakterisierung „Weisheit" aufgenommen wird.

---

[44]) Der frühere Ausdruck dürfte ζηλοτυπία (Abr 249) statt φθόνος (Quaes Gen III 20; Congr 13) gewesen sein; φθόνος scheint ein Weisheitsmotiv zu sein und wird der Auslegungsschicht der Weisheitsallegorie zuzurechnen sein.

[45]) Dazu kommt, daß nach griechischer Anschauung die Vollehe nur mit einer freien Bürgertochter möglich ist und nach jüdischer Anschauung jeder Geschlechtsverkehr nur durch die Absicht seine Legitimation erhält, echtbürtige Kinder zu zeugen. Vgl. ADLER-HEINEMANN, *Werke* VI, S. 3-4. Wenn aber HEINEMANN (ebd., S. 4) meint, die ganze Schrift stehe also im Dienste der Apologetik, werden sowohl das Moment der Lobbeschreibung als auch die positive Intention der verschiedenen Allegorien verkannt.

[46]) Das Enkomium verwendet zwar psychologische Erklärungen, reduziert sie aber nicht zu Abstraktionen, die die historische Persönlichkeit verdrängen.

[47]) S. MACK, *Logos*, S. 118-122.

Im Traktat nun wird Sarah als die Weisheit (σοφία) mehrfach
gedeutet, eine Identifikation, die auch in anderen Schriften der allegorischen Kommentare zu belegen ist [48]). Problematisch für die Aussonderung einer bestimmten Auslegungsschicht ist allerdings die Tatsache, daß Sarah auch als Philosophie, Wissenschaft (ἐπιστήμη),
Tugend und Vernunft (φρόνησις) gilt. Scheidet man aber sowohl die
Deutungen, die sich auch in der Seelenallegorese finden (ἀρετή und
φρόνησις im innerseelischen Sinne), als auch diejenigen, die eigentlich
zum Thema Encyclia-Philosophie gehören (Philosophie und Wissenschaft), zunächst aus, so findet man Reste einer Auslegung, die Sarah
als Weisheit schlechthin, und zwar in ihrer Eigenschaft als Lehrerin,
vorgestellt hat. Die betreffenden Abschnitte im Traktat sind die
Paragraphen 12-14. 63-68 und 122-127.

Die Ansatzpunkte im Bibeltext treten deutlich hervor. Es sind die
Sätze: „Gehe hin zu meiner Sklavin", „Abraham gehorchte" und
„er ging zur Hagar hinein". Die Geschichte Gen 16,1-6 wird also
nicht mehr als Enkomium gelesen, sondern wird zum Bild einer
Verhandlung, die durchaus positiv das Moment des Umgangs mit
der Weisheit widerspiegelt. Sarah wird die sanfte, menschenfreundliche
Weisheit, die ihren Schüler einlädt; Abraham wird der gehorsame
Schüler. Hauptmetapher des Lernens ist die Synousia. Die Auslegung
vollzieht sich ohne Etymologie, ohne weitere allegorische Begrün-
dungen, ohne auf seelische Vorgänge bezogen werden zu müssen.
Das Verfahren ist einfach die Identifizierung der beiden Figuren.
Die literarische Form ist eine beschreibende Wiedererzählung der
Geschehnisse der Bibelgeschichte nach dem neuen Ethos, das mit der
Identifikation gegeben ist.

Daß es tatsächlich solche Auslegungen gegeben hat, die unmittelbar
von der Bibelerzählung in Weisheitsallegorie übergehen, zeigt sich in
ähnlichen Deutungen von anderen Frauen des Pentateuch, insbesondere
von Rebekka und Tamar, für welche voll ausgebaute allegorische
Erzählungen zu belegen sind [49]). Rebekka wird sogar zu einer Art
Modell und Vorbild des vollkommenen Lehrers (als Lehrerin!). Weisheitliche und romanhafte Züge sind nicht zu verkennen.

Die Konsequenzen für die Charakterisierung Abrahams sind erheblich. Ist er im Enkomium in jeder Handlung verherrlicht als derjenige,

---

[48]) Vgl. Leg All II 82; Cher 3-10. 41. 46. 49-50; Quod Det 124; Post 78; Fuga 166;
Mut 264; Quaes Gen III 20-34. 60. 67. 73.
[49]) Zu Tamar vgl. Quod Det 137; Fuga 149-156; Mut 134-136. Zu Rebekka vgl.
Post 132-153; Congr 36-38; Fuga 194-196; Quaes Gen IV 94-114.

der schon weise, tugendhaft und fromm ist, so wird er nunmehr zum
Schüler, der noch weisheitsbedürftig ist, der durch die Begegnung mit
der Weisheit noch etwas zu lernen hat. Das kann er natürlich tun,
aber nur sofern seine Lehrerin eben die Weisheit ist. Man sieht, daß
in dieser Auslegungsschicht die kraftvolle, letzten Endes mythologische
Figur der Weisheit zur Hauptperson im Spiel der Bibelgeschichte
geworden ist.

C. *Die Encyclia-Allegorie*

Das Thema des Traktates steht in sehr enger Verbindung zur Weisheitsallegorie, ist aber davon deswegen zu unterscheiden, weil die
Deutungen von Hagar und Sarah auf die Encyclia und die Philosophie
zunächst auf ganz bestimmte und bekannte Gegebenheiten der hellenistischen Kultur bezogen sind. Abraham bleibt noch Schüler, Sarah
und Hagar aber werden Zeichen für die Ausbildungsstufen des hellenistischen Schulsystems. Trotz des Versuches, im Abschnitt §§ 20-23
die Deutung von Hagar als Paideia durch etymologische Allegorese
zu unterstützen, beruht die Deutung nicht auf dieser, sondern einfach
auf einer sachlichen Analogie von den zwei Frauen des Schülers
Abraham zu den zwei Stufen der hellenistischen Ausbildung. Im Fokus
steht hauptsächlich die Encyclia als nötige Vorstufe der gesamten
Ausbildung, die aber, wie man in den Paragraphen 11. 15-19. (63-68)
und 74-80 leicht bemerken kann, mehr thematisch, d.h. von der Sache
selbst, als allegorisch, d.h. vom Text her, ausgearbeitet und entwickelt
wird.

Die wiederholte Betonung von der Unentbehrlichkeit der Encyclia
sowie die schön thematisch und doxographisch aufgebauten Stücke
über sie zeigen, daß die Analogie einst durchaus positiven Sinn hatte.
Da thematische Abhandlungen über die Encyclia ohne Bezugnahme
auf den Pentateuch durchaus möglich sind, wird die Kraft der Allegorie
einfach darin bestehen müssen, eine solche Widerspiegelung bekannter
Gegebenheiten im Text des Pentateuch zu entdecken. Das bedeutet
einerseits, daß der Text des Pentateuch nicht mehr als Geschichte
gelesen wird, sondern als eine Art Verfassung der Ordnungen der
Welt zu betrachten ist, die allerdings enigmatisch als Allegorie geschrieben worden ist. Andererseits bedeutet es, daß die jüdische
Gemeinde Alexandriens sich wirklich dafür interessierte, die jüdische
Überlieferung mit der hellenistischen Bildung auf diese Weise zu
vereinbaren.

D. *Die Seelenallegorie*

In seiner jetzigen Fassung ist der Traktat als Seelenallegorese intendiert, die frühere Schichten der Auslegungsgeschichte einfach aufgenommen und als Aussagen über das Individuum und seine Seele
verstanden hat. Jetzt verlieren die Persönlichkeiten der biblischen
Erzählung nicht nur ihre historische Wirklichkeit, sondern auch ihre
deutlich begrenzten und in den früheren Auslegungen konsequent
durchgeführten Charakterisierungen und Deutungen, um Chiffren
seelischer bzw. religiöser und ethischer Vorgänge zu werden. Der
Form nach vollzieht sich die Allegorese in einer Reihe von Abschnitten,
in denen der Text bzw. ein Textteil zitiert, die Symbolik gegeben
und die Auslegung begründet wird. Hier findet man endlich die
Etymologie sowie die technische Terminologie und das Strukturmodell
der Begründungsallegorese[50]). Man sieht, daß die biblische Erzählung
nicht mehr als eine einheitliche, eindeutige, selbst eine allegorisch
eindeutige, Episode gelesen, sondern als Behälter von enigmatischen
Sätzen, grammatischen Merkwürdigkeiten und symbolischen Wörtern
betrachtet wird, die durch Allegorese lehrt, wie man sich selbst und
das Geschick seiner Seele zu verstehen hat.

IV. DIE ENTWICKLUNGSGESCHICHTE DER AUSLEGUNGEN

Die Analyse hat ergeben, daß vier Interpretationen von Gen 16,1-6
sich rekonstruieren lassen, die als Auslegungen für sich mit eigener
Methodik und Intention zu betrachten und in eine Entwicklungsgeschichte einzureihen sind. Für die Reihenfolge der Schichten in
der angegebenen Form, eine Reihenfolge, die im Grunde sowohl
chronologische als auch logische Qualität hat, spricht nicht nur die
Sinnhaftigkeit der Entwicklung von relativ gesehen einfacheren zu
mehr komplizierten Deutungen, sondern auch die Tatsache, daß jede
folgende Schicht die vorangehende voraussetzt. Die Weisheitsallegorie
setzt also das anthropologische Interesse an den Patriarchengeschichten
und deren Bewertung als eine Art Vorbild des exemplarischen Lebens

---

[50]) Die Etymologie ermöglicht die Psychologisierung und Ethisierung von Menschen-
typen der Bibelgeschichte und steht im Dienste der Seelenallegorese. Die Frage nach
dem Anfang, nach der Entwicklung und Verwendung der Etymologie bedarf erneuter
Untersuchung. „Analogische Verfahren" umfassen verschiedene „logische" Methoden,
durch welche sich analogische Verhältnisse bestätigen lassen. Geläufig bei der Begründungsallegorese sind: Diairesen mehrerer Arten, Vergleiche, Metaphern, analogische
Syllogismen (Wie bei ..., so auch bei ...), dialektische Inversionen usw.

voraus. Die Analogie Hagar-Encyclia setzt ihrerseits die Weisheitsallegorie voraus usw. Es fragt sich daher, ob diese Schichtung des
Traktates etwas zur Rekonstruktion der Entwicklungsgeschichte der
alexandrinischen Exegese überhaupt beitragen kann. Um dieser Frage
nachzugehen, muß natürlich die Forschungsbasis auf die Breite des
ganzen Pentateuch und des gesamten philonischen Schrifttums erweitert
werden. Hier kann daher nicht der Ort sein, Thesen zu entwickeln
und zu begründen. Trotzdem wird es lehrreich sein, einige Beobachtungen und Vorschläge zu wagen.

A. *Das Enkomium*

Die Wiedererzählung der Patriarchengeschichten als Enkomien wird
man als eine frühe Form der Bibelauslegung zu betrachten haben.
Die Interpretationselemente bestehen darin, daß die Patriarchen durch
Verherrlichung und Idealisierung neu geschildert werden und der
Pentateuchtext durch Apologie und Wiedererzählung umgedeutet wird.
Im Kontrast zum allegorischen Verfahren aber ist die Art der Interpretation noch sehr einfach. Von einer Schrift-Deutung-Dialektik kann
wenigstens kaum die Rede sein, denn die neue Lobschrift könnte so
konzipiert werden, daß sie ihre Bedeutung ganz eigenständig besitzt,
ohne in ihrem Verhältnis zum Pentateuch als dessen Deutung erkennbar
zu sein. Es läßt sich sogar fragen, inwieweit der Pentateuch schon
als eine besonders geartete, etwa exklusive oder inspirierte, einheitliche
Autoritätsbasis überhaupt betrachtet worden ist.

Für die Frage nach den Ansätzen dieser Auslegungsart wird man
aus der frühjüdischen Literatur die Targumim, Midraschim und para-
phrasierenden Wiedergaben der Patriarchengeschichten, wie sie etwa
im Jubiläenbuch und bei Josephus vorkommen, zum Vergleich heranziehen müssen. Da aber in Form, Sprache und Inhalt die in der
alexandrinischen Tradition entstandenen Lobschriften deutliche Verbindungen zu den hellenistischen Biographien und Panegyriken auf-
weisen, wird man für die weiteren Fragen nach Form und Funktion
auch dieses literarische Gebiet zu untersuchen haben[51].

Sehr früh, wenn nicht sogar maßgebend für die alexandrinischen
Enkomien verwendet scheint die hellenistische Begrifflichkeit von der
Tugend (ἀρετή) zu sein. Hier sieht man ein sehr wichtiges sprachliches
Indiz für die Frage nach dem Ansatz und der Eigenart dieser alexan-

---

[51]) Vgl. A. PRIESSNIG, Die literarische Form der Patriarchenbiographien des Philon
von Alexandrien, in: *Monatsschrift für Geschichte und Wissenschaft des Judentums* 73
(NF 37) (1929), S. 143-155.

drinischen Auslegungsart. Aber auch früh wird der hellenistische Tugendbegriff dadurch erweitert, daß der Frömmigkeit (εὐσέβεια; πίστις), gemeint ist die jüdische, ausdrücklich unter den verschiedenen Tugenden der höchste Rang beigemessen wird[52]. Es entstehen also in den Enkomien schöne, literarisch ausgemalte Bilder des religiösen Lebens, die sicherlich zu einer frühen Zeit außer einer apologetischen auch eine durchaus allgemein positive Funktion als Vorbilder gehabt haben müssen[53].

Der Umfang der ersten Deutungen dieser Art liegt noch im Dunkel. Zu vermuten aber ist, daß die ersten Lobschreibungen nur auf gewisse Hauptgestalten der biblischen Geschichte beschränkt waren, zu denen natürlich die Figur des Abraham zu rechnen ist[54]. Im Laufe der Entwicklung aber wurden die Enkomien zu Bausteinen eines großartigen Auslegungssystems, das unter den Werken Philos die Expositionen des Gesetzes bestimmt. Innerhalb dieses Schemas, das von der Schöpfung der Welt nach dem Gesetz bis zur Gesetzgebung nach der Ordnung der Welt den Pentateuch als eine Ganzheit erfaßt und deutet, spielen nun die Enkomien eine wichtige Rolle. Durch die Lobschrift wird die Möglichkeit gegeben, die Patriarchengeschichten in dieses Schema so einzureihen, daß sie die Vorbilder eines Lebens nach diesen Gesetzen darstellen können[55]. Dadurch werden also die Expositionen des Gesetzes gerade vom anthropologischen Fokus der Enkomien bestimmt.

Woher aber dieses Schema? Denn hier zeigt sich eine tiefgreifende Reflexion über das Verhältnis von Gesetz und Schöpfung, und zwar in der Form von geschriebenem Gesetz und Naturgesetz. Hier zeigt sich auch die hellenistische Begrifflichkeit von der Physis und dem Leben nach der Physis (βίος κατὰ φύσιν; ἀκολουθία τῆς φύσεως; ἀκολουθεῖν τῇ φύσει) als fest eingebürgert. Das alles aber weist auf

---

[52]) Vgl. Abr 60 (die Frömmigkeit sei die höchste Tugend); 270 (das Vertrauen auf Gott sei die Königin der Tugenden).

[53]) Der Traktat De Abrahamo besteht aus einer Reihe solcher Enkomien, zu denen allerdings allegorische Deutungen hinzugefügt worden sind. Aber die allegorischen Deutungen lassen sich leicht von den Enkomien trennen, da sie bewußt unter Verwendung von technischen Terminologien der Allegorese eingeleitet werden. Übrig bleiben die Enkomien, die so geordnet sind, daß jedes eine spezifische Tugend veranschaulichen soll. S. oben, S. 27 Anm. 12.

[54]) Impulse dafür dürften aus der Konkurrenz erwachsen sein, die mit dem hellenistischen Synkretismus gegeben war. Vgl. die bedeutende These von M. BRAUN, *Griechischer Roman und hellenische Geschichtsschreibung* (Frankfurter Studien zur Religion und Kultur der Antike VI), Frankfurt a.M. 1934. Die Patriarchen wurden als Heroen der Frühzeit und Vorbilder jüdischer Frömmigkeit geschildert.

[55]) Vgl. Abr 1-6.

weitreichende und sehr komplizierte Entwicklungen im Bereich der Kosmotheologie hin, wie sie in der Weisheitstradition und anderen Strömungen der alexandrinischen Allegorese zu finden ist[56]). Man müßte daher annehmen, daß zwischen den ersten Enkomien und deren Schematisierung in den Werken Philos ein Einfluß seitens dieser Traditionen mitgewirkt hat.

Man sieht, daß die Auslegungen der Patriarchengeschichten eine reichhaltige Entfaltung hatten, um aus vorallegorischen Ansätzen, unter dem Einfluß von Vorstellungen, die der späteren Allegorese selbst entnommen wurden[57]), zum Schema der Expositionen in den Werken Philos zu gelangen. Trotz dieser langen Entwicklung aber ist festzustellen, daß die Charakterisierung der Patriarchen als historische Persönlichkeiten, im Kontrast zu den Deutungen der Allegorien, konsequent bis zum Ende durchgehalten wird. Dieser Unterschied ist Philo selbst bewußt, da er ausdrücklich, in den Expositionen und in den Quaestiones, zwischen den beiden Auslegungsarten mit der technischen Terminologie τὸ ῥητόν - τὸ πρὸς διάνοιαν (das wörtliche Verständnis – das tiefere sinnmäßige Verständnis) unterscheidet[58]).

---

[56]) Anzunehmen ist, daß zu einer frühen Zeit die weisheitliche Ordnung der Schöpfung im Sinne der griechischen Begrifflichkeit des Kosmos verstanden wurde. Durch Identifizierung der Weisheit mit der Torah (seit Sir 24) wurde dann die Grundlage für eine Deutung des gesamten Pentateuch gegeben, die zeigt, daß die Schöpfungsordnung gänzlich dem Gesetz des Mose entspricht.

[57]) S. unten, S. 49 Anm. 66 und 67 zur These einer frühzeitigen Entwicklung in der Weisheitstradition, derzufolge die Weisheit als Physis verstanden wurde.

[58]) In diesem Zusammenhang werden allerdings Enkomienmotive stets in die wörtlichen Deutungen einbezogen, und zwar nach einem bestimmten Schema, nach dem die wörtliche Deutung einen Patriarchen als Menschen (ἀνήρ, ἄνθρωπος), die allegorische ihn dagegen als Symbol der Seele behandelt. Nichtsdestoweniger ist es nicht sachgerecht, die Gattung Enkomium mit der wörtlichen Deutung schlechthin zu identifizieren. Erstens nicht, da Philo unter „wörtlicher Deutung" eine ganze Reihe von Fragen behandeln kann, die nicht unbedingt zur Gattung des Enkomiums gehören; zweitens nicht, da die Gattung gar keine wörtliche Wiedergabe darbietet, sondern wirkliche Deutung und eigene exegetische Verfahrensmethodik aufweist. Wie es scheint, hat Philo die Unterscheidung τὸ ῥητόν - τὸ πρὸς διάνοιαν einfach dazu benutzt, zwei exegetische Traditionen bzw. Deutungsarten, wenn sie zu derselben Stelle des Pentateuchtextes Auslegungen liefern, als zwei Deutungsstufen nacheinander einzureihen, ohne das Enkomium selbst dadurch richtig charakterisieren zu wollen. Trifft dies den Sachverhalt, so ist das Schema von zwei Deutungsstufen als eine relativ späte, etwas künstliche Entwicklung zu betrachten, die endlich in den Quaestiones, aus irgendeinem Interesse, etwa für die katechetische Pädagogik, sogar zum System für eine Art Archiv geworden ist. Dort in den Quaestiones kann man sehen, wie Erwägungen zum Text sowie mehrere allegorische Deutungen, manchmal sehr verdichtet und ohne die normale Begründung, einfach nacheinander eingetragen werden. Verlockend wäre es, hier einzusetzen, um die verschiedenen Auslegungsarten und allegorischen Traditionen aus-

Nun hat diese Studie gezeigt, daß auch in den allegorischen Kommentaren Reste einer vorallegorischen, enkomiumartigen Auslegung
zu finden sind. Das bedeutet, daß auch für die andere Entwicklung,
die wir noch zu verfolgen haben, die endlich in die Seelenallegorese
ausläuft, das anthropologische Interesse des Enkomiums zu den Fak-
toren hinzuzurechnen ist, die die Anfänge bestimmen. Es ist wenigstens
klar, daß ohne dieses Interesse als Voraussetzung der Anfang der
Weisheitsallegorie kaum zu verstehen ist.

B. *Die Weisheitsallegorie*

Das Überraschendste, das aus dieser Studie hervorgewachsen ist,
dürfte wohl die These von der Weisheitsallegorie sein, die, wie es
scheint, in der Auslegungstradition eine Schicht für sich darstellt.
Die Methodik der Allegorese ist zunächst ganz einfach: Eine Figur
der Bibelgeschichte wird mit der Figur der Weisheit identifiziert. Aber
das Neue dieses Verfahrens — die Anerkennung der Ähnlichkeit der
beiden Figuren, die schöpferische Tätigkeit des Identifizierens, die
Kühnheit der Bibelinterpretation und die Kraft der daraus sich er-
gebenden Allegorie —, das ist ein Vorgang, dessen Bedeutung noch
zu untersuchen ist [59]). Die Identifikation hängt von der vorgegebenen
Bedeutung der Weisheit selbst ab, ohne die eine Deutung auf sie
keinen Sinn hätte. Was aber war diese Bedeutung? Und was für
einen Impuls müßte man annehmen, der ein solches Verständnis des
Pentateuch veranlaßt hätte?

Die Figur der Weisheit ist sicherlich die mythologische der Weisheitstradition. Die betreffenden Mythologumena sind alle entweder
darin zu belegen oder in weiteren hellenistischen Traditionen zu suchen,

---

zusondern. Wegen der Verdichtung und Verkürzung der Deutungen aber und der zu
vermutenden späten Datierung der betreffenden Abfassungsart wird man hier den
einzelnen Auslegungsarten für sich und im Vergleich zu anderen nicht gerecht. Selbst
wenn die Quaestiones manche Neuheiten, Erklärungen und wichtige Zeugnisse für
Deutungen aufzeigen, die nicht schon in den Expositionen oder allegorischen Kommentaren bekannt sind, wird man eher, will man nach den Auslegungsarten und
ihrer Entwicklungsgeschichte fragen, zuerst eine formkritische Analyse in den Expositionen und Allegorien selbst versuchen müssen.
[59]) In der religionsgeschichtlichen Forschung wird mehrfach von „Identifikation"
gesprochen. Dies ist aber ein Verfahren, das immer noch keine ausreichende Erklärung
gefunden hat. Bei der „Identifikations- bzw. sachanalogischen Allegorie" werden Begründungen nicht gegeben, was zur Folge hat, daß gewisse Vorstellungen vom Symbol
und der Deutung im Spiel sind, welche die Identifikation ermöglichen könnten. Das
Neue wäre eben dann die Verwandlung des früheren Ethos bzw. seiner Charakteristika
in das neue Ethos — in diesem Fall das der Sarah-Weisheit.

wie etwa in den Isismythologien und in Romanen, die sich ihrerseits der Weisheitstradition als Fundgrube bedient haben[60]. In dieser Tradition ist eine Steigerung des Interesses an der soteriologischen Anthropologie zu bemerken, das in der Sapientia Salomonis eine Vorstellung aufweist, die unsere Allegorie klären dürfte. Dort werden Belehrung und Rettung von wichtigen Figuren der Bibelgeschichte der Weisheit zugeschrieben, um eine Art Kontinuität des Heils durch den Lauf der Geschichte begreiflich zu machen[61]. Eine solche Vorstellung wird auch hinter der Weisheitsallegorese gestanden haben müssen. Hier aber, in unserem Traktat, ist die Rede nicht einfach von der Weisheit, die für die Belehrung Abrahams sorgt, sondern eben von Sarah (oder Rebekka oder Tamar usw.) als der Weisheit. Das völlig Neue ist darin zu sehen, daß die Charakterisierung von Sarah als historische Persönlichkeit aufhört, da sie nunmehr durch die Benennung „Sophia" als eine mythologische Größe behandelt wird. Natürlich darf damit gerechnet werden, daß, wie sonst in der Weisheitstradition, das Mythologische auch hier metaphorisch verstanden wurde. Nichtsdestoweniger sind die Konsequenzen für die Auslegung des Pentateuch erheblich.

Das Entscheidende ist, daß, den statischen Charakterbildern der Enkomien gegenüber, in denen die Taten der Patriarchen eben diejenige Tugend veranschaulichen, die schon als Charakterzug des vorbildlichen Patriarchen zu erwarten ist, die erzählten Taten nunmehr dynamisch gefaßt werden. Das dynamische Moment dabei ist nun die Begegnung mit der Weisheit, d.h. der Verkehr mit einer, die es zu suchen, zu finden und der es zu gehorchen gilt. Dadurch verlieren die Patriarchen ihre Vollkommenheit, um „Schüler der Weisheit" zu werden, die zwar der Weisheit würdig sind, aber noch die Weisheit zu erlangen haben. Damit ist schon implizit die Basis dafür gegeben, die Vorstellung von der Entwicklung der Seele, vom Moment der Verwandlung bzw. des Werdens, in die Patriarchengeschichten hineinzulesen, wie es in der Seelenallegorese allenthalben geschieht. Dadurch ist auch schon die weibliche Valenz der alexandrinischen Vorstellung von religiöser Erfahrung ermöglicht, wie sie in den späteren Schichten der Seelenallegorien der Patriarchengeschichten bestimmend ist[62]. Im Laufe der

---

[60]) Vgl. MACK, *Logos*, Sachregister, s. unter „Romanmotive", „Kore Kosmou".
[61]) Weish 10.
[62]) Bekannt ist die philonische Vorstellung, daß die Seele die „Samen" Gottes bzw. der Weisheit(!) „empfangen" muß. Vgl. Abr 99-102; R. A. BAER, *Philo's Use of the Categories Male and Female* (ALGHJ 3), Leiden 1970.

folgenden Auslegungsgeschichte wird also dieses dynamisch erfaßte
Moment von der Begegnung mit der Weisheit in kosmische Dimen-
sionen verlegt, mit dem Schema des Heilsweges verbunden und als
soteriologisches Moment der Verwandlung verstanden[63]. Aber der
grundlegende Gedanke der Verwandlung im Sinne eines Gelangens
zu vollkommener Weisheit dürfte seine Wurzeln schon hier im Zusammenhang der Weisheitsallegorie von den Patriarchenfrauen haben.

C. Die Encyclia-Allegorie

Das Thema des Traktates, das auch sonst in den allegorischen
Kommentaren zu belegen ist[64]), zeigt, daß die Weisheitsallegorie eine
erweiterte Allegorese ermöglichen könnte, ohne zunächst in die Seelenallegorie übergehen zu müssen. Hier wird über die Paideia der Weisheit
reflektiert, deren zwei Stufen, die Übung und das Erlangen der
Erkenntnis, auf die Stufung des hellenistischen Schulsystems analogisch
gedeutet werden[65]). Darin dürfte ein realistisches Anliegen des alexandrinischen Judentums gesehen werden, seine eigene jüdische Bildung
mit der hellenistischen zu vereinbaren.

Merkwürdig ist aber wirklich, daß es eine allegorische Deutung der
Bibel gegeben hat, die sich dafür interessierte, allgemeine, umfassende
Kenntnisse, die hellenistische Philosophie eingeschlossen, unter Wah-
rung der jüdischen Weisheit einzubeziehen und sie im Pentateuch
allegorisch wiederzufinden. Man fragt sich, wie die ungeeignete Analogie eigentlich fungierte, was für eine Rechtfertigung der Paideia
solch eine Allegorie überhaupt leisten könnte und was für eine Autorität
der Pentateuch für solche Kenntnisse haben könnte. Für die Möglichkeit
aber, daß es tatsächlich eine solche Schicht der Auslegungtradition
gegeben hat, sprechen die Verbindungen, die zwischen den Beschrei-
bungen der Paideia im Zusammenhang dieser Allegorie und Auslegungen anderer Bibelstellen bestehen, die allerdings nicht speziell
die Paideia als Institution erwähnen, aber doch die Beschäftigung mit
der hellenistischen Wissenschaft und den Wissenserwerb als Ziel des
menschlichen Strebens betrachten. Nimmt man diese Verbindungen

---

[63]) Wichtig ist, daß auch dieses kosmo-soteriologische Schema durch Allegorese
mittels der Weisheitsmythologie zu klären ist. S. MACK, Logos, S. 118-122. 133-141;
ders., Imitatio Mosis : Patterns of Cosmology and Soteriology in the Hellenistic Synagogue,
in: Studia Philonica I (1972), S. 27-55.

[64]) Vgl. Cher 3-10; Sacr 43f.; Post 130; Fuga 2. 213; Mut 255. 263; Somn I 240;
Leg All III 244.

[65]) Die encyclische Bildung (ἐγκύκλιος παιδεία) galt als notwendige Vorschule
(προπαίδευμα) der Philosophie.

wahr, so wird die Encyclia-Allegorie zum Ausdruck dieser Strömung. Die Anziehungskraft der alles umfassenden Weisheit für breite Kreise des hellenistischen Judentums ist sicherlich groß gewesen. Philo selbst nimmt daran teil und zeigt öfters eigene Erudition, indem er gern Beobachtungen aller Art von der Welt der Natur, des menschlichen Lebens sowie theoretische Kenntnisse vom Kosmos und der Psyche äußert und durch Allegorese dem Pansophos Moses zuschreibt. Wie es scheint, ist eine Entwicklung anzunehmen, die von Voraussetzungen in der Weisheitstradition, nach denen die Ordnung der Schöpfung und die Intention der Torah eins sind, über die Explizierung der mythologischen Weisheit durch die Begrifflichkeit der Physis[66]) bis zu Vorstellungen von der Weisheit als der Kenntnis aller Dinge verläuft. Diese Vorstellungen dürften wohl manche allegorische Arbeiten vor Philo bestimmt haben[67]), blieben noch für ihn zum größten Teil in Geltung, werden aber von ihm dadurch umgedeutet, daß die Sophia nicht mehr die Philosophie, d.h. die Kenntnis aller Dinge sei, sondern eben die Kenntnis bzw. das Bekenntnis des einen Gottes. Darin sieht man schon das Wesen der Spannung zwischen der Encyclia-Allegorie und der Seelenallegorie, die zu den Unstimmigkeiten der Schichten im Traktat geführt hat.

D. *Die Seelenallegorie*

Im Traktat wird nun Abraham zum Symbol des Nous, Hagar der Aisthesis und Sarah der Episteme. Der Nous soll erst durch Verkehr mit der Sinneswahrnehmung endlich zur Erkenntnis gelangen[68]). Man

---

[66]) Schon bei Aristobul wurde die Begrifflichkeit der Physis dazu verwendet, eine anti-anthropomorphische Erklärung der biblischen Aussagen über Gott zu geben. Vgl. STEIN, *Allegorische Exegese*, S. 6-15. Der Physisbegriff spielt in den Werken Philos eine erhebliche Rolle und bedarf eingehender Untersuchung. Wichtig ist, daß wider Erwarten die Physis gar keine Rolle in der Sapientia Salomonis spielt und daß ihre Begrifflichkeit gegenüber Philo mehrmals eine merkwürdige Ambivalenz aufweist. Zu vermuten ist, daß sie von Kreisen verwendet wurde, denen Philo kritisch gegenübersteht.

[67]) Wie es scheint, hat die Identifikation von Weisheit und Physis zur Vorstellung einer diesweltlichen Anwesenheit Gottes geführt, die sowohl eine allegorische Deutung der Urväter als auch eine Soteriologie der Erkenntnis ermöglichte. In bezug darauf sind die „Physiker" und „Chaldäer" zu untersuchen. S. MACK, *Logos*, S. 124-133.

[68]) Diese Umdeutung der früheren Allegorien in bezug auf erkenntnispsychologische Vorgänge dürfte im Zusammenhang mit dem schon erwähnten Deutungssystem vorgekommen sein, das die weisheitliche Struktur der Welt mit der Begrifflichkeit der Physis ausgearbeitet hat. Dafür sind sowohl die erkenntnispsychologischen Kategorien von Nous und Aisthesis als auch die Deutung der Weisheit auf ἐπιστήμη passend. Reste dieser Schicht der Auslegung finden sich in Congr 20-21. 45-50. 63-64. 79. 121-122. 139-150 und 154-156. Diese Deutung hat Philo verdrängt und verarbeitet, da seiner Meinung nach die zu suchende Erkenntnis eben nicht die des Kosmos aisthetos

sieht, daß die Stufung der Weisheitsallegorie und der Encyclia-Allegorie
eine Psychologisierung erfahren hat, die, obwohl nicht sofort verständlich, da es noch nicht klar ist, wie Verkehr mit der Sinneswahrnehmung zur Episteme führen müßte, doch eine gewisse Ange-
messenheit zeigt. Bliebe die Analogie dabei, könnte sich eine schöne,
konsequente Allegorie entfalten, die im Einklang mit dem Verständnis
von der Weisheit als der Erkenntnis aller Dinge steht. Es bleibt
aber nicht dabei. Denn die Erkenntnis, für die Sarai Symbol ist,
schreibt Philo in seiner Wiederbearbeitung nur der niedrigeren Stufe
der Seelenentwicklung zu. Die höhere Weisheit (Sarah) wird nur auf
einer noch höheren Stufe erreichbar. Nunmehr soll Abraham (die Seele)
erst die Kenntnis von den spezifischen Tugenden erfahren, um nachher
zur Weisheit als Vollkommenheit und Schau Gottes zu gelangen.

Diese Inkonsequenz weist auf eine Spannung zwischen zwei Deutungssystemen hin. Das eine ist die Deutung der Weisheit als Philosophie oder Erkenntnis aller Dinge, die in der Allegorie Encyclia-
Philosophie und deren Psychologisierung zum Ausdruck kommt. Das
andere aber ist eine Deutung der Weisheit Gottes auf die Kosmo-
Soteriologie — eine Deutung, die eine lange Entwicklung als Weis-
heitstheologie erfahren hat[69]. Am Ende dieser Entwicklung befindet
sich die kosmische Weisheit im Himmel, als Ziel des Heilsweges der
Seele. Dieser Weg kennt zwei Etappen: Erwerbung der menschlichen
Weisheit bzw. Tugend; Erreichung der himmlischen Weisheit bzw.
Vollkommenheit. Wenn es also heißt, daß Sarah die Weisheit bzw.
Tugend bedeutet, so sind die Nebenbedeutungen von den zwei Systemen
schon im Spiel.

Die späteste Schicht der Allegorisierung ist von dem Deutungssystem des kosmo-soteriologischen Heilsweges bestimmt und fordert
eine Psychologisierung, die die früheren Allegorien zur Perikope über
Hagar und Sarah zerbricht. Nun wird Hagar zum Zeichen der ersten
Entwicklungsstufe der Seele überhaupt, die Sarah-Stufe zum Zeichen
der Vollendung als Schau und Erkenntnis Gottes. Die Zweistufigkeit
der älteren Auslegungen wird beibehalten als Schema, aber die Deu-

---

durch die Fähigkeit des Nous, sondern die des transzendenten Gottes durch die Eingabe
seiner Weisheit ist. Für die Rekonstruktion dieses Auslegungstyps ist der schwierigen
Frage nachzugehen, wie er sich zum Bereich des Ethischen verhält. Denn ohne eine
Bezugnahme auf die religiös-ethische Bedeutung der Erkenntnis wäre eine solche Auslegung als jüdische Tradition kaum vorzustellen. Zu vermuten ist, daß es auch bei
diesem Auslegungssystem eine Vorstellung von der Tugend gegeben hat, die sich
allerdings mit der Physisbegrifflichkeit in Verbindung bringen ließ.

[69]) MACK, *Logos*, passim.

tungen in bezug auf die zwei Stufen des Heilsweges bewirken eine Verschiebung der Deutungsfelder, in denen die Ereignisse nunmehr stattfinden. Alles, was zur ersten Stufe des Heilsweges gehört, kann nun unter dem Zeichen Hagar (oder Sarai!) eingetragen werden : Zeit der Probe, der Entscheidung, des Kampfes zwischen Lust und Tugend, des Lernens, Hörens, Gehorchens, der Übung von Tugenden usw. Das, was zur Vollendungsstufe gehört, kann nun unter dem Zeichen Sarah eingereiht werden: Ruhe, Sieg, Schau, Freude in der Gegenwart von Gottes Weisheit am Ende des Weges.

Daher verlieren die biblischen Figuren ihre eindeutigen symbolischen Äquivalenzen, um Chiffren für verschiedene Aspekte des Geschicks der einen Seele zu werden. Da diese Geschichte der Seele aber durch eine Interpretation vorhanden ist, die vom Pentateuch als einer Ganzheit ausgeht (Exodus-Weg / Kosmos-Weg usw.), brauchen die vereinzelten Perikopen nicht mehr als Einheiten für sich konsequente Allegorien zu liefern. So kann z.B. im Laufe des Traktates Hagar, die eigentlich nur als Zeichen gewisser Erfahrungen der Seele zu verstehen ist, zum Symbol der Seele selbst werden, die von ihrer Herrin, der Sophia, gezüchtigt wird(!) — eine Deutung also, die die Einheitlichkeit der Geschichte und ihrer früheren Interpretationen völlig unbeachtet läßt.

Mit dieser Freiheit, in jeder kleinsten Merkwürdigkeit des Textes eine Deutung in bezug auf das schon ausgearbeitete, bewußte und vorhandene Muster des Seelenweges wieder zu „entdecken", ist aber die alexandrinische Exegese schon in die Gefahr geraten, statt Theologie eine Erudition der Spitzfindigkeit zu treiben. Damit aber wäre wirklich die Auslegungsgeschichte zu Ende.

V. Zusammenfassung

Die Studie hat versucht, an Hand einer Analyse des Traktates De congressu eruditionis, die mehrere Schichten von Auslegungen der Erzählung von Sarah und Hagar ermittelte, zu zeigen, daß durch Erwägungen struktureller Art die Rekonstruktion der vorphilonischen alexandrinischen Auslegungstradition möglich sein dürfte. Im Laufe einer langen und bedeutenden Auslegungstätigkeit wurde die Erzählung zuerst zur Lobbeschreibung des weisen und tugendhaften Stammespaares, dann zum Bild des Schülers der Weisheit, weiter zum Zeichen für den Inhalt der weisheitlichen Belehrung, um letztlich Paradigma des Seelengeschicks zu werden, das endlich zur Weisheit Gottes führt. Überdies lassen sich die literarischen Schichten des Traktates als Zeugnisse für Etappen der Auslegungsgeschichte überhaupt zeigen,

Tabelle der Ergebnisse

AUSLEGUNGSGESCHICHTE DES TRAKTATES

De congressu eruditionis

Die literarischen Schichten	Deutungen von			Die Deutungssysteme
	Abraham	Hagar	Sarah	
Enkomium	Treue		*Großzügigkeit**	Volksapologetik, Heroen-Verherrlichung
Weisheits-allegorie	*Schüler*		*Weisheit*	Weisheitsmythologie als Theologie
Encyclia-Allegorie	Schüler	*Encyclia*	Philosophie	Intellektuelle Apologetik; Korrespondenz: jüdische Begrifflichkeit und griechische Philosophie; Weisheit = Physis
Erste Seelen-allegorie	*Nous*	*Aisthesis*	Episteme	
Zweite Seelen-allegorie	Psyche	Erste Stufe (Probezeit)	Zweite Stufe (Vollendung)	Weisheits- und Logosmythologie; Kosmo-Soteriologie des Heilsweges

*) Kursiviert sind die Deutungen jeder Schicht, auf denen die Betonung, d.h. der Fokus des Interesses, liegt.

die im alexandrinischen Judentum eine sehr interessante und bedeutende Entwicklung erreichte.

Wir dürfen nun die Ergebnisse der Studie in Form einer Tabelle auf der gegenüberliegenden Seite zusammenfassen.

ANHANG

AUSLEGUNGSSCHICHTEN DES TRAKTATES
De congressu eruditionis

Die folgende Skizze beabsichtigt lediglich, die im Aufsatz besprochene Analyse zu veranschaulichen. Nur diejenigen Beobachtungen sind eingetragen, die für diesen Zweck als wichtig empfunden wurden.

Unter TEXT wird der von Philo besprochene Bibeltext bzw. Textteil nach Paragraphen des Traktates angedeutet.

Unter ENKOMIUM werden die Motive und Termine gegeben, die zur Auslegungsstufe des Enkomiums bzw. der wörtlichen Erklärung (Philo: τὸ ῥητόν) gehören.

Unter WEISHEIT werden die Motive hervorgehoben, die zur Stufe der Weisheitsallegorie gehören.

Unter ENCYCLIA werden die Behandlungen des Themas angedeutet.

Unter SEELE werden aus dem reichhaltigen Material, das noch übrig bleibt, nur diejenigen Deutungen auf die Seele bzw. die Arete hervorgehoben, die direkte Verbindungen zum Text und Thema haben.

Unter BEMERKUNGEN werden einige Beobachtungen angegeben, die für die Schichtung als wichtig empfunden wurden. Es sind die folgenden:

„Etymologie" – Zeichen einer relativ späteren Schicht der Allegorese im Dienste der „Seelenallegorie".

„Weisheitsmotive" – Zeichen dafür, daß Weisheitsmotive und -metaphern die Hauptmittel der Allegorese selbst für andere Allegorien gewesen sind.

„Allegorien" – Zeichen dafür, daß allegorische Deutungen vorausgesetzt oder verwendet werden, die ihren natürlichen Ort anderswo im Pentateuch bzw. in anderen allegorischen Systemen haben.

„Schemata" – Topoi, die in den ersten drei Auslegungsschichten nicht am natürlichen Ort sind.

Bemerkungen zur Form („Katene", „diairetischer Aufbau", „Doxographie", „Rede in der ersten Person", „Abschnitt zum Thema") verweisen auf blockartiges Material, das sich als entwickelte Form der elementaren allegorischen Verfahren ausweist.

TEXT	ENKOMIUM	WEISHEIT	ENCYCLIA	SEELE	BEMERKUNGEN ZU FORM UND VORAUSSETZUNGEN
			ALLEGORIEN DER		
§ 1	"Sarai, Frau des Abraham, gebar ihm keine Kinder. Sie hatte aber eine ägyptische Magd, die Hagar hieß. Da sprach Sarai zu Abraham: Siehe, Gott hat mich verschlossen, so daß ich nicht gebären kann; gehe zu meiner Sklavin, auf daß du von ihr Kinder zeugest." (Gen 16,1-2)				LXX nicht berücksichtigt (Ἀβραάμ statt Ἀβράμ).
§ 2 "Sarai"				→ "ἀρχή μου"	Etymologie. Schema: Vier Tugenden.
				= φρόνησις... ἡ ἐν ἐμοί = ἀρετή... ἡ ἐπὶ μέρους...	Schema: μέρος-γένος. Weisheitsmotiv: Königin.
§§ 3-10 "unfruchtbar"	= παραδοξότατον (Als Stammesmutter ward sie fruchtbar.) (Vgl. Quaes Gen III 18: so daß die Geburt Isaaks zum Wunder wird.)			→ [ἀρετή = unfruchtbar in bezug auf das Böse; sie gebiert das Gute.	Diairetische Struktur. Weisheitsmotive: Jungfrau, Gattin, Mutter.
"ihm"				→ Bekenntnis des jugendlichen Philo: "Sie gebar nun zwar, aber nicht für mich."	Die Vokabel αὐτῷ (d.h. dem Abraham) wird auf Philo und Gott übertragen.
§§ 9-11 "Sarai/Hagar"			→ Sophia/Encyclia	→ Sophia/Arete	Thema angekündigt. Thema verbunden mit der Seelenallegorie.

| TEXT | ENKOMIUM | ALLEGORIEN DER | | | BEMERKUNGEN ZU FORM UND VORAUSSETZUNGEN |
		WEISHEIT	ENCYCLIA	SEELE	
§§ 12-14	„Es sprach Sarai zu Abraham: Siehe, Gott hat mich verschlossen, so daß ich nicht gebären kann; gehe zu meiner Sklavin, auf daß du von ihr Kinder zeugest." (Gen 16,2) Das wörtliche Verständnis, d.h. die fleischliche Vermischung, wird abgelehnt.			→ Es handelt sich um σύνοδος νοῦ πρὸς ἀρετήν.	Intention angekündigt: Seelenallegorese.
	(Vgl. Abr 249 ff.: Sarah ohne ζηλοτυπία; Quaes Gen III 20: ἄφθονος; ἀπάθεια.)	Sophia macht keinen Vorwurf. Sie redet οὐ διὰ φθόνον. Sie ist αἰδός.		→ Sie wirft uns Unfähigkeit zum Zeugen nicht vor.	(Vgl. Leg All IV 244f.: Es fehlt Abraham die Zeugungskraft.) Künstliche Kombination von Weisheits- und Enkomiummotiven. Verweisung auf das Thema.
§§ 15-19			Sophia/Encyclia		Weisheitsmotive und -metaphern.
			[Doxographie der Encyclia.]		
§§ 20-23	„Ägypterin" und „Hagar"				
	„Ägypterin"		χαρακτῆρες τῆς μέσης παιδείας;	→ „Körper" = αἴσθησις.	Allegorie: Exodusweg. Allegorie: νοῦς - αἴσθησις. Hier: αἴσθησις = ἀνάγκη! Etymologie.
	„Hagar"		„Beisassentum" = „Vorläufigkeit" der Paideia (im Kontrast zur Sophia).	→	Allegorie: Exodusweg. Intention: Verbindung zwischen Encyclia- und Seelenallegorie feststellen.

| | | ALLEGORIEN DER | | | |
TEXT	ENKOMIUM	WEISHEIT	ENCYCLIA	SEELE	BEMERKUNGEN ZU FORM UND VORAUSSETZUNGEN
§§ 24-62				[Katene von Allegorien zum Thema der (zwei) Frauen: Leah und Rachel; Rebekka; Frau und Kebsweib Manasses usw.	Etymologien. Vermischte Allegorien. Schemata: διδασκαλία, ἄσκησις, φύσις. αἰσθητά - νοητά. Teilungen der Seele. Güterlehre. μνήμη - ἀνάμνησις. τέχνη - σοφία. κακία - ἀρετή. Hier: „Körper" = πάθη, ἐπιθυμία.
§§ 63-68 „Abraham gehorchte der Stimme Sarahs." (Gen 16,2)		μανθάνον ↑ ἀναγκαῖον πειθαρχεῖν ↑ ἔρως ἐπιστήμης ↑	[Abschnitt zum Thema τὸ προσέχειν in den ἀκροατήρια		LXX nicht berücksichtigt (jetzt: Σάρρα). Diairetischer Aufbau.
	Das Gehorchen Abrahams ist μόλις.				
§§ 69-70 „der Stimme Sarahs"	[Abschnitt über τὸ ἴδιον τοῦ μανθάνοντος.				Vgl. Abr 253; Leg All III 244f. Schemata der Expositionen: διδασκαλία, ἄσκησις, φύσις. μιμεῖσθαι βίον.

TEXT	ENKOMIUM	WEISHEIT	ALLEGORIEN DER — ENCYCLIA	ALLEGORIEN DER — SEELE	BEMERKUNGEN ZU FORM UND VORAUSSETZUNGEN
§§ 71-80	"Sarah, die Frau Abrahams, nahm die Ägypterin Hagar, ihre Sklavin, nachdem Abraham zehn Jahre im Lande Kanaan gelebt hatte, und gab sie ihrem Manne Abraham zur Frau." (Gen 16,3)				
	"Frau ... Frau"	πίστις Abrahams. (Vgl. Quaes Gen III 21; Virt 223) →	Zeugnis Philos: Erfahrungen von der Dienerin Encyclia.		Weisheitsmotive: ἥμερος, κοινωνικός...
			Abschnitt zum Thema des Unterschiedes zwischen Philosophie und Sophia: Sophia ist die Ehre (τιμή) Gottes.	ἀρετή = sanft usw.	Rede in der ersten Person.
					Intention: Umdeutung der Sophia-Stufe.
§§ 81-88	"nach einem zehnjährigen Aufenthalt"			Abschnitt über die Entwicklungsstufen der Seele.	Allegorie: Exodusweg.
§§ 89-121				Doxographie der Zehnerzahl in der Form einer Kette von Allegorien derjenigen Schriftstellen, die von „Zehn" reden.	Verschiedene, vermischte Schemata und Motive: Teilungen der Seele. Güterlehre. κόσμος αἰσθητός - νοητός. πάθη. σοφία; νόμος usw.

TEXT / ENKOMIUM	ALLEGORIEN DER			BEMERKUNGEN ZU FORM UND VORAUSSETZUNGEN
	WEISHEIT	ENCYCLIA	SEELE	
§§ 122-127 „Er ging zur Hagar hinein." (Gen 16,4a)		1) ἁρμόττον τῷ μανθάνοντι πρὸς ἐπιστήμην διδάσκαλον φοιτᾶν. 2) „In diesem Fall...": ὁ γνώριμος εἰς διδασκάλου βαδίξει. → 1) Oft eilt ἐπιστήμη dem Begabten entgegen. Beispiel: Leah (Gen 30,16). → 2) Bisweilen stellt sie ihre Schüler auf die Probe. Beispiel: Tamar (Gen 38,14-18).		Weisheitsmotive: „Begegnung". Stufungen.
§§ 128-134 „im Leibe tragen" (Gen 16,4b)			Abschnitt zum Thema des Gegensatzes: ἐν γαστρὶ ἔχειν - ἐν γαστρὶ λαμβάνειν. Katene von Beispielen aus der Bibel.	Romanhafte Allegorie. Verwirrende Mischung von Metaphern und Themen: ἀρετή - ἐπιστήμη. ἀρετή - κακία. προφητεία ἐνθουσίᾳ σοφίᾳ. Aufstieg der Seele. usw.
§§ 135-150 „Als sie sah, daß sie ein Kind im Leibe trug" (Gen 16,4c)	Abschnitt zum Thema des „Sehens": Das „Sehen" ist nur der höheren Stufe der verschiedenen Gegensatzpaare beizumessen: Sarah-Hagar; Philosophie-Encyclia; ἐπιστήμη - τέχνη; νοῦς - αἴσθησις.			Intention: Korrespondenz der verschiedenen Allegorien klären. Vgl. Quaes Gen III 22-23.

TEXT	ENKOMIUM	WEISHEIT	ALLEGORIEN DER		BEMERKUNGEN ZU FORM UND VORAUSSETZUNGEN
			ENCYCLIA	SEELE	
§§ 151-157					
		„Ich werde von euch ungerecht behandelt…" (Paraphrasierung, Gen 16,5)		Rede gegen diejenigen, die auf der Encyclia-stufe bleiben und die Philosophie nicht erkennen.	(Vgl. Quaes Gen III 22-25: Die Unehre vor Hagar ist scheinbar.)
	Sarah verdammte ihn nicht im voraus.	„Gott möge zwischen mir und dir richten." (Gen 16,5)			
	Abraham hat doch recht gehandelt.	„Siehe, die junge Magd ist in deinen Händen, tue mit ihr, was dir gefällt." (Gen 16,6a)	Er bekennt: Die Encyclia gilt als Sklavin; die ἐπιστήμη als Herrin.		
	Die Sklavin. Die Herrin.	„In deinen Händen"	Encyclia, bezieht sich auf σῶμα. ↑ Wissenschaft, bezieht sich auf ψυχή. ↑		
§§ 158-180		„Und sie schuf ihr Drangsal." (Gen 16,6b)		Katene von Schriftzitaten zum Thema der Zurechtweisung.	Weisheitsmotive. Allegorie: Exodusweg. Mose-Logos. ἔλεγχος. usw.
	Die Rede ist nicht über Frauen …			↑ sondern über διάνοιαι.	

HIRTE UND MIETLING JOH 10

von

PAUL-RICHARD BERGER

Der neutestamentliche Exeget im gegenwärtigen technischen Zeitalter ist nicht selten beim Verständnis seiner Texte in der gleichen Lage wie etwa heute die Schulkinder in der Großstadt, die erst lernen müssen, was Kuh und Pferd sind. Der kulturgeschichtliche Abstand zu der Zeit, aus der die neutestamentlichen Texte stammen, ist häufig so groß, daß der Exeget sich glücklich schätzen kann, wenn er aufgrund günstiger Umstände aus authentischen Quellen und auf weniger spekulativem Wege dem Textverständnis dienende kulturgeschichtliche Einzelheiten erfährt. Ein solch besonders günstiger Fall besteht beim Gleichnis vom guten Hirten Joh 10.

Obwohl das Neue Testament primär im jüdisch-palästinischen Milieu wurzelt, gehört es bezeichnenderweise nicht zu den Selbstverständlichkeiten, daß die selbständige Beherrschung der alten jüdischen Traditionen als Voraussetzung für die wissenschaftliche Arbeit am Neuen Testament gilt [1]). Das zeigt sich beispielsweise daran, daß Zitate der Tosefta innerhalb der neutestamentlichen Sekundärliteratur, da bisher eine durchgängige Tosefta-Übersetzung in einer der modernen europäischen Sprachen fehlt, sehr spärlich sind. Dieser Umstand gibt die Möglichkeit, an dieser Stelle, wenn auch nur einige wenige ergänzende [2]), gleichwohl informative Details zur Figur des Hirten zu bieten.

---

[1]) Diesem Mißstand sucht die Tosefta-Übersetzung der Publikationsreihe „Rabbinische Texte" (hrsg. nunmehr von K. H. RENGSTORF), Stuttgart 1933ff., entgegenzuwirken. Zum Problem vgl. auch unten im Kontext zu S. 67 Anm. 40 sowie diese Anmerkung selbst; ferner S. 63 Anm. 13 Ende des oberen Absatzes.

[2]) Zum Hirten in neutestamentlicher Zeit: (H. L. STRACK -) P. BILLERBECK, *Kommentar zum Neuen Testament aus Talmud und Midrasch* II, München 1924, S. 536ff.; J. JEREMIAS, *Jerusalem zur Zeit Jesu*, 3., neubearbeitete Aufl., Göttingen 1962, S. 338ff.; ders., Art. | ποιμήν κτλ, in: *ThWbNT* VI, S. 484ff.; J. D. M. DERRETT, The Good Shepherd. St. John's Use of Jewish Halakah and Haggadah, in: *Studia Theologica* 27 (1973), S. 25-50. Allgemeiner, mit Bezug auf den alten Orient: I. SEIBERT, *Hirt - Herde - König* (Schriften der Sektion für Altertumswissenschaft 53), Berlin 1969; L. SCHNITZLER, Der „gute Hirt" im Alten Orient und in der Bibel, in: *Antaios* VI/3 (1964), S. 258-274. Zu altbabylonischen Weidekontrakten: J. N. POSTGATE - S. PAYNE, Some Old Babylonian Shepherds and their Flocks, in: *Journal of Semitic Studies* 20 (1975), S. 1-21.

In der rabbinischen Überlieferung, die zum Teil zeitlich weit zurück-
reichendes Gut aus Palästina tradiert, sind auch die Stellungnahmen
der Rechtsgelehrten und theologischen Lehrer zum Problem der
Haftung eines Hirten für seine Herde erhalten.

Die Darstellungen dazu, vor allem im Talmud und in der Mischna,
aber eben auch in der Tosefta sind von unterschiedlicher Ausführlichkeit. Aus den in den rechtlichen Erörterungen vorausgesetzten
Gegebenheiten läßt sich mit Hilfe der Tosefta (speziell Tos B meṣ VIII,
15 ff.) ergänzend folgendes gegenständliche Bild des Hirten und seiner
Pflichten umreißen:

Zu den wichtigen Ausrüstungsgegenständen des Hirten gehören Stab
(*makkel*) und Ledersack (*tarmil* bzw. *turmil*)[3]), ein Lederschlauch,
der, an beiden Enden zugeschnürt, gegebenenfalls mit einem Trag-
riemen, quer über die Schulter gelegt, getragen werden kann. Beide
Gegenstände haben juristische Bedeutung[4]).

Zu der beruflichen Qualifikation des Hirten gehören Gelände- und
Ortskenntnis, zum einen, damit die Tiere nicht in zerklüftete Gebirgs-
höhen geführt werden, wo sie in Schluchten stürzen können, zum
andern, um die Tiere nicht in Gegenden zu treiben, wo bekanntermaßen
Diebe und Räuber sich aufhalten[5]). Ferner gehört zu dieser Berufs-
qualifikation das Bewußtsein der Verantwortung für die anvertrauten
Tiere, das u.a. auch Tierquälerei ausschließt[6]). Vom Hirten wird
erwartet, daß die Tiere an ihn gewöhnt und deshalb leichter zu führen
sind. Diese Eigenschaft wäre ein Argument, dem Hirten die Rettung
eines Tieres im vollen Wert zu entgelten[7]). Der Hirte muß stark und
mutig sein, so daß er wilde Tiere erfolgreich bekämpfen kann und
für Räuber ein Risiko bedeutet[8]). Man erwartet von ihm Verschwie-

---

[3]) Vgl. Tos B meṣ VIII,17; Beṣ III,17 (nur Ledersack). Vgl. dazu auch die Belege
bei M. JASTROW, *A Dictionary of the Targum, the Talmud Babli and Yerushalmi, and
the Midrashic Literature* II, New York 1950 (Nachdruck der Ausgabe New York 1903),
S. 1699b s.v. *tarmil*, mit Angaben für das Fassungsvermögen. (Ein bezahlter „Tierhüter"
ist für das ihm anvertraute Tier verantwortlich, sobald er seinen Stab und seinen
Ledersack darauf gelegt hat. Stab und Ledersack werden auch bildlich für die Minimal-
ausrüstung eines Proselyten gebraucht. Belege bei JASTROW).

[4]) S. die voraufgehende Anmerkung und unten, S. 62 Anm. 12.

[5]) Vgl. Tos B meṣ VIII,15; M B meṣ VII,10.9; b B meṣ 36a.

[6]) Vgl. Tos B meṣ VIII,15; M B meṣ VII,10. Die Tiere dürfen nicht der prallen
Sonne ausgesetzt sein (M B ḳam VI,2a). Sie werden sonst versuchen zu entweichen
(b B ḳam 56a).

[7]) Vgl. b B meṣ 93b (R.Papa). Vgl. auch ebd.,24a; Ab z 43a; Tos B meṣ II,2;
j Scheḳ 50a,64ff. (Krotoschiner Ausgabe); M B ḳam X,2b.

[8]) Vgl. Tos B meṣ VIII,16: Die Überwindung eines wilden Tieres (Wolf) oder eines
Diebes allein gelten als zumutbar. Zur Zeit einer Wolfsplage gilt nach R.Jehuda bereits

genheit, so daß er nicht durch Geschwätzigkeit Diebstahlgelegenheiten bietet[9]). Bei ihm setzt man ein Berufsethos voraus, das gegebenenfalls den Einsatz des eigenen Lebens für das anvertraute Eigentum garantiert[7]).

Zu den Berufsgefahren zählen die bereits genannten Diebe, Räuber und die zum Teil lebensgefährlichen wilden Tiere, die einzeln genannt werden: Wolf, Löwe, Bär, Panther (*nāmer*), Gepard (? *bardĕlīs*) und Schlange[10]).

Die Furcht vor den wilden Tieren wird man im Zeitalter der „sportlichen" Großtierjagd mit modernen Waffen leicht zu gering einschätzen. Die Rabbinen jedoch rechnen damit, daß allein schon das Gebrüll eines Löwen einen Hirten zur Flucht und damit zur Preisgabe seiner Herde veranlassen kann[11]). Sie sehen es bereits als möglichen Beweis einer Muthandlung an, wenn der überfallene Hirte wenigstens seine Ausrüstungsgegenstände, Hirtenstab und Ledersack, vorweisen kann und diese nicht am fluchtartig verlassenen Ort des Geschehens verblieben sind[12]). Die Verantwortung des Hirten fassen sie so weit, daß er gegen Räuber, die seine Abwesenheit, etwa zur Verproviantierung in der Stadt, abgewartet haben, im Falle seiner gerade noch rechtzeitigen Rückkehr alles nur Mögliche unternimmt, um das ihm anvertraute Eigentum zu retten[13]).

---

ein Wolf als „höhere Gewalt", die Haftung ausschließt. Ebenso auch ein bewaffneter Dieb (vgl. dazu b B meṣ 93b). Vgl. ferner M B meṣ VII,9; zwei Hunde gelten nach R.Meïr jedoch nicht als „höhere Gewalt", sofern sie von einer Seite kommen.

[9]) Vgl. b B meṣ 93bf.; z.B., daß ein Hirte bei dem Versuch, einen Dieb einzuschüchtern, unbedacht Auskünfte über die Zahl und die Bewaffnung der übrigen Hirten gibt.

[10]) Vgl. M B meṣ VII,9. Zu der Tierreihe vgl. die Belege zuvor S. 61 Anm. 7 (außer b B meṣ 93b).

[11]) Vgl. b B meṣ 93b.

[12]) Vgl. Tos B meṣ VIII,17.

[13]) Vgl. Tos B meṣ VIII,18. – b B meṣ 93b und 106a behandeln auch Fälle, daß wilde Tiere (Wolf, Löwe) während der Abwesenheit des Hirten zur Besorgung in der Stadt auf die Herde eingefallen sind. Diese Abwesenheit kann aber auch durch die Suche nach einem verlorengegangenen Schaf begründet sein, wie Mt 18,12 par. Lk 15,4 voraussetzen. — In Lk 15,4 ist das Zurücklassen der Herde in der „Einöde" (ἐν τῇ ἐρήμῳ) inhaltlich problematisch. Läßt der gute Hirte die Herde wirklich allein in der „Wüste" zurück? J. JEREMIAS hat angenommen (vgl. dazu sein Buch: *Die Gleichnisse Jesu*, 8. Aufl., Göttingen 1970, S. 133), daß die inhaltlichen Abweichungen bei den Ortsangaben (ἐν τῇ ἐρήμῳ, Lk 15,4; „auf den Bergen", ἐπὶ τὰ ὄρη, Mt 18,12) auf unterschiedlicher Interpretation des aramäischen Texthintergrundes beruhen. Ἔρημος sei hier der Weideplatz im einsamen Bergland; im Hintergrunde stehe aramäisches *bĕṭura* = im Bergland. Abgesehen von der Frage der Belege für die unterstellte Bedeutung (G. H. DALMAN, *Aramäisch-neuhebräisches Handwörterbuch zu Targum, Talmud und Midrasch*, 3. Aufl., Göttingen 1938, S. 168a: *ṭūrā'* = Berg, freies Feld [ohne

Der Hirte ist für jedes ihm anvertraute Tier haftbar und zur Rechenschaft verpflichtet [14]). Ein Verlust geht zu seinen Lasten [15]),

Beleg!]; vgl. altsemitisch, akkadisch *šadû* = *Berg*, Steppe; hebräisch *śāḏäh* = *Feld*; „sümerisch" KUR = *Berg, Land.* Man vergleiche Obadja 19, Mas. śdh ~ LXX : ὄρος?) bleibt bei dieser Erklärung der Plural τὰ ὄρη von Mt 18,12 unberücksichtigt. Darüber hinaus führt das griechische ἐπί nicht auf aramäisches oder hebräisches *bĕ*- zurück, sondern auf '*al* oder '*äl*, wenngleich auch *bĕ*- und '*al* textkritisch wechseln (vgl. dazu etwa Tos B meṣ I,19, ed. ZUCKERMANDEL), ist jedoch ἔρημος Septuaginta-Wiedergabe für hebräisches *miḏbār*. So etwa 1 Sam 17,28 (vgl. v. 20), wo David von seinem älteren Bruder getadelt wird, daß er die Schafe in dem *miḏbār* verlassen habe, bzw. gefragt wird, wem er deren Beaufsichtigung übertragen habe. Nach Jer 2,2 bedeutet *miḏbār* expressis verbis „*nicht besätes Land*". Darüber hinaus wird *miḏbār* wahrscheinlich semantisch nicht zu Unrecht vom Nominaltyp her als „*Drift*" gedeutet. Es ist darum von dem Wort *miḏbār* her keineswegs sicher, daß in jedem Fall die Sandwüste und nicht nur unkultiviertes Land gemeint ist, das für den Tieraufenthalt, zur Tierweide dient. Daß jedoch darum der Weideplatz völlig ungeschützt sein muß, ist damit nicht gesagt. Wenn aber der Hirt seine Herde verläßt, nimmt er das Risiko juristischer Nachteile (gegebenenfalls Wegfall der Schuldentlastung durch Kenntnis des Vorfalls) in Kauf. (Zur Aufsichtsdelegation vgl. zuvor 1 Sam 17,28; ferner Tos B ḳam VI,20.) Wegen der nur auf dem Umwege möglichen Überführung von griechischem ἐπὶ τὰ ὄρη in ἐν τῇ ἐρήμῳ (mit Hilfe des Aramäischen und auf textkritischem Wege) wird man eher an eine Begriffsersetzung zu denken haben: konkrete Lokalangabe (auf den Bergen; vgl. dazu die oben erwähnte Ortskenntnis des qualifizierten Hirten) und allgemeiner Aufenthaltsort (Weideland). Dafür spricht vor allem der Präpositionswechsel, von ἐπί und ἐν, der das direkte Zurückgehen auf denselben Ausdruck in Frage stellt. Eine sekundäre Traditionsebene würde sich jedoch nicht unbedingt daran kundtun, daß im Falle von primärem *bĕṭūrā'* = *auf dem Berge, auf dem freien Feld* Mt 18,12 den Plural „*auf den Bergen*" bietet. Denn der aramäische Singular kann generisch interpretiert und zu Recht durch den Plural wiedergegeben werden. Um darüber mehr sagen zu können, müßten erst alle entsprechenden Beobachtungen im ersten und dritten Evangelium untersucht sein. Derartige für die Signifikanz entsprechender Beobachtungen unerläßliche Untersuchungen liegen noch nicht vor. Dasselbe gilt für die Frage etwaiger Begriffsersetzung, für die die rabbinische Literatur mit ihren Paralleltraditionen das anschaulichste Vergleichsmaterial bieten könnte.

Nun gibt es jedoch noch andere neutestamentliche Stellen, wo sich die Begriffe „*Berg*" und „*freies Feld*" gegenüberstehen. Es handelt sich um die Perikopen von der *Berg*predigt (Mt 5,1 ff.) und der *Feld*rede (Lk 6,17 ff.). Da auch *miḏbār* in der Septuaginta-Übersetzung Jer 13,24 durch ἔρημος τόπος und Joel 2,3 sowie 4,19 durch πέδιον wiedergegeben wird, kann lexikalisch hinter τόπος πεδινός (Lk 6,17) dasselbe semitische Synonym stehen. Aramäisch *ṭūrā'* = *Berg, freies Feld* wäre durch die Parallelität von Mt 5,1 (ὄρος) und Lk 6,17 (τόπος πεδινός) geradezu handgreiflich repräsentiert. Dies setzt indes voraus, daß es sich bei Lk 6,17 ff. um ein zuvor literarisch selbständiges Stück handelt, bei dem das aramäische Ausgangswort mit seiner zweiten Bedeutung nachwirkt, zumal der voraufgehende Kontext Lk 6,12 par. zu Mt 5,1 bereits den Bergaufenthalt vorgibt. Es ist darum fraglich, ob man die auf semitischen Hintergrund rückführbare Ortsangabe Lk 6,17 als lediglich redaktionelle und kompositorische Zutat ansehen kann. Die unterschiedliche Lokalangabe für die „topographische Herkunft" der Seligpreisungen braucht sich ursprünglich keineswegs zu widersprechen, wenngleich die lexikalische Eindeutigkeit zu wünschen übrig läßt. In beiden Fällen ist jedoch auch lexikalisch ein Ort in der Einsamkeit der Natur vorausgesetzt. Entsprechendes gilt ebenso für den literarischen Vorspann zur Speisung der Fünftausend, Mk 6,32, Mt 14,13 und Joh 6,3, wo ἔρημος τόπος und ὄρος einander gegenüberstehen.

es sei denn, daß Fälle „höherer Gewalt" vorliegen [16]). Als solche Fälle nennen die rabbinischen Lehrer: Tierverlust, der über mehr als einfache Gefährdung hinausgeht, also Schaden, der den durch einen (bzw. zwei) Hund(e), einen Wolf und einen Dieb verursachten übersteigt [17]). Den mehrfachen Gefährdungen zur selben Zeit könnte der Hirte nicht jeweils einzeln entgegentreten. Als Fall „höherer Gewalt" gilt auch der unversehens eingetretene Überfall eines Raubtieres auf die zum Weiden auseinandergetriebene Herde. Dabei hätte der Hirte schon allein etwa wegen der räumlichen Entfernung zum Ort des Geschehens keine Möglichkeit zu schützendem Eingriff [18]). Weniger strenge Lehrer rechnen auch den bewaffneten Dieb zu den Fällen „höherer Gewalt" [19]).

In all diesen Fällen, die der Hirte, sofern keine Augenzeugen vorhanden sind, durch Eid zu bestätigen hat, ist er von der persönlichen Haftung frei [20]). Andererseits übernimmt er bei Schadensstiftung durch die Tiere, die ihm von verschiedenen Seiten anvertraut werden können [21]), die Haftung anstelle des Besitzers [22]).

Neben dem „Berufshirten" hat der Tierbesitzer auch die Möglichkeit, sich einen „ungelernten Tierhüter" unter den Arbeit Suchenden auf dem Marktplatz zu dingen [23]). Gegebenenfalls über seine Pflichten belehrt und wegen seiner mangelnden Qualifikation sicherlich mit geringerem Lohnversprechen bedacht, übernimmt er dieselbe Haftung. Es ist darum die Frage, ob er im Ernstfall die möglichen Gefahren überstehen kann oder, etwa angesichts seines Lohnes, bestehen will.

Eine Reihe dieser kulturgeschichtlichen Einzelheiten sind, wie sich bei Kenntnis des Gleichnisses vom guten Hirten längst zwischen den Zeilen ergeben hat, im Johannesevangelium vorausgesetzt, und zwar

---

[14]) Vgl. M B meṣ VII,8 explizit; Tos B meṣ VIII,15ff. implizit.

[15]) So auch, wenn ohne sein Zutun Tiere unter sich einander zu Schaden bringen. b B meṣ 93b nennt als Beispiel ein durch das Stoßen eines anderen Tieres vom Flußsteg ins Wasser gefallenes Tier. Vgl. dagegen jedoch ebd., 93af.: ein vom Ufer ins Wasser gestürztes Tier.

[16]) Vgl. dazu die Belege und das Mischna-Zitat zuvor, S. 61f. Anm. 8.

[17]) S. dazu oben zuvor, S. 61f. Anm. 8.

[18]) Vgl. Tos B meṣ VIII,17.

[19]) Vgl. b B meṣ 93b.

[20]) M B meṣ 10b. Allerdings ist auch der vertragliche generelle Haftungsausschluß möglich. Das gilt insbesondere für einen unbezahlten Hüter oder einen Gefälligkeit Übenden (Tos B ḳam VI, 20).

[21]) Vgl. b B meṣ 37b; vgl. auch ebd. 5a; Tos B ḳam VI,20.

[22]) Vgl. M B ḳam VI,2b; b B ḳam 56a; Tos B ḳam VI,20 (auch bei Aufsichtsdelegation an einen anderen Hirten). Zur Schadensregelung vgl. M B ḳam VI,2d; b B ḳam 58af.

[23]) Vgl. sinngemäß etwa Tos B meṣ IV,9. Vgl. auch den tierweidenden Knecht Lk 17,1.

im Vergleich mit der beschriebenen rabbinischen Tradition auf eine inhaltlich steigernde Weise. Gerade wegen dieser inhaltlichen Steigerung lassen sich die in der rabbinischen Tradition vorausgesetzten Details der Darstellung des Johannesevangeliums vorordnen. Sie können deshalb auch als charakteristisch gelten. Nicht zuletzt dürften sie ebenfalls für die Synoptiker sowie für die Zeit Jesu selbst als gegeben angesehen werden.

An das Bild vom Schafstall und dessen Türhüter, der den Hirten seine Schafe bei ihrem Namen unter den anderen Tieren herausrufen läßt, schließt die Darstellung des Johannesevangeliums (10,7ff.) ein weiteres Bild an, das dem mangelnden Verständnis der Gesprächspartner und religiösen Ordnungshüter, der Pharisäer (9,40)[24]), abhelfen soll. Danach erfüllt der Hirte dieselbe Aufgabe wie die Stalltür, die sowohl den Weg in den Schutz und die Geborgenheit wie auch den Weg zur Weide öffnet (10,9.27f.). Dadurch, daß er die ihm gehörenden Schafe nicht auf einbrecherische Weise aus dem Stall holt, sondern sie am ordnungsgemäßen Eingang ruft, so daß sie selbst kommen, unterscheidet er sich von räuberischen Vorgängern, die das Gegenteil taten und ihrer Beute das Verderben brachten[25]).

In den folgenden Versen (Joh 10,11ff.) ist dann der Hirte näher beschrieben, und hier tauchen die zuvor zusammengetragenen kulturgeschichtlichen Details auf, die durch ihren Kontrast die Aussagen verstärken. Dieser Hirte ist ein guter, d.h. ein qualifizierter und gutwilliger Hirte, der die zuvor beschriebenen Berufserwartungen erfüllt: Er führt die Tiere auf gute, d.h. auf nahrhafte, aber vor allem auch ungefährdete Weideplätze[26]). Er wäre bereit, sein Leben für das ihm anvertraute Eigentum einzusetzen (V. 11)[27]). Er flüchtet nicht vor dem wilden Tier, einem Wolf[28]), noch überlegt er — weil ihm die

---

[24]) Dementsprechend wird offenbar im Kontext des Johannesevangeliums (Joh 10,3) das Motiv des Türhüters (generischer Singular) verstanden. (Zur Bedeutung dieses Motives vgl. J. A. T. ROBINSON, in: ZNW 46 (1955), S. 233-240, speziell S. 234ff.). Die Hüterfunktion des Pharisäers bzw. der Pharisäer wird konzediert. Wenn der Singular Joh 10,3 ursprünglich nicht generisch zu verstehen wäre, könnte nur noch ein bestimmter oder ein religiöser Ordnungshüter par excellence gemeint sein (Hoher Priester).

[25]) Die intendierte Deutung wird durch die Betonung der Details angezeigt. Entkleidet man die Aussagen ihrer bildhaften Form, ist die Bezugnahme auf Hirten- bzw. Messiasprätendenten unverkennbar. Zum Einbruch eines Räubers in die Hürde vgl. M B ḳam VI,1; b B ḳam 56af.

[26]) S. dazu oben zuvor, S. 61 Anm. 5.

[27]) Vgl. dazu oben zuvor, den Kontext zu S. 61f. Anm. 5-10 und diese Anmerkungen selbst.

[28]) Der Wolf ist hier offenbar als das charakteristische Tier, das für die Gefährdung durch wilde Tiere allgemein steht, genannt (vgl. oben zuvor, S. 61f. Anm. 8). In den

Tiere anstellungsbedingt gleichgültig sind —, ob sein Lohn seinen
Einsatz rechtfertige[29]). Zwischen ihm und seinen Tieren besteht ein
vertrautes Verhältnis (10,3 ff. 14 f. 27)[30]), das räuberische und grausame
Gewaltakte ausschließt[31]). Er ist — und darin liegt die inhaltliche
Steigerung — kein gemieteter Hirte, geschweige denn ein ungelernter
oder unbezahlter, risiko-unwilliger Gelegenheitshüter[32]), sondern ein
guter, d.h., wie zuvor angedeutet, ein qualifizierter und verantwortungs-
bereiter Hirte und zugleich der Sohn des Eigentümers (V. 14 f.). Darum
wird er um so eher sein Leben für das ihm anvertraute Eigentum
einsetzen (V. 15).

Zu den Details, die eine bemerkenswerte Kenntnis des Hirtenberufs
zu erkennen geben, gehört auch das Gleichnismotiv von den „anderen
Schafen", die nicht aus dem erwähnten Stall stammen (Joh 10,16)[33]).

Indem das Hirtengleichnis Joh 10 dem Milieu eines schlecht beleum-
deten Berufs[34]) entstammt und an Vertreter einer auf besten Ruf
bedachten Personengruppe adressiert ist[35]), ergibt sich wiederum ein
inhaltlicher Kontrast, der, von den Betroffenen empfunden oder auch
wahrgenommen, Verärgerung oder Beschämung zur Folge haben kann.
Wie sollte denn schon ein Bild aus dem Leben eines sachlich kaum
zu Unrecht geistig gering eingeschätzten Berufsstandes[34]) beispielhaft
sein können? Auf der anderen Seite beschämen Vertreter einer gering
geachteten Personengruppe mit ihrem Berufsethos die exemplarisch
Frommen mit ihrem religiösen Ethos, das hinderlich ist, wenn es
darum geht, den Wahrheitsgehalt einer Rede von Gott zu erkennen.

Belegen oben zuvor, S. 62 Anm. 13, ist aus der Reihe der in Frage kommenden Tiere
(vgl. oben zuvor, Kontext zu S. 62 Anm. 10) zusätzlich der Löwe aufgeführt.

[29]) Vgl. oben zuvor, Kontext zu S. 64 Anm. 23.

[30]) Vgl. oben zuvor, Kontext zu S. 61 Anm. 7.

[31]) Vgl. oben zuvor, Kontext zu S. 61 Anm. 6. Vgl. auch oben zuvor, S. 65 Anm. 25
Ende.

[32]) Vgl. dazu zuvor, S. 64 Anm. 20. M B ḳam VI,2a erwähnt auch die Bewachung
der Tiere durch ungeeignete Personen wie Taubstumme, Geisteskranke, Minderjährige.
Tos B ḳam VI,20 fügt lahme und kranke Hirten hinzu. Hier wird auch die zu große
Herde (300 Stück) als kritischer Punkt genannt.

[33]) Vgl. oben zuvor, Kontext zu S. 64 Anm. 21 und diese Anmerkung selbst.

[34]) Außer den bei JEREMIAS (vgl. zuvor, S. 60 Anm. 2) genannten Belegen auch
Tos B meṣ II,33. Hier werden Schafhirten zu den Personen (Heiden, Schafzüchter,
Häretiker, Renegaten und Denunzianten) gezählt, denen man keinerlei positive Einschätzung zubilligt. (Vgl. dazu b Ab z 13b. 26a; Sanh 57a.) Die mangelnde Wertschätzung der Hirten seitens der rabbinischen Gelehrten wird auf der Erfahrung mit
diesen einsam und fern der „zivilisierten Welt" lebenden Menschen in Prozessen beruhen.

[35]) Vgl. oben zuvor, Kontext zu S. 65 Anm. 24. Gerade der Kontrast könnte
ein Indiz für die Ursprünglichkeit des im Text vorausgesetzten Auditoriums sein.

In diesem Punkte liegt das Hirtengleichnis Joh 10 auf derselben Ebene wie die Kindersegnung Mt 19,13 ff. par.; denn auch hier werden Geringgeschätzte, die in der Welt der Erwachsenen und deren Unaufrichtigkeiten sowie Widersprüchen wegen ihrer naiven Ahnungslosigkeit als töricht und störend angesehenen Kinder, zum Beispiel für unverfälschte Arglosigkeit genommen [36].

Das Bild von der Tür (Joh 10,7 ff.), das, wie dargestellt, dem besseren Verständnis dienen sollte, dagegen aber den Zusammenhang des Gleichnisses vom guten Hirten eher zu stören scheint, hat die Exegeten schon in früher Zeit zu Eingriffen in den Text veranlaßt [37]. Jedoch schwindet die ganze Problematik der Störung des Gleichniszusammenhanges, wenn an der betreffenden Stelle zu Recht das interpretierende Wörtchen „wie" einzufügen ist. Damit aber entspricht der neu eingeführte Vergleich ohne Vergleichspartikel alttestamentlicher Stilistik, derzufolge der „Vergleich ohne Vergleichspartikel" zu den gewohnten Erscheinungen zählt [38]. Noch viel mehr aber deutet die damit erkennbare Technik des „Vergleichs im Vergleich" auf gut hebräische, bereits alttestamentlich dokumentierte Kompositorik [39]. Es bestand demnach angesichts der Verwurzelung der Vergleichsmotive und der Vergleichstechnik im palästinischen bzw. alttestamentlichen Boden keinerlei Anlaß, die insoweit dokumentierte ‚Ursprünglichkeit' des Gleichnismotivs bzw. seiner Position in Zweifel zu ziehen [40].

Inhaltlich verdiente ein Zug des Gleichnisses an dieser Stelle noch besondere Erwähnung: die Betonung des legalen und friedlichen Herausrufens der Schafe. Es steht demnach hier der Wandel der bestehenden Verhältnisse durch Ausnutzung der legalen Wege und Möglichkeiten im Blick. Einer ‚Theorie' der Gewaltanwendung kann wohl kaum eine deutlichere Absage erteilt werden.

---

[36]) Inhaltlich vgl. auch Mt 8,5 ff. parr. (Hauptmann von Kapernaum); Mt 15,21 ff. par. (Kanaanitin); Lk 10,29 ff. (Barmherziger Samariter).

[37]) So bieten die sahidische Version und P 75 zu Joh 10,7 „der Hirte" statt „die Tür". Beide Versionen sind, da mit Korrekturen an kritischen Stellen zu rechnen ist, für die Frage nach dem ursprünglicheren Text wertlos. In der neutestamentlichen Sekundärliteratur waren in neuerer Zeit sogar Blattvertauschungen für den Text Joh 10,7 ff. angenommen worden. Vgl. im übrigen dazu die Kommentare.

[38]) Belege etwa bei C. BROCKELMANN, Hebräische Syntax, Neukirchen 1956, S. 8 § 11 b. S. 134 § 135 b. Verf. hofft, demnächst eine umfangreichere Arbeit zu veröffentlichen, in der man s. v. weitere Einzelheiten finden wird.

[39]) Vgl. Verf. ebd., s. v.

[40]) Die Zweifel, die auf der mangelnden Kenntnis, in diesem Falle der hebräischen Vergleichstechnik, beruhen, sind charakteristisch für sachferne Problemstellung.

DIE WORTFAMILIE „DIKAIOSYNE"
IN DEN PAULINISCHEN BRIEFEN

von

AARNE TOIVANEN

Die Verwendung und Bedeutung der Wortfamilie δίκαιος, δικαιοσύνη usw. im Korpus Paulinum ist ein äußerst viel behandelter und
immer noch aktueller Forschungsgegenstand[1]. Die Häufigkeit der
Wortfamilie in den paulinischen Briefen ist bekanntlich sehr groß und
wird nur von wenigen theologischen Termini übertroffen[2]. Wenn
man den Stand der Forschung betrachtet, ist festzustellen, daß die
Frage nach dem semantischen Gehalt anhand weniger und hauptsächlich theologischer Sinnkriterien besprochen worden ist[3]. Auf der
anderen Seite hat sich die Exegese einseitig auf die historischen
Aspekte konzentriert. Von den neueren Monographien ist die Studie
des Neuseeländers J. A. Ziesler eine der wenigen, die die Frage lin-
guistisch-philologisch behandeln. Er analysiert die ganze Wortfamilie
nach den Wortklassen, geht sorgfältig die alttestamentlichen, klassisch-
griechischen, intertestamentarischen und rabbinischen Parallelen durch
und setzt dann jedes Mitglied der Wortfamilie bei Paulus in irgendeine,
schon vom alttestamentlichen und jüdischen Hintergrund her bekannte
Bedeutungskategorie.

Nach Ziesler ist es bei Paulus originell, daß er mehrere herkömm-
liche semantische Komponenten verbinden kann. Z.B. sei bei den
Verben die relationale oder forensisch-deklarative, bei den Nomina
die ethische Komponente kennzeichnend. Paulus habe diese drei Inhalts-
elemente in der Weise miteinander kombiniert, daß er mit der Wortfamilie die Erneuerung des ganzen Menschen zum Ausdruck bringen

---

[1] Über die Aktualität des Themas in den 60er Jahren s. G. KLEIN, Gottes
Gerechtigkeit als Thema der neuesten Paulus-Forschung, in: *VF* 12 (1967), S. 1-11.
[2] Nach der *Statistik des neutestamentlichen Wortschatzes*, 2. Aufl., Zürich-Stuttgart
1973, von R. MORGENTHALER, dort S. 184, kommen Wörter wie πνεῦμα 120-, πίστις 91-,
χάρις 66- und δόξα 57mal und das zentrale Wort der Familie δικαιοσύνη allein 49mal
vor. Zum Textkorpus werden die Briefe 1 Thess, 1-2 Kor, Gal, Röm, Phil und Phlm
gezählt.
[3] Wenn z.B. R. BULTMANN die paulinische Rechtfertigung als „Gabe", E. KÄSEMANN
aber als „Macht" interpretiert, handelt es sich um Gesamtwürdigungen der paulinischen
Theologie.

konnte („... the whole renewal of man by God, relationally, forensically, and ethically")[4]).

Beim Lesen der Studie vom J. A. Ziesler muß man sich jedoch fragen, ob es überhaupt von Nutzen ist, Wortklassen als inhaltsunterscheidende Kriterien zu gebrauchen. In verschiedenen Sprachen können ja bestimmte verbale Kategorien die Funktion eines Adjektivs übernehmen (vergoldet pro golden; dedikaiomenos pro dikaios Lk 18,14). Auf der anderen Seite sind die Eigenschaften der Kontexte, die literarische Gattung sowie der eigenartige Stil des Apostels bei Ziesler wenig beachtet worden. Nehmen wir einige konkrete Beispiele. In 1 Kor 6,11 hat Paulus das Verb δικαιοῦν in einem ethischen Zusammenhang gebraucht; in 2 Kor 3,9 das Substantiv in einem ausgesprochen juridischen Kontext; in Gal 3,11 und Röm 2,13 scheinen sowohl das Adjektiv als auch das Verb eine gemeinsame semantische Information zu vermitteln[5]). Ziesler war augenscheinlich von theologischem Ehrgeiz erfüllt. Er wollte nämlich die reformatorische Kontroverse zwischen der protestantischen und katholischen Interpretation für immer aus der Welt schaffen[6]).

Seit dem Durchbruch der formgeschichtlichen Methode betrachtet man den „Sitz im Leben" eines Ausdrucks für die richtige Deutung als entscheidend wichtig. Die primäre Aufgabe des Exegeten ist es, den Sprachgebrauch der typischen sozialen Situationen zur Hilfe heranzuziehen. Dieser allgemein angenommene exegetische Gesichtspunkt ist auch für das Verständnis der Bedeutung der einzelnen Wörter hilfreich, wenn man sich nur an die richtige Reihenfolge hält: den Vorrang des synchronischen Aspekts bei der Behandlung der Semantik[7]). Demnach ist die sprachliche Variation in den miteinander ver-

---

[4]) *The Meaning of Righteousness in Paul* (SNTS 20), Cambridge 1972, S. 169. Leider ist der interessante Aufsatz von E. GÜTTGEMANNS, "Gottesgerechtigkeit" und strukturale Semantik, in: ders., *studia linguistica neotestamentica* (BEvTh 60), München 1971, S. 59-98, auf einen syntagmatischen Ausdruck begrenzt.

[5]) S. R. C. TANNEHILLS kritische Besprechung in *JBL* 92 (1973), S. 457-459. Wenn z.B. der finnische Exeget R. GYLLENBERG die strukturelle Ähnlichkeit zwischen dem alttestamentlichen und dem paulinischen Sprachgebrauch betont, hat er doch nie die Wortbedeutungen direkt aus dem Alten Testament abgeleitet. S. seine Untersuchung *Rechtfertigung und Altes Testament bei Paulus* (Franz Delitzsch-Vorlesungen 1966), Stuttgart 1973, S. 30, wo er sich gegen die unangebrachte Kritik von C. MÜLLER (*Gottes Gerechtigkeit und Gottes Volk* [FRLANT 86], Göttingen 1964, S. 35ff.) wehrt.

[6]) Er schreibt (*Meaning*, S. 212): „... we arrive at an exegesis which satisfies the concerns of both traditional Catholisism and Protestantism".

[7]) W. SCHENK (Aufgaben der Exegese und die Mittel der Linguistik, in: *ThLZ* 98 [1973], Sp. 888) hat dies wie folgt formuliert: „Der Weg vom synchronischen zum diachronischen Aspekt ist unumkehrbar: Literar-, Form-, Gattungs-, Redaktionskritik steht vor Literar-, Form-, Gattungs-, Traditions-, Redaktionsgeschichte".

wandten Kontexten ernst zu nehmen. Die moderne Auffassung von der Sprache betont mit Recht, daß alle sprachlichen Zeichen und Regeln in kommunikativer Absicht kombinierbar sind[8]). Das bedeutet, daß man denselben Wörtern und Wendungen in einem Text sehr verschiedene Funktionen geben kann.

A. Die kommunikative Situation

Zuerst werden die verschiedenen Texttypen betrachtet, in denen die Wortfamilie „dikaiosyne" bei Paulus gebraucht wird. Die Kontexte, denen eine ähnliche Situation zugrunde liegt und die eine ähnliche Darstellungsweise haben, heben sich von ihrer Umgebung ab. Ihre wesentlichen Kriterien werden anhand exemplarischer Texte veranschaulicht. So bekommt man eine erste grobe Klassifizierung der Kommunikation in den Texten und kann die Frequenz der Wortfamilie bestimmen.

1. *Apologie*

Die Wortfamilie kommt relativ selten in solchen Texten vor, wo Paulus sich gegen einen konkreten Vorwurf zu wehren hat. Diese Texte berichten von einmaligen historischen Situationen, in denen die Apostelrechte des Paulus, sogar seine Aufrichtigkeit, in Frage gestellt wurden[9]). Die Texte bringen seine persönlichen Erfahrungen zum Ausdruck und entbehren theologischer Erörterungen.

In 1 Thess 2,1-12 reagiert Paulus auf Beschuldigungen, daß er sich in Verbindung mit seinem Apostolat wirtschaftliche Vorteile verschafft habe (1,5; 2,4.7.9). Diesmal ist er jedoch überzeugt, daß die Empfänger selbst wissen, wie er auf sein Recht auf kostenlosen Aufenthalt in der Stadt verzichtet hatte (vgl. 1 Kor 9,14-15). Das einzige Vorkommen der Wortfamilie findet sich in einem Satz, in dem Paulus feierlich seine Unschuld beteuert (V. 10)[10]).

---

[8]) W. SANDERS, *Linguistische Stiltheorie*, Göttingen 1973, S. 112.

[9]) H. WINDISCH beschreibt in seinem Kommentar (*Der zweite Korintherbrief* [MeyerK 6. Abt.], 9. Aufl., Göttingen 1924, S. 203) zutreffend die großen Ambitionen, die Paulus mit seinem Amt verknüpfte: „P[aulus]. ist von dem Gedanken geleitet, daß die Apostel ‚in der Welt' die Augen aller Welt auf sich gerichtet fühlen und sich darum Mühe geben, jeglichen Anstoß und Tadel, wo er auch herkommen möge, zu vermeiden und sich und das von ihnen vertretene Amt vor jedermann zu empfehlen".

[10]) M. DIBELIUS, *An die Thessalonicher I II. An die Philipper* (HNT 11), 3. Aufl., Tübingen 1937, S. 7.10, nennt den Text richtig sowohl eine Apologie als auch eine Meditation.

Ton und Inhalt sind etwas anders in der Apologie Röm 3,5-8, wo Paulus im Lichte seiner bisherigen missionarischen Tätigkeit über den Widerstand reflektiert, den sein Apostolat immer wieder hervorgerufen hat (βλασφημούμεθα V. 8). Paulus verweist auf einige, vielleicht ihm persönlich bekannte Widersacher (τινές). Sie haben ihn in einer Weise verstanden, die eine grobe Verlästerung seiner ganzen Arbeit bedeutet[11]. Die Wortfamilie kommt auch hier nur einmal vor (V. 5).

Als Apologie können noch die folgenden Textstellen charakterisiert werden, wo Paulus seine subjektiven Eindrücke und Erlebnisse wiedergibt: 1 Kor 4,1-5; 2 Kor 6,3-10; 11,12-15 und Phil 3,2-6. In diesen Kontexten hat die Kommunikation keine primär kognitive Aufgabe zu erfüllen. Der Verfasser will den Empfängern vor allem seine Gefühle, oft auch seine emotionalen Reaktionen mitteilen. Die Frequenz der Wortfamilie in diesen Kontexten beträgt insgesamt sechs.

2. Gerichtsrede

Die Wortfamilie ist sehr häufig in einigen Passagen, in denen der Kontakt zwischen dem Verfasser und den Adressaten formal ist. In diesen Texten benutzt Paulus Material aus den alttestamentlichen Gerichtsreden, hat aber die übernommenen Redeformen der Briefsituation angepaßt[12]. In dieser Gattung ist die Wortfamilie merkwürdigerweise ausschließlich im Röm zu belegen.

Mit Röm 1,18 beginnt eine lange, wenn auch nicht ganz einheitliche Gerichtsrede (1,18-3,4.9-20), die als Gegensatz zu den Heilsverkündigungen in 1,16-17 und 3,21-26 zu verstehen ist[13]. Dialogische Züge, die sich in dieser Rede finden (2,1.3; 3,1), sind keine Merkmale wirklichen Gesprächs, sondern Ansätze zu neuen Anklagen[14]. Trotz der Fülle von traditionellen Ausdrücken sind doch Rahmen (1,17; 3,21) und Intention (παρέδωκεν... ὁ θεός 1,24-28) echt paulinisch[15].

Die Wortgruppe ist nur einmal in der Anklage gegen die Heiden zu belegen (1,32). Die Frequenz ist aber wesentlich höher an den

---

[11]) E. KÄSEMANN, *An die Römer* (HNT 8a), Tübingen 1973, S. 76, stellt hier fest: „P[au]l[u]s wird nun höchst persönlich angegriffen".

[12]) So C. ROETZEL, The Judgment Form in Paul's Letters, in: *JBL* 88 (1969), S. 305-312, in Anlehnung an C. WESTERMANNS Arbeiten.

[13]) O. MICHEL, *Der Brief an die Römer* (MeyerK 4. Abt.), 13. Aufl. Göttingen 1966, S. 60f., und viele andere.

[14]) Anders, aber nicht mit hinreichenden Argumenten, P. S. MINEAR, *The Obedience of Faith* (Studies in Biblical Theology II, 19), London 1971, S. 46-47.

[15]) So z.B. G. EICHHOLZ, *Die Theologie des Paulus im Umriß*, Neukirchen-Vluyn 1972, S. 79-81.

Stellen, wo Paulus entweder über die Schuld Israels spricht oder Gründe für das Gericht Gottes vorbringt (2,12-13). Die Wortfamilie kommt dreimal in den alttestamentlichen Zitaten (3,4.10.20) vor. Besonders in diesen Sätzen könnte man auch die Frage stellen, inwieweit der historische Aspekt bei Paulus berücksichtigt worden ist. Die Gesamtfrequenz in diesem Abschnitt beträgt neun.

Zu den Gerichtsreden kann man auch die juristische Anklage Röm 10,2-3 rechnen, die den Kontrast zu der andächtigen Fürbitte des Apostels für Israel (V. 1) bildet. In diesem Abschnitt gebraucht Paulus die Wortfamilie zweimal.

In den Gerichtsreden richtet Paulus seine Botschaft an die Kollektive, und die Einstellung zu seinen Hörern ist offiziell. Er möchte seinen subjektiven Anteil an den Ereignissen nicht hervorheben, sondern ein unparteiisches Sprachrohr des Herrn bleiben.

3. Heilsverkündigung

Die Wortfamilie „dikaiosyne" ist besonders häufig in den zahlreichen Texten, in denen Paulus, seiner apostolischen Berufung gemäß, Christus verkündet und ihn in unmittelbarer Sprecher-Hörer-Beziehung näher interpretiert. Er redet seine Zuhörer direkt an und benutzt oft den kommunikativen Plural als Zeichen für die Identifikation mit ihnen. Diese Züge kann man mit einem Beispiel aus Gal veranschaulichen.

In Gal 2,15-21 weist Paulus mit den Formulierungen ἡμεῖς und εἰδότες δέ auf den aktuellen Konflikt in Antiochien hin. Die Zunahme der theologischen Termini auf der anderen Seite macht deutlich, daß es sich nicht mehr allein um einen persönlichen Streit zwischen Petrus und Paulus handeln kann. Paulus möchte nun seiner Botschaft eine prinzipielle Formulierung geben. Aus mehreren Indizien, wie z.B. den vielen Negationen am Satzanfang, ist sein Zorn auf die Galater zu erkennen [16].

Die soteriologische Verkündigung bekommt eine mehr formale, unpersönliche Ausdrucksform im vieldiskutierten Text Röm 3,21-26, der sich erst aufgrund der 3,20 beendeten Gerichtsrede zu erschließen scheint. An dieser Stelle verleiht die gewichtige Offenbarungster-

---

[16] H. SCHLIER, Der Brief an die Galater (MeyerK 7. Abt.), 14. Aufl. Göttingen 1965, S. 87-88. W. SCHNEIDERMEYER (Galatians as Literature, in : Journal of Religious Thought 28 [1971], S. 132.136) ist der Meinung, daß Gal das beste Beispiel christlicher Diatribe überhaupt ist.

minologie dem Text das Wesen eines Heilsorakels [17]). Die Wortfamilie wird hier siebenmal gebraucht und erfüllt eine zentrale Aufgabe im Gedankengang des Textes.

Andere Kontexte, die man für Heilsverkündigungen halten darf, haben im Korpus folgende Frequenz: 1 Kor 1,26-31 (1); 2 Kor 5,14-6,2 (1); Gal 5,1-12 (2); Röm 1,16-17 (2); 3,27-31 (2); 4,23-25 (1); 5,1-11 (3); 6,1-11 (1); 8,1-11 (2). 28-30 (2) und 31-39 (1). An diesen Stellen beträgt die Gesamtfrequenz 32 und ist dabei breiter als in den anderen Gruppen verteilt, nämlich auf 14 Kontexte. Die Frequenz ist jedoch nicht überall hoch, sondern nur in Kontexten, in denen der Gegensatz zu der Gerichtsrede oder einige apologetische Tendenzen zu bemerken sind.

4. *Exegese*

Die Wortfamilie wird ebensohäufig in den langen Textabschnitten gebraucht, die aller briefartigen Elemente entbehren. Sie konzentrieren sich inhaltlich auf einige Sachfragen oder sind Erörterungen der Bedeutung eines kontroversen Wortes gewidmet, ohne irgendeinen Kontakt mit den Briefempfängern zu zeigen. Paulus benutzt ein spezielles terminologisches System der rabbinischen Exegese, d.h. eine Technik der Definition und begrifflicher Präzisierung.

2 Kor 3,7-11 ist von der alttestamentlichen Geschichte der Gesetzgebung (Ex 34,29-30) her motiviert und hat den Zweck, den großen Unterschied zwischen den Ämtern im alten und neuen Testament herauszuarbeiten. Der vorhergehende kommunikative Sprachgebrauch (V. 4-6) wird im besagten Kontext nicht mehr fortgeführt, erscheint aber sofort nach dem Passus (V. 12) wieder. Der Text enthält auch keine Hinweise auf die Widersacher, deren Anwesenheit im Briefe sonst überall akut ist [18]). Die Wortfamilie kommt hier nur einmal vor (V. 9).

Die Frequenz ist höher in Gal und Röm, in denen die Termini der alttestamentlichen Bundestheologie, νόμος und πίστις, im Texte mitvertreten sind. In den Exegesen aber, die diese Ausdrücke nicht

---

[17]) D. LÜHRMANN, *Das Offenbarungsverständnis bei Paulus und in den paulinischen Gemeinden* (WMANT 16), Neukirchen-Vluyn 1965, S. 141-153. Die Frage nach den Traditionen in diesem Text steht im Mittelpunkt der neuesten Paulus-Forschung, betrifft aber nicht die vorliegende Aufgabe.

[18]) Die Meinung von S. SCHULZ (Die Decke Moses, in: *ZNW* 49 [1958], S. 1-30), daß in dem Text ein in den judenchristlichen Kreisen entstandenes antipaulinisches Zitat enthalten sei, bleibt wegen der echt paulinischen Motive hypothetisch.

anwenden (z.B. Gal 3,15-18; 4,21-31), fehlt auch die Wortfamilie. Die Frequenz in anderen paulinischen Exegesen ist folgende: Gal 3,19-25 (2); Röm 4,1-22 (10); 5,12-25 (6); 7,7-13 (1); 9,30-33 (4) und 10,4-13 (4). Die Gesamtfrequenz in diesen Kontexten beträgt 32, ist also genauso hoch wie in den Heilsverkündigungen.

5. Paränese

Die Wortfamilie wird verhältnismäßig selten in solchen Texten angewandt, mit denen Paulus an seine Zuhörer appelliert, um ein praktisches Ziel zu ereichen. Mit diesen Texten verbindet Paulus keine literarischen Ambitionen. Die einzige Ausnahme wäre wohl der Abschnitt Röm 6,12-23, dessen Sprache ungewöhnlich feierlich und metaphorisch ist. Diesen Stellen liegt die Situation des mündlichen Unterrichts zugrunde [19]), und ihre paränetische Natur wird in den Kommentaren hinreichend dargelegt.

Die Wortfamilie kommt in acht Paränesen vor, und die Frequenz sieht wie folgt aus: 1 Kor 6,1-11 (1); 15,29-34 (1); 2 Kor 6,14-7,1 (1)[20]); 9,6-15 (2); Röm 6,12-23 (5); 14,13-23 (1); Phil 1,1-11 (2) und 4,8-9 (1).

Zusammenfassung

Das Ergebnis unserer Betrachtung kann mit Hilfe einer Tabelle veranschaulicht werden:

	Apologie	Gerichts-rede	Heilsver-kündigung	Exegese	Paränese	zusammen
1 Thess	1	—	—	—	—	1
1 Kor	1	—	1	—	2	4
2 Kor	2	—	1	1	3	7
Gal	—	—	7	6	—	13
Röm	1	10	21	25	6	63
Phil	1	—	2	—	3	6
zusammen	6	10	32	32	14	94

Es ist jetzt interessant, die Textsorten festzustellen, in denen die Wortfamilie gar nicht vorkommt. Als solche können Präskripte und Postskripte der Briefe, Tugend- und Lasterkataloge, Doxologien, Gebete, Vergleiche usw. erwähnt werden. In dieser Hinsicht unter-

---

[19]) Nach H. THYEN (*Der Stil der jüdisch-hellenistischen Homilie* [FRLANT 65], 1955, S. 85) ist der Situationskontext der Paränese gewöhnlich der mündliche Unterricht.

[20]) Diese Stelle gilt heute als unpaulinisch. S. W. MARXSEN, *Einleitung in das Neue Testament*, 3. Aufl., Gütersloh 1964, S. 74.85.

scheidet sich der paulinische Sprachgebrauch von dem anderer neutestamentlicher Schriften, weil die Wortfamilie anderswo im Neuen
Testament sowohl in Gebeten (Joh 17,25; Apk 16,5.7) und Präskripten
(2 Petr 1,1) als auch in Tugendlisten (1 Tim 6,11) vorkommt. Diese
Beobachtung bestätigt unser Ergebnis, daß die Wortfamilie bei Paulus
eigentlich zu den theologischen Grundsatzerörterungen gehört, in denen
es zugleich irgendwie um die Berechtigung der Verkündigung und die
Autorität des Apostels geht. Alle Kontexte haben einen unpersönlichen
und formalen Ton. Die letztgenannte Beobachtung wird schließlich
auch dadurch bestätigt, daß die Wortfamilie nie in einem Fragesatz
oder in direkter Mahnung vorkommt — und auch niemals in der
privaten Kommunikation des Philemonbriefes.

B. STILSCHICHTEN

1. *Stil und Bedeutung*

Wenn man die jeweilige unmittelbare Umgebung der Wortfamilie
„dikaiosyne" sprachlich näher betrachtet, wird man bald beobachten
können, daß da in Stil und Ton bedeutende Unterschiede bestehen.
Im Röm findet man Abschnitte, wo der Textzusammenhang durch
ein Übermaß abstrakter Wörter und durch feierliche Ausdrucksweise
gekennzeichnet ist, 1,16-17a. Andererseits kommt die Wortfamilie recht
oft auch in einer wortarmen Umgebung vor, die die Knappheit eines
Rechtssatzes aufweist[21]. Diese Variation in den Sprachmitteln weist
auf die Möglichkeit hin, daß der stilistische Kontext einen Einfluß
auf die Bedeutungsebene der Wortfamilie haben kann. Paulus mag
also bewußt den Stil als bedeutungskonstituierenden Faktor gebraucht
haben.

Unter dem Stil eines Textes verstehe ich im folgenden die Gesamtheit
der lexikalischen, morphologischen und syntaktischen Züge, die den
Text aus seiner weiteren Umgebung in irgendeiner wesentlichen Hinsicht hervorheben. Die Wiederkehr bestimmter Sprachmerkmale läßt
die Leser ahnen, welche Rolle der Verfasser gerade spielt[22].

---

[21]) Schon E. VON DOBSCHÜTZ hat aufgrund des Röm geschrieben, daß Vokabular,
Satzbau und der allgemeine Ton überraschend wechseln und daß der paulinische Stil
einzig in seiner Art in der ganzen griechischen Literatur ist (Zum Wortschatz und
Stil des Römerbriefs, in: *ZNW* 33 [1934], S. 66).

[22]) Hier folge ich vor allem N. E. ENKVIST, *Stilforskning och stilteori*, Lund 1974,
S. 117.139 (der Stil als „summan av de signifikanta skillnaderna").

2. Proklamatorischer Stil

In einigen Kontexten des Röm hebt sich die unmittelbare Umgebung der Wortfamilie „dikaiosyne" von dem weiteren Kontext durch ihr proklamatorisches Pathos ab. Lexikalisch ist die Wiederholung des Adjektivs πᾶς auffallend (πᾶν... πᾶς... πάντας... πάντες 3,19b; vgl. V. 21-23)[23]. Zusammen mit polaren Ausdrücken wie „die Juden vornehmlich und auch die Griechen" (1,16; 2,9; 3,23) geben sie dem Text einen universalen, die Menschheit als ganze umfassenden Horizont. Die göttliche Kundgabe erfolgt rhythmisch gegliedert, und die Syntax kann mitunter undurchsichtig sein (2,4-5; 3,25-26; 10,2-3). Die Empfänger werden oft kollektiv („aller Mund", „alle Welt") oder durch generische Formulierungen gekennzeichnet[24].

Zu dieser besonders archaischen Stilart gehören im Korpus 1,16-17a. 18-20; 2,4-11; 3,4.19b.21-26 und 10,2-3. Die Wortfamilie kommt in diesen Texten zwölfmal vor. Die Kontexte stellen Paulus als Vermittler eines geheimen Orakels hin. Die sprachliche Struktur der Texte beweist, daß die Wortfamilie in ausgesprochen gehobener stilistischer Umgebung verwurzelt sein kann.

3. Pleonastischer Stil

Ein erheblicher Teil der Belege findet sich in den Kontexten, deren Sprache einen dichterischen Eindruck macht. Paulus gruppiert bewußt Satzglieder mit καί und τὲ καί, wiederholt mehrere bedeutungsnahe Wörter (1 Kor 1,30) und stellt einzelne Wörter oder Wortgruppen antithetisch einander gegenüber (δικαιοσύνη ↔ ἀνομία 2 Kor 6,14-16, βρῶσις καὶ πόσις ↔ δικαιοσύνη καὶ εἰρήνη καὶ χαρά Röm 14,17). Im letzterwähnten Fall wird nicht ohne weiteres deutlich, welche Wörter Paulus als gegenseitige Oppositionen sieht[25]. Als pleonastisch-parataktisch können die Stellen 1 Thess 2,10-11; 1 Kor 1,30; 6,9-11; 2 Kor 6,4b-10.14-16; Röm 3,10-11 (LXX); 7,12; 8,30; 14,17 und Phil 4,8-9 bezeichnet werden.

---

[23]) Über das gleiche Adjektiv im stoischen Pantheismus („Allmachtsformel") E. NORDEN, *Agnostos Theos*, Leipzig-Berlin 1913, S. 240-250. KÄSEMANN, *Römer*, S. 19, spricht hier von einer Epiphanie, obgleich alle visuellen Assoziationen fehlen.

[24]) Über die Kriterien dieser Stilart näher E. PAX, Stilistische Beobachtungen an neutralen Redewendungen im Neuen Testament, in: *Studii Biblici Franciscani* 17 (1967), S. 335-347.

[25]) W. BUJARD, *Stilanalytische Untersuchungen zum Kolosserbrief als Beitrag zur Methodik von Sprachvergleichen* (SUNT 11), Göttingen 1973, S. 149, hält die Häufung der Synonyme für Kennzeichen des Predigtstils.

Für die Kontexte 2 Kor 5,21; Röm 4,25; 8,4; Phil 1,9-11 und 3,8-11 ist eine predigtartige Ausdrucksweise kennzeichnend. Paulus spricht seine Aufforderung rhetorisch übertreibend aus, gern mit Finalsätzen. Die Feierlichkeit wird besonders durch viele Partizipien erzielt, sowie durch Präpositionen, die den Ausgangspunkt des Heils unterstreichen (ἐξ αὐτοῦ ... ἀπὸ θεοῦ 1 Kor 1,30; 2 Kor 5,18; Phil 3,9)[26]).

Eine andere Untergruppierung im pleonastischen Stil ist in den Texten 2 Kor 3,7-11; Gal 3,19-21; Röm 5,12-21 und 6,12-23 zu sehen, die wegen der alttestamentlichen Zitate voll von historischen Referenzen sind. Die Perioden sind auffallend lang, und schwerfällige, pleonastische Genetivkonstruktionen (περισσείαν τῆς χάριτος καὶ τῆς δωρεᾶς τῆς δικαιοσύνης Röm 5,17) und Präpositionen sind für sie kennzeichnend[27]).

In den pleonastisch-rhetorischen Kontexten wechseln Wortschatz und Satzbau enorm und bieten reichliche Möglichkeiten, zwischen den verschiedenen Nuancen zu differenzieren. Die Gesamtfrequenz in diesen Kontexten beträgt 30. Das Hauptgewicht liegt nicht auf den einzelnen Wörtern, sondern sie sind jeweils dem ganzen Ausdruck untergeordnet.

4. *Argumentativer Stil*

Der größte Teil der Wortfamilie ist in den Kontexten zu belegen, in denen Paulus eine juristische Definition gibt oder einen logischen Schluß zu ziehen hat. Diese Texte sind ihrer Art nach argumentativ und spiegeln die Vorliebe wider, die Paulus für die Rechtssprache zu haben scheint[28]). Der offizielle Ton zeigt sich auch dadurch, daß der dialogische Sprachgebrauch in diesen Texten völlig fehlt. Die Stellen sind folgende: 1 Kor 4,1-4; 2 Kor 9,9-10; Gal 2,16-18.21; 3,6-12.24; 5,2-6; Röm 1,17b.32; 2,12-15a.25-29; 3,5-8.20.28.30; 4,2-17a. 22; 5,1.8-11; 6,7-11; 8,5-11.31-34; 9,30-33; 10,4-11 und Phil 3,4b-7.

Kennzeichnend für die argumentativen Kontexte sind verschiedene in der Rechtssprache geläufige Elemente. Die Bedingungssätze sind sehr häufig und haben eine prinzipielle, auf alle Menschen bezogene

---

[26]) Solchen Ausdrucksweisen begegnet man in den liturgischen Präskripten der Briefe, vgl. 1 Kor 1,3. J. GNILKA, *Der Philipperbrief* (HThK X,3), Freiburg-Basel-Wien 1968, S. 194.

[27]) Hier finden sich einige Stilmerkmale, die bei H. THESLEFF als Kriterien für den sog. „historical style" dienen (*Studies in the Styles of Plato* [Acta Philosophica Fennica 20], Helsinki 1967, S. 75-76).

[28]) So schon W. STRAUB, *Die Bildersprache des Apostels Paulus*, Tübingen 1937, S. 158.

Formulierung (εἰ δέ... εἰ γάρ Gal 2,17.18.21; Röm 3,5.7)[29]). Das
gleiche bezwecken auch die mehrmals vorkommenden verallgemei-
nernden Relativsätze (ὅσοι γάρ... πᾶς ὅς Gal 3,10; Röm 2,12-13;
οἵτινες Gal 5,4; Röm 1,32). Paulus will seinem Gedanken eine präzise
Form geben. Ergebnisse aus den Schlüssen und Folgerungen beschreibt
er oft mit substantivierten Partizipial- oder Präpositionalausdrücken
(ὁ δὲ δίκαιος ἐκ πίστεως Röm 1,17b, vgl. 4,16; ὁ γὰρ ἀποθανών
6,7; οἱ ἐκ πίστεως Gal 3,7.9). Die Variation in den Präpositionen
trägt in diesen Texten dazu bei, eine erklärende Hervorhebung (ἐκ
πίστεως ... διὰ τῆς πίστεως Röm 3,30) zustande zu bringen[30]). Die
historische Sprachform der vielen alttestamentlichen Zitate fungiert als
ein legalisierender Stileffekt.

Die argumentativen Kontexte sind arm an Wörtern, und Synonyme
werden im allgemeinen nicht dargeboten. Die sprachlichen Variations-
möglichkeiten sind begrenzt, und dieselben Konstruktionen kehren
immer wieder. Der Verfasser will mit Definitionen und Präzisierungen
die logischen Verbindungen zwischen den verschiedenen Teilen betonen.
Die Frequenz in dieser Stilschicht beträgt 48.

5. Alltagssprache

In allen oben besprochenen Kontexten wird die Wortfamilie in einer
verbalen Umgebung gebracht, der rhetorische Merkmale der Predigt-
oder Rechtssprache oder sonst literarischen Sprache eigen sind.

Einen deutlichen Gegensatz zu diesen gehobenen Stilarten bildet
die alltägliche, gesprochene Sprache mit kurzen, beigeordneten Sätzen,
Zwischenbemerkungen, Fragen und unbewußten Wiederholungen (z.B.
1 Kor 4,6-9 oder Gal 3,1-5)[31]). Es ist nun von Interesse, zu sehen,
ob die Wortfamilie ebensogut auch in diese nicht feierliche Aus-
drucksebene paßt.

In der Tat findet man im Korpus einzelne Stellen, in denen die
Wortfamilie zufällig einige Male vorkommt. In 1 Kor 15,33-34 ist der
Text polemisch und affektiv. Es handelt sich auch um einen impera-
tivischen Satz, wo die Wortfamilie bisher noch nicht vorgekommen ist.

---

[29]) K. BEYER, Semitische Syntax im Neuen Testament I,1 (SUNT 1), 2. Aufl.,
Göttingen 1968, S. 226-227.
[30]) H. W. SCHMIDT, Der Brief des Paulus an die Römer (ThHK VI), Berlin 1962,
S. 74: „durch denselben Glauben".
[31]) K. P. DONFRIED will die Diatribe als ein selbständiges Stilelement im Röm
nicht gelten lassen (False Presuppositions in the Study of Romans, in: CBQ 36 [1974],
S. 332-335). Seine Beobachtungen sind jedoch für die vorliegende Fragestellung nicht
von Interesse.

Der gleiche Ton und eine für Paulus sonst nicht übliche Redeweise findet man in der heftigen Polemik 2 Kor 11,12-15, wo die Wortfamilie einmal gebraucht wird. Röm 5,7 wird wiederum als sehr überraschende, isolierte Zwischenbemerkung in einem eminent soteriologischen Zusammenhang (V. 5-6.8) empfunden. Dieser Vers enthält mehrere, von Unsicherheit zeugende Wörter (μόλις ... τις ... τάχα)[32]). Auch Phil 1,7 gehört zu dem sich aus dem Dankgebet abhebenden (V. 3-5.8-11) Text, in dem die Satzbestimmungen sich fast ungeordnet aneinanderreihen. Die Wortfamilie kommt hier das einzige Mal im Korpus in der idiomatischen Wendung ἐστιν δίκαιον vor.

Man kann feststellen, daß die Wortfamilie „dikaiosyne" in der Alltagssprache sehr selten ist und nur viermal vorkommt. Dabei handelt es sich um einige provisorische Beispiele und abgenutzte Phrasen. Dadurch wird bestätigt, daß die Wortfamilie in den paulinischen Briefen eigentlich in einer gehobenen Stilschicht ihren Platz hat.

Zusammenfassung

Obgleich Paulus selbst behauptet, daß er der Rhetorik unkundig sei (2 Kor 11,6), hat er doch in origineller Weise Kontexte der Wortfamilie „dikaiosyne" stilisiert. Wenn er die Wortfamilie in vier verschiedenen Stilschichten gebraucht, bekommen seine Leser intuitiv einen Eindruck von seinen Empfindungen und von den Valeurs der Wörter. Es ist bedeutsam, feststellen zu können, wie eine Korrelation zwischen den verschiedenen Stilschichten und den kommunikativen Situationen besteht. Die stilistische Variation ist am größten in den Heilsverkündigungen und am geringsten in den Exegesen, obgleich die Frequenzzahl in beiden Kontexttypen dieselbe ist. Dieses Ergebnis läßt ahnen, daß die semantischen Relationen am offenkundigsten in den argumentativen Kontexten sind und am schwierigsten nachzuweisen in den pleonastischen Kontexten, in denen die Grenzen der Wortbedeutungen wegen des Wortreichtums eher offen bleiben[33]). Die Beobachtungen lassen sich in der folgenden Tabelle zusammenfassen:

---

[32]) STRAUB *Bildersprache*, S. 65: „Auch sonst ist der zweigliedrige Spruch nicht gut geformt".

[33]) Diese Vermutung habe ich in dem semantischen Teil meiner finnischsprachigen Dissertation über die Wortfamilie zu beweisen versucht.

STILSCHICHTEN IN DEN BRIEFEN

	Proklamato- rischer Stil	Pleonasti- scher Stil	Argumen- tativer Stil	Alltags- sprache	zusammen
1 Thess	—	1	—	—	1
1 Kor	—	2	1	1	4
2 Kor	—	4	2	1	7
Gal	—	1	12	—	13
Röm	12	18	32	1	63
Phil	—	4	1	1	6
zusammen	12	30	48	4	94

STILSCHICHTEN UND KOMMUNIKATIVE SITUATIONEN

	Proklamato- rischer Stil	Pleonasti- scher Stil	Argumen- tativer Stil	Alltags- sprache	zusammen
Apologie	—	2	3	1	6
Gerichtsrede	4	1	5	—	10
Heilsver- kündigung	8	8	15	1	32
Exegese	—	9	23	—	32
Paränese	—	10	2	2	14
zusammen	12	30	48	4	94

JUDEN UND JUDENTUM
IN DER ALTKIRCHLICHEN LATEINISCHEN POESIE

COMMODIANUS, PRUDENTIUS, PAULINUS,
SEDULIUS, VENANTIUS FORTUNATUS

von

HEINZ SCHRECKENBERG

Die christlichen lateinischen Dichter der Antike betrachten in aller Regel das Thema ihrer Werke nicht als mehr oder weniger zufälliges Objekt poetischer Kunst. Vielmehr sind sie ihrem bevorzugten Gegenstand, der alttestamentlichen und neutestamentlichen Geschichte, in einer Weise verbunden, die gekennzeichnet ist durch ein tiefes Ergriffensein von der Wahrheit des christlichen Glaubens. In der Glaubensüberzeugung der frühen Kirche stellt sich nun aber das Gegenüber von Altem und Neuem Testament zunächst immer auch als ein Gegenüber von Judentum und Christentum dar, das nicht selten als (feindliches) Gegeneinander gesehen wurde, eine Betrachtungsweise, die in manchen antijüdisch klingenden Stellen des Neuen Testamentes Bestätigung zu finden glaubte und dazu führte, daß die Grenzen maßvoller Apologetik gelegentlich in Richtung auf eine scharfe religiöse Polemik überschritten wurden. In der Geschichte der literarischen Apologetik zwischen Christen und Juden[1] nimmt die christliche lateinische Dichtung nur eine bescheidene Randstellung ein. Die Szene wird beherrscht von Justinus Martyr, Origenes, Eusebius, Johannes Chrysostomus, Hieronymus und Augustinus, die dem jungen Christentum Geltung verschafften und es in die Lage versetzten, sich gegen Juden und Heiden zu behaupten und schließlich zu dominieren. Aber ohne die Randzonen bleibt das Bild der christlich-jüdischen Auseinandersetzung im Zeitrahmen der Antike doch recht unvollständig, und vielleicht sind auch von der Peripherie her die Grundmuster und

---

[1] Die umfassendste Darstellung dazu bietet: *Kirche und Synagoge. Handbuch zur Geschichte von Christen und Juden. Darstellung mit Quellen*, hrsg. von K. H. RENGSTORF und S. VON KORTZFLEISCH, 2 Bde., Stuttgart 1968-1970. Daneben gibt die meiste Information B. BLUMENKRANZ mit vor allem zwei Beiträgen: *Juifs et chrétiens dans le monde occidental. 430-1096*, Paris 1960; *Les auteurs chrétiens latins du moyen âge sur les juifs et le judaïsme*, Paris 1963. Weitere Literatur wird im Laufe der Darstellung zu nennen sein.

Hauptmotive der apologetischen Diskussion besonders deutlich zu
sehen; denn die christliche lateinische Dichtung, die ein viel weiteres
Publikum ansprach als ein theologischer Traktat oder ein biblischer
Kommentar, mußte dazu neigen, die komplexe theologische Kontroverse vereinfachend zu zeichnen.

I. COMMODIANUS

Zu den christlichen Poeten, deren Gedanken über die Juden und
ihr Schicksal uns in nennenswertem Umfang erhalten sind, gehört auf
jeden Fall Commodianus, der im ersten Buch seiner Instructiones,
einer Sammlung von 80 akrostichisch komponierten Gedichten, sich
lehrhaft-apologetisch und polemisch mit Heiden und Juden ausein-
andersetzt. Das andere seiner beiden uns erhaltenen Werke, das 1060
Verse umfassende Carmen apologeticum, will Heiden und Juden durch
ernste Mahnung und strengen Tadel von Sünde und Verstockung fort
zum christlichen Glauben führen[2]. Lebenszeit und Ort dieses Dichters
sind umstritten. Die Zeitansätze schwanken zwischen der Mitte des
dritten und der Mitte des fünften Jahrhunderts. Es scheint, daß
gewichtigere Gründe für eine Frühdatierung sprechen[3]. Indes sollen

---

[2] Textausgabe: *Commodiani carmina. Cura et studio* J. MARTIN (Corpus Christianorum, Series lat. [C Chr] 128), Turnhout 1960. Daneben ist noch in Gebrauch die
ältere Edition von B. DOMBART, *Commodiani carmina recensuit et commentario critico
instruxit* (Corpus scriptorum ecclesiasticorum latinorum XV), Wien 1887. — Gute
allgemeine Unterrichtung über Commodianus bieten von den älteren Handbüchern
W. S. TEUFFEL, *Geschichte der römischen Literatur*, 6. Aufl. neu bearbeitet von W. KROLL
und F. SKUTSCH, III, Leipzig-Berlin 1913, S. 168-171; O. BARDENHEWER, *Geschichte
der altkirchlichen Literatur*, II, Freiburg 1914, S. 647-657; M. SCHANZ - C. HOSIUS,
Geschichte der römischen Literatur, IV 2, München 1920, S. 397-398, III, München
1922, S. 397-405; A. KAPPELMACHER - M. SCHUSTER, *Die Literatur der Römer bis zur
Karolingerzeit*, Potsdam 1934, S. 437; gute neuere Darstellungen geben P. DE LABRIOLLE,
Histoire de la littérature latine chrétienne, 3. Aufl., revue et augmentée par G. BARDY,
I, Paris 1947, S. 257-273; J. LEBRETON in: A. FLICHE - V. MARTIN, *Histoire de l'Église*, II,
Paris 1948, S. 379-381; F. J. E. RABY, *A History of Christian-Latin Poetry*, 2. Aufl.
Oxford 1953, S. 11-15; L. KRESTAN in: *Reallexikon für Antike und Christentum*, III,
Stuttgart 1957, Sp. 248-258; A. HARNACK, *Geschichte der altchristlichen Literatur bis
Eusebius*, 2. erweiterte Aufl. mit einem Vorwort von K. ALAND, I,2, Leipzig 1958,
S. 731; B. ALTANER - A. STUIBER, *Patrologie*, 8. Aufl. Freiburg 1978, S. 181-182;
H. KRAFT, *Kirchenväterlexikon*, München 1966, S. 144-145; K. BIHLMEYER - H. TUECHLE,
Kirchengeschichte, I, Paderborn 1966, S. 203.426. Älteren Datums ist der Artikel
„Commodianus" von A. JÜLICHER in: PAULY-WISSOWA, *RE*, IV, Stuttgart 1901, Sp. 773-
774.

[3] Den Ausschlag hat hier vielleicht K. THRAEDE, Beiträge zur Datierung Commodians, in: *Jahrbuch für Antike und Christentum* 2 (1959), S. 90-114, gegeben.
THRAEDE kommt von wort- und bedeutungsgeschichtlichen Erwägungen aus zum

literarhistorische Fragen wie auch die nach klassischen Maßstäben krude Verstechnik und der mehr volksprachliche Stil hier nicht weiter interessieren.

Commodianus' Sicht des Judentums[4]) läßt sehr deutlich werden, daß die Juden der Mitte des dritten Jahrhunderts ein noch ungebrochenes Selbstbewußtsein zeigten. Sorge, ja, aufgeregte Angst ob ihres Einflusses und der Attraktivität ihres Glaubens durchziehen weite Teile seiner beiden Dichtungen. Die Instruktion 1,24 ist an judaisierende Heiden gerichtet, die unentschlossen „zwischen beiden", d.h. zwischen Heidentum und Judentum leben, ihres Heils verlustig gehen und ein schlimmes Ende finden, und zwar im Unterschied zu denen, die an Christus glauben[5]). Das hier angeschnittene Thema wird in der Instruktion 1,25 weitergeführt. Sie gilt denen, „die Furcht haben, aber keinen Glauben", d.h. den ,gottesfürchtigen' Heiden, die sich zur jüdischen Religion und ihrem strengen Monotheismus hingezogen fühlen, die aber noch nicht an Christus glauben, den das Alte Testament, das „erste Gesetz", verheißt. Dieses „erste Gesetz", aus dem heraus die Juden sich verstehen, ist Fundament des „zweiten Gesetzes", des

---

Jahr 240 als Terminus post quem und setzt Commodianus in die Mitte des dritten Jahrhunderts.

[4]) Sie ist, ohne besonderes Resultat, beschrieben worden von C. Bégoué, La polémique antijuive de Commodien, Mélanges P. Laumonier, Paris 1935, S. 19-39. Unter den im allgemeinen eher beiläufigen Behandlungen ist aus älterer Zeit noch beachtenswert S. Dubnow, Weltgeschichte des jüdischen Volkes, III, Berlin 1926, S. 181-182; die eingehendste neuere Darstellung bietet B. Blumenkranz, Die Judenpredigt Augustins. Ein Beitrag zur Geschichte der jüdisch-christlichen Beziehungen in den ersten Jahrhunderten, Basel 1946, S. 19-26; vgl. ders., Les auteurs chrétiens latins, S. 38-39, und auch in : Kirche und Synagoge, I, S, 89. Nicht viel mehr als bloße Erwähnung findet Commodianus bei J. E. Seaver, Persecution of the Jews in the Roman Empire (300-438), Lawrence, Kansas 1952, S. 21-22; J. Jocz, Christen und Juden, Zürich-Stuttgart 1968, S. 54; K. Hruby, Juden und Judentum bei den Kirchenvätern, Zürich 1971, S. 13.61; D. Judant, Judaïsme et christianisme. Dossier patristique, Paris 1969, S. 65.81.189.

[5])   *Inter utrumque putans dubie vivendo carere ...*
     Quid in sinagoga decurris saepe bifarius ...
     Vis inter utrumque vivere et inde peribis ...
     Tu tamen mox moreris, duceris in loco maligno,
     In Christo credentes autem in loco benigno.

Vgl. dazu Blumenkranz, Judenpredigt, S. 21, und Thraede, Beiträge zur Datierung Commodians, S. 96 ff. 111 f. In diesem Zusammenhang ist beachtenswert, daß es gerade die Furcht vor dem „Judaisieren" der Christen ist, durch die die judengegnerischen, auf Abgrenzung gegen das Judentum bedachten Beschlüsse der Konzilien seit Elvira (im Jahre 306) vor allem motiviert sind.

Neuen Testamentes[6]). Die Instruktion 1,37, für „judaisierende Heiden"
bestimmt, schlägt einen schärferen Ton gegen die Juden an. Wer mit
dem Judentum sympathisiert, wer „halb Jude, halb Heide" sein will,
ist wie ein Blinder, der sich Blinden anvertraut und schließlich zusammen mit dem Blindenführer im Graben landet (vgl. Mt 15,14).
Gegen Ende der Instruktion wird der Dichter dann theologisch konkret
und liefert eine handfeste Begründung für seinen Rat: Gott der All-
mächtige wollte nicht, daß die Juden ihn als ihren König erkennen
und wandte sich von ihnen, die durch soviel Bluttat befleckt waren,
hin zu euch und gab auch sein neues Gesetz[7]). Schließlich geraten
die Instruktionen 1,38-40 zu derb formulierter Polemik. Die Juden
sind gegen den wahren Glauben verhärtet und verstockt und wollen
sich, böswillig wie sie sind, nicht belehren lassen. So werden sie
„enterbt" und des Himmels nicht würdig sein. Die theologische Begründung liefert eine sinnbildliche Deutung von Ex 32,19; 34,4:
Angesichts des Tanzes um das goldene Kalb zerschmettert Moses die
Gesetzestafeln und erhält später von Jahwe zwei neue Tafeln. Dieses
„zweite Gesetz", allegorisch das Neue Testament beziehungsweise die
spirituelle Deutung des Alten Testamentes, weisen die Juden zurück
und gehen damit des Heils verlustig. Synagoge und Kirche sind
typologisch im Alten Testament zu erkennen in den gegensätzlichen
Paaren Lea-Rachel, Thamar-Rebekka, Kain-Abel. Sie zeigen jeweils
den Jüngeren als den, der Christi (d.h. Gottes) Wohlgefallen gefunden
hat[8]). Der Dichter verwahrt sich dann gegen mögliche Einwände

---

[6]) Instr. 1,25:

> *Est Dei lex prima fundamentum posterae legis*
> *Teque designabat crederes in lege secunda,*
> *Nec minus et ipsos* (sc. Judaeos) *ex ipsa sibi prudentes.*
> *Obstupe iam factus ora tu credere Christo!*
> *Nam testamentum vetus de isto proclamat.*

Vgl. THRAEDE, *Beiträge zur Datierung Commodians*, S. 96ff.112, der *qui timent* im
Titel dieser Instruktion (*Qui timent et non credent*) als Übersetzung des Terminus für
Halbproselyten, φοβούμενοι (τὸν) θεόν, erweist.

[7]) Instr. 1,37:

> *Quid? medius Judaeus, medius vis esse profanus?…*
> *Ipse caecus erras et ad caecos intras, inepte;*
> *Idcirco caecus caecum in fossa reducit …*
> *Tunc tamen in fossam secum vos caeci deducunt …*
> *Noluit Omnipotens illos* (sc. Judaeos) *intellegere Regem;*
> *A scelere a tanto refugit ipse cruentos.*
> *Tradidit se nobis nova super addita lege.*

[8]) Instr. 1,38:

> *Inprobi semper et dura cervice recalces*
> *Vinci vos non vultis: sic exheredes eritis.*

gegen seine Theologie mit der nachdrücklichen Versicherung, daß er nicht frei Erfundenes biete, sondern das Gesetz, d.h. die Tora, den Pentateuch, zitiere: *Nihil ego conposite dixi, sed legem legendo* (1,41,4).

Das Carmen apologeticum referiert in einem längeren ersten Teil die biblische Geschichte des auserwählten Volkes. Sie wird — in Übereinstimmung mit der exegetischen Methodik der Instructiones — ganz ekklesiologisch gesehen. So sind Rebekkas Zwillinge Esau und Jakob, von denen der Jüngere über den Älteren herrschen wird (Gen 25,23; vgl. Röm 9,12f.), nur ein Bild des Verhältnisses von Christentum und Judentum (V. 189-190). Gott hatte die Juden in das verheißene Land geführt, damit sie dort, in Gesetzestreue lebend, auf seine (d.h. Christi, im Sinne patripassianisch-trinitarischer Anschauung) Ankunft warten sollten, aber das undankbare Volk weigerte sich (V. 199), verfolgte und tötete die Abgesandten Gottes, die es aus Sünde und Verstockung wieder zum Gehorsam führen wollten (V. 215-229; nach Mt 23,30-31.34ff.; Lk 11,47-51; 1 Thess 2,14-15; Apg 7,52; vgl. Joh 8,40; Lk 22,6). Gut neutestamentlich schließt sich hier der Gesichtspunkt der Strafe an. Nachdem durch die Ankunft des Herrn die Verheißungen der Propheten unnötig geworden waren und aufhörten, wurden die verstockten Juden aus ihrer Heimat verbannt[9]. In ihrer blinden Aufsässigkeit erkannten sie nicht, daß die Zeit des

---

    Dixit Esaias incrassato corde vos esse.
    Aspicis legem, quam Moyses allisit iratus;
    Et idem Dominus dedit illi legem secundam.
    In illa spem posuit, quam vos subsannatis erecti.
    Sic ideo indigni non eritis regno caelesti?
Instr. 1,39:
    Inspice Liam typum sinagogae fuisse
    Tam infirmis oculis, quam Jacob in signo recepit;
    Et tamen servivit rursum pro minore dilecta,
    Mysterium verum et typum ecclesiae nostrae ...
    Sic ergo percipite iuniores Christo probatos.
Instr. 1,40:
    Incredulus populus non est nisi vester, iniqui ...
    Ipse Deus vita est, pependit ipse pro nobis,
    Sed vos indurato corde subsannatis eundem.
 [9]) Carm. apol. 242-244:
    Ex eo, quo venit, tacuit prophetia Judaeis.
    Post quem in exilium devenerunt corde durato
    Nec modo dinoscunt, quapropter sint talia passi.
Vgl. V. 389-390:
    Quales eos dicam, antequam dispersi fuissent,
    Quos nec exulatus fregit necessitas ipsa?

Heils gekommen war, und so wurden Heiden an ihre Stelle gesetzt[10]).
Breiten Raum nimmt nun die christologische Argumentation und die
Exegese der einschlägigen Stellen des Alten Testamentes ein, deren
Verwendung als Testimonia für Christus schon im dritten Jahrhundert
eine längere Tradition hat[11]). Die durchgehend polemisch gefärbte
apologetische Argumentation kehrt dann wieder zu dem zentralen
Thema der Konkurrenz des jüngeren und älteren Volkes zurück:
Schon Moses hatte verkündet, daß es einst zwei Völker geben werde,
von denen dann das jüngere den Primat habe. Die nichtswürdigen,
verstockten Juden aber lassen nicht von ihrem Anspruch, Gottes
Volk zu sein[12]). Schließlich wendet sich Commodianus mit der Anrede
an judaisierende Heiden wieder einer besonderen Thematik der Instruc-
tiones zu. „Zwei Wege" stehen ihnen offen (V. 699), der Weg des
Judentums ist aber nicht der rechte Weg. Die Juden sind immerzu
Mörder, haben stets blutbefleckte Hände, niemals konnte Gott der
Herr sie zur Vernunft bringen. Aber er selbst verblendete sie und
verhärtete ihr Herz wie das Pharaos, verschloß sich fortan ihren
Bitten und verbannte sie aus ihrem Land[13]). Gleichwohl beharren sie

---

[10]) V. 261-263:

> *Gens cervicosa nimis semperque rebellans*
> *Dum sibi primatum vindicaret, causa resecta est.*
> *In quorum stadia gentiles esse praefecit.*

[11]) Vor allem Cyprian spielt hier eine bedeutende Rolle. Ich verzichte auf Ein-
zelableitungen und verweise generell auf den ausführlichen Fontes-Apparat in der
Ausgabe von MARTIN. Den konventionellen Charakter der antijüdischen Polemik des
Commodianus betont auch THRAEDE, *Beiträge zur Datierung Commodians*, S. 97.105
Anm. 131.

[12]) V. 537 ff.:

> *Ille duos populos praedixerat esse futuros,*
> *Et quidem minorem populum praecellere dixit.*
> *Sed isti nequitiae pleni iam desperato furore:*
> *Lex nobis est data, dicunt, vos unde venistis? ...*
> *Et filios sese audent adhuc dicere Summi;*

vgl. V. 676: *Sed perseverantes: Nos sumus electi! dicentes.* Im gleichen Sinne erscheint
nos sumus als Anspruch der Juden bei Augustinus, Adv. Jud. 7,9-10; 8,11 (MIGNE,
PL 42,57.59).

[13]) V. 709 ff.:

> *Semper homicidae semper manibusque cruentis,*
> *Quos Dominus numquam potuit domare monendo ...*
> *Sed Dominus ipse obscuravit sensus eorum,*
> *Induravit eos sicut Pharaonem in ipsis;*
> *Nec preces eorum dixit exaudire se velle*
> *Et de terra sua proiecit illos iratus.*

auf ihrem anmaßenden und widersinnigen Erwählungsanspruch[14]).
Sie sollten aber bedenken, daß die einstige Erwählung nach ihrer
Bluttat (d.h. Christi Tötung) nicht mehr besteht, daß sie kein Recht
mehr haben, den Christen das diesen zugefallene Erbe streitig zu
machen, zumal sie auch heute noch nicht den Glauben an Christus
bekennen wollen[15]). Die Antichrist-Eschatologie des Schlußteiles des
Carmen apologeticum (V. 791-1060) kann hier außer Betracht bleiben;
die Apologetik tritt da ganz zurück, wenngleich es nicht an — freilich
indirekter — Polemik gegen die Juden fehlt[16]).

Die Übersicht über den Inhalt der beiden Werke des Commodianus
zeigt, daß er ein heilsgeschichtlich orientiertes Bild der Weltgeschichte
hat. Die Missetat der Juden an Jesus und ihre Heilsverfehlung markiert
die entscheidende Wende. Eindrucksvolles äußeres Zeichen dieses
Wendepunktes ist die Vertreibung der Juden aus ihrer Heimat und
ihre Zerstreuung in alle Welt nach der Zerstörung Jerusalems durch
die Römer. Beide Ereignisse, die Tötung des Herrn und der Verlust
der Heimat, stehen im Rahmen einer Korrelation von Missetat und
Strafe. Die dem Neuen Testament entnommenen Farben, mit denen
diese Missetaten gemalt sind, machen das deutlich: „Unter unbilligen
Beschuldigungen schlachteten sie die Gerechten hin, nur weil sie nicht
den Zügel himmlischer Zucht annehmen wollten; den Jesaja zersägten
sie, Jeremias steinigten sie in frechem Mut, Johannes (den Täufer)
enthaupteten sie, Zacharias erdolchten sie am Altar" (Carm. apol.
219-222). Das reflektiert Mt 23,34 (vgl. Mt 21,33ff.; Lk 11,49-51;
Mt 14,10; Mk 6,27; 1 Thess 2,15): „Ich sende zu euch Propheten
und Weise und Schriftgelehrte. Etliche von ihnen werdet ihr töten
und kreuzigen, andere werdet ihr in euren Synagogen geißeln und
von Stadt zu Stadt verfolgen, damit über euch alles gerechte Blut
komme, das auf die Erde ausgegossen wurde, vom Blute Abels des
Gerechten an bis zum Blute des Zacharias, des Sohnes des Barachias,

---

[14]) V. 727ff.:   ... dicentes:
   Ex omni populo nos sumus carissimi Summo?
   Parricida patris semper et superbus in illo
   Carus esse potest aut heres iure vocari?
[15]) V. 737ff.:
   Ipsi sibi reputent: Scelere commisso cruenti
   Qui poterant utique participes esse bonorum?
   Quid nobis strident, quid nobis aemulantur heredes?
   Fecissentque bonum, et erant in parte legati.
   Nec hodie tacent et Christo credere nolunt.
[16]) BLUMENKRANZ, *Judenpredigt*, S. 25f.

den ihr zwischen Tempel und Altar ermordet habt. Wahrlich ich sage euch: dies alles wird über dieses Geschlecht kommen. Jerusalem! Jerusalem! Du tötest die Propheten und steinigst die, die zu dir gesandt sind... Euer Haus wird euch verödet überlassen werden". Andere Äußerungen des Commodianus zum Prophetenmord ergänzen seine polemische Sicht des Judentums: „Immerzu haben sie Unschuldige gesetzeswidrig grausam gemartert" (Carm. apol. 544), „immerzu morden sie und sind ihre Hände blutbefleckt" (Carm. apol. 709), „ihre Missetat, die Hinrichtung Christi", versuchen sie zu verschleiern (Carm. apol. 689), kurzum, sie sind „besudelt mit dem Blut ihrer Verbrechen" (Carm. apol. 737.778)[17]. Die Farben des Neuen Testamentes sind bei Commodianus reicher und kräftiger geworden, seine Deutungen gehen mit ihrer polemischen Verschärfung über dort gegebene einschlägige Aussagen nicht unbeträchtlich hinaus. Im übrigen ist zwar der in späterer Zeit so gravierende Aspekt der Kollektivschuld der Juden am Tode Jesu noch nicht besonders entwickelt, doch ist dieser Tod schon fast ganz undifferenziert als Tat der Juden, nicht etwa der Römer oder *auch* der Römer gesehen. Von den Römern ist, sehr bemerkenswert, überhaupt nicht die Rede, auch nicht da, wo man das erwarten sollte, beim Gedanken an den Fall Jerusalems, der für die Juden den Verlust der Heimat bedeutete. Was ist das Motiv solcher Verzeichnungen? Es scheint, daß diese Frage am ehesten zu beantworten ist im Hinblick auf die heilsgeschichtliche Konkurrenzsituation. Die Schwere der jüdischen Schuld sollte korrelieren mit der Schwere ihres aller Welt sichtbaren Schicksals: sie werden von Gott verworfen, der Erwählung enterbt und aus der Heimat verbannt. Dementsprechend wird diese Verbannung dann auch als wohlverdiente Strafe, als Gottesgericht beschrieben: „(Gott der Herr) vertrieb in seinem Zorn jene aus ihrem Land" (Carm. apol. 716), sie aber gehen in die Verbannung „in Verstockung" und „ohne zu erkennen, weshalb

---

[17]) Carm. apol. 219-222:
    Mactabant iustos redarguentes illos inique,
    Dum nollent accipere frenum disciplinae caelestis,
    Esaiam serrant, lapidant Hieremian erecti,
    Johannem decollant, iugulant Zachariam ad aras.
544   *Semper innoctios cruciarunt lege vitata.*
709   *Semper homicidae semper manibusque cruentis.*
689   *Facinus quaerunt obumbrare Christi de mort.*
737.778 *Scelere commisso cruenti.*

sie solches leiden" (Carm. apol. 243-244)[18]). Der in solchem Zusammenhang sonst oft deutliche Hintergrund der neutestamentlichen Unheilsprophetien für Jerusalem und die Juden[19]) tritt hier ganz zurück. Es fehlt auch noch die bei spätantiken und mittelalterlichen christlichen Autoren verbreitete Genugtuung angesichts einer leidvollen jüdischen Diasporaexistenz, die als Zeugnis der christlichen Wahrheit und der heilsgeschichtlichen Enterbung des ehemals auserwählten Volkes angesehen wurde. Dies spricht ebenso zugunsten einer Frühdatierung des Commodianus wie der Umstand, daß bei ihm kirchenrechtliche und politisch-soziale Gesichtspunkte in der Beurteilung des Judentums nocht nicht erkennbar werden, die später sich dahin entwickeln, daß die Juden schlechthin als „Sklaven" der Christen angesehen werden[20]). Den theologischen Ansatzpunkt dieser Entwicklung läßt Commodianus aber bereits erkennen: Moses hatte vorhergesagt, daß es zwei Völker geben werde, von denen das jüngere Volk den ersten Rang einnehme[21]).

---

[18]) Carm. apol.
716: *Et de terra sua proiecit illos iratus.*
243 f.: *In exilium devenerunt corde durato*
Nec modo dinoscunt quapropter sint talia passi.
[19]) Mt 23,38; 24,2.15 ff.; Mk 13,14 ff.; Lk 19,41 ff.; 21,6.20 ff. — Auf diese Dinge gehe ich ein in meinem Beitrag „Die Eroberung Jerusalems durch Titus und die Katastrophe des jüdischen Volkes in der Sicht des christlichen Mittelalters" in dem Sammelwerk *Aufstieg und Niedergang der römischen Welt. Geschichte und Kultur Roms im Spiegel der neueren Forschung*, das beim Verlag de Gruyter (Berlin) im Erscheinen begriffen ist. Er versucht unter anderem zu zeigen, wie dieses historische Ereignis der Eroberung Jerusalems im apologetischen Interesse als Beweis der Wahrheit des christlichen Glaubens verwertet wurde.
[20]) So spricht Papst Innozenz III. in einem Schreiben vom 16. Januar 1205 an den französischen König von der *Judaica servitus* (Text bei S. GRAYZEL, *The Church and the Jews in the XIIIth Century. A Study of their Relations During the Years 1198-1254, Based on the Papal Letters and the Conciliar Decrees of the Period*, 2. Aufl. New York 1966, S. 104) und sagt in einem Dekretale vom 15. Juli 1205 (GRAYZEL, S. 114): *Etsi Judeos, quos propria culpa submisit perpetue servituti, cum Dominum crucifixerint ... ut taliter reprimant Judeorum excessus, ne cervicem perpetue servitutis iugo submissam presumant erigere contra reverentiam fidei Christiane ... sed tamquam servi a Domino reprobati, in cuius mortem nequiter coniurarunt, se saltem recognoscant servos illorum, quos Christi mors liberos et illos servos effecit.* Darum sind für Thomas von Aquin die Juden Sklaven der Kirche (*servi ecclesiae*) im Sinne einer Verfügungsgewalt, die nicht nur theologische Relevanz, sondern auch profanjuristische Bedeutung hat (Summa theologiae II-II, 10,10; *Opera omnia*, ed. Fratres Ordinis Praedicatorum, VIII, Rom 1895, S. 92): *Nec in hoc iniuriam facit Ecclesia: quia, cum ipsi Judaei sint servi Ecclesiae, potest disponere de rebus eorum.* Dagegen ist bei Augustinus die dauernde Knechtschaft der Juden als Zeugen der christlichen Wahrheit noch ganz theologisch-geschichtsphilosophisch gesehen. Dazu BLUMENKRANZ, *Judenpredigt*, S. 178.
[21]) Carm. apol. 537-538:
Ille duos populos praedixerat esse futuros,
Et quidem minorem populum praecellere dixit.
Vgl. Instr. 39,11; Carm. apol. 189 f.

Das zielt auf Gen 25,23: „der Ältere (Esau, Edom) wird dem Jüngeren (Jakob, Israel) dienen". Schon Paulus, Röm 9,12, interpretiert das ekklesiologisch: „der Ältere (der Jude) wird dem Jüngeren (dem Christen) dienen"[22]), und die Kirchenväter waren recht findig in der Ermittlung weiterer Paare wie Kain und Abel, Hagar und Sara, Ismael und Isaak, bei denen jeweils der Jüngere als erwählt oder vorgezogen, der Ältere als verworfen oder zurückgesetzt galt. Diese Exegese stand im Dienst der Sicherung des christlichen Erwählungsanspruches. Über Justin[23]), Tertullian[24]), Irenaeus[25]) und andere führte dieser Weg zu einem Höhepunkt bei Augustinus, der den typologischen Nachweis der — zunächst geistig verstandenen — christlichen Herrschaft über die Juden in gültiger Form fixierte[26]). Commodianus ist mit seinen Äußerungen zum Primat des Christentums also keineswegs originell, sondern steht — wie auch andere christliche Dichter — in einer langen Traditionskette. Er vertieft dieses Thema Carm. apol. 261-263. Die Juden sind hier „das überaus halsstarrige, immer rebellische" Volk, dessen „Anspruch auf den Primat" Einhalt getan worden ist und dessen Platz von den Heiden (d.h. den Christen gewordenen Heiden) eingenommen werden sollte[27]). Die Synagoge hat eben, meint Com-

---

[22]) Zu Röm 9,12 vgl. E. PETERSON, *Die Kirche aus Juden und Heiden*, Salzburg 1933, S. 24.30f.

[23]) BLUMENKRANZ in: *Kirche und Synagoge*, I, S. 140.

[24]) E. ISERLOH in: H. JEDIN (Hrsg.), *Handbuch der Kirchengeschichte*, III 2, Freiburg 1968, S. 719.

[25]) W. SCHMIDT, *Die Kirche bei Irenaeus*, Helsingfors 1934, S. 98ff.

[26]) *Maior serviet minori, id est prior natus populus Judaeorum posteriori nato populo Christianorum* (MIGNE, PL 33, 897). — *Attendite mysterium. Ecce Judaeus servus est Christiani... Maior serviet minori... Minor filius accepit primatum, et maior filius, populus Judaeorum, perdidit primatum* (Serm. 5,5, *C Chr* 41,55; MIGNE, PL 38, 56). Der Zusammenhang dieser Vorstellungen von der Knechtschaft der Juden mit dem Untergang Jerusalems wird bei Augustinus sehr deutlich Serm. 5,5 (*C Chr* 41,55-56; MIGNE *PL* 38, 57): *Jussit imperator Romanus... ut ad ipsam Jerusalem non accederent Judaei. Et sparsi per orbem terrarum facti sunt quasi custodes librorum nostrorum. Quomodo servi, quando eunt in auditorium domini ipsorum, portant post illos codices, et foris sedent... Ideo ergo sparsi sunt, ut nobis libros servent. Maior ergo minori servit. Videte enim cum quanta dignitate sit populus Christianus et in quanta defectione sit populus Judaeorum.* Die Juden sind also zu Sklaven geworden, die ihren Herren die Bücher nachtragen, von denen sie, die Juden, nichts verstehen; denn der christologisch-ekklesiologische Sinn des Alten Testamentes bleibt den Juden verschlossen.

[27])   *Gens cervicosa nimis semperque rebellans*
          Dum sibi primatum vindicaret, causa resecta est.
          In quorum stadia gentiles esse praefecit.
Vgl. dazu BLUMENKRANZ, *Judenpredigt*, S. 169f., sowie bei Commodianus, Carm. apol. 251ff., die Verarbeitung des Themas von Gen 25,23; 27,34:

modianus, ihre Zeit nicht erkannt, das Heil in Gestalt Christi verfehlt, und muß die Konsequenzen tragen, d.h. vor allem die Enterbung aus der göttlichen Erwählung zugunsten der Heiden hinnehmen (Instr. 1,38,2; vgl. Carm. apol. 261-263.730.739). Bei aller Härte solcher Aussagen sollte aber nicht übersehen werden, daß unser Dichter die Juden nicht ein für allemal und endgültig verworfen sein läßt. Die heilsgeschichtliche Situation wird offengehalten, insofern ihre Entscheidung für Christus noch immer möglich ist. Was sie am meisten an dieser Entscheidung hindert, ist ihre Blindheit. Diese Blindheit zeigt sich vor allem — in Weiterführung schon neutestamentlicher Ansätze [28] — in der Unfähigkeit, das Alte Testament christologisch und ekklesiologisch zu deuten (vgl. z.B. Instr. 1,39,1 ff.), ist aber darüber hinaus zugleich auch schon beinahe integraler Teil ihres Wesens; denn Blindheit ist, neben Halsstarrigkeit und Verstocktheit, die ihnen von Commodianus am häufigsten zugesprochene Eigenschaft (Instr. 1,37,3.4.14; Carm. apol. 400.460.479.497.500.501.777). Gegenstand solcher Blindheit ist zum Beispiel die Deutung von Ex 32,19; 34,1 ff. in dem Sinne, daß mit dem Zerschmettern der steinernen Gesetzestafeln durch Moses und dem Ersetzen dieser Tafeln durch neue in Wirklichkeit die Ablösung des Alten Bundes durch den Neuen bezeichnet wird (Instr. 1,38,5). Christi Leiden ist „figürlich" schon von Jeremias vorgezeichnet (Carm. apol. 273-274 zu Jer 11,19), er ist der leidende Gottesknecht Jesajas (Carm. apol. 335 zu Jes 53,2 ff.), und von seinem Tod künden schon die Psalmen (Carm. apol. 451) [29]. Schließlich ist für christliche

---

> *Non fuit adtonitus Esau dilectus a patre,*
> *Junior quod frater primitiva tolleret ille?*
> *Sic nec sinagoga potuit cognoscere tempus,*
> *Quando et quo duce caderet de suo privato;*
> *Sicut erat scriptum, quod avis sua tempora norunt,*
> *Nam populus iste non me intellexit adesse.*

Zur Behandlung dieses Stoffes bei Augustin und anderen antiken christlichen Autoren BLUMENKRANZ, *Judenpredigt*, S. 169f.

[28] Paulus, 2 Kor 3,14-16 (zu Ex 34,33 ff.): „Denn bis auf den heutigen Tag bleibt dieselbe Hülle auf der Verlesung des Alten Bundes liegen, und sie wird nicht weggetan, weil sie nur in Christus abgetan wird. Ja, bis heute liegt, sooft Moses vorgelesen wird, eine Hülle auf ihrem Herzen. Sobald sich einer jedoch zum Herrn bekehrt, wird die Hülle fortgenommen". Vgl. Mt 13,14-15; 23,16-26.

[29] Das gilt nicht nur für bestimmte Passagen, sondern für die Psalmen schlechthin. Sie wurden traditionell als in toto auf Christus und das neutestamentliche Heilsgeschehen vorweisend verstanden. BLUMENKRANZ, *Judenpredigt*, S. 160 Anm. 33, vermerkt darüber hinaus, daß auch die prophetischen Bücher im engeren Sinne „als ausschließliche Christusweissagungen" angesehen wurden. Hier wie sonst ist Commodianus der exegetischen Tradition verpflichtet, wie sie Tertullian und andere vertreten.

Augen der „Typus" der Kirche und der Synagoge schon in den
Gestalten Rachel und Lea angelegt (Instr. 1,39,1 ff. zu Gen 29,16 ff.).
Das ist in Zusammenhang mit der erwähnten exegetischen Tradition
zu sehen, nach der in biblischen Paaren wie Esau-Jakob, Kain-Abel,
Hagar-Sara, Ismael-Isaak, Saul-David, Manasse-Ephraim, Eli-Samuel
sinnbildlich das jüdische und christliche Volk sich gegenüberstehen.
Der Sinn dieses Bildes erschließt sich regelmäßig im Vorzug und
Primat des Jüngeren vor dem Älteren, der zurückgesetzt oder abgelöst
wird[30].

Damit ist nun deutlich, wie Commodianus zur jüdischen Bibel
steht. Sie ist für ihn schon ein ganz und gar christliches Buch, das
seine hohe Wertschätzung daher bezieht, daß es präfigurativ und
typologisch auf Christus und seine Kirche vorausdeutet. Neutestament-
liches Heilsgeschehen und Altes Testament stehen dabei in einer Korrelation von Verheißung und Erfüllung.

Mit der Wertschätzung der jüdischen Bibel kontrastiert auffallend
die Fülle der pejorativen Attribute, mit denen die Juden bedacht
werden. Die beiden häufigsten und auch bei anderen christlichen
Autoren beliebtesten, Blindheit und Verstocktheit, wurden schon genannt. Im übrigen sind sie „ungläubig" (Instr. 1,40,1), „feindselig"
(Instr. 1,40,1), „undankbar" (Carm. apol. 199), „verdorben" (Carm.
apol. 216), „voller Verdorbenheit" (Carm. apol. 539), „unvernünftig"
(Carm. apol. 218), „achtlos" (Carm. apol. 229), „erbärmlich" (Carm.
apol. 387), „böse" (Carm. apol. 425), „tückisch" (Carm. apol. 425),
„ehrlos" (Carm. apol. 479), „grausam" (Carm. apol. 479.545), und
„überheblich" (Carm. apol. 479). Solche Beschimpfungen erscheinen
gelegentlich paarweise oder werden gar wie eine Litanei stilisiert[31].
Was sind die Motive dieser über das übliche Maß theologischer Kontroverse und diatribenhafter Grobheit hinausgehenden Gegnerschaft?
War Commodianus selbst zuerst jüdischer Proselyt[32] und machte
enttäuschende Erfahrungen? Das ist nicht auszuschließen, doch näher
liegt vielleicht die Annahme, daß trotz zweier Jahrhunderte Christentum das immer noch mächtige Judentum der vornicänischen Zeit von

---

[30] Vgl. BLUMENKRANZ, *Judenpredigt*, S. 170, zu einschlägigen Aussagen des Augustinus und der Tradition, in der er steht. Dazu auch H. PFLAUM, *Die religiöse
Disputation in der europäischen Dichtung des Mittelalters. I. Der allegorische Streit
zwischen Synagoge und Kirche*, Genf und Florenz 1935, S. 10.

[31] Darauf macht BLUMENKRANZ, *Judenpredigt*, S. 188 Anm. 12, aufmerksam.

[32] So schon BARDENHEWER, *Kirchenlexikon*, III, Freiburg 1884, Sp. 702; vgl.
SCHANZ-HOSIUS, *Geschichte der römischen Literatur*, III, S. 397.

Commodianus in besonderer Weise als Bedrohung des christlichen Glaubens empfunden wurde. Es wäre dann die Furcht vor einem mehr als eingestanden mächtigen Gegner und Konkurrenten, die aus der Apologetik Invektive werden läßt. Der theologische Streit um Erwählung und Verwerfung ist eben im dritten Jahrhundert noch lange nicht ausgestanden, ja, das Christentum sah sich durch die ablehnende Haltung des Judentums grundsätzlich und nachhaltig in Frage gestellt. „Uns ist das Gesetz gegeben, woher seid ihr denn gekommen?" fragen die Juden (Carm. apol. 540), sie „wagen es noch, sich Kinder des allerhöchsten Gottes zu nennen" (Carm. apol. 546; vgl. 728) und beharren darauf: „Wir sind erwählt!" (Carm. apol. 676). So versteht sich auch der Nachdruck, mit dem Commodianus den Juden ihre blutigen Verbrechen vorhält, in erster Linie im Hinblick auf den apologetischen Eifer, mit dem er ihre Erwählung bestreitet: „Sie sollen bedenken: wie konnten sie, blutbefleckt mit Verbrechen, noch der (Heils-) Güter teilhaftig sein?... warum machen sie uns das Erbe streitig?" (Carm. apol. 737.739; vgl. 215ff. 544-546). Schließlich sind auch die Mahnungen an judaisierende Heiden (Instr. 1,24; 1,37; vgl. Carm. apol. 699) nicht einfach eine besorgte Warnung vor verderblichem Synkretismus, sondern in tieferem Sinne Ausdruck einer pastoralen Haltung, die sich legitimiert weiß durch den christlichen Erwählungsanspruch und seine Ausschließlichkeit.

Die Bekehrung der Juden hat Commodianus noch nicht als hoffnungslos aufgegeben, wenngleich diese Intention hinter dem Nebel der Polemik gegen ihre Verstocktheit und Bosheit fast zu verschwinden droht. Theologisch bedenklich scheint in diesem Zusammenhang sein Versuch, ihre Verstockung als Gottes des Herrn eigenes Werk hinzustellen[33]).

Die Szene der christlich-jüdischen Beziehungen im dritten Jahrhundert, wie Commodianus sie darstellt, ist gekennzeichnet durch eine zunehmend feindselige Konfrontation. Das im Neuen Testament, vor allem bei Paulus, sichtbare Bemühen um Gemeinsamkeit und um

---

[33]) Carm. apol. 713-714:
  Sed Dominus ipse obscuravit sensus eorum,
  induravit eos sicut Pharaonem in ipsis.
Die Schwäche dieser Straflogik (vgl. oben, S. 84 mit Anm. 7) entspricht der vergleichsweise geringen theologischen Bildung des Commodianus. Seine Argumentation dürfte auch in einer Stelle wie Jes 6,9-10 kaum eine Stütze haben. Vgl. die differenzierte Diskussion bei Augustinus, In Joh. 53,6 (*C Chr* 36, 454), und zu der ganzen Frage G. BAUM, *Die Juden und das Evangelium*, Einsiedeln 1963, S. 52ff.; J. M. SCHMIDT in: *Vet. Test.* 21 (1971), S. 68-90.

Verständnis für die Eigenart des jüdischen Volkes schwindet zugunsten einer Polarisierung, die den Gegner der apologetischen Kontroverse nicht mehr als brüderlichen Partner eines gemeinsamen Ringens um die rechte Erkenntnis des Gotteswillens zu sehen vermag, sondern eher Abgrenzungsangst empfindet gegenüber einer Religion, die, von außen her gesehen, noch leicht als dem Christentum ähnlich und als attraktivere Alternative erscheinen konnte, zumal sie den Vorzug höheren Alters beanspruchte.

II. Prudentius

In Spanien geboren und aufgewachsen ist Prudentius, der bedeutendste christliche lateinische Dichter der Alten Welt. Im Vergleich zu Commodianus sind seine Lebensumstände sehr viel besser bekannt, vor allem durch die Praefatio, die er der 404/405 unternommenen Gesamtausgabe seiner Werke voranstellte. Als ,poeta doctus' und ,christlicher Horaz' steht er in der Tradition des Horaz, Vergil, Ovid, Lukrez und anderer für ihn schon klassischer Autoren. In seinen weithin lehrhaft-apologetischen, zum Teil auch vehement polemischen Dichtungen, die sich an ein gebildetes christliches, der vorchristlichen Antike aber noch nicht entfremdetes Publikum richten, ist ein warmes christliches Lebensgefühl mit den überkommenen literarischen Formen und Traditionswerten der heidnisch-römischen Kultur in einer sehr anziehenden Weise verbunden, die in Spätantike und Mittelalter den denkbar stärksten Eindruck hinterließ und für eine Nachwirkung sorgte, wie sie nur wenigen antiken Autoren zuteil wurde. Von den Werken des Prudentius, die betont apologetisch-didaktische Zwecke verfolgen, wendet sich Contra Symmachum gegen die alte römische Staatsreligion, die Psychomachia stellt den Kampf zwischen Christentum und Heidentum dar, den der einzelne Christ zu kämpfen hat, die Apotheosis verteidigt die Gottheit Christi und die katholische Trinitätstheologie gegen abweichende Auffassungen verschiedenster Art, im einzelnen gegen Patripassianer, Sabellianer, Juden, Ebioniten und Manichäer. Schließlich bekämpft die Hamartigenia mit polemischer Apologetik den gnostischen Dualismus[34]).

---

[34]) Textausgabe: *Aurelii Prudentii Clementis Carmina. Cura et studio* M. P. Cunningham (*C Chr* 126), Turnhout 1966. — Die ältere Literatur ist aufgearbeitet bei Teuffel, *Geschichte der römischen Literatur*, III, S. 348-352, Schanz-Hosius, *Geschichte der römischen Literatur*, IV 1, S. 233-258, Bardenhewer, *Geschichte der altkirchlichen Literatur*, III, S. 450-456. Daneben ist erwähnenswert Kappelmacher-Schuster, *Die Literatur der Römer*, S. 433-435. Unter den neueren Darstellungen verdienen vor allem

Die Auseinandersetzung des Prudentius mit dem Judentum hat im Rahmen seines Gesamtwerkes nur einen verhältnismäßig bescheidenen Platz. Es handelt sich um die Verse 321 bis 551 der Apotheosis. Hinzu kommt vielleicht auch die eine oder andere Passage mit konventioneller christologischer Exegese des Alten Testamentes, insofern mit dieser gewöhnlich auch eine apologetische Intention gegeben ist. Daß jedenfalls dieser exegetischen Methode innerhalb der apologetischen Argumentation eine bestimmte Funktion zukommt, wird schon daraus deutlich, daß der Abschnitt V. 321-551 in gewisser Weise eingeleitet und eingeführt wird durch den generellen Rückgriff auf die einschlägige Bedeutung des Alten Testamentes und ein Beispiel (Gen 19,24: „Nun ließ Jahwe über Sodom und Gomorra Schwefel und Feuer von Jahwe regnen"), das diese Bedeutung illustriert[35]. Diese Stelle beweist für Prudentius, daß in der Bibel neben Gott dem Vater auch von Jesus Christus, einer zweiten göttlichen Person, die Rede ist. Schon als Moses die Gesetzestafeln vom Berge Sinai herabbrachte, erkannte das jüdische Volk, das sich dem Goldenen Kalb zugewendet hatte, in seiner Blindheit nicht, daß das Gesetz in geheimnisvoller Weise von Christus spricht. Die Christen dagegen erblicken Christus; denn kein Tuch nimmt ihnen die Sicht, und sie liegen nicht danieder, bedrückt von der Bürde des (nicht richtig verstandenen) Gesetzes[36]. Da ist in den Stoff von Ex 32,1 ff. das Muster von 2 Kor 3,12 ff. hineingewebt, wo Paulus von der Hülle spricht, die Moses „auf sein Antlitz legte, damit die Kinder Israels nicht auf das Ende des Ver-

---

Beachtung DE LABRIOLLE, *Histoire de la littérature latine chrétienne*, II, S. 698-723, RABY, *A History of Christian-Latin Poetry*, S. 44-71, A. KURFESS, Art. Aurelius Prudentius Clemens, in: PAULY-WISSOWA, *RE*, XXIII 1, Stuttgart 1957, Sp. 1039-1071, ALTANER-STUIBER, *Patrologie*, S. 407-409. Vgl. auch BIHLMEYER-TUECHLE, *Kirchengeschichte*, I, S. 423, KRAFT, *Kirchenväterlexikon*, S. 440-441, sowie E. R. CURTIUS, *Europäische Literatur und lateinisches Mittelalter*, 6. Aufl. Bern-München 1967, S. 315-316.

[35] Apoth. 316:
A domino dominus flammam pluit in Sodomitas.

[36] Apoth. 327 ff.:
Dux populi peccantis adest de monte corusci
luminis adloquioque dei tabulasque tremendo
incisas digito caeca ad tentoria defert;
sed cadit in faciem plebs non visura profundae
legis in effigie scriptum per enigmata Christum.
Infelix quae luce oculos praestricta paventes
texerit et presso faciem velarit amictu!
At nos reiecto Christum velamine coram
cernimus atque deum vultu speculamur aperto;
nec sub lege gravi depressa fronte iacemus ...

gänglichen (Glanzes) achthaben sollten. Jedoch ihr Sinn ward trotzdem
verhärtet. Denn bis auf den heutigen Tag bleibt dieselbe Hülle auf
der Verlesung des Alten Bundes liegen, und sie wird nicht weggetan,
weil sie nur in Christus abgetan wird. Ja, bis heute liegt, sooft Mose
vorgelesen wird, eine Hülle auf ihrem Herzen. Sobald sich einer jedoch
zum Herrn bekehrt, wird die Hülle fortgenommen". Prudentius geht
dann zu dem von Paulus, Röm 11,17ff., eingeführten Bild des Ölbaumes
für das jüdische Volk über. Aber während bei Paulus nur „einige"
Zweige ausgebrochen und durch aufgepfropfte Triebe des wilden
Ölbaumes (d.h. der Christen gewordenen Heiden) ersetzt werden, ist
das Judentum bei Prudentius ein rindenloser, offenbar toter Baumstumpf, der erst wieder grün wird durch das Einsetzen der Pfropfreiser[37]). Die Juden, die ihr Heil nicht erkennen wollen und, zutiefst
undankbar, Christus den Herrn lästern[38]), feiern weiter ihr Passa,
sehen aber nicht, daß dieses Ritual nur ein Bild der Heilstat Christi
ist[39]) und die Christen „Abrahams wahres Geschlecht" sind, während
sie, die Juden, nur fleischlich Abrahams Nachkommen sind, überhaupt
nur fleischlich sehen können und nicht die Geisterfülltheit des Gesetzes
erfassen. Im Gesetz ist Christus verborgen wie das Ungeborene im
Leibe einer Schwangeren[40]). Das Unvermögen zur geistlichen Auslegung des Gesetzes (d.h. zur christologischen Exegese des Alten
Testamentes) ist für das unglückselige Israel, dessen Sabbat (d.h. das nur
fleischlich praktizierte Gesetz) Christus beendet hat, der Grund furchtbarer Bestrafung. Das „unglückselige Judaea" soll aus seinem Leid
erkennen, wer der Rächer war, der mit rächender Kraft seinen Wahn-
glauben und die nur fleischliche Auffassung des Gesetzes ahndete mit

---

[37]) Apoth. 340-341:
   Ecce tibi inserto revirescit nunc oleastro
   truncus et externi vestitur cortice libri.

[38]) Apoth. 347: *Blasfemas dominum, gens ingratissima, Christum.*

[39]) Apoth. 355ff.:
   Non sapis, inprudens, nostrum te effingere pascha
   legis et antiquae praeductis pingere sulcis
   omne sacramentum, retinet quod passio vera,
   passio quae nostram defendit sanguine frontem
   corporeamque domum signato conlinit ore?

[40]) Apoth. 364ff.:
   Abrahae genus est verum ... At tu,
   posteritas carnis, carnaliter omnia cernens
   carnis opus sub lege geris quam spiritus inplet
   interior. Nec enim caelo lex carnea fluxit,
   quam tu carne colis, sed Christo feta meamque
   spem paritura utero.

der Zerstörung des Tempels[41]). Was die Juden verdienen, haben die Römer Pompeius, dessen Heer plündernd durch ihr Land zog, und Titus, der Jerusalem eroberte und zerstörte, sie gelehrt: Aus ihrer Heimat mit Gewalt vertrieben und über Meere und Länder hinweg verschlagen, irren sie unstet umher, erleiden schlimme Strafe für den (an Jesus) begangenen Mord und sühnen, blutbespritzt, für die Missetat an Christus, den sie verwarfen. Jetzt leben sie in Unfreiheit unter der Herrschaft des triumphierenden Heidenvolkes, das Christus bekennt[42]).

Höhepunkt der apologetischen Argumentation, auf den hin der ganze Abschnitt V. 321-551 angelegt erscheint, ist die furchtbare Bestrafung Judäas durch die Römer, die alle Zeichen eines Gottesgerichtes hat. Der Untergang Jerusalems und die Zerstreuung der Juden in alle Welt sind als Schlußpunkt einer konsequenten Entwicklung gesehen, deren Ablauf durch die negative jüdische Einstellung zu Jesus Christus in Gang gesetzt und bestimmt wird. Daß hier eine schon verhältnismäßig entwickelte Form heilsgeschichtlicher Schau vorliegt, kann nicht zweifelhaft sein. Welche Elemente konstituieren nun diese Schau im einzelnen[43])?

---

[41]) Apoth. 503 ff.:

> Iamne piget facti, iam paenitet? En tibi Christum,
> infelix Judaea, deum, qui sabbata solvens ...
> Disce tuis, miseranda, malis quo vindice tandem
> vana superstitio lex et carnaliter acta
> plectatur, cuius virtus te proterat ultrix.
> Destructione iacent Solomonia saxa metallo
> aedificata manu? iacet illud nobile templum.

[42]) Apoth. 538 ff.:

> Quid mereare Titus docuit, docuere rapinis
> Pompeianae acies, quibus extirpata per omnes
> terrarum pelagique plagas tua membra feruntur.
> Exiliis vagus huc illuc fluitantibus errat
> Judaeus, postquam patria de sede revulsus
> supplicium pro caede luit Christique negati
> sanguine respersus commissa piacula solvit...
> Servit ab antiquis dilapsa fidelibus heres
> nobilitas ... Christum confessa triumfat
> gens infida prius, Christi sed victa negatrix
> subditur imperio dominos sortita fideles.

[43]) Einschlägige Untersuchungen fehlen auch hier fast ganz, obwohl Prudentius schon J. Chr. WOLF, Bibliotheca Hebraea, Pars II, Hamburg 1721 (innerhalb des Kapitels Scriptores Anti-Judaici Graeci et Latini aevi veteris), S. 1001, zu den Vertretern der antijüdischen christlichen Apologetik gezählt wird. Zu nennen sind nur mehr oder weniger beiläufige Erwähnungen im Rahmen größerer Darstellungen mit anderer oder umfassenderer Zielsetzung. O. ZOECKLER, Geschichte der Apologie des

Da ist zunächst der Gesichtspunkt des Gottesmordes (V. 553), in dem die Verwerfung des Heils in furchtbarer Weise augenfällig wird. Er steht so stark im Vordergrund, daß der Aspekt des Prophetenmordes — im Vergleich zu Commodianus — ganz zurücktritt. Mögliche neutestamentliche Ansatzpunkte sind einmal das harte Pauluswort 1 Thess 2,15-16: „Diese (d.h. die Juden) haben auch den Herrn Jesus und die Propheten getötet und uns verfolgt; sie gefallen Gott nicht und sind allen Menschen feind, da sie uns hindern, den Heiden zu predigen, damit sie gerettet werden. So machen sie das Maß ihrer Sünden für alle Zeit voll. Doch gekommen ist über sie schließlich der Zorn", zum anderen Mt 21,33-43, das Gleichnis von den bösen Winzern (d.h. den Juden), die die Knechte (d.h. die Propheten) des Herrn und seinen Sohn (d.h. Jesus) töten und dafür böse zugrunde-gerichtet werden. Prudentius verknüpft damit den Gedanken der Blut-schuld (*sanguine respersus*, V. 544) des jüdischen Volkes am Tode Jesu, und zwar im Sinne von Mt 27,25: „Sein Blut komme über uns und unsere Kinder!"; denn diese Schuld ist durchaus kollektiv gesehen. Sie betrifft „den Juden" (V. 542) schlechthin, das ganze jüdische Volk, das, vertrieben aus der angestammten Heimat, in leidvoller Diaspora-existenz seine Missetat zu büßen hat. Mit dieser Behandlung der Schuldfrage zieht Prudentius Linien weiter, die ihren Ausgangspunkt nicht nur in 1 Thess 2,15-16 und Mt 21,33-43 haben. Auch Stellen wie Apg 2,23; 3,13-15; 7,52[44]) stehen im Hintergrund der Gedanken-

---

Christentums, Gütersloh 1907, stellt S. 153-157 Prudentius als antiheidnischen Apologeten vor, ohne auch nur ein einziges Wort zur antijüdischen Apologetik dieses Dichters zu verlieren. Kaum der Rede wert sind die kurzen Bemerkungen bei J. JUSTER, *Les juifs dans l'empire romain*, I, Paris 1914, S. 227.229; P. BROWE, *Die Judenmission im Mittel-alter und die Päpste*, Rom 1942, S. 96; R. PFISTERER in: *Juden, Christen, Deutsche*, hrsg. von H. J. SCHULTZ, Stuttgart, Olten und Freiburg 1961, S. 119; F. LOVSKY, *L'antisemitisme chrétien*, Paris 1970, S. 158-159. Wirklich erwähnenswert sind eigentlich nur die knappen Referate von A. L. WILLIAMS, *Adversus Judaeos. A Bird's Eye View of Christian ‚Apologiae' until the Renaissance*, London 1935, S. 209-214, sowie B. BLU-MENKRANZ, *Judenpredigt*, S. 51-52; dazu noch die Bemerkungen dieses Verfassers in: *Texte und Untersuchungen zur Geschichte der altchristlichen Literatur* 63 (1957), S. 473, und in: *The Journal of Jewish Studies* 15 (1964), S. 126. W. SEIFERTH, *Synagoge und Kirche im Mittelalter*, München 1964, S. 47-48, zitiert drei einschlägige Stellen aus Prudentius, davon zwei offenbar nur indirekt und ungeprüft und eine weitere ebenso ungeprüft aus „Prudentius' Paraphrase der Klagelieder"(!), die natürlich in der Text-ausgabe von P. CUNNINGHAM nicht verifizierbar sein kann.

[44]) Apg 2,23: „diesen... habt ihr durch die Hände der Gesetzlosen (ans Kreuz) geschlagen und umgebracht"; 3,13-15: „Jesus..., den ihr ausgeliefert und vor Pilatus verleugnet habt, als dieser schon beschlossen hatte, ihn freizulassen... Den Fürsten des Lebens habt ihr getötet"; 7,52: „Wo war ein Prophet, den eure Väter nicht verfolgt hätten? Sie haben jene getötet, die von der Ankunft des Gerechten weissagten, dessen Verräter und Mörder ihr jetzt geworden seid". Vgl. auch Apg 4,27.

führung. Aber die Art und Weise, in der die Römer, vertreten durch Pompeius und Titus, als Vollzugsgehilfen eines göttlichen Strafgerichtes erscheinen, geht doch über neutestamentliche Vorstellungen hinaus oder bedeutet eine Verschiebung der im Neuen Testament zutage tretenden Intention, die durch den Zusammenhang der apologetischen Argumentation des Prudentius bedingt erscheint. Die wesentlichste Verschärfung dieser Intention liegt in der auch begrifflich-verbal ganz deutlich gemachten Betonung der Ahndung und vernichtenden Rache (*vindex, ultrix*, V. 509.511). Das Neue Testament ist in diesem Punkt entschieden zurückhaltender und formuliert lieber indirekt in der Form des Gleichnisses von Mt 22,1 ff. Dort findet die neuere neutestamentliche Exegese stark überwiegend eine Rückschau auf die Ereignisse des Jahres 70, d.h. auf die Eroberung Jerusalems durch Titus und die Katastrophe des jüdischen Volkes[45]. Weit über das Neue Testa-

---

[45]) Schon H. WINDISCH, Der Untergang Jerusalems (Anno 70) im Urteil der Christen und Juden, in: *Theologisch Tijdschrift* 48 (1914), S. 521, versteht die Stelle so: „Die Katastrophe des jüdischen Volkes ist die verdiente Züchtigung für seine ständige Harthörigkeit und Gewalttätigkeit gegenüber den Gesandten Gottes. Die Heere der Römer sind Gottes Heere, Werkzeuge für Gottes Strafgericht". Er sieht also bereits im Neuen Testament den Ansatz zu einer christlichen Geschichtsdeutung unter heils-geschichtlichem Vorzeichen. In der von WINDISCH gewiesenen Richtung gehen bei der Erörterung dieses Problems der neutestamentlichen Exegese auch W. TRILLING, *Das wahre Israel. Studien zur Theologie des Matthäusevangeliums*, Leipzig 1959 (3. Aufl. 1975), S. 66-67; R. HUMMEL, *Die Auseinandersetzung zwischen Kirche und Judentum im Matthäusevangelium*, München 1963, S. 85; E. FASCHER, Jerusalems Untergang in der urchristlichen und altkirchlichen Überlieferung, in: *Theologische Literaturzeitung* 89 (1964), Sp. 85; W. BIENERT in: *Das Christentum und die Juden*, hrsg. von W. BIENERT, Köln 1966, S. 35; K. H. SCHELKLE in: *Antijudaismus im Neuen Testament? Exegetische und systematische Beiträge*, hrsg. von W. P. ECKERT u.a., München 1967, S. 152; R. WALKER, *Die Heilsgeschichte im ersten Evangelium*, Göttingen 1967, S. 57 Anm. 54 und S. 91 ff.; C. THOMA in: *Auf den Trümmern des Tempels*, hrsg. von C. THOMA, Wien 1968, S. 67; M. DU BUIT, An 70: Les chrétiens devant les ruines, in: *Bible et Terre Sainte* 118 (1970), S. 18; K. SCHUBERT, Das alte Bundesvolk. Versuch eines christlichen Verständnisses vom Wesen des Judentums, in: *Kairos* 12 (1970), S. 181; G. BORNKAMM, *Jesus von Nazareth*, 9. Aufl., Stuttgart 1971, S. 15-16; F.-W. MAR-QUARDT in: *Jüdische Hoffnungskraft und christlicher Glaube*, hrsg. von W. STROLZ, Freiburg 1971, S. 99; S. VAN TILBORG, *The Jewish Leaders in Matthew*, Leiden 1972, S. 168; zuletzt so J. SCHWARK, Matthäus der Schriftgelehrte und Josephus der Priester. Ein Vergleich, in: *Theokratia. Jahrbuch des Institutum Judaicum Delitzschianum II, 1970-1972. Festgabe für* K. H. RENGSTORF, hrsg. von W. DIETRICH, P. FREIMARK und H. SCHRECKENBERG, Leiden 1973, S. 152. Entgegengesetzt urteilen K. H. RENGSTORF, Die Stadt der Mörder (Mt 22,7), in: *Festschrift* J. JEREMIAS, 2. Aufl. Berlin 1964, S. 106-129, und S. PEDERSEN, Zum Problem der vaticinia ex eventu. (Eine Analyse von Mt. 21,33-46 par.; 22,1-10 par.), in: *Studia Theologica* 29 (1965), S. 167-188, mit verschiedener Begründung, wobei letzterer immerhin die Möglichkeit nicht aus-schließen will, daß Matthäus rückblickend auf das Jahr 70 schreibt.

ment hinaus geht auch die Neigung des Prudentius, die unstete Diasporaexistenz der Juden mit einem poetischen Pathos zu vergegen-
wärtigen, das nicht ganz frei ist von einem Gefühl christlicher religiöser
Überheblichkeit und der Genugtuung angesichts des (wohlverdienten)
jüdischen Leides. Die beträchtliche Wirkung solcher poetischen Darstellung auf das christliche Gemüt läßt sich vielleicht daran ablesen,
daß selbst ein so nüchterner Gelehrter wie O. Bardenhewer sie
„ergreifend schön" findet[46]. Es zeigt sich hier bei Prudentius ein
Punkt, der sehr viel später, in der hochmittelalterlichen und neuzeit-
lichen Ahasver–Sage vom Ewigen Juden zu einer kräftigen Linie
ausgezogen wird. Eine theologische Verschärfung gegenüber dem Neuen
Testament und Commodianus liegt wohl auch darin, daß die Möglichkeit einer Bekehrung der Juden weiter in den Hintergrund gerückt ist.
Denn Prudentius reibt sich kaum noch an der Verstocktheit und
Halsstarrigkeit der Juden, und ihr Leid führt nicht einmal mehr auf
dem Wege über die Bereuung ihrer Missetaten zum Glauben an
Christus, sondern nur noch zur Belehrung darüber, wessen Rache sie
es zu verdanken haben (V. 509-511 bieten gegen Commodianus, Carm.
apol. 244, die theologisch entwickeltere Form dieses Gedankens). Die
Sicht des jüdischen Schicksals nimmt dabei Züge an, die in der früh-
mittelalterlichen *Vindicta Salvatoris* besonders deutlich werden, einer
Legende, die den Rachegedanken derart stark betont, daß die schreck-
liche kollektive Bestrafung der Juden für die Hinrichtung Jesu zum
Mittelpunkt und Höhepunkt eines ganzen Legendengewebes um die
Passion Christi wird[47]. Der gnadenlosen Endgültigkeit der Rache

---

[46]) *Geschichte der altkirchlichen Literatur*, III, S. 449: „... in dem Abschnitte gegen
die Juden. Ergreifend schön wird hier die weltbezwingende Macht des jugendfrischen
Christentums geschildert, im Gegensatz zu dem vaterlandslos umherirrenden Judentum
und dem altersschwach dahinsiechenden Heidentum."
[47]) Abgedruckt bei C. VON TISCHENDORF, *Evangelia apocrypha*, 2. Aufl. Leipzig
1876, S. 471-486; vgl. *The Apocryphal New Testament.* Translated by M. R. JAMES,
Oxford 1955, S. 159-161; E. HENNECKE - W. SCHNEEMELCHER, *Neutestamentliche Apo-
kryphen in deutscher Übersetzung*, I, Tübingen 1959, S. 358. Den starken Eindruck,
den dieses Rachethema auf das Mittelalter gemacht hat, lassen verschiedene national-
sprachige Fassungen dieser Legende erkennen: W. SUCHIER, Über das altfranzösische
Gedicht von der Zerstörung Jerusalems (La Venjance nostre seigneur), in: *Zeitschrift
für romanische Philologie* 24 (1900), S. 161ff.; 25 (1901), S. 94-109; *The Oldest Version
of the Twelfth-Century Poem ‚La Venjance Nostre Seigneur'.* Edited by L. A. T. GRYTING,
Univ. of Michigan Pr. 1952 (vgl. A. KAIL in: *Revue des études juives. Historia judaica*
1 [1962], 399-407); Vindicta Salvatoris. Mittelenglisches Gedicht des 13. Jahrhunderts,
zum erstenmal hrsg. von R. FISCHER, in: *Archiv für das Studium der neueren Sprachen
und Literaturen* (Braunschweig) 111 (1903), S. 285-298; 112 (1904), S. 25-45. Inhaltlich
verwandt ist die Behandlung des Vindicta-Themas in der „Praefatio de Jesu Christo

entspricht der Aspekt dauernder Knechtschaft des jüdischen Volkes im Dienste der christlichen Herren (V. 546-551), dessen theologische Voraussetzungen und Fortentwicklung in Richtung auf die Fundierung der mittelalterlichen Kammerknechtschaft schon oben zu Commodianus angemerkt wurden. Jedenfalls ist auch diese Seite der antijüdischen Apologetik des Prudentius dadurch charakterisiert, daß neutestamentliche, vor allem paulinische Positionen hinsichtlich der bleibenden Erwählung des jüdischen Volkes (Röm 3,1-4; 9,4-5; 11,1 ff. 16 ff. 29) eingeschränkt werden oder nicht mehr bewußt sind. Das zeigte sich schon an der Verzerrung des Ölbaumgleichnisses (Röm 11,17 ff.; s. oben, S. 96): nicht nur „einige" Zweige des (noch in Saft und Kraft stehenden) Ölbaumes (d.h. des jüdischen Volkes) werden ausgebrochen und durch Pfropfreiser des wilden Ölbaumes ersetzt, sondern, was ehemals ein belaubter und fruchttragender Baum war, nun aber toter Baumstumpf ist, erwacht wieder zum Leben nach der Implantation frischer Reiser neuer und anderer Art[48]. Der apologetischen Sicherung des christlichen Erwählungsanspruches dient auch die Bezeichnung des Christentums als „Abrahams wahres Geschlecht" (V. 364; vgl. Gal 3,7-9; Röm 4,1; Hebr 2,16; Mt 3,9-10; Lk 1,55; Joh 8,33 ff.). Sie wurde von Augustinus mit beträchtlichem Argumentationsaufwand begründet. „Die Verheißung an Abraham, daß in seinem Namen alle Völker gesegnet werden, sei jetzt erfüllt, sagt Augustinus, denn ‚Christus kam aus dem Samen Abrahams, in Christus sind schon alle Völker gesegnet worden, die Kirche ist über den ganzen Erdkreis verbreitet worden'. So sollen also die Christen wegen der Abstammung Jesu von Abraham zum Samen Abrahams geworden sein"[49]. Damit wird aber auch die jüdische Bibel zu einem im Grunde schon christlichen Buch, zum Alten Testament im Sinne einer rückwärtigen Ergänzung des Neuen Testamentes, zu einem Buch, das allüberall von Christus und seiner Kirche redet. *In effigie* (V. 331; vgl. *effingere* V. 355), als Präfiguration, ist Christus in der Tora in geheimnisvoller Weise gegenwärtig, doch die Juden, nur dem Fleische nach Abrahams Nachkommen, die alles nur „fleischlich" sehen, erkennen nicht den Geist (*spiritus* V. 369), der die Tora erfüllt, und verstehen nicht, daß bei fleischlicher Gesetzesauffassung

---

Domino inter Vespasianum et Titum quomodo vindicaverunt Christum", in: *MGH. Poetae latini aevi Carolini* IV 2-3, recensuit K. STRECKER, Berlin 1923, S. 542-545.

[48]) Zum Ölbaumgleichnis vgl. JUSTER, *Les juifs dans l'empire romain*, I, S. 227 Anm. 6; BLUMENKRANZ, *Judenpredigt*, S. 169 Anm. 20.

[49]) BLUMENKRANZ, *Judenpredigt*, S. 171, zu Augustinus, Serm. 22,4,4.

Christus, mit dem die Tora schwanger geht (V. 372), unerkennbar bleibt. Ein Beispiel christologisch-spiritueller Exegese bietet Prudentius Cathemerinon 5,93-96 zu Ex 15,23-25: Die Israeliten auf ihrer Wüstenwanderung können das bittere Wasser von Mara nicht trinken. Moses aber wirft ein Holz in das Wasser und dieses wird süßer als attischer Honig. „Holz ist es, wodurch Bitteres süßer wird; denn ans Kreuzesholz geheftet erweist ihre Kraft die Hoffnung der Menschen"[50]. Ex 15,23-25 ist danach also eine präfigurative Vorschau auf die Passion Christi. Ähnlicher Struktur ist die christologische Exegese von Ex 17, 11-13, wie sie Cath. 12,169ff. bietet: Die Israeliten siegen in der Schlacht gegen die Amalekiter, solange Moses seine Arme ausgestreckt hält; denn das war ein „Bild" des Kreuzes[51]. Die Juden, befangen in ihrer „fleischlichen" Deutung, sind zu solcher Sicht nicht fähig (Apoth. 332f. 368.510), für sie ist das Gesetz eine drückende Last (Apoth. 336), eine Last, von der Christus befreit (Apoth. 503f.). Vereinbar mit dieser teils abwertenden teils spirituell umdeutenden Exegese des Pentateuch bleibt traditionell die Hochschätzung der „altehrwürdigen Ahnherren" des jüdischen Volkes (Apoth. 545), des Abraham, Isaak, Jakob usw. Aber schon das Volk, das zum Goldenen Kalb betet[52], das Volk, dem Moses die Gesetzestafeln vom Berge Sinai bringt, ist „sündig" (populus peccans, V. 327) und „blind" (V. 329),

---

[50]   *Instar fellis aqua tristifico in lacu*
          fit ligni venia mel velut Atticum;
          lignum est quo sapiunt aspera dulcius,
          nam praefixa cruci spes hominum viget.
Zu dieser Art von Exegese hat später NIETZSCHE bemerkt: „überall sollte im alten Testament von Christus... die Rede sein, überall namentlich von seinem Kreuze, und wo nur ein Holz, eine Ruthe, eine Leiter, ein Zweig, ein Baum, eine Weide, ein Stab genannt wird, da bedeutete dies eine Prophezeiung auf das Kreuzesholz" (Morgenröte, Aphorismus 84).
[51]   *Hic proeliante exercitu*
          pansis in altum bracchiis
          sublimis Amalec premit
          crucis quod instar tunc fuit.
Dazu auch WILLIAMS, Adversus Judaeos, S. 213, der noch auf Psychomachia, Praef. 1,57-58, hinweist,
          si quid trecenti bis novenis additis
          possint figura noverimus mystica.
          Mox ipse Christus... intrabit...,
wo die 318 (in griechischen Zahlzeichen TIH) Knechte Abrahams, d.h. das kreuzförmige Zeichen T, auf Christus vorweisen.
[52] Der Verwendung dieser Episode zur Begründung der Verwerfung Israels im Rahmen der antijüdischen frühchristlichen Apologetik gehen nach L. SMOLAR - M. ABERBACH, The Golden Calf Episode in Postbiblical Literature, in: Hebr. Un. Coll. Ann. 39 (1968), S. 91-116.

d.h. nicht fähig, im Gesetz Christus zu erkennen. Der sich Christus widersetzende Glaube ist schlechthin „Wahnglaube" (*vana superstitio*, V. 510) oder „verbissener Aberwitz" (*Judaicus furor*, V. 552) eines „überaus undankbaren" (*gens ingratissima*, V. 347) und „unglückseligen" (*infelix*, V. 332.504; vgl. *miseranda*, V. 509) Volkes. Aber die Ablehnung Christi hat auch eine offensive Seite: Die Juden „schmähen den Herrn" (*blasfemas dominum*, V. 347) und haben sich feindlich gegen ihn gewandt „mit Geißeln, Kreuzigung und bitterer Galle" (*flagris, cruce, felle*, V. 527; Mt 27,26ff. und Mk 15,15ff. sind es aber die römischen Soldaten des Statthalters). Die Einstellung zum Judentum changiert in eigenartiger Weise zwischen fast mitleidigem Bedauern und dem Entwurf eines Feindbildes, dem Einseitigkeiten nicht abzusprechen sind. So ist von einer Mitwirkung oder Mitschuld der Römer am Tode Jesu gar nicht die Rede. Mit Selbstverständlichkeit ist seine Kreuzigung eine Tat der Juden. Es stimmt aber diese Haltung des Prudentius überein mit der auch sonst bei ihm zu beobachtenden Verschärfung neutestamentlicher Positionen, wie sie sich in der starken Betonung des Rachegedankens zeigte und in seiner Annahme des Erwählungsverlustes und der immerwährenden Knechtschaft der Juden. Wenig neutestamentlich ist auch das Fehlen eines Gefühles brüderlicher Verbundenheit mit dem jüdischen Volke, wie es vor allem Paulus im Römerbrief an den Tag legt. Es entspricht dies einer Betrachtungsweise, die Christentum und Judentum mehr und mehr getrennt sieht und das Verbindende zugunsten von Konfrontation und Polarisierung fast schon aufgelöst glaubt. Wie Commodianus steht auch Prudentius theologisch Tertullian und Cyprian nahe[53]). Darüber hinaus weist er eine besonders enge Beziehung zu Ambrosius auf, der seinerseits zum Judentum ein einigermaßen distanziertes Verhältnis hatte[54]). Die Feststellung dauernder Knechtschaft des jüdischen Volkes im Dienste der Christen rückt Prudentius in die Nähe seines jüngeren Zeitgenossen Augustinus, der diesen Ansatz geschichtstheologisch ausbaut, insofern er die Knechtschaft im Dienste der christlichen Wahrheit zum entscheidenden Wesensmerkmal der jüdischen Existenz nach Gol-

---

[53]) BARDENHEWER, *Geschichte der altkirchlichen Literatur*, III, S. 455.

[54]) Wie unter anderem die Rolle zeigt, die er im Zusammenhang mit der Zerstörung der Synagoge von Kallinikum spielte. Zu ihm vgl. BLUMENKRANZ in: *Kirche und Synagoge*, I, S. 91-93; B. KÖTTING, ebd., S. 151-153; HRUBY, *Juden und Judentum bei den Kirchenvätern*, S. 43-44. 66-68; G. B. LADNER, Aspects of Patristic Anti-Judaism, in: *Viator. Medieval and Renaissance Studies* 2 (1971), S. 354-357. Unter den älteren Darstellungen verdient besondere Beachtung H. VON CAMPENHAUSEN, *Ambrosius von Mailand als Kirchenpolitiker*, Berlin und Leipzig 1929, S. 231-234.

gatha macht (s. oben, S. 90 Anm. 26). Zu dem im Vergleich zu Commodianus höheren Maße theologischer Bildung des Laientheologen Prudentius
stimmt das Zurücktreten verbaler Polemik. Die Entrüstung über die
Verstocktheit und Halsstarrigkeit der Juden ist nicht mehr so kraß
wie bei dem Dichter des dritten Jahrhunderts. Die theologischen
Waffen des Prudentius sind geschliffener und die Argumentation ist
weniger diatribenhaft-drastisch als vielmehr geschichtstheologisch ak-
zentuiert, wie besonders die stärkere apologetische Auswertung des
Unterganges Jerusalems und der politischen Katastrophe des jüdischen
Volkes zeigt; andererseits ist im Erfahrungsbereich des Prudentius
offenbar auch das Judentum schwächer geworden, so daß die Auseinandersetzung mit ihm sozusagen akademischere Züge annehmen
kann und eine gewisse Realitätsferne verrät [55]. Schließlich steht Prudentius die antiheidnische und antihäretische Apologetik auch viel
näher, und diese nimmt in seinem Gesamtwerk unvergleichlich mehr
Raum ein. Das Judentum wird nicht mehr als akute Bedrohung
empfunden, sondern ist ein — freilich nicht zu vernachlässigender —
Gegner unter anderen von weit bedrängenderer Aktualität.

III. PAULINUS VON NOLA

Paulinus (353-431), geboren in Burdigala (Bordeaux), aufgewachsen
in einem christlichen Elternhaus, aber erst im Jahre 389 getauft,
394 zum Priester, um 409 zum Bischof (von Nola) geweiht, erreicht
nicht den poetischen Rang des Prudentius, ist aber wie dieser und
wie sein Lehrer Ausonius sehr den römischen Klassikern verpflichtet.
Nachdem er schon als junger Mann hohe politische Ämter versehen
hatte, zog er sich aus dem öffentlichen Leben zurück. Seit 395 viel-
bewundert in asketisch-klösterlicher Zurückgezogenheit bei Nola lebend, korrespondierte er mit den theologischen Größen seiner Zeit,
ohne freilich selbst Anspruch auf ihren Rang zu erheben. Von dieser
Seite seiner literarischen Produktion sind 51 Epistulae erhalten. Bekannter und mehr geschätzt bei der Nachwelt sind seine Carmina,
die in besonderer Weise Zeugnis von seiner tiefgefühlten christlichen
Frömmigkeit ablegen. Sie sind verschiedenen religiösen Themen gewidmet, vor allem dem hl. Felix. Aus der Zahl zum Teil ausgespro-

---

[55] Vgl. WILLIAMS, *Adversus Judaeos*, S. 210: „A study of Prudentius' writings does
not suggest that he knew much about either the Jews or the Judaism of his time.
He is very different from Justin Martyr, for example, or the great controversialists
of the third century".

chener Gelegenheitsgedichte ragt besonders der in den Jahren 389-393 geführte poetische Briefwechsel mit seinem Lehrer Ausonius hervor, der sich vergeblich gegen seine Weltflucht wandte[56]. Paulinus befaßt sich zwar zusammenhängend mit antiheidnischer Apologetik (Carmen 32 ad Antonium; Carmen 22 ad Jovium), eine auch nur annähernd in sich geschlossene Auseinandersetzung mit dem Judentum fehlt jedoch. Immerhin erlauben verschiedene einschlägige Passagen der Carmina und Epistulae, den Standort des Paulinus in dieser Hinsicht einigermaßen zuverlässig zu bestimmen[57].

Da ist zunächst wieder die Gottesmordfrage. Sie wird von Paulinus konventionell behandelt unter Vermeidung besonderer polemischer Schärfen. Judäa ist „befleckt mit dem Blut" seines Königs. Dem Lande Judäa war sein Christus nicht (heilbringendes) Sühnopfer (im christlichen Sinne), sondern „durch dieses Land fiel er zum Opfer"[58]. Deshalb, und weil es den christlichen Glauben verwarf (*infitiata fidem*,

---

[56]) Textausgabe: *Sancti Pontii Meropii Paulini Nolani Carmina. Recensuit et commentario critico instruxit* G. DE HARTEL, 2 Bde. (CSEL 29.30), Prag-Wien-Leipzig 1894.
— Allgemein informieren BARDENHEWER, *Geschichte der altkirchlichen Literatur*, III, S. 569-582; SCHANZ-HOSIUS, *Geschichte der römischen Literatur*, IV 1, S. 269-276; KAPPELMACHER-SCHUSTER, *Die Literatur der Römer*, S. 435-436; DE LABRIOLLE, *Histoire de la littérature latine chrétienne*, II, S. 481-494; HELM, Art. Meropius Pontius Paulinus, in: PAULY-WISSOWA, *RE*, XVIII 2, Stuttgart 1949, Sp. 2331-2351; RABY, *A History of Christian-Latin Poetry*, S. 101-107; ders., *A History of Secular latin Poetry in the Middle Ages*, I, 2. Aufl. Oxford 1957, S. 61 ff.; BIHLMEYER-TUECHLE, *Kirchengeschichte*, I, S. 425-426; ALTANER-STUIBER, *Patrologie*, S. 409-410; KRAFT, *Kirchenväterlexikon*, S. 409; J. SZÖVÉRFFY, *Weltliche Dichtungen I*, Berlin 1970, S. 147-158.

[57]) Das Verhältnis von Kirche und Synagoge bei Paulinus hat bislang kaum Interesse beansprucht. ZOECKLER, *Geschichte der Apologie des Christentums*, kommt S. 157-158 auf ihn zu sprechen, äußert sich aber ausschließlich zur antiheidnischen Apologetik. Allein F. MURAWSKI, *Die Juden bei den Kirchenvätern und Scholastikern. Eine kirchengeschichtliche Skizze als Beitrag zum Kampf gegen den Antisemitismus*, Berlin 1925, S. 24-25, geht kurz auf Paulinus ein, doch ist sein Beitrag inhaltlich und methodisch ganz unzureichend. Erwähnung verdienen hier nur noch beiläufige Notizen bei B. BLUMENKRANZ, Die Juden als Zeugen der Kirche, in: *Theologische Zeitschrift* 5 (1949), S. 396; P. BLOCH, Nachwirkungen des Alten Bundes in der christlichen Kunst, in: *Monumenta Judaica. Handbuch*, hrsg. von K. SCHILLING, Köln 1963, S. 737-781, hier S. 747; Schließlich streift SEIFERTH, *Synagoge und Kirche im Mittelalter*, S. 31 f., eine Stelle aus Paulinus (Epist. 32,5), anscheinend ohne die Quelle selbst eingesehen zu haben.

[58]) Carmen 31,347 ff. das Wortspiel zwischen *hostia* und *victima*:
> *fas etenim, ut Judaea, sui suus hostia Christus*
> *non erat et per quam victima Christus erat,*
> *sede locoque simul veterum viduata sacrorum,*
> *infitiata fidem, perderet omne sacrum.*
> *finis enim legis Christus ...;*
vgl. Carmen 6,163 f.:
> *Judaea nocens et sanguine regis commaculata tui.*

Carmen 31,350), mußte es um Wohnsitz und Kultus kommen. Mit
der Gottesmordfrage eng verbunden ist der Rekurs auf das Verhalten
der Juden während des Verhörs Jesu durch Pilatus (Mt 27,15-23):
Die Juden haben die Wahl, Barabbas oder Jesus von Pilatus frei-
zubekommen, entscheiden sich aber, aufgehetzt von den Hohenpriestern
und Ältesten, für Barabbas. Diese Szene hat auf die kirchliche Tradition
beträchtlichen Eindruck gemacht und ihre Spuren auch bei Paulinus
von Nola hinterlassen[59]; denn sie war ein Einzelzug im Gesamtbild
der Passion Christi, der die Schuld der Juden noch gravierender
erscheinen ließ und dementsprechend in apologetischen Argumenta-
tionen Verwendung finden konnte. Im Dienste solcher Apologetik
steht bei Paulinus auch die auf Gen 25,23 und Röm 9,12 fußende
Vorstellung, daß das ältere Volk (d.h. die Juden) dem jüngeren Volk
(d.h. den Christen) zu dienen habe (*populo servire minori*, Carmen 15,92).
Diese Exegese geht von der Annahme aus, daß in Rebekkas Zwillingen,
Jakob und Esau, die Völker der Juden und Christen typologisch
vorgebildet sind. Ähnlich bevorzugt auch Jakobs Segen den jüngeren
Ephraim vor dem älteren Bruder Manasse (Epist. 23,41 zu Gen 48,14).
Damit kommen wir schon zum Kernpunkt der theologischen Aus-
einandersetzung. Auch bei Paulinus ist das die Frage der Erwählung
und Verwerfung, der Anspruch des Christentums auf die biblischen
Verheißungen. Zunächst war allein das jüdische Volk erwählt, jetzt
sind die Juden nur dem Namen nach noch ein Volk, denn ihr Kultus
und ihr Gesetzeseifer bestehen nur noch als leeres Ritual, das durch
neue christliche Inhalte aufgelöst wird[60]. Besonders entschieden führt
Paulinus den Kampf um die Frage der Erwählung in der Epistel 23.
Auch hier wird zunächst die typologische Exegese ins Feld geführt.
Der Pharisäer, in dessen Haus Jesus speist, und die Sünderin, die
seine Füße pflegt (Lk 7,36-50), sind „Typus" der Kirche, die gerettet
wird, und des Juden, der außerhalb der Gnade steht[61]. Die Berufung

---

[59]) Carmen 31,131-132: *proque reis habitus peiorque latrone putatus, quem Judaea
pio praeposuit domino.*
Da ist ein bereits neutestamentlicher Ansatz (Apg 3,14) weitergeführt: „Den Heiligen
und Gerechten habt ihr belastet und verlangt, daß ein Mörder euch geschenkt werde".
[60]) Carmen 22,95: *Judaeos, quae sola deo tunc lecta fuit gens.*
        26,46ff.: *Judaei solo retinentes nomine gentem* etc.
[61]) *Sed Judaeus neque caput neque fundamentum habiturus in Christo nec caput
Christi nec pedes unxerat, quod utrumque pretiosis unguentis mulier evangelica inrigaverat,
propterea synagogae neque oleum gratiae neque aqua refectionis a Christo est, cuius
typum illi Pharisaeo gerenti circa ipsum et olei et aquae salutaris fontem et aqua et
oleum caritatis exaruit* (23,33).

auf Abraham kann den Juden nicht helfen, denn „wenn ihr die Kinder Abrahams wäret, würdet ihr die Werke Abrahams tun" (Epist. 23,40 als Zitat von Joh 8,39). „Sollen sie (sc. die Juden) also haben ihre Anmaßung, ihren Reichtum, ihren Adel und ihre Gerechtigkeit, die sich Abrahams ihres Vaters mehr dem Fleische als dem Geiste nach rühmen, unbeschnitten am Herzen und nur dem Fleische nach Juden. Uns genügt zum Heil und zum Ruhm Christus ... der uns von Steinen zu Kindern Abrahams erweckte, jene dagegen wurden aus Kindern Abrahams zu Steinen, aus denen wir entstanden" (Epist. 23,41). Da sind einschlägige Aussagen des Neuen Testamentes — es ist zu denken an Stellen wie Mt 3,9; Lk 3,8; Apg 7,51; Röm 3,1-2; 9,4 — etwas verschärft, vor allem im Hinblick auf eine heilsgeschichtliche Ablösung der Synagoge durch die Kirche, eine Gedankenführung, die von Paulinus dann noch vertieft wird durch die ekklesiologische Deutung von Gen 48,14 (älterer Bruder Manasse; jüngerer Bruder Ephraim; s. oben) und andere antithetische Bilder: „die Juden geraten in unsere Wüste und wir nehmen ihre grünen Felder in Besitz; in ihrer Blindheit sind sie, was wir waren, und gnadenhalber sind wir, was sie waren" (Epist. 23,41), d.h. an die Stelle der Juden, des einst erwählten Volkes, sind nun die getreten, die zuvor Heiden waren. Aber Paulinus warnt an gleicher Stelle auch, ganz im Sinne des Ölbaumgleichnisses bei Paulus, Röm 11,17ff., vor religiösem Hochmut und Überheblichkeit und nimmt damit der Apologetik die offensive Spitze. Ebenso legt er Wert auf die Feststellung der Möglichkeit, daß Gott die ausgebrochenen Zweige des Ölbaumes, d.h. die Juden, wieder einpfropfen kann, so daß schließlich aus einer Wurzel Christen und Juden ihrem Herrn Frucht bringen (Epist. 23,41). Zeigt sich an diesem Punkte eine im Vergleich mit der Behandlung des Ölbaumgleichnisses von Röm 11,17ff. durch Prudentius geringere theologische Rigorosität, so ist dagegen die Bewertung der jüdischen Bibel wieder ganz patristisch konventionell. Vom christlichen Standpunkt aus wird sie relativiert als „erstes Gesetz" (prima lex, Carmen 26,36) oder „altes Gesetz" (vetus lex, Carmen 26,51). Erst der christliche Glaube erschließt ihr Dunkel und läßt dort Christus sichtbar werden, von dem Moses und die Propheten sprechen. Für die Juden aber — so sagt Paulinus in Anlehnung an 2 Kor 3,13ff. — liegt bis auf den heutigen Tag das mosaische Gesetz, wenn sie es lesen, unter einer Hülle, aber diese Hülle ist ihr Herzensdunkel, ihre durch Mangel an Gottesfurcht abgestumpfte Erkenntnisfähigkeit, die bewirkt, daß sie Christus nicht sehen können[62]), daß sie weder den Propheten noch Moses noch

David (d.h. seinen christologisch zu deutenden Psalmen) glauben
(Carmen 6,164ff.). Mit solchen Gedanken korrespondiert bei Paulinus
eine fast universale Typologie, die allüberall Christus wiederfindet:
„Von Anbeginn an leidet Christus in allem, was sein ist. Er selbst ist
nämlich Anfang und Ende, er, der im (mosaischen) Gesetz verborgen,
im Evangelium enthüllt wird ... in Gestalt Abels wird er getötet vom
Bruder, in Gestalt Noahs verhöhnt vom Sohn, in Gestalt Abrahams
ist er in ein fernes Land gewandert, in Gestalt Isaaks wurde er
geopfert, in Gestalt Jakobs hat er gedient, in Gestalt Josephs ist er
verkauft worden, in Gestalt Moses' ist er ausgesetzt und ausgestoßen
worden, in Gestalt der Propheten ist er gesteinigt und zerstückelt
worden, in der Gestalt der Apostel zu Lande und zu Wasser umher-
getrieben, ist er durch viele mannigfache Qualen der seligen Märtyrer
oftmals getötet worden" (Epist. 38,3). Der hier sichtbare universale
christologische Anspruch (*ipse est enim initium et finis*) schließt natürlich
in ganz besonderer Weise das Alte Testament ein. Wie das im einzelnen
aussieht, zeigt etwa die Deutung des Passalammes von Ex 12 als
(vorausdeutendes) Bild Christi (Carmen 26,43.52-53). So ist auch der
von Simson getötete Löwe, in dessen Schädel beziehungsweise Gebein
ein Bienenschwarm nistete und Honig war (Ri 14,8), eine „Figur"
Christi, „denn was ist süßer als Gottes Wort? Und was stärker als
Gottes Hand?" (Epist. 23,16). Dabei ist Simson „Figur (d.h. Typus,
Figuration) der Juden, offenbar, damit ein Jude Mörder gleichsam
Christi in Gestalt jenes Löwen sei"[63]. Nur diese Exegese wird nach
Meinung des Paulinus der „geheimnisvollen Vorbereitung" (*mystica
praeparatio*) gerecht, die Richter 14 im Hinblick auf das neutestament-

---

[62]) Carmen 31,362-372:
> Sic reserat nobis legis operta fides.
> inde sub antiquo legitur velamine Moyses
>   Judaeis nebula cordis opertus adhuc,
>   quam de luminibus mentis mihi creditus aufert
>   Christus, adumbratas discutiens species
>   seque docens prisca velatum legis in umbra
>   iamque revelatum corporis in facie,
>   qualem praemissi cecinerunt adfore vates,
>   qualis apostolicis coram oculis patuit,
>   qualem et Judaei non perspexere videntes
>   mentibus obtunsis impietate sua.

[63]) *Proponunt Samso Judaeorum figuram, videlicet ut illum leonem quasi Christum
Judaeus occiderit* etc. (Epist. 23,16). Die methodische Rechtfertigung solcher Exegese
steht für Paulinus wie für seine Zeitgenossen so sehr außer Frage, daß mögliche
neutestamentliche Begründungen oder Stützen (z.B. Lk 24,44) nicht eigens erwähnt
werden.

liche Heilsgeschehen hat. Solche Sinndeutungen des Alten Testamentes werden auch erweitert durch die uns schon bekannte ekklesiologische Komponente: Kirche und Synagoge sind bezeichnet in Rebekkas Zwillingen Jakob und Esau, und zwar so, daß in Gestalt Esaus das ältere Volk (d.h. die Juden) dem jüngeren Volk (Jakob steht für die Christen) untertan sein soll (*populo servire minori*, Carmen 15,92). Ganz typologisch ist schließlich die neutestamentliche Episode um den unfruchtbaren Feigenbaum (Mk 11,13; verschärfte Fassung Mt 21,19) gesehen. Jesus verwünscht den Baum (d.h. die Juden), der ihm nicht seinen Hunger stillen kann. „In jenem Baum hungerte ihn nach dem Heil des Menschen und er begehrte die Frucht, die der Mensch ihm schuldete. Aber auch als er in sein Eigentum kam, nahmen ihn die Seinen nicht auf und die unfruchtbare Synagoge gab nicht her die geschuldete Frucht des Glaubens, die er durch Gesetz und Propheten in ihnen hatte keimen und wachsen lassen... aber jener (zeichenhaft für die Juden stehende) Baum versagte die Früchte frommer Ehrfurcht und gab ihm zur Speise bittere Galle; als er Weintrauben begehrte, bot er ihm Dornen an; ihm, der selbst der wahre Weinstock ist und Traube voller Süße (vgl. Joh 15,1 ff.), reichte er munddörrenden Essig"[64]. Da schwelgt Paulinus geradezu in den reichen Möglichkeiten typologisch-symbolischer Exegese.

Patristisch konventionell ist aber bei Paulinus nicht nur die Sehweise des Alten Testamentes, sondern auch des Aufeinanderbezogenseins von Altem und Neuem Testament. Dieser Bezug stellt sich in erster Linie dar als korrelierendes Gegenüber von Verheißung und Erfüllung, das den autonomen Wert der jüdischen Bibel im Sinne einer bloßen Vorstufe des Heils relativiert, eine Relativierung, die sogar bis zum christlich gedeuteten Alten Testament durchschlagen kann: „Da ja das Leben (in Gestalt Christi) leibhaftig gegenwärtig ist, vergeht das (nur durch christologische Exegese im Alten Testament sichtbare) Schatten-bild (Christi)" (*et quia corpus adest vitae, perit umbra figurae*, Carmen 26,54). So „ist Christus das Ende des (mosaischen) Gesetzes" (*finis enim legis Christus*, Carmen 31,351) dergestalt, daß dieses zwar in gewissem Sinne abgewertet, nicht aber entwertet wird, bleibt es doch

---

[64]) *In illa arbore salutem hominis esuriebat et ab homine debitum sibi fructum petebat. sed et cum in sua propria venisset, sui eum non receperunt, et debitam fidei frugem, quam per legem et prophetas in eos seminaverat, sterilis infidelium Judaeorum synagoga non reddidit. venit ad arborem eorum quaerens a filiis plantationis suae expectati germinis dulcem cibum; at illa subductis pietatis fructibus dedit in escam illius fel et uvas petenti obtulit spinas et ipsum bonae vineae plantatorem, ipsum veram vitem et botrum suavitatis aceto urente potavit* (Epist. 43,5).

unverzichtbares Korrelat der heilsgeschichtlichen Beziehung im ganzen, wie sie im einzelnen zwischen alttestamentlichem Typus und neu-testamentlichem beziehungsweise christlichem Real- oder Antitypus besteht. So kommt es zu den später viel beachteten einprägsamen Sätzen: ,,Das alte Gesetz bestätigt das neue, das neue erfüllt das alte; im alten ist die Hoffnung, im neuen der Glaube. Aber altes und neues werden vermählt durch die Gnade Christi''[65]). So sehr aber das Alte Testament als unabdingbare rückwärtige Ergänzung, als Versprechung und Hoffnung für die mit Christus beginnende Zukunft geschätzt wird, so wenig hält Paulinus vom nachchristlichen Judentum. Das zeigt Epist. 50,11 seine Diskussion des Pauluswortes Röm 11,28: ,,Im Hinblick auf das Evangelium sind sie (sc. die Juden) allerdings Feinde (Gottes) um euretwillen, im Hinblick auf die Auserwählung aber sind sie Lieblinge um der Väter willen''. Für ihn sind die Juden nach Christus, die durch ihren Unglauben im Widerspruch stehen zum Glauben der (von Christus redenden und insofern also schon christlich-rechtgläubigen) Propheten und Patriarchen, Feinde des Evan-geliums Christi. Die Schwierigkeit des Paulussatzes spitzt sich ihm in der ratlosen Frage zu: ,,Wenn sie der Väter wegen ohne eigenes Verdienst (von Gott) geliebt werden, wie werden sie, der Väter wegen, nicht auch gerettet werden?''. ,,Aber'', heißt die um eine Begründung verlegene Antwort, ,,wenn auch Noah, Daniel und Hiob mitten unter ihnen weilten, werden sie doch ihren gottlosen Nachkommen nicht das Heil verschaffen, sie allein werden des Heils teilhaftig sein'' (Epist. 50,11). Keine Frage, daß die Paulusworte verschärft sind; denn für Paulus bleibt das (noch) nicht an Christus glaubende Israel auch nach Golgatha das auserwählte Volk (vgl. z.B. Röm 9,4-5; 11,16-24), während Paulinus einen heilsgeschichtlichen Graben sieht zwischen den biblischen Vätern und Propheten und ihren ,,gottlosen'' Nach-fahren. Die Gottlosigkeit (*impietas, impius*) ist denn auch ein Haupt-

---

[65]) Epist. 32,5:

> *Lex antiqua novam firmat, veterem nova conplet;*
> *In veteri spes est, in novitate fides.*
> *Sed vetus atque novum coniungit gratia Christi.*

Vgl. dazu BLOCH in: *Monumenta Judaica*, S. 747, der im gleichen Zusammenhang hinweist auf Augustinus, De civitate Dei 16, 26,2: ,,Was ist das Alte Testament anders als die Verhüllung des Neuen und das Neue anders als die Enthüllung des Alten?'', und SEIFERTH, *Synagoge und Kirche im Mittelalter*, S. 31f.; auch hier gibt SEIFERTH nicht den Beleg bei Paulinus, doch sind seine Darlegungen beachtenswert, vor allem durch den gebotenen Überblick über die frühmittelalterliche *Concordia Veteris et Novi Testa-menti*, zu der sich das Verhältnis der beiden Testamente verdichtet (S. 31ff.).

vorwurf — die „Blindheit" tritt vergleichsweise in den Hintergrund —
des Paulinus gegen die Juden (Carmen 6,167; 31,372; Epist. 43,5;
50,11), ein Vorwurf, der im Gegensatz steht zum Zeugnis des Paulus,
der ihnen „Eifer für Gott" bezeugt (Röm 10,2)[66]. Es ist nicht zu
übersehen, daß dieser Vorwurf wenigstens teilweise bedingt ist durch
die Wertung der jüdischen Bibel als eines im Grunde schon ganz
und gar christlichen Buches, dessen christliche Aussagen durch den
Schlüssel der richtigen (d.h. typologisch-figurativen[67])) Exegese zugänglich werden. Dagegengehalten erscheint der auf Literalexegese
fußende jüdische Glaube als Abfall von der christlichen Wahrheit,
als „(bewußter, hartnäckiger) Unglaube" (*perfidia*, Epist. 23,40; vgl.
Carmen 15,92; 26,126; 31,350.378; auch *infidelis* erscheint in diesem
Zusammenhang Epist. 43,5; vgl. Carmen 24,135; *infidelitas*, Epist. 50,1).
Die christliche Entrüstung über die Verstocktheit und Bosheit der
Juden bleibt aber bei Paulinus verhältnismäßig maßvoll. Zwar sind
sie darauf bedacht, allem Christlichen zu schaden (*Judaea nocens*,
Carmen 16,163; *Judaeorum ... omnia contra fidem Christi praecaventium*,
Epist. 31,3; *maligno corde Judaeus*, Carmen 24,127; *perversa gens*,
Carmen 6,167), doch der Wunsch nach brüderlicher Einheit des
Glaubens von Juden und Heiden in Christus ist noch ungebrochen
(Epist. 23,41; 32,5; vgl. Epist. 12,6: *ut Judaeorum et gentium fides in
Christo coiret*) und ist begleitet von tiefem religiösen Empfinden und
einer warmen Menschlichkeit, die offenbar auch bei den Juden seiner
Zeit Eindruck gemacht hat. Wie anders wäre es verständlich, daß der
Priester Uranius, ein Augenzeuge seines Todes, in einem Brief berichten
kann, nach dem Hinscheiden des Paulinus hätten nicht nur Christen,
sondern auch Juden und Heiden getrauert (MIGNE, *PL* 53,863)?
Das ist vielleicht nicht völlig frei erfunden, obgleich ein Motiv solcher
biographischer Details erkennbar ist: „wenn sie, diese unerbittlichen
Gegner der Kirche und der Christen, den Tod eines Kirchenmannes
beweinen, so beweisen sie seine besondere Heiligkeit, die auch seinen
Gegnern die Verehrung abgezwungen hatte"[68].

---

[66]) Im Hinblick darauf wendet sich P. GORDAN OSB gegen die Formulierung
impii Judaei in der katholischen Liturgie für den Samstag nach dem ersten Passions-
sonntag (in: *Freiburger Rundbrief* 18 [1966], S. 54-55).

[67]) Einschlägige Begriffe erscheinen bei Paulinus z.B. Carmen 26,43.54; Epist. 23,16.
31.32.33.

[68]) BLUMENKRANZ, *Die Juden als Zeugen der Kirche*, S. 396.398.

IV. SEDULIUS CAELIUS

Zu den altkirchlichen lateinischen Dichtern, die hier Interesse beanspruchen können, gehört auch Sedulius Caelius, der, in Italien geboren, im zweiten Viertel des fünften Jahrhunderts im griechischen Osten, in Achaia — vielleicht als Priester, jedoch wohl nicht als Bischof — lebte. Sein hexametrisches Paschale Carmen (,Osterlammgedicht' oder ,Ostergedicht'[69])), das in fünf Büchern Leben und Wunder Christi darstellt, hat auf das Mittelalter eine beträchtliche Wirkung ausgeübt. Mit dem Paschale Opus (,Osterwerk') gab Sedulius selbst eine verdeutlichende und ergänzende Prosafassung des Carmen. Daneben verfaßte er zwei kleinere Dichtungen, eine Elegie in 55 Distichen und einen Hymnus[70]). Zum Thema Judentum findet sich bei Sedulius weder eine abgerundete Apologetik noch eine zusammenhängende Äußerung von nennenswertem Umfang[71]). Es sind nur einzelne Passagen, die im Hinblick auf unser Thema Beachtung verdienen.

Vom Gottesmord und seiner Bestrafung, dem Verlust der Heimat und immerwährendem Exil, spricht Sedulius vergleichsweise zurückhaltend: Judäa hat zur Strafe für seine Missetaten die hergebrachten Formen des Gottesdienstes verloren und ist (von Gott) verlassen.

---

[69]) Der Name knüpft an Paulus (1 Kor 5,7) an: „denn unser Passa ist geschlachtet, nämlich Christus".

[70]) Textausgabe: *Sedulii opera omnia. Recensuit et commentario critico instruxit* J. HUEMER (CSEL 10), Wien 1885. Maßgebende Darstellungen bei TEUFFEL, *Geschichte der römischen Literatur*, III, S. 460-463; SCHANZ - HOSIUS, *Geschichte der römischen Literatur*, IV 2, S. 368-374; H. LIETZMANN, Art. Sedulius, in: PAULY-WISSOWA, *RE*, II A, Stuttgart 1921, Sp. 1025-1026; BARDENHEWER, *Geschichte der altkirchlichen Literatur*, IV, S. 642-647; KAPPELMACHER - SCHUSTER, *Die Literatur der Römer*, S. 438; DE LABRIOLLE, *Histoire de la littérature latine chrétienne*, II, S. 732-736; RABY, *A History of Christian-Latin Poetry*, S. 108-110; ALTANER - STUIBER, *Patrologie*, S. 411; KRAFT, *Kirchenväterlexikon*, S. 451-452; CURTIUS, *Europäische Literatur und lateinisches Mittelalter*, S. 454-457.

[71]) Dementsprechend hat er im Zusammenhang der literarischen Fehde zwischen Christentum und Judentum bisher auch kaum Beachtung gefunden. ZOECKLER, *Geschichte der Apologie des Christentums*, S. 157, erwähnt ihn nur ganz beiläufig; A. OEPKE, *Das neue Gottesvolk*, Gütersloh 1950, S. 282, zählt ein „Carmen adversus Judaeos (M PL 19,741 f.)"(!) des Sedulius zu den Werken der antijüdischen christlichen Apologetik, offenbar ohne die Quelle verifiziert zu haben und sich über die Werke des Sedulius im klaren zu sein; denn MIGNE, *PL* 19, 741 befindet sich ein Abschnitt des Paschale Carmen beziehungsweise Paschale Opus. Nicht erwähnt wird Sedulius bei BLUMENKRANZ, *Juifs et chrétiens dans le monde occidental. 430-1095*, Paris 1960, und *Les auteurs chrétiens latins*, obwohl er nach dem von BLUMENKRANZ gewählten Zeitrahmen (1. Hälfte 5. - Ende 11. Jahrhundert) hätte genannt sein können. Nur wenige Zeilen sind ihm gewidmet bei SEIFERTH, *Synagoge und Kirche im Mittelalter*, S. 53f., der ihn auch nur indirekt über eine der Sekundärliteratur angehörende Zwischenquelle benutzt hat.

Synagoga mag gehen (d.h. die Szene des Heilsgeschehens verlassen). Christus hat sich Ekklesia, die Kirche, als Gefährtin erwählt[72]. Dieses Weggehen (*discedere*) der Synagoge scheinen manche Zeugnisse früh- und hochmittelalterlicher Kunst im Bilde festzuhalten: die allegorischen Frauengestalten Kirche und Synagoge stehen unter dem Kreuz von Golgatha. Synagoga, mitunter mit einer Binde vor den Augen zum Zeichen der Unfähigkeit, Christus als den (im Alten Testament) geweissagten Messias zu erkennen, wendet sich vom Kreuz ab und schickt sich an zu gehen. Dieses Fortgehen, die Ablehnung des Christentums, ist zugleich ein Verlassen der Szene des Heilsgeschehens, das immer auch als Gottverlassenheit verstanden ist[73]. Sedulius steht

---

[72] Paschale Carmen 5,351 ff.:

> *Plange sacerdotes perituros, plange ministròs*
> *Et populum, Judaea, tuum pro talibus ausis.*
> *Non tuba, non unctus, non iam tua victima grata est.*
> *Quaenam bella tibi clanget tuba, rege perempto?*
> *Qui tuus unctus erit, quae verum amiseris unctum?*
> *Victima quae dabitur, cum victima pastor habetur?*
> *Discedat Synagoga suo fuscata colore,*
> *Ecclesiam Christus pulchro sibi iunxit amore.*

Die parallele Paraphrase des Paschale Opus ergibt keine Verschiebung der Aussage. Nur die verdiente Gottverlassenheit (*pro tantis deserta flagitiis*, HUEMER [s. oben, S. 112 Anm. 70], S. 297) ist vielleicht etwas deutlicher geraten.

[73] Die allegorische Darstellung von Kirche und Synagoge in der sakralen Kunst des Mittelalters hat seit vielen Jahrzehnten die verdiente Beachtung gefunden. Von den älteren Arbeiten sind noch erwähnenswert P. HILDENFINGER, La figure de la synagogue dans l'art du moyen âge, in: *Revue des études juives* 47 (1903), S. 187-196; P. WOHLFAHRT, Ekklesia und Synagoge, in: *Der Morgen* 11 (1933), S. 63-67; H. PFLAUM, *Die religiöse Disputation in der europäischen Dichtung des Mittelalters. I. Der allegorische Streit zwischen Synagoge und Kirche*, Genf und Florenz 1935. Förderliche Beiträge zum Thema bieten in jüngster Zeit vor allem A. WEIS, Art. Ekklesia und Synagoge, in: *Reallexikon zur deutschen Kunstgeschichte*, IV, Stuttgart 1958, Sp. 1189-1215; W. ECKERT, Ecclesia und Synagoge in der bildenden Kunst, in: W.-D. MARSCH-K. THIEME (Hrsg.), *Christen und Juden. Ihr Gegenüber vom Apostelkonzil bis heute*, Mainz-Göttingen 1961, S. 67ff.; BLOCH, *Nachwirkungen des Alten Bundes in der christlichen Kunst*; B. BLUMENKRANZ, *Juden und Judentum in der mittelalterlichen Kunst*, Stuttgart 1965, S. 57ff.; vgl. auch ders., Das Bilderevangelium des Hasses, bei W. P. ECKERT - E. L. EHRLICH (Hrsg.), *Judenhaß – Schuld der Christen?! Versuch eines Gesprächs*, Essen 1964, S. 249-256; W. STAEHLIN, Ekklesia und Synagoge, in: *Das Christentum und die Juden* (Arbeiten der Melanchthon-Akademie Köln, hrsg. von W. BIENERT, Band 1), Köln 1966, S. 101-105 (vgl. W. P. ECKERT, ebd., S. 84-86); F. OHLY, Synagoge und Ecclesia - Typologisches in mittelalterlichen Dichtung in: *Judentum im Mittelalter. Beiträge zum christlich-jüdischen Gespräch*, hrsg. von P. WILPERT unter Mitarbeit von W. P. ECKERT, Berlin 1966, S. 351-369; R. MAYER, *Judentum und Christentum*, Aschaffenburg 1973, S. 79-82. Im ganzen nützlich ist, vor allem auch wegen des umfangreichen Tafelteils, SEIFERTH, *Synagoge und Kirche im Mittelalter*; die wissenschaftliche Brauchbarkeit dieses Werkes ist aber nicht wenig eingeschränkt durch den Umstand, daß SEIFERTH literarische Quellen weithin nur indirekt — über Sekundärliteratur — heranzieht und verwertet.

also im Ausgangsbereich einer Motiv- und Traditionslinie, die sich im
Laufe des Mittelalters verbreitet und verzweigt. Die heilsgeschichtliche
Ablösung der Synagoge durch die Kirche ist für ihn aber nicht einfach
das Resultat einer tragisch zu bewertenden Unfähigkeit der Juden,
die Wahrheit zu erkennen. Hinzu kommt die bewußte, halsstarrige
Ablehnung des Heils. Diesem Gedanken verleiht er deutlichen Ausdruck
im Hymnus I, der in Form einer distichischen Elegie die typologischen
Zusammenhänge zwischen Altem Testament und Neuem Bund darstellen will: Dieses Volk hat den Herrn halsstarrig von sich gewiesen,
dieses hat ihn zuerst aufgenommen. Das verruchte Volk freut sich
über das vergossene Blut Christi, es freut sich aber auch, von Christi
Blut kosten zu dürfen [74]). Juden und Christen stehen sich hier gegenüber. Es ist jeweils die zweite Hälfte des Pentameters epanaleptisch
mit der ersten Hälfte des Hexameters verknüpft, wobei die einzelnen
Antithesen zumeist die Polarität der Heilswirklichkeit aufzeigen. Das
hier stärkere Hervortreten des Gottesmordvorwurfes entspricht offenbar
dem Bemühen, Gläubige und Ungläubige (d.h. vor allem die Juden)
durch eine tiefe Kluft getrennt zu sehen: Den ,,Gläubigen'', die allen
Grund haben zu triumphieren, steht gegenüber der ,,(bewußt und
hartnäckig) Ungläubige''[75]), d.h. in erster Linie der Jude, dessen Wut
aber ohnmächtig bleiben muß, weil Christus schon über den Sternen
thront[76]). Diesen Christus haben schon alle Propheten des Alten
Testamentes geweissagt, mit seinem Kommen sind Gottes Verheißungen
erfüllt. Erfüllt sind durch Christi Passion aber auch Bestimmung und
Zweck des Gesetzes, der Tora; andererseits ist Christi Leiden und Tod
für die Christen Erfüllung im Sinne einer Verwirklichung ihrer Heils-

---

[74]) Hymnus I, 73-76:
> *Hic populus Dominum dura cervice negavit:*
>   *Suscepit primus hic populus Dominum.*
> *Sanguine laeta redit fuso gens impia Christi:*
>   *Gustato Christi sanguine laeta redit.*

[75]) *Perfidus* und *perfidia* sind in Spätantike und Mittelalter terminologisch zur
Bewertung des Judentums aus christlicher Sicht verwendet. *Perfidia* meint in solchem
Zusammenhang nicht immer ,,*Treulosigkeit*'' oder gar ,,*Perfidie*'', sondern oft nur
,,*Unglaube*'', häufig aber den hartnäckigen Unglauben (wider bessere Einsicht). Zu
diesem Begriff vgl. E. PETERSON, Perfidia Judaica, in: *Ephemerides liturgicae* 50 (1936),
S. 296-311; B. BLUMENKRANZ, Perfidia, in: *Archivum latinitatis medii aevi* (Bulletin
Du Cange) 22 (1952), S. 157-170; G. KISCH, *The Jews in Medieval Germany*, 2. Aufl.
New York 1970, S. 323ff. 527. Vgl. aber auch H. SCHMECK, Infidelis. Ein Beitrag
zur Wortgeschichte, in: *Vigiliae Christianae* 5 (1951), S. 129-147.
[76]) Hymnus I, 83-84:
> *Iam super astra sedet, cuncti exultate fideles:*
>   *Perfide, quid saevis? iam super astra sedet.*

bestimmung[77]). Solche fast spielerisch-spekulative Facettierung des Erfüllungsmotivs korrespondiert vollkommen mit der manieristischen Technik dieses Hymnus. Poetischer Formwille und typologisches Denken verbinden sich mitunter zu Distichen, deren — oft Vergil verpflichtete — Eleganz besticht. So wird zum Beispiel David zu Jesus in Beziehung gesetzt: „Du (David) bist alle Zier den Deinen (d.h. dem Heer der Israeliten), der du Goliath zu Boden streckst, du (Christus), der du die Welt besiegst, bist alle Zier den Deinen (d.h. den Christen, der Kirche)"[78]). Da sind David und Christus als Typus und Antitypus einander zugeordnet. Bisweilen sind solche Exegesen eher mystisch als rein typologisch. So hat Christi leeres Grab, das die Frauen vorfinden, die mit Balsam und Salböl kommen, eine übertragene Bedeutung (*figura*): „Es steht fest, daß den Juden Christus weggenommen ist, den wir ehrfürchtig im Herzen tragen"[79]). *Figura* meint in diesem Zusammenhang (vgl. *figuratus sensus* in der parallelen Paraphrase des Paschale Opus 5,28) die geheimnisvolle, verschleierte Bedeutung eines Vorganges, die nur einer Interpretation zugänglich wird, die sich auf typologische Deutung versteht, d.h. *per typicam noscere viam* (Paschale Carmen 5,396 zum wunderbaren Fischfang: *typica intelligentia* in der Prosafassung, Paschale Opus 5,34).

Die „blinden" und „verstockten" Juden können solche Erkenntnis nicht haben. Sedulius ist da ganz konventionell und reflektiert nur die Ansicht vieler Vorgänger. Die Juden redet er an: *O gens caeca oculis, o gens durissima corde!* (Paschale Carmen 5,14). Sie sind ihm das „abtrünnige Volk, das in seiner Blindheit den Herrn verworfen hatte" (*plebis apostaticae*[80]), *Dominum quae caeca negasset*, Paschale

---

[77]) Hymnus I, 49-50:
  Maxima dona Dei cuncti cecinere prophetae:
  Implevit Christus maxima dona Dei.
93-94: *Passio, Christe, tui conplevit munera legis:*
  Munera nostra replet passio, Christe, tui.
[78]) Hymnus I, 47-48:
  Tu decus omne tuis, qui sternis caede Goliam:
  Qui vincis mundum, tu decus omne tuis.
[79]) Paschale Carmen 5, 348-350: *tamen ista figuram*
  Res habet egregiam: Judaeis constat ademptum
  Quem nos devoto portamus pectore Christum.
[80]) Vgl. bei Ps.-Ambrosius, Kommentar zum Römerbrief 9,27 (MIGNE *PL* 17, 146) die Forderung, die Juden als Apostaten des Christentums zu behandeln. Dazu J. PARKES, *The Jew in the Medieval Community. A Study of his Political and Economic Situation*, London 1938, S. 12 (mit falscher Stellenangabe).

Carmen 5,375); ihnen gegenüber steht — polar gesehen — die „treue Schar" der Christen (*turba fidelis*, Paschale Carmen 5,376). Der mit dem Aspekt der Abtrünnigkeit gegebene logische Widerspruch löst sich typologisch gesehen sofort auf. Jesus ist der in zahllosen Typoi und Figurationen vom Alten Testament verheißene Messias, wie denn dieses überhaupt ein ganz und gar christliches Buch ist und sozusagen die erste Phase der christlichen Heilsgeschichte beschreibt. Christus nicht als Herrn zu bekennen, ist deshalb ein Abfall von Gott schlechthin, und die Juden sind dementsprechend nicht nur „ungläubig", sondern geradezu „treulos" (*Judaea gens perfida*, Paschale Opus 5,1). Ihre Verstocktheit verschließt sich sogar dem Zeugnis Gott des Vaters für seinen Sohn (Joh 12,28: „Da kam eine Stimme vom Himmel: ‚Ich habe verherrlicht und ich werde wieder verherrlichen'"): „was ist klarer als das Zeugnis des Vaters und der Rechtsbeistand des Himmels? Nicht einmal so wollte das jüdische Volk Christus als seinen Gott anerkennen"[81]. Im Gegenteil, es verstieg sich seinerseits zur Apologie gegen dieses Argument. Teils erklärte man die Stimme rationalistisch als Donner, teils als Engelsstimme (Paschale Carmen 5,12f.). Sedulius referiert hier zweifellos echte Elemente des jüdischen Anteiles an Religionsdiskussionen zwischen Christen und Juden; denn die monotheistischen Einwände gegen eine Gottessohnschaft und gegen den Trinitätsglauben sind ein Hauptpunkt der jüdischen Apologetik in dieser Zeit[82].

Ein ernsthaftes Interesse an der Bekehrung der Juden oder auch nur an einem Glaubensgespräch zeigt Sedulius nicht mehr. Wenigstens verraten die bewegten Klagen über ihre Missetaten, ihre Verstocktheit und ihren Starrsinn in dieser Hinsicht nur Resignation. Vielmehr wird die Polarität von Christentum und Judentum bei ihm stärker, wobei diese Gegensätzlichkeit nicht mehr so bewertet wird, daß dem Judentum noch nennenswertes Gewicht zukommt. Es ist heilsgeschichtlich bereits ganz eine vergangene Größe. Gleichwohl wird die typologische Exegese des Alten Testamentes als Instrument der Apologetik weiterentwickelt und nachdrücklich eingesetzt.

---

[81] Paschale Carmen 5, 10-12:
    quid apertius est Patre teste,
    Caelo adsertore? ac nec sic agnoscere Christum
    Gens voluit Judaea Deum.
[82] BLUMENKRANZ, *Judenpredigt*, S. 85.89.

V. VENANTIUS FORTUNATUS

Bei Venantius Fortunatus (ca. 530/35 - 600), dem letzten bedeutenden christlich-lateinischen Dichter der Spätantike, dessen Werk in mancher Hinsicht an Paulinus von Nola erinnert, kündigt sich bereits unübersehbar das Mittelalter an. Nach Jugend und Studium in Italien ging er — eine Art Vorläufer der späteren Troubadours — auf ausgedehnte Reisen im gallischen Raum, die ihn an die Sitze und Höfe der weltlichen und geistlichen Würdenträger des Frankenreiches führten. Dem Ruf seiner Frömmigkeit und seinen kirchlichen Aktivitäten ist zu verdanken, daß er noch kurz vor seinem Tode zum Bischof von Poitiers gewählt wurde. Seine vielfältigen Kontakte und Interessen fanden ihren Niederschlag in einer Fülle von Gelegenheitsgedichten und in verschiedenen hagiographischen Werken, deren Form zwar noch antiken Mustern folgt, die in ihrer Thematik und religiösen Gefühlswelt aber schon zum großen Teil der Geistigkeit des Mittelalters zugehören. Der Nachwelt ist er bis auf den heutigen Tag bekannt vor allem als Autor der tiefempfundenen Passionshymnen Pange lingua gloriosi und Vexilla regis prodeunt. Die elf Bücher Carmina, aber auch das Versepos Vita S. Martini und die in Prosa geschriebenen Viten verschiedener anderer Heiliger sind bei aller gestalterischen und poetischen Kraft, bei aller Eindringlichkeit im Nachempfinden von Gefühlen und Situationen nicht frei von Schwulst, falschem Pathos und mitunter allzu devoter Schmeichelei[83]). In unserem Zusammenhang ist nur ein Gedicht interessant, das sich im fünften Buch der Carmina befindet. Dieses Buch enthält (echte, nicht fingierte) Briefgedichte vor allem an bekannte oder befreundete Bischöfe, unter denen Gregor von Tours ihm besonders verbunden war.

---

[83]) Ausgabe : *Venantii Honorii Clementiani Fortunati presbyteri Italici opera poetica. Recensuit et emendavit* F. LEO, Berlin 1891; *Opera pedestria. Recensuit et emendavit* B. KRUSCH (*MGH.* Auctores antiquissimi IV 1-2), Berlin 1885. — Allgemein informieren M. MANITIUS, *Geschichte der lateinischen Literatur des Mittelalters*, I, München 1911, S. 170-181; TEUFFEL, *Geschichte der römischen Literatur*, III, S. 522-528; BARDENHEWER, *Geschichte der altkirchlichen Literatur*, V, S. 367-376; KAPPELMACHER-SCHUSTER, *Die Literatur der Römer*, S. 453-455: DE LABRIOLLE, *Histoire de la littérature latine chrétienne*, II, S. 756-761; RABY, *A History of Christian-Latin Poetry*, S. 86-95; ders., *A History of Secular Latin Poetry in the Middle Ages*, I, S. 127-142; M. SCHUSTER, Art. Venantius Fortunatus, in : PAULY-WISSOWA, *RE*, Reihe 2, VIII, A 1, Stuttgart 1955, Sp. 677-695; A. HAUCK, *Kirchengeschichte Deutschlands*, I, 9. Aufl. Berlin 1958 (Nachdruck der Aufl. von 1922), S. 195ff.; K. LANGOSCH, *Profile des lateinischen Mittelalters*, Darmstadt 1965, S. 11-79; BIHLMEYER-TUECHLE, *Kirchengeschichte*, I, S. 439; ALTANER-STUIBER, *Patrologie*, S. 499-501; KRAFT, *Kirchenväterlexikon*, S. 501-502; J. SZÖVÉRFFY, *Weltliche Dichtungen* I, S. 219-291.

Der poetische Brief V, 5 ist an eben diesen Bischof Gregor († 594)
gerichtet. Er ist auch als zeitgeschichtliche Quelle besonders wertvoll,
weil er schlaglichtartig Situation und Qualität der christlich-jüdischen
Beziehungen im fränkischen Raum um die Wende der Antike zum
Mittelalter erhellt. Zwar bietet er nicht eine in sich abgeschlossene
und abgerundete theologische Auseinandersetzung mit dem Judentum,
er enthält aber doch wesentliche Elemente der antijüdischen Apologetik,
wie sie offenbar in den Missionspredigten dieser Zeit zur Präsentation
kamen.

Der historische Hintergrund, vor dem Carmen V, 5 gesehen werden
muß, ist folgender: Durch die missionarischen Bemühungen des Avitus,
Bischof von Clermont in der Auvergne, war ein Angehöriger der
dortigen jüdischen Gemeinde bekehrt worden. Als dieser zusammen
mit seinen neuen Glaubensgenossen in feierlicher Prozession einherzog,
übergoß ihn einer seiner ehemaligen Glaubensbrüder mit übelriechen-
dem, ranzigem Öl (dieses Detail nur im Parallelbericht des Gregor
von Tours, Hist. Franc. 5,11; *MGH.* Scr. rer. Merow. I 1, S. 205-206).
Der Racheakt brachte das offenbar ohnehin schon recht gespannte
Verhältnis der beiden Volksgruppen in Clermont aus dem Gleich-
gewicht, und die Empörung der Christen kannte keine Grenzen mehr.
Am Himmelfahrtstage des Jahres 576 stürmten sie gegen das Quartier
der Juden und die Synagoge und machten diese dem Erdboden gleich.
Die Juden, in Todesangst und von Avitus mit einer Missionspredigt
bedrängt, fanden sich schließlich, soweit sie nicht flohen, zur Taufe
bereit, die dann wenige Tage später, am Pfingstfest desselben Jahres,
feierlich begangen wurde. Dieser zeitgeschichtliche Rahmen schließt
auch im wesentlichen den Inhalt des Carmen V, 5 ein, in dem
Venantius, von Gregor darum gebeten, den ganzen Vorfall an Hand
des — nicht erhaltenen (aber vgl. die genannte Hist. Franc. 5,11) —
brieflichen Berichtes Gregors nicht ohne Koketterie poetisch verarbeitet. Sagt er doch (V. 139f.; vgl. auch den einleitenden Prosateil),
der auf Antwort drängende Bote Gregors habe ihm kaum zwei Tage
Zeit gelassen, das Briefgedicht zu verfassen. Es ist so ein echtes
Gelegenheitsgedicht, dessen poetischer Reiz freilich nicht unerheblich
beeinträchtigt wird durch die Gesuchtheit des Ausdruckes und einen
rhetorisierenden Stil, der bisweilen undurchsichtig-dunkel wird [84]).

---

[84]) Die Sehweise der christlich-jüdischen Beziehungen bei Venantius Fortunatus ist
noch nicht Gegenstand einer Untersuchung geworden. Zu registrieren sind lediglich
wenige, zum Teil eher beiläufige Notizen bei S. DUBNOW, *Weltgeschichte des jüdischen*

Die Juden Clermonts sind für Venantius „*Haufen von Bastarden*"
(*agmina Manzara*[85]), V. 75), das heißt im Hinblick auf das Verhältnis
Gottes zur Kirche uneheliche, nicht erbende und rechtlose Kinder
(biblisch ממזר). Das Christentum hat hier nicht nur als Erbe der
biblischen Verheißungen das Erbteil des einst erwählten Volkes übernommen, es ist von vornherein als im legitimen Besitz der Verheißungen befindlich gedacht. Diese Sehweise des Judentums als eines
Außenseiters außerhalb der christlichen Gesellschaft ist schon sehr
weiterentwickelt gegenüber Commodianus, der den Juden noch erst
androht, unter bestimmten Umständen Enterbte zu werden (*sic ex-
heredes eritis*, Instr. 1,38; s. oben, S. 84 Anm. 8). Zwischenstufe
dieser Entwicklung ist die Auffassung der Juden als Apostaten des
Christentums (s. oben, S. 115-116), die ihrerseits bedingt ist durch
eine Sehweise der jüdischen Bibel, die die biblischen Väter und
Propheten schon gewissermaßen als christlich-rechtgläubig versteht
und für das Christentum beansprucht, weil sie allenthalben von Christus
reden, vernehmbar jedenfalls für christliche Ohren[86]). So spreche
bereits der Gesetzgeber Moses von der Trinität, und Abraham glaubte
schon daran, weshalb er auch unser Vater sei, denn sein Glaube sei
unser Glaube[87]). Das wird nun bewiesen durch eine trinitarische

---

Volkes, IV, S. 45-46, LOVSKY, *L'antisemitisme chrétien*, S. 224, und SEIFERTH, *Synagoge
und Kirche im Mittelalter*, S. 48, der ihn, seiner Gepflogenheit entsprechend, aber nur
indirekt zitiert und keine Interpretation liefert. Am wertvollsten sind hier die Bemerkungen
von BLUMENKRANZ: *Juden und Jüdisches in christlichen Wundererzählungen*, S. 422.436
Anm. 64; *Juifs et chrétiens*, S. 93.140-141 (vgl. S. 34 Anm. 217, S. 99.134 Anm. 245,
S. 148.310-311); *Les auteurs chrétiens latins*, S. 64-67.

[85]) Sehr viel später fällt diese Beschimpfung auf die Christen zurück, wenn man
Dietrich Schwab, einem getauften Juden und antisemitisch gestimmten antijüdischen
Apologeten glauben darf: „Der Christen Kinder heißen sie (sc. die Juden) ‚Mamserum',
oder ‚Schenkotzum' ein Hurenkindt oder Unwürdiger. Sie gedencken aber nicht, wie
die Kriegleut mit den Juden Weibern in erbawung Hierusalems und sonst voriger
Gefengnuß umbgangen…" (*Detectum Velum Mosaicum Judaeorum nostri temporis:
Das ist Judischer Deckmantel deß Mosaischen Gesetzes, under welchem die Juden jetziger
Zeit allerley Bubenstück, Laster, Schand, und Finantzerey, etc. uben und treiben, enthoben
und entdecket durch Dietherichen Schwaben, auß einem Juden einen Christen zu Paderborn*,
I, Paderborn 1615, S. 45).

[86]) So bestätigen vielleicht auch innere Gründe die Frühdatierung des Commodianus,
insofern sein Judentumsverständnis eher dem dritten Jahrhundert zugeordnet erscheint.
Zu dieser chronologischen Frage vgl. oben, S. 82.89.

[87]) V. 41-46:

> *est deus, alta fides, unus trinus et trinus unus:*
> *personis propriis stat tribus unus apex.*
> *nam pater et genitus, quoque sanctus spiritus idem:*
> *sic tribus est unum ius opus ordo thronus.*
> *legifer hoc reboat, patriarcha hoc credit Abraham:*
> *hinc pater est nobis, est quia nostra fides.*

Exegese von Gen 18,2ff. (vgl. 18,16ff. 22) und Gen 19,24. Jahwe
erschien Abraham, der um die heiße Tageszeit am Eingang seines
Zeltes saß. „Er erhob seine Augen, und siehe, es standen drei Männer
vor ihm. Sowie er sie sah, eilte er vom Eingang des Zeltes ihnen
entgegen, verneigte sich bis zur Erde und sagte: ‚Mein Herr, wenn
ich in deinen Augen Gnade gefunden habe, dann gehe an deinem
Knecht nicht vorüber. Man bringe euch etwas Wasser, dann wascht
eure Füße' ...". Zwei der drei Männer, deren einer, Jahwe, mit Abraham
über Sodoms Untergang verhandelt, kommen zu Abrahams Neffen Lot
und bringen ihn nach Zoar-Segor in Sicherheit. „Nun ließ Jahwe
über Sodom und Gomorra Schwefel und Feuer von Jahwe regnen"
(Gen 19,24). Diese Stelle ist von der christlichen Exegese in aus-
gedehntester Weise als apologetisches Argument gegen den strengen
jüdischen Monotheismus ins Feld geführt worden, weil die Bibel hier
von mehr als einer göttlichen Person — die exegetische Tradition
denkt an Gott Vater und Jesus Christus — zu reden scheint, und
auch Venantius bewegt sich auf dieser Linie[88]), ja, er macht die
trinitarische Exegese des Alten Testamentes zum Hebel der Missionspredigt. Gerade hier sieht er die Hülle wirksam, die die uneinsichtige
Blindheit der Juden verursacht: „So sind seit Urzeiten die Augen
ihres Herzens (d.h. ihre geistigen Augen, ihre Fähigkeit, die Wahrheit
zu erkennen) mit einem Tuch verhängt, damit sie blind sind und
nicht begreifen, wohin der richtige Weg führt"[89]). Das reflektiert
natürlich wieder 2 Kor 3,13f.: „Ja, bis heute liegt, so oft Mose vorgelesen wird, eine Hülle auf ihrem Herzen. Sobald sich einer zum
Herrn bekehrt, wird die Hülle fortgenommen". Nun bleibt es aber

---

[88]) V. 51-52:
  Cum a domino dominus pluit igni triste Gomorrae:
  filius et pater est, a domino dominus.
Vgl. oben, S. 95 zu Prudentius.
  [89]) V. 91-92:
  Sic oculis cordis velum est ab origine tensum,
  caecus ut ignoret quo via recta vocet.
Vgl. V. 25:
  Sed caligosi recubans velaminis umbra
  pectora taetra premens cernere clara vetat.
Im (oben erwähnten) Parallelbericht des Gregor von Tours (Hist. Franc. 5,11) geht
die Entrüstung über die Verstocktheit der Juden so weit, daß aus dem Tuch eine
ganze Mauer wird: *manebat in pectoribus eorum, iam non dicam, velamen illud, quod
facies Moysi obumbrabatur, sed paries.* Diese groteske Übertreibung quantifiziert das
christliche Unverständnis über die hartnäckige Weigerung der Juden, die Bibel „*geistlich*"
zu lesen und zu begreifen (*spiritaliter lecta intellegere*, Hist. Franc. 5,11) und ihr
wörtlich-buchstäbliches Verstehen aufzugeben.

nicht bei bloßer Entrüstung über die Uneinsichtigkeit der Juden. Venantius geht weiter auf einem Wege, der besonders im Laufe des Mittelalters von bloß apologetischer Judengegnerschaft zu offener Feindseligkeit führen sollte. Die Entrüstung ist noch ganz konventionell artikuliert: Halsstarrig weigern sich die Juden, das Joch des Herrn zu tragen, im Vertrauen auf ihr mosaisches Gesetz sind sie rebellisch und trotzig[90]. Was aber schlimmer ist, der „Judengestank" schlägt den Christen ins Gesicht, und der „gottlose Judenhaufe" stört den frommen christlichen Kultus[91]. Das scheint auf den von Gregor von Tours erwähnten Vorfall bei der Prozession anzuspielen, zielt aber darüber hinaus, wie im Laufe des Carmen deutlich wird; denn da ist vom „Judengeruch", der durch das Wasser der Taufe verschwinde, wie von einem Makel die Rede, der den Juden ihrem Wesen nach zu eigen ist[92]. Ganz offen in dieser Hinsicht ist schließlich die Missionspredigt des Bischofs Avitus. Die Juden sollen sich taufen lassen oder fortziehen und die Christen dadurch befreien von der „ansteckenden Krankheit" ihrer Gegenwart[93]. Mit ähnlich groben Strichen zeichnet in der Antike sonst nur Johannes Chrysostomos das Bild der Juden seiner Zeit. Eher kann man dergleichen im Laufe des Mittelalters erwarten[94]. Im Bild der Gefahr, die die (ungetauften) Juden für ihre christliche Umwelt darstellen, bleibt Venantius, wenn

---

[90]) V. 21: *Extollens cervix domini iuga ferre recusans.*
Vgl. *Moysei lege rebelles* (V. 33), *truces* (V. 34), *stimulante furore rebellis* (V. 73), *fera turba* (V. 87).
[91]) V. 19-20:
   Christicolis Judaeus odor resilibat amarus
   obstabatque piis impia turba sacris.
[92]) V. 109:
   Abluitur Judaeus odor baptismate divo, vgl. V. 104:
   aspersuque sacro fit gregis alter odor.
[93]) V. 69-70:
   Redde, colone, locum, tua duc contagia tecum:
   aut ea sit sedes, si tenet una fides.
[94]) So spricht Seifrid Helbling, ein sonst nicht weiter bekannter österreichischer Dichter gegen Ende des dreizehnten Jahrhunderts vom „Gestank und Unglauben" der Juden, die die Länder der Erde verunreinigen (V. 1084-1089 des zweiten Gedichtes in der Ausgabe von J. SEEMÜLLER: *Seifried Helbling. Herausgegeben und erklärt,* Halle 1886):
   der huorenjuden ist gar ze vil/hie in disem lande,
   iz ist sünd und schande./ez was sô grôz nie ein stat,
   sie waer von drîzec iuden sat/stankes und ungelouben.
Und dazu V. 1175-1180:
   swer iuwer kouft ein phenwert,/in swelch lant er mit iu kert,
   daz wart von iu gunreinet. got hât iuch vermeinet
   ze sünden und ze schanden/in allen kristenlanden.

er sie sich als Wölfe vorstellt (*ac de stirpe lupi progenerantur oves*, V. 114). Durch die Taufe freilich werden sie aus Wölfen zu Schafen. Solche Wesensbestimmungen der jüdischen Existenz werden im Zuge einer stärkeren Polarisierung des christlich-jüdischen Verhältnisses in Spätantike und Mittelalter häufiger. Ganz mittelalterlich ist jedenfalls die Frage der Judenmission gesehen. Ohne viel Umschweife vertreten Avitus-Venantius einen — im Mittelalter häufigen — Bekehrungszwang, der sich für die Juden in der unverblümten Alternative zuspitzt, fortzuziehen oder sich taufen zu lassen[95]). So kann Venantius die Zerstörung der jüdischen Synagoge (V. 29-30) auch nicht als Entgleisung der Volkswut, als unverhältnismäßig harte Reaktion auf den kleinen Affront persönlicher Rache an einem Renegaten sehen, sondern wertet sie als (lobenswerte) Tat christlichen Glaubenseifers (*armante fide*, V. 29) und konsequente Bereinigung eines offenbar schon lange latent vorhandenen Konfliktes. Diese Synagogenzerstörung ist nicht ohne Parallele schon in der späteren Antike. Das bekannteste Ereignis ist zweifellos die Plünderung und Zerstörung der Synagoge in Kallinikon (im Jahre 388), an der der dortige christliche Bischof nicht unbeteiligt war, eine Affäre, die kirchenpolitisch bedeutsam wurde durch die judengegnerische Stellungnahme des Ambrosius von Mailand und seine Kontroverse mit Kaiser Theodosius I.[96]).

Die dem mittelalterlichen Antijudaismus schon recht nahe Position des Venantius ist vielleicht dadurch am ehesten gekennzeichnet, daß er keinen Widerspruch sieht zwischen dem einfältig-frommen pastoralen Bemühen des Bischofs, die Juden der Herde der christlichen Gemeinde einzuverleiben, auf der einen und Taufzwang und Synagogenzerstörung auf der anderen Seite: „Ihr seid eines (Gottes) Schafe, ach, warum geht ihr nicht denselben Weg? Eine Herde soll sein, wie ein Hirte da ist"[97]). Ganz im Gegenteil bewegt ihn die judenmissionarische

---

[95]) V. 66-68:
> *aut admitte preces aut, rogo, cede loco.*
> *vis hic nulla premit, quo vis te collige liber:*
> *aut mens esto sequax aut tuus ito fugax.*

Vgl. V. 69-70 in Anm. 93.

[96]) Vgl. VON CAMPENHAUSEN, *Ambrosius von Mailand als Kirchenpolitiker*, S. 231-234; BLUMENKRANZ in: *Kirche und Synagoge*, I, S. 91-93; KÖTTING, ebd., S. 151-153. — Zu anderen Beispielen von Synagogenzerstörungen in der Spätantike M. AVI-YONAH, *Geschichte der Juden im Zeitalter des Talmud*, Berlin 1962, S. 227.251; vgl. S. 213.

[97]) V. 55-56:
> *unius estis oves, heu, cur non uniter itis?*
> *sit rogo grex unus, pastor ut unus adest.*

Vgl. V. 135-136 und V. 14.

Leistung des Avitus zu einem ebenso rhetorisch-effektvollen wie geschmacklos übertreibenden Lobeshymnus, der den Bischof noch über Abraham und Moses stellt: „Wenn schon der Patriarch gefällt, der nur einen Sohn (d.h. Isaak) darbrachte, wie wird gefallen, wer so viele darbietet? Moses vermochte nicht, unserem Glauben neue Anhänger zu verschaffen. Wer Christus neue wirbt, was wird sein Lohn sein?" (V. 129-132). Da ist Avitus am Ende einer Traditionskette, deren Anfang die biblischen Patriarchen als erste Glieder einer im ganzen christlichen oder doch unter christlichem Vorzeichen stehenden Glaubenstradition bilden.

Es hat sich gezeigt, daß auch die lateinischen christlichen Dichter, die im Hinblick auf die historische Darstellung der christlich-jüdischen Beziehungen bislang wenig beachtet wurden, zur Aufhellung der literarischen und theologiegeschichtlichen Seite eben dieser Geschichte in den Jahrhunderten der ausgehenden Antike einiges beitragen können. Freilich sind ihre Argumente und Gesichtspunkte einander recht ähnlich, so daß eine innere Dialektik der Entwicklung ihrer Auffassungen nicht recht sichtbar wird. Dazu hätte aber auch kaum eine — hier nicht mögliche — breitere Heranziehung der zeitgenössischen Prosa und theologischen Literatur verholfen. Jedenfalls lassen unsere Autoren die Stimmung gebildeter christlicher Kreise dem Judentum ihrer Zeit gegenüber erkennen, die Stimmung einer christlichen Öffentlichkeit, der sie selbst repräsentativ angehören und die als Publikum in besonderem Maße eine Poesie ansprechend finden mußte, die die sprachlichen Formen der vorchristlichen lateinischen Dichtung mit neuem Inhalt füllte, die also zunächst der alt- und neutestamentlichen Geschichte sehr weitgehend den Platz einräumte, den in der klassischen Dichtung die antike Mythologie eingenommen hatte. Der Eindruck, den dieses Publikum vom Judentum hatte und in dem es durch die altkirchliche Poesie bestärkt wurde, war offenbar, daß die Juden ein verstocktes, wenn nicht böses, bestenfalls unglückseliges Volk sind, das in Gottverlassenheit sein Leben fristet und heilsgeschichtlich eine vergangene Größe ist.

Die Auseinandersetzung mit dem Judentum umfaßt bei den hier betrachteten Autoren nahezu das ganze Spektrum von maßvoller, sachbezogener Apologetik bis hin zu offensiver, aggressiver Polemik, ohne daß Polemik und Apologetik immer klar abgrenzbar sind. Gekennzeichnet ist diese christlich-jüdische Auseinandersetzung vor allem durch folgende Elemente: Die im Neuen Testament, besonders durch den Römerbrief des Paulus, noch weithin dialektisch offene christlich-jüdische Kontroverse — sie ist ja noch fast eine innerjüdische Auseinandersetzung — ist auf dem Wege zu einer Polarisierung von Kirche und Synagoge, die mitunter neutestamentliche Positionen verschärft. Ein zweites Charakteristikum ist damit gegeben, daß das komplexe Gewebe des Miteinanders und Gegeneinanders von Judentum und Christentum im Vergleich zum Neuen Testament und den besten Vertretern zeitgenössischer Theologie nicht selten vereinfachend reduziert wird auf bestimmte Grundmuster, die bei weiterer Vereinfachung leicht zu wenigen griffigen Stereotypen und Klischees erstarren konnten. Es muß in diesem Zusammenhang auch kaum erwähnt werden, daß die moderne Exegese des Alten und Neuen Testamentes nicht immer den Auslegungspfaden christlicher lateinischer Dichter folgen kann, deren Exegesen besonders das apologetische Interesse betonen und denen die Erkenntnis noch fremd ist, daß ein christlich-jüdischer Dialog auf der Basis von theologischen Wahrheitsbeweisen wenig erfolgversprechend ist. Das alle Äußerungen zum Judentum umschließende geistige Band aber ist das apologetische Bestreben der Sicherung des eigenen Erwählungsanspruches, überwiegend verbunden mit dem missionarischen Bemühen um Einheit im Rahmen der Kirche, die sich seit Justins Dialog mit Tryphon (um 160) zunehmend als *verus Israel* verstand; denn als „wahres Israel" wußte sich die Kirche im rechtmäßigen Besitz der biblischen Überlieferung. Die christlichen Dichter handhaben entsprechend selbstbewußt die apologetischen Waffen der typologisch-allegorischen Exegese und versäumen auch nicht die poetische Verklärung des Geschichtsbeweises der Niederwerfung Judäas durch die Römer im Jahre 70 n. Chr. Vor dem Hintergrund eines Judentums, das als im tiefsten Unglück befindlich dargestellt wurde, erschien der Sieg des Christentums noch glanzvoller und sein Triumph noch vollkommener. Hier hat besonders die Darstellung des Prudentius weithin gewirkt.

DAS MÜNSTERLÄNDISCHE JUDENTUM BIS ZUM ENDE DES DREISSIGJÄHRIGEN KRIEGES

Studien zur Geschichte der Juden in Westfalen*)

von

DIETHARD ASCHOFF

INHALTSVERZEICHNIS

ABKÜRZUNGEN

EJ	=	Encyclopaedia Judaica, Jerusalem 1971-1972
GBM	=	Die Geschichtsquellen des Bistums Münster
GJ II	=	Germania Judaica, Bd. II: Von 1238 bis zur Mitte des 14. Jahrhunderts, hrsg. von Z. AVNERI, Tübingen 1968
MGH	=	Monumenta Germaniae historica
STAM FM LA	=	Staatsarchiv Münster, Fürstentum Münster, Landesarchiv (entsprechend: STAM FM und LA)
StMS	=	Stadtarchiv Münster
WJ I	=	Westfalia Judaica. Urkunden und Regesten zur Geschichte der Juden in Westfalen und Lippe, Bd. I: 1005-1350, hrsg. von B. BRILLING und H. RICHTERING, Stuttgart 1967
WZ	=	Westfälische Zeitschrift (früher: Zeitschrift für Vaterländische Geschichte und Altertumskunde)

---

*) Erweiterte und mit einem Quellenanhang versehene Fassung eines Vortrages, den ich am 12. März 1974 vor dem „Verein für Geschichte und Altertumskunde Westfalens", Abt. Münster, im Landesmuseum Münster gehalten habe. Die Vortragsform wurde zum Teil beibehalten.

Der Aufsatz ist Herrn Professor Karl-Heinrich RENGSTORF, dem Direktor des Institutum Judaicum Delitzschianum in Münster, zu seinem 75. Geburtstag am 1. Oktober 1978 in Verehrung gewidmet.

1. *Juda ben David halewi, der erste Jude in Münster*

Der erste Jude, von dem wir wissen, daß er Münster und das Münsterland betreten hat, wurde später Christ. Mehr noch: nicht nur Christ, sondern sogar Mönch, Prämonstratenser in Kappenberg im südlichen Münsterland und schließlich Probst in Stift Scheda im Sauerland[1]).

In seiner autobiographischen Bekehrungsgeschichte schildert Juda ben David halewi aus Köln, der sich als Christ Hermann nannte, seine für ihn entscheidende Begegnung mit Bischof Ekbert von Münster, die ihn auch in dessen Bischofsstadt führte. „Sieben Jahre später" — es war wohl 1127/28[2]) —, beginnt Hermann das zweite Kapitel seines Berichtes, „kam ich nach Mainz, um dort in verschiedenen Kaufmannsgeschäften tätig zu sein, denn alle Juden betreiben solche Geschäfte. Dort hielt sich damals der ruhmreiche König Lothar auf, bei ihm der verehrungswürdige Bischof Ekbert von Münster, ein Mann voll der Weisheit und des Rates. Diesen hielt der König in Regierungsgeschäften länger hin, als der Bischof vorgesehen hatte. Als deshalb sein Geldvorrat erschöpft war, sah er sich gezwungen, Silbergeld von mir zu leihen. Ich nahm keine Bürgschaft von ihm, wie es der jüdische Brauch erforderte, denn ich betrachtete die Treue eines so hervorragenden Mannes als hinreichend wertvolles Pfand.

Als dies meine Eltern und Freunde erfuhren, machten sie mir harte Vorwürfe. Ich sei über das Maß nachlässig, wenn ich ohne Bürgschaft irgendeinem Menschen Geld geliehen hätte, noch dazu einem Manne, der derart von Arbeiten in Anspruch genommen sei. Zudem hätte ich doch ganz klar gewußt, daß Juden Pfänder in mehr als der doppelten Höhe des Wertes zu fordern pflegten. Deshalb beschlossen sie [die Eltern und Freunde], ich solle mich zu dem genannten Bischof begeben und mich so lange an ihn hängen, bis er die ganze Schuld bezahlt habe. Da sie aber fürchteten — dies trat ja auch hernach ein —, daß ich mich im Umgang mit den Christen auf deren Veranlassung vom Eifer für die väterliche Religion abwenden könnte, warben sie für Geld einen alten Mann namens Baruch und vertrauten mich seiner Fürsorge an.

---

[1]) Näheres in der Einleitung von „Hermannus quondam Judaeus. Opusculum de conversione sua", hrsg. von G. NIEMEYER, in: *MGH*. Quellen zur Geistesgeschichte des Mittelalters (Band 4), Weimar 1963, S. 2ff. S. ferner *Das Bistum Köln von den Anfängen bis zum Ende des 12. Jahrhunderts*, bearbeitet von W. NEUSS und F. W. OEDIGER, Köln 1964, S. 388f., und *WJ* I, Nr. 5, S. 30-32.

[2]) Zur Datierung NIEMEYER, *Hermannus*, S. 32ff. und S. 72 Anm. 1.

So kam ich auf Beschluß meiner Eltern und Freunde nach Münster, der Hauptstadt des Bistums. Ich forderte bei dem Bischof die Schuld ein und sagte, ich könne meinen Eltern ohne das Geld nicht unter die Augen treten. Da er aber für den Augenblick die Summe nicht zur Verfügung hatte, behielt er mich fast zwanzig Wochen bei sich"[3]).

In den über vier Monaten seines Wartens in Münster lernte Juda das Christentum und einige seiner Vertreter, unter anderen auch den theologisch hochgebildeten Abt Rupert von Deutz[4]), näher kennen. Hier wurde der Grund zu seinem späteren Glaubenswechsel gelegt. Der lange Aufenthalt Judas in Münster war, was den Bischof angeht, kaum ganz zufällig[5]). Die Bekehrung eines Juden galt immer als besonders verdienstvoll.

Die Biographie Hermanns von Scheda und die daraus wiedergegebene Episode bieten mehr, als es dem ersten Blick erscheinen mag. Untypisch für die Zeit ist zunächst die Gattung, der das betrachtete Opusculum angehört. „De conversione sua" ist die erste autobiographische Bekehrungsgeschichte seit den Bekenntnissen Augustins[6]).

Auffällig ist auch die Bekehrung. Traten Juden auch anderswo bei ihrer ersten Erwähnung als Konvertiten in Erscheinung[7]), ist dies doch keineswegs bezeichnend. Glaubenswechsel nicht nur zum Christentum, sondern auch zum Judentum hat es immer gegeben[8]). Doch bis zur Aufklärung blieben sie im deutschen Bereich relativ selten[9]).

---

[3]) Ebd., S. 72,13-73,17; vgl. unten, Quellenanhang Nr. 1.

[4]) NIEMEYER, *Hermannus*, S. 76,19ff.; über Rupert von Deutz R. HAACKE in seiner Einleitung zur Edition: Rupertus abbas Tuitiensis: De victoria verbi Dei, in: *MGH*. Quellen zur Geistesgeschichte des Mittelalters (Band 5), Weimar 1970, S. VII ff., besonders S. X.

[5]) NIEMEYER, *Hermannus*, S. 4ff. — Möglicherweise kannte der Bischof Juda schon von früher: Ekbert war von 1106 bis 1118 Domscholaster und 1118 bis 1126 Domdechant in Köln, der Heimatstadt Judas, gewesen; NIEMEYER, *Hermannus*, S. 3 Anm. 4, S. 72 Anm. 1.

[6]) Zur literaturgeschichtlichen Einordnung G. MISCH, *Geschichte der Autobiographie* 3,1 (1959), S. 505-522.

[7]) So in Bremen vor 1072 (vgl. G. A. LÖNING, Juden im mittelalterlichen Bremen und Oldenburg, in: *Zeitschrift der Savigny-Stiftung für Rechtsgeschichte, Germ. Abt.* 58 [1938], S. 258f.) und in Unna vor 1304 (vgl. *WJ* I, Nr. 49, S. 71).

[8]) Als Beispiel sei Frankreich genannt, die Literatur darüber neuerdings zusammengestellt in: *Bibliographie des Juifs en France*, hrsg. von B. BLUMENKRANZ, Toulouse 1974; dort S. 176-179: „Conversions au christianisme" und „Prosélytisme juif".

[9]) In der Zeit zwischen 1074, dem Zeitpunkt ersten sicher bezeugten Auftretens von Juden in Westfalen, und 1350, dem Jahr der allgemeinen Pestverfolgung, sind im Raum des ganzen heutigen Westfalen und Lippe nur vier Fälle bekannt:
1. nach 1127/29: Hermann, Köln/Münster, Übertritt zum Christentum (*WJ* I, Nr. 5, S. 30-32),

In gewisser Weise typisch ist dagegen die Herkunft Judas: er stammte aus Köln. Die Rheinmetropole mit der am weitesten zurückreichenden Tradition jüdischen Lebens nördlich der Alpen [10]) ist auch die Stadt, mit der nicht nur Münster, sondern auch seine erste jüdische Gemeinde die engsten Kontakte pflegte [11]). Ganz überwiegend scheinen die Mitglieder der ersten jüdischen Gemeinde in Münster aus dem Rheinland eingewandert zu sein. Nach Köln bestanden später enge familiäre und geschäftliche Verbindungen münsterländischer Juden [12]).

Einiges an dem kleinen Quellenabschnitt hat allgemeinere Bedeutung, so die ganz beiläufige Bemerkung gleich zu Beginn: „alle Juden betreiben solche Geschäfte" [13]). Dies wurde in dieser Ausschließlichkeit bis zu diesem Zeitpunkt noch von keiner Quelle für den deutschen Bereich festgestellt. Worum es sich handelt, erfahren wir wenig später. Juda leiht dem Bischof Geld. Dies ist nicht neu, wohl aber, daß die Juden nicht nur Garantien dafür erhielten, sondern auch forderten,

---

2. vor 1297: Augustinermönch, Lemgo/Paris, Anschluß an die judaisierende Sekte der Paterener (*WJ* I, Nr. 33, S. 58f.),
3. vor 1298: Kanoniker Robert, Soest/Frankfurt, Übertritt zum Judentum (*WJ* I, Nr. 38, S. 63f.; hierzu zuletzt, ohne Neues zu bringen, J. WAGNER, Übertritt eines Kanonikus von St. Patrokli zum Judentum, in: *Soester Zeitschrift* 82 [1970], S. 39f.),
4. vor 1304: Thilemann, Unna/Dortmund, Übertritt zum Christentum (*WJ* I, Nr. 49, S. 71).
Die letzte Zusammenfassung zum Problem stammt von W. GIESE, In Judaismum lapsus est. Jüdische Proselytenmacherei im frühen und hohen Mittelalter (600-1300), in: *Historisches Jahrbuch* 88 (1968), S. 407-418. — Im westfälischen Bereich waren Übertritte auch in der Neuzeit selten. Für die Stadt Münster vgl. E. HÖVEL, Judentaufen in den Ratsprotokollen des Stadtarchivs Münster im 17. und 18. Jahrhundert, in: *Beiträge zur westfälischen Familienforschung* 1 (1938), S. 41ff. M. KRIEG, Die Juden in der Stadt Minden bis zum Stadtreglement von 1723, in: *WZ* 93 (1937) 2. Abt., S. 113-196, registriert in der ganzen von ihm behandelten Zeit nur einen Fall (S. 143).

[10]) *Die Juden in Köln. Von den ältesten Zeiten bis zur Gegenwart*, hrsg. von Z. ASARJA, Köln 1959, S. 35f.; ebd., S. 33 Abbildung des Originalschreibens Kaiser Konstantins 321 über die Kölner Juden.

[11]) „Die alte rheinische Handelsmetropole Köln hat im münsterischen Handel unter allen deutschen Städten stets an erster Stelle gestanden" (H. LAHRKAMP, Münsters wirtschaftliche Führungsschichten, in: *Quellen und Forschungen zur Geschichte der Stadt Münster* N.F. 5 [1970], S. 21). — Vgl. H. STEHKÄMPER, Die Stadt Köln und Westfalen, in: *Westfalen* 51 (1973), S. 352-357; hier wird (auf S. 357) auch die Begegnung Judas mit Bischof Ekbert erwähnt.

[12]) „Die westfälische Judenschaft ... ist eine Kolonie der rheinischen Judenschaft" (B. BRILLING, Urkundliche Nachweise über die ersten Ansiedlungen der Juden in den westfälischen Städten, in: *Westfälische Forschungen* 12 [1959], S. 144). — Vgl. *WJ* I, Nr. 19.21.35f.45.48.53f.70.77.81.95.117.128.147.157; weiter: Art. Münster in Westfalen, in: *GJ* II, S. 561f.

[13]) *Omnes Judaei negationi inserviunt* (NIEMEYER, *Hermannus*, S. 72, 14f.).

daß diese Sicherheiten mehr als den doppelten Wert des zur Verfügung gestellten Geldes darstellen mußten. Daß sich für die jüdische Geldleihe bereits ein Gewohnheitsrecht herausgebildet hatte, erfahren wir für deutsche Verhältnisse zum ersten Mal aus dem angezogenen Text [14]). Es dürfte kaum ein Zufall gewesen sein, daß Juda gerade zu der Zeit nach Mainz reiste, als sich König Lothar von Supplinburg mit vielen Großen dort aufhielt. Hier bot sich offenbar die Möglichkeit zu lukrativen Kreditgeschäften [15]).

Die im Rahmen der Bekehrungsgeschichte ganz nebensächlichen, aber eben darum um so glaubhafteren Bemerkungen haben großes historisches Gewicht. Sie enthalten den ersten bekannten Hinweis, daß die Juden im deutschen Reich, zumindest in seinen wirtschaftlich entwickelteren westlichen Teilen, schon im ersten Drittel des 12. Jahrhunderts überwiegend von Geldgeschäften lebten, dem Erwerbszweig, der bis zur Emanzipation die wirtschaftliche Lebensgrundlage der meisten Juden blieb.

Bedeutsam ist noch eine Beobachtung nicht nur an der mitgeteilten Episode, sondern an der ganzen Bekehrungsgeschichte: die Unbefangenheit, mit der hier von den Beziehungen zwischen Juden und Christen, zwischen dem jüdischen Geschäftsmann und dem hohen geistlichen Würdenträger, die Rede ist, der freie Umgang unter den Bekennern beider Religionen und die, wie sich herausstellen sollte, berechtigte Furcht der Angehörigen Judas, er könne dem Judentum untreu werden. Auffällig ist hier vor allem der Zeitpunkt, an dem dies alles vor sich ging. Es war noch kein Menschenalter vergangen, seit die blühenden Gemeinden am Rhein im Ersten Kreuzzug fast ausgelöscht wurden, in der größten Katastrophe, die die Juden insgesamt seit dem Bar-Kochba-Aufstand fast ein Jahrtausend zuvor erlebt hatten. Das Kreuzzugsjahr 1096 gilt allgemein als Wendepunkt in der abendländischen Geschichte der Juden, sowohl in den langfristigen rechtlichen Konsequenzen wie auch in den innerjüdischen Folgen [16]).

---

[14]) *Regesten zur Geschichte der Juden im fränkischen und deutschen Reiche bis zum Jahre 1273*, bearbeitet von J. Aronius, Berlin 1902, Nr. 222, S. 104.

[15]) H. Kellenbenz, Die Juden in der Wirtschaftsgeschichte des rheinischen Raumes, in: *Monumenta Judaica. 2000 Jahre Geschichte und Kultur der Juden am Rhein. Handbuch*, Köln 1963, S. 217.

[16]) Eine Zusammenstellung von Werken der Sekundärliteratur, die 1096 als „Wendepunkt" bezeichnen, findet sich in meinem Aufsatz „Zum Judenbild der Deutschen vor den Kreuzzügen", in: *Theokratia. Jahrbuch des Institutum Judaicum Delitzschianum II, 1970-1972. Festgabe für K. H. Rengstorf*, hrsg. von W. Dietrich, P. Freimark und

Wie auch die Bekehrungsgeschichte Judas-Hermanns zeigt, hat die Katastrophe von 1096 die Beziehungen von Juden und Christen zunächst weniger berührt, als wir vielleicht vermuten. Dies gilt zumindest für die Schichten, die miteinander in beruflichem Kontakt standen, der Juden einerseits und der bürgerlichen Oberschicht der in ihre erste Blüte eintretenden Städte und der bischöflichen Stadtherren andererseits. Dies hing sicher damit zusammen, daß Angehörige der bürgerlichen Führungsschicht ihre jüdischen Geschäftsfreunde, zum Teil mit der Waffe in der Hand, vor den fanatisierten Kreuzfahrern geschützt hatten, wie uns aus jüdischer Hand stammende Berichte über das Kreuzzugsgeschehen bezeugen [17]. Ebenso versuchten die bischöflichen Stadtherren 1096 in der Regel, die Juden, so gut sie konnten, vor dem Untergang zu bewahren. Freilich waren sie, vor allem in Worms und in Mainz, zu schwach dazu gewesen [18].

Vielleicht war diese — aus welchen Gründen auch immer — in der Praxis judenfreundliche Haltung der Bischöfe in den Nöten der Kreuzzugszeit einer der Gründe für das große Vertrauen Juda ben David halewis zu Bischof Ekbert von Münster.

2. Die mittelalterliche jüdische Gemeinde in Münster bis zu ihrem Untergang 1350

Hat die Geschichte der münsterländischen Juden mit dem Konvertiten Juda-Hermann einen unverwechselbaren Beginn, entspricht ihr Leben und Schicksal ganz dem ihrer westfälischen und deutschen Glaubensbrüder. Dies gilt in besonderer Weise in der Zeit der allgemeinen Judenverfolgung 1348/1351 im Zusammenhang mit der größten Pestepidemie in der Geschichte Europas.

Was der Schwarze Tod im Sommer 1350 [19] für die münsterische

---

H. SCHRECKENBERG, Leiden 1973, S. 232-252, hier S. 232 Anm. 2; Literatur zu den rechtlichen Konsequenzen und innerjüdischen Folgen ebd., S. 233 Anm. 2.

[17] Hebräische Berichte über die Judenverfolgungen während der Kreuzzüge, hrsg. von A. NEUBAUER, M. STERN (übersetzt von S. BAER), in: *Quellen zur Geschichte der Juden in Deutschland* (Band 2), Berlin 1892, S. 90f.; vgl. auch — für Köln! — ebd., S. 116.

[18] Dazu S. SCHIFFMANN, Die deutschen Bischöfe und die Juden zur Zeit des 1. Kreuzzugs, in: *Zeitschrift für die Geschichte der Juden in Deutschland* 3 (1931), S. 233-250.

[19] Die Zeitangabe „Sommer 1350" läßt sich auf die Monate Juni/Juli näher eingrenzen: in Dortmund wurden die Juden zwischen dem 26. Mai und dem 28. Juni von der Verfolgung erreicht — vgl. dazu *WJ* I, Nr. 194 S. 196 und Nr. 195, S. 197 —, in Minden nach *WJ* I Nr. 209, S. 207 „in vigilia Mariae Magdalenae", d.h. am

jüdische Gemeinde bedeutete, schildert ein anonymer Chronist des 15. Jahrhunderts in knappen Worten so: „Als man das Jahr 1350 schrieb, kam über die ganze Welt ein großes Sterben. Und in Münster starben an elftausend Menschen, und es traf noch manch einen der große Tod. Und wie hier wurden allerwegen die Juden getötet, denn man gab ihnen die Schuld an der Seuche"[20].

Ohne einen überflüssigen Satz bringt hier der Chronist zwei Tatsachen in einen Zusammenhang: das allgemeine Judenmorden und die weltweite Pestkatastrophe in der Mitte des 14. Jahrhunderts[21].

Gab es noch keine Juden im Münsterland, als im Kreuzzug 1096 zum ersten Mal in Deutschland die Schranken gegen sie brachen, wurde nun das Judentum im Stift aufs schwerste getroffen. Für über zwei Menschenalter verschwanden Juden völlig aus dem Land. Im zweiten Viertel des 15. Jahrhunderts tauchten sie erneut auf. Danach finden sich aber bis zur Wiedertäuferzeit keine Spuren mehr von ihnen[22].

Vom 12. Jahrhundert an hatte sich in ganz Nordwestdeutschland jüdisches Leben verheißungsvoll entfaltet. Im Stift Münster lassen sich außer in der Hauptstadt Juden seit 1298 in Coesfeld, 1306/08 in Vreden, 1327 in Borken, etwa 1330 in Burgsteinfurt, 1343 in Beckum, 1343/44 in Rheine nachweisen. Daneben wohnten Juden mit Sicherheit auch in Warendorf[23]. Während wir für Beckum, Borken,

---

21. Juli des Jahres. Danach dürften die Juden des Stifts Münster Ende Juni/Anfang Juli 1350 durch die Katastrophe ereilt worden sein. Hiernach sind die für deutsche Verhältnisse nicht immer zuverlässigen Daten J. N. BIRABENS: *Les hommes et la peste en France et dans les pays européens et méditerranées*, tome 1: La peste dans l'histoire, Mouton-Paris-La Haye 1975, S. 77 zu verbessern.

[20] GBM 1: *Die münsterischen Chroniken des Mittelalters*, hrsg. von H. J. FICKER, Münster 1851, S. 131. — Zu den parallelen Vorgängen in Dortmund, Minden und Osnabrück s. *WJ* I, Nr. 208f., S. 206f. — Z. AVNERI stellt in seinem Artikel „Westfalen" lakonisch fest: „Zur Zeit des Schwarzen Todes fielen die westfälischen Juden der allgemeinen Verfolgung zum Opfer" (*GJ* II, S. 881, mit Belegen).

[21] Das Judenmorden ging wahrscheinlich, wie auch sonst in Deutschland, der Pest voraus; vgl. R. HOENIGER, *Der Schwarze Tod in Deutschland*, Berlin 1882, S. 5.39, und *GJ* II, Einleitung, S. XXIX.

[22] Näheres in meinem Aufsatz: Zur Kontinuität jüdischen Lebens in westfälischen Territorien zwischen Schwarzem Tod und Reformation (1350-1530). Der Aufsatz wird in den Westfälischen Forschungen 30 (1980) veröffentlicht werden.

[23] Nach mir freundlicherweise am 27.9.1976 mitgeteilten Forschungen von Herrn W. FLEITMANN, Warendorf, läßt sich auf Grund der Akte Stadtarchiv Warendorf, Altes Archiv, Abt. 2.F.I.1., begründet „vermuten, daß die Angaben über den Hausbesitzer Cracht Moyses und die Stiftung der Moysesschen ... aus dem 14. Jahrhundert stammen, und daher durchaus Juden vermutet werden können, die vor der Vertreibung im 14. Jahrhundert in Warendorf seßhaft waren". Vgl. dazu die Angaben in *WJ* I, Nr. 213, S. 212 Anm. 9, und unten, S. 136f. Anm. 44.

Burgsteinfurt, Rheine und Vreden nur je einen, meist ganz zufälligen Quellenbeleg für vor 1350 ansässige Juden haben, lebten in Coesfeld vor 1350 offenbar eine Reihe von Familien[24].

In Münster selbst existierte eine größere Gemeinde mit allen für jüdisches Leben notwendigen Einrichtungen, wie einer Synagoge, einer Scharne, d.h. einer Verkaufsstelle für das Fleisch rituell geschlachteter Tiere, einem Frauenbad (Mikwe) und einem Friedhof[25]. Von ihm ist der älteste jüdische Grabstein Westfalens aus dem Jahre 1324 erhalten[26]. Die Juden wohnten zusammen. Dieses Judenviertel lag im Bereich des heutigen Syndikatsplatzes hinter Stadtwein- und Rathaus[27].

In der Zeit der ersten münsterländischen Judenschaft vor 1350 hatte die Hauptstadt Münster ein eindeutiges Übergewicht. Hier allein bestanden die für Gottesdienst und Leben der Juden unentbehrlichen gemeindlichen Einrichtungen. Hier werden Juden zuerst und weitaus am häufigsten genannt: von den über 70 Erwähnungen im Münsterland vor Mitte des 14. Jahrhunderts entfallen nicht weniger als 60 auf die Hauptstadt.

Ein Zweites fällt auf: die ungleichmäßige zeitliche Verteilung der Quellennachrichten. Während aus dem 12. Jahrhundert nur zwei Belege stammen, zählen wir im 13. Jahrhundert sieben und in den fünf

---

[24] Beckum: BRILLING, *Nachweise*, S. 145f.; *GJ* II, S. 61; *WJ* I, Nr. 125; Borken: BRILLING, *Nachweise*, S. 147; *GJ* II, S. 97f.; *WJ* I, Nr. 78; Burgsteinfurt: BRILLING, *Nachweise*, S. 147f.; *GJ* II, S. 147; *WJ* I, Nr. 110; Coesfeld: BRILLING, *Nachweise*, S. 148; *GJ* II, S. 153; *WJ* I, Nr. 36.45.48.74f.109-111; Rheine: BRILLING, *Nachweise*, S. 154f.; *GJ* II, S. 698; *WJ* I, Nr. 127; Vreden: BRILLING, *Nachweise*, S. 160; *GJ* II, S. 858; *WJ* I, Nr. 53; Warendorf: BRILLING, *Nachweise*, S. 157; *WJ* I, Nr. 213, S. 212 Anm. 9.

[25] Synagoge: *WJ* I, Nr. 30; Judenscharne: *WJ* I, Nr. 207; Judenbad: *WJ* I, Nr. 203; Friedhof: *WJ* I, Nr. 46. Während die Synagoge schon 1290/1300 und der Friedhof für 1301 belegt ist, fallen die Erwähnungen von Frauenbad und Scharne erst in die Zeit nach dem Untergang der Gemeinde; es ist aber wahrscheinlich, daß die Gemeinde diese beiden Einrichtungen schon im 13. Jahrhundert besaß; vgl. BRILLING, *Nachweise*, S. 144.

[26] B. BRILLING, Der älteste mittelalterliche jüdische Grabstein Westfalens, in: *Westfalen* 44 (1966), S. 212-217; *WJ* I, Nr. 75a.

[27] Vgl. J. PRINZ, Mimigernaford-Münster, in: *Geschichtliche Arbeiten zur westfälischen Landesforschung* 4 (1960), S. 176f.; *WJ* I, Nr. 5. 211, S. 208 Anm. 1. — Weiter K.-H. KIRCHHOFF, Die Erbmänner und ihre Höfe in Münster, in: *WZ* 116 (1966), S. 22; vgl. auch S. 17.20.23. — Auch in vergleichbaren Städten, z.B. in Köln und in Paderborn, lagen die Judenviertel zentral; vgl. ASARJA, *Juden*, S. 43f., und H. KRAFT, Die rechtliche, wirtschaftliche und soziale Lage der Juden im Hochstift Paderborn, in: *WZ* 94 (1938) 2. Abt., S. 184.

Jahrzehnten zwischen 1300 und 1350 60 Hinweise auf Juden im Stift Münster[28]).

Ein Drittes läßt sich in diesem Zusammenhang nicht übersehen: die Bedeutung, die dem Bischof Ludwig von Hessen (1310-1358) für die schnelle Entwicklung des münsterländischen Judentums zukommt[29]). Werden vor Beginn seiner Regierung Juden im Stift nur insgesamt 15mal genannt, entfallen in seiner Regierungszeit als Bischof 55 Nachrichten auf sie[28]). Die Quellen lassen erkennen, daß Ludwig den Juden freundlich gegenüberstand. Er förderte ihre Ansiedlung im Stift nicht nur als Einwohner, sondern auch als Bürger[30]).

Hinter der bereitwilligen Aufnahme von Juden durch den Bischof dürfte weniger Menschenfreundlichkeit als wirtschaftliche Interessen gestanden haben. Für diese Auffassung spricht, daß die vielen Kriege des Fürstbischofs die Finanzen des Stifts völlig zerrüttet und ihn in Abhängigkeit von den Ständen gebracht hatten. Die Städte ließen sich in diesem Zusammenhang zum Teil weitgehende Privilegien zusichern[31]). Wohl in Verbindung hiermit scheint sich zumindest Coesfeld ein Mitspracherecht bei der Vergleitung von Juden gesichert zu haben, wenn nicht sogar ein Recht, ihre Aufnahme verweigern zu können[32]). Später

---

[28]) Entnommen aus *WJ* I. Wegen der Unsicherheit in der Zuweisung einiger Nummern, z.B. von 6.27.67.79, sind die Zahlen nicht ganz sicher. Weiter ist zu berücksichtigen, daß die Nummern 36.48.125 sowohl für Stiftsstädte wie auch für Münster gezählt werden können.

[29]) Zu dem Fürstbischof H. FRIEMANN, *Die Territorialpolitik des münsterischen Bischofs Ludwig von Hessen* (Münsterische Beiträge zur Geschichtsforschung 68 [3. Folge 17. Heft]) Münster 1937, S. 1-91. FRIEMANN erwähnt freilich in ihrer Dissertation die Juden nur auf S. 74 und hier lediglich im Zitat.

[30]) Zur wohlwollenden Haltung Ludwigs den Juden gegenüber schon BRILLING-RICHTERING in *WJ* I, Nr. 127, S. 130 Anm. 2. Vgl. auch D. ASCHOFF, Schicksale Korbacher Juden im 16. Jahrhundert, in: *Waldecker Geschichtsblätter* 64 (1975/76), S. 170. — Zum Bürgerrecht der Juden im Mittelalter vgl. G. KISCH, *Forschungen zur Rechts- und Sozialgeschichte der Juden in Deutschland während des Mittelalters*, Stuttgart 1955, S. 98 ff.; weiter R. OVERDICK, Exkurs über die verfassungsrechtliche Stellung der Juden, über die Frage insbesondere, ob die Juden Bürgerrechte erlangen konnten, in: Die rechtliche und wirtschaftliche Stellung der Juden in Südwestdeutschland im 15. und 16. Jahrhundert, dargestellt an den Reichsstädten Konstanz und Eßlingen und an der Markgrafschaft Baden, in: *Konstanzer Geschichts- und Rechtsquellen* 15 (1965), S. 132-154.

[31]) Zur Abhängigkeit Ludwigs von den Ständen vgl. H. SPIEKERMANN, *Beiträge zur Geschichte des Domkapitels zu Münster im Mittelalter*, Diss. Münster 1937, S. 57; L. SCHMITZ-KALLENBERG, Die Landstände des Fürstbistums Münster, in: *WZ* 92 (1936) 1. Abt., S. 47; FRIEMANN, *Territorialpolitik*, S. 24.35, und besonders S. 73f. — Zu den Privilegien der Städte ebd., S. 76.

scheint der Bischof aber ein uneingeschränktes Geleit auch in Coesfeld durchgesetzt zu haben[33]).

Vom Bürgerrecht der Juden in Münster ist nur einmal, in einer relativ frühen Urkunde des Judenschreinsbuches von Köln, die Rede[34]), nach 1270 trotz der relativ großen Zahl von Nachrichten über Juden in Münster nie mehr. Vielleicht deutet sich hierin schon die Zurückhaltung der Stadt den Juden gegenüber an, die im 16. Jahrhundert, wie noch zu zeigen ist, ganz deutlich wird. Wenn man von den anderen Verhältnissen zu Zeiten des Konvertiten Hermann im 12. Jahrhundert absieht, werden bis 1350 stadtmünsterische Juden nie im Zusammenhang mit dem Landesherrn erwähnt[35]).

Auf Ludwigs Regierungszeit entfällt fast Dreiviertel unseres Quellenmaterials. In ihr konzentriert sich noch einmal alles auf das letzte Jahrzehnt des Bestehens der Gemeinde: aus der Zeit zwischen 1340 und 1350 stammen mit 30 in *WJ* I gesammelten Nummern knapp die Hälfte aller erhaltenen Nachrichten über Juden im Stift Münster im Mittelalter. Man gewinnt von hier aus den Eindruck, daß in Münster im Jahre des Schwarzen Todes eine Gemeinde in ihrer Blüte vernichtet wurde.

Für die wirtschaftliche Kraft der untergegangenen Judenschaft spricht die Entdeckung von fast 2000 Silbermünzen und 30 Schmuckstücken, die 1951 im Fundament des Stadtweinhauses eingemauert gefunden wurden. Dahinter begann das Judenviertel. Der Numismatiker Berg-

---

[32]) C. RIXEN, Geschichte und Organisation der Juden im ehemaligen Stift Münster, in: *Münsterische Beiträge zur Geschichtsforschung* N.F. 8 (1906), S. 17. — E. TÄUBLER, Zur Entwicklung des Judenschutzrechtes in Coesfeld, in: *Mitteilungen des Gesamtarchivs der deutschen Juden* 4 (1913), S. 62, sieht beim Judenschutzrecht eine Tendenz zugunsten der Stadt Coesfeld gegeben. Vgl. auch *WJ* I, Nr. 75.110f.126; zu Burgsteinfurt *WJ* I, Nr. 110.

[33]) Hierzu die bei TÄUBLER, *Entwicklung*, fehlende Urkunde vom 23. Juni 1343 in: *WJ* I, Nr. 126. — Für die Zeit danach sind keine Schutzbriefe im Stift Münster erhalten.

[34]) *WJ* I, Nr. 21 (um 1270): *uxor Manni Judei civis Monasteriensis*. Schon 1298 ist in ganz ähnlichem Zusammenhang nur noch von *Judei civitatis nostre* die Rede; vgl. *WJ* I, Nr. 35, S. 60. Ganz ähnlich in Göttingen, wo im 13. Jahrhundert Juden als Bürger aufgenommen wurden, nach 1328 nicht mehr; vgl. P. WILHELM, Die jüdische Gemeinde in der Stadt Göttingen von den Anfängen bis zur Emanzipation, in: *Studien zur Geschichte der Stadt Göttingen* 10 (1973), S. 17.

[35]) Anders in Dortmund, wo am 20. Mai 1338 Graf Adolf II. von der Mark und am 11. März 1350 der Graf von Limburg das Geleitsrecht beanspruchten; vgl. *WJ* I, Nr. 115.193 (ferner Nr. 202). — Auch in Bielefeld nahm Graf Wilhelm von Berg am 12. Februar 1370 die Juden in seinen Schutz; vgl. *WJ* I, Nr. 206.

haus vermutet daher wohl mit Recht in dem Eigentümer ein jüdisches Opfer der Pestverfolgung[36]).

Wieviele Juden 1350 im Stift umkamen, wissen wir nicht. Einige könnten der Katastrophe entgangen sein: 1356 treffen wir einen Juden aus Münster als Schutzjuden des Erzbischofs von Mainz, zwischen 1361 und 1365 einen anderen in Koblenz[37]).

Da im heute ostwestfälischen Raum vereinzelt, in der Herrschaft Lippe durchgehend und in den welfisch bestimmten Gebieten jenseits der Weser auch nach 1350 Judenschaften nachzuweisen sind, was ähnlich für das Niederrheingebiet mit Einschluß des Raumes südlich der Lippe gilt, dürften Juden das Stiftsgebiet ständig durchzogen und dort auch zum Teil Kleinhandel und Geldgeschäfte betrieben haben. Davon zeugt ein undatierter, dem Jahr 1394 zugewiesener Brief des Dortmunder Briefbuches, nach dem die Frau des Dortmunder Juden Seligman vom Burggrafen von Stromberg vier silberne Schalen als Pfänder genommen hat[38]).

---

[36]) P. BERGHAUS, Münzschatzfunde aus der Altstadt Münsters, in: *Kultur in Münster* 4 (1954/55) [ohne Seitenangabe]; vgl. *WJ* I, Nr. 211, S. 208 Anm. 1. — Ein paralleler Fund ist in Köln gemacht worden, wo 1953 eine Grabung auf dem Rathausplatz rund 290 Stücke, darunter viele aus Gold, zutage förderte, die offenbar „im Jahr des großen Judenbrandes 1349 vergraben wurden", wie A. KOBER, Die Ausgrabungen im Kölner Judenviertel, in: *Juden in Köln*, hrsg. von Z. ASARJA, S. 89, vermutete (Abbildungen einiger Münzen ebd., S. 83; vgl. auch S. 54). S. auch *Dortmunder Urkundenbuch* (Band 1), Nr. 818; dazu K. MASER, Die Juden der Frei- und Reichsstadt Dortmund und der Grafschaft Mark, in: *Jahrbuch des Vereins für Orts- und Heimatgeschichte in der Grafschaft Mark* 26 (1911/12), S. 13. — Eine Einordnung der Funde bringt P. BERGHAUS, Der mittelalterliche Goldschatzfund aus Limburg/Lahn, in: *Nassauische Annalen* 72 (1961), S. 41; ders., *Westfälische Münzgeschichte des Mittelalters*, Münster 1974, S. 29. — Vielleicht klingt bei KERSSENBROCH eine Erinnerung an den jüdischen Reichtum nach, wenn er im Zusammenhang mit den Ereignissen von 1350 schreibt: *Hi* [sc. *Judaei*] *cum Christianos avido foenere exhaurirent, negationibus suis callide circumvenirent, ad se omnia traherent nihilque non in Christianorum perniciem, cum suis tantum rebus cumulandis desudarent, suo more molirentur, dirutis tam synagoga quam aedibus abacti sunt* (Hermanni a Kerssenbroch Anabaptistici Furoris Monasterium inclitam Westfaliae metropolim evertentis Historica Narratio, in: *GBM* 5, hrsg. von H. DETMER, Münster 1900, S. 22).

[37]) Im Art. Münster in Westfalen, in: *GJ* II, S. 561, wurde das hier genannte Münster mit Münster in Westfalen identifiziert, was möglich, aber nicht zu beweisen ist; vgl. BRILLING-RICHTERING, in: *WJ* I, Nr. 6 (S. 32f. Anm. 4).27.79. — Der Koblenzer wird in zwölf Schuldverschreibungen der Stadt Andernach zwischen dem 9.3.1361 und dem 28.3.1365 (Staatsarchiv Koblenz, Depos. Stadtarchiv Andernach, Best. 612) „Leo de Monasterio" genannt. Er könnte mit dem insgesamt neunzehnmal in nordwestdeutschen Schuldverschreibungen vorkommenden „Leo de Monasterio" aus Münster in Westfalen identisch sein. Zu diesem *WJ* I, Register, S. 235f., und unten, S. 144 Anm. 77.

[38]) *Dortmunder Urkundenbuch* (Band 2), bearbeitet von K. RÜBEL, Nr. 705, S. 562; vgl. MASER, *Dortmund*, S. 25.

In der ersten Hälfte des 15. Jahrhunderts lebten Juden, wenn auch sicher vereinzelt, im Stift Münster selbst. So rechnete der Droste Schenking des Amtes Sassenberg für das Jahr 1447 über Salben und Kräuter ab, die „Meister" Johann, ein Jude aus Münster, am 5. und 7. September des Jahres für einen Kranken nach Sassenberg gebracht hatte. „Vor syn arbeyt" erhielt Johann eine relativ hohe Vergütung[39]). „Meister" steht im Sprachgebrauch des 16. Jahrhunderts bei Juden für „Arzt" oder „Heilkundiger"[40]). Mit Johann beginnt so die lange Reihe der Juden, die im Stift Münster als Ärzte und Heilpraktiker tätig waren und für die medizinische Versorgung der Bevölkerung aller Schichten vor allem im 16. und im ersten Drittel des 17. Jahrhunderts eine wichtige Rolle spielten[41]).

Daß möglicherweise zu jener Zeit noch andere Juden im Stift lebten, lassen zwei aus Süddeutschland stammende Quellen nicht unwahrscheinlich erscheinen. Der Reichserbkämmerer Konrad von Weinsberg nennt in einem Verzeichnis der Fürsten, Herren und Städte, die Juden in ihren Gebieten hätten, im Jahr 1438 auch den „bischof von Monster"[42]).

Konrad hatte schon am 10. Dezember 1422 die Stadt Münster aufgefordert, von der Juden „den dritten pfenige aller ir habe" zur Finanzierung der Hussitenkriege an Kaiser Sigismund abzuführen[43]).

Aber auch sonst waren Juden damals nicht ganz aus dem Gesichtskreis der Bevölkerung des Stifts verschwunden. An sie erinnerten beibehaltene Namen wie die Judengasse in Warendorf, Judenkirchhof, Grabsteine und die Judenschule, d.h. die ehemalige Synagoge, in Münster[44]) ebenso wie Kunstwerke, in denen sie mit Judenhut

---

[39]) Vgl. unten, Quellenanhang Nr. 2. — Den Hinweis auf diese vorläufig einzige Nachricht darauf, daß Juden zwischen 1350 und 1536 im Stift Münster lebten, verdanke ich Herrn W. FLEITMANN, Warendorf, der auch meine anhand einer Fotokopie angefertigte Übertragung überprüfte und wertvolle Hinweise zur historischen Einordnung gab.

[40]) Vgl. etwa ASCHOFF, Schicksale, Quellenanhang Nr. 4, S. 173f.

[41]) S. unten, S. 159f., und D. ASCHOFF, Die Stadt Münster und die Juden im letzten Jahrhundert der städtischen Unabhängigkeit (1562-1662), in: Westfälische Forschungen 28 (1975), S. 91.

[42]) Deutsche Reichstagsakten, 13. Band, hrsg. v. G. BECKMANN, Stuttgart-Gotha 1925, Nr. 227 S. 46.

[43]) StMS A XVI Nr. 1; gedruckt: Münsterisches Urkundenbuch, Teil 1: Das Stadtarchiv Münster, 1. Halbband, bearb. von J. PRINZ, Münster 1960, Nr. 494 S. 240f.

[44]) Die Judengasse in Warendorf wird 1433 zuerst erwähnt (Münsterisches Urkundenbuch, Teil 1, Nr. 606, S. 281). Eine spätere Erwähnung ist verzeichnet in WJ I, Nr. 213, S. 212 Anm. 9. — Die fast durchweg späte Erwähnung von Judenstraßen geht vielleicht auf die Geschlossenheit zurück, mit der ihre jüdischen Bewohner sie besetzt hielten; vgl. A. RIEMER, Die Juden in den niedersächsischen Städten des Mittelalters, in: Zeitschrift des Historischen Vereins für Niedersachsen Jg. 1907, S. 314.

auch in der Zeit zwischen 1350 und 1536 sichtbar abgebildet waren[45]).

3. *Der Neubeginn im 16. Jahrhundert: Franz von Waldeck und die Juden 1535-1553*

Wurde die erste Judenschaft des Stifts durch eine fast europaweite jüdische Katastrophe vernichtet, so stand, wenn man die erwähnte vereinzelte Nachricht aus dem Jahre 1447 außer acht läßt, der Neubeginn im 16. Jahrhundert in engem Zusammenhang mit spezifisch münsterischer Geschichte. Zugespitzt könnte man sagen: erst die Wiedertäufer haben Juden in Münster wieder möglich gemacht. Dies ist nicht so zu verstehen, daß die Wiedertäufer Juden wieder zugelassen hätten. Davon kann keine Rede sein. Im Gegenteil: die Juden hatten Angst vor ihnen[46]).

Der Neubeginn war vielmehr eine Folge der Katastrophe des Wiedertäuferreiches. Dies hat der münsterische Domkantor Melchior Röchell in seinen Zusätzen zu früheren Chronisten klar erkannt. „Der Fürst"

— Von dem Friedhof in Münster ist nach 1350 erstmals im „Leenboick bishofs Erichs" am 26.2.1510 die Rede (STAM Manuskripte VII 405 fol. 32v). Zu den Grabsteinen vgl. *WJ* I, Index, Grabsteine (Münster), S. 237. — Die Judenschule wird erstmals 1290/1300 erwähnt (*WJ* I, Nr. 30) und letztmals, soweit ich feststellen konnte, am 24. Juli 1622 in den Kämmerei-Rechnungen des Stadtarchivs, StMS A VIII Nr. 277, Band 27 fol. 128v, wo über Arbeiten an der „gewesenen Juddenschoelen" abgerechnet wird. — Wie HOENIGER, *Tod*, S. 8 Anm. 1, feststellt, sind hunderte von Urkunden erhalten, in denen Fürsten und Städte über das zurückgebliebene Judengut verfügen, so im westfälischen Raum in Osnabrück und Minden; vgl. K. KÜHLING, *Die Juden in Osnabrück*, Osnabrück 1969, S. 36f.39, und KRIEG, *Minden*, S. 116.144f.

[45]) So war am Marienaltar im Dom seit Mitte des 13. Jahrhunderts ein am Spitzhut erkennbarer Jude unter dem rechten Fuß der thronenden Himmelskönigin zu sehen (vgl. M. GEISBERG, Die Stadt Münster, in: *Bau- und Kunstdenkmäler von Westfalen* 41,5, Münster 1937, S. 47, Abb. Nr. 1392); ohne Abwertung ebenfalls im Dom auf einem Relief mit Szenen aus dem Leben Johannes des Täufers zwei wiederum an ihren Hüten kenntliche Juden, die miteinander disputieren (vgl. GEISBERG [Band 5], S. 89f., abgebildet bei J. KLEIN, *Die Skulpturen des 13. Jahrhunderts im Dom zu Münster*, Diss. phil. Berlin 1914, Tafel 3, vgl. S. 142). — Diese Hinweise verdanke ich der Mannheimer Kunsthistorikerin E. OGGEL.

[46]) „Les radicaux anabaptistes sont antisémites sans conteste", faßt G. NAHON in einer ausführlichen Besprechung von „S. W. Baron, A Social and Religious History of the Jews, 2nd edition, Vol. XIII (1969)" dessen Ergebnis in dieser Frage zusammen (*Revue des études juives* 130 (1971), S. 116). — Die Verbindung von Judenfeindschaft und Wiedertäuferei findet sich z.B. bei B. Hubmaier; vgl. S. STERN, *Josel von Rosheim*, Stuttgart 1959, S. 67, wobei zu bemerken ist, daß Josel einige führende Vertreter der Wiedertäufer in Straßburg beobachten konnte (vgl. ebd., S. 113). Man vergleiche in diesem Zusammenhang die Bitte Josels im Jahr 1534, unter Bezugnahme auf die Wiedertäufer in Münster, der Straßburger Rat möge die Juden, „so es von nötten sein wurd", mit ihrer Habe in die Stadt aufnehmen (vgl. L. FEILCHENFELD, *Rabbi Josel von Rosheim*, Straßburg 1898, S. 82).

— gemeint ist Bischof Franz von Waldeck —, schrieb er, „hatte nach
der Eroberung der Stadt einigen Juden in Münster das Aufenthaltsrecht
gegeben. Dies geschah, bevor der Rat restituiert war und seine Privilegien und Gerechtsame wieder erhalten hatte"[47]). Das heißt: erst die
völlige Entrechtung der Stadt nach dem verlorenen Kriege[48]) erlaubte
es dem als Sieger einziehenden Bischof, Juden in Münster ansässig
zu machen. Es war eine Ausnahmesituation. Denn grundsätzlich besaß
der Rat, wie aus den zitierten Ausführungen von Röchell hervorgeht,
zumindest ein sogenanntes „privilegium de non tolerandis Judaeis",
wahrscheinlich sogar das volle Judenregal wohl schon aus mittel-
alterlicher Zeit[49]). Diesen nie aufgegebenen Anspruch der Stadt berück-
sichtigte bereits ein Empfehlungsschreiben des mit Franz von Waldeck
eng verbundenen mächtigen Landgrafen Philipp von Hessen vom
30. Juli 1536 für den Juden Benedikt[50]). Philipp glaubte schon ein
Jahr nach Ende des Wiedertäuferreiches und der damit verbundenen
Entrechtung der Stadt für die Aufnahme Benedikts auch die Zustimmung des münsterischen Rates nötig zu haben, und dies — was zu
betonen ist —, nachdem Bischof Franz „Benedict Judden in seiner
lieb schutz und schirm ein antzal jar ufgenommen und ime bei Euch
zu wonen vergonnet und durch seiner liebe daruber ime zugestellten
brief und sigil zugelassen und versichert hat", wie es in dem angezogenen
Schreiben Philipps heißt[51]). In die gleiche Richtung weist, daß Benedikt
die Stadt schon 1540, ein Jahr bevor der Rat seine alten Befugnisse
zurückgewann, ebenfalls um eine Aufenthaltserlaubnis anging[52]).

---

[47]) *GBM* 3, hrsg. von J. JANSSEN, Münster 1856, S. 234.

[48]) K.-H. KIRCHHOFF, Die Belagerung und Eroberung Münsters 1534/1535, in:
WZ 112 (1962), S. 159 ff.: Die „Neue Ordnung" des Bischofs.

[49]) Dies lag im Zug der Entwicklung nach 1350. In dieser Zeit ging „das Recht,
Juden aufzunehmen ... ganz allgemein auf die Stadt über", schrieb E. LITTMANN,
*Studien zur Wiederaufnahme der Juden durch die deutschen Städte nach dem Schwarzen
Tode*, Diss. Köln 1928, S. 12. Zu Minden in dieser Hinsicht vgl. *WJ* I, Nr. 116;
zu Unna 1431 vgl. MASER, *Dortmund*, S. 59. Zu Göttingen vgl. WILHELM, *Göttingen*,
S. 21 f.; zu Hameln, Hannover, Hildesheim vgl. ebd., S. 23.

[50]) Abgedruckt im Quellenanhang zu meinem Abriß: „Zur Geschichte der Juden
in Münster", in: *Jüdisches Jahr - Jüdischer Brauch. Ausstellung im Landesmuseum Münster
vom 7. November bis 4. Dezember 1972*, S. 36. Zur historischen Einordnung vgl.
ASCHOFF, *Schicksale*, S. 170.

[51]) Zitiert bei V. HUYSKENS, Zur Geschichte der Juden in Münster, in: *WZ* 64
(1906), S. 260 f. — Philipp befand sich zwischen 1532 und 1539 in einer den Juden
gegenüber freundlichen Phase seines wechselnden Verhältnisses zu ihnen; vgl. S. SALFELD,
Die Judenpolitik Philipps des Großmütigen, in: *Philipp der Großmütige. Beiträge zur
Geschichte seines Lebens und seiner Zeit*, hrsg. von dem Historischen Verein für das
Großherzogtum Hessen, Marburg 1904, S. 524-535; weiter FEILCHENFELD, *Rabbi Josel*,
S. 122.127; STERN, *Josel*, S. 131 ff.

[52]) StMS A VI Nr. 8 fol. 7. — HUYSKENS, *Münster*, S. 262.

Diese wurde in Stadt und Stift Münster erteilt in Form der sogenannten Geleitsbriefe, die die Antragsteller berechtigten, in einer
bestimmten Stadt zu wohnen und dort ihren Beruf auszuüben[53]).
Da diese Geleite den Rahmen jüdischen Lebens im Stift Münster
bis zum Ende der von uns betrachteten Zeit festlegten, seien die
wesentlichsten Bestimmungen an dem Schutzbrief des Bischofs Franz
vom 11. September 1539 für Simon von Korbach vorgeführt:

„Wir Franciscus, von Gottes Gnaden bestätigter Bischof zu Münster
und Osnabrück, Administrator zu Minden, tun kund und bekennen,
daß wir, bewogen durch die an uns gerichtete besondere Fürbitte,
den gegenwärtigen Simon, Juden von Korbach, mit seiner Ehefrau,
seinen Kindern und seinem Gesinde die nächsten zehn Jahre lang in
unserem Stift und Stadt Münster, seinen Herrlichkeiten und Gebieten,
unsere Fährlichkeit und unser Geleit gegeben haben und geben in
der Vollmacht dieses unseres Briefes, hineinzukommen und darin zu
bleiben, sich auch in der genannten Stadt Münster häuslich aufzuhalten, zu kaufen und zu verkaufen und seinen jüdischen Handel zu
betreiben und zu gebrauchen, doch mit dem Bescheid und der Angabe,
daß er von unseren Untertanen und allen, die seines Geldes bedürfen
und es begehren, in einer Woche von einem Goldgulden zwei unserer
münsterischen Pfennige und nicht mehr, bei Vermeidung unserer
Strafe, nehmen und genießen soll, uns auch für diese Begnadung in
jedem der vorher erwähnten zehn Jahre sechs Goldgulden geben und
vermögen soll.
Wenn andere Juden vor oder nach diesem Geleite in unserem Stift
und der Stadt Münster irgendeine Schuld gemacht haben oder noch
machen werden, so soll der genannte Simon Jude damit nichts zu tun
haben oder es entgelten, sondern nur für seinen eigenen Handel stehen
und verantwortlich sein"[54]).

Aus dem letzten Abschnitt geht hervor, daß die Form der stiftmünsterischen Geleitsbriefe von auswärts übernommen wurde, denn
die Entlassung aus der lästigen solidarischen Haftung setzt Erfahrungen
voraus, die im Stift bis dahin nicht hatten gewonnen werden können.

---

[53]) Vgl. A. HAFERLACH, Das Geleitswesen der deutschen Städte im Mittelalter, in:
Hansische Geschichtsblätter 20 (1914), S. 28 f. Zum münsterländischen Judengeleit vgl.
G. JACOB, Die Hofkammer des Fürstbistums Münster von ihrer Gründung bis zu
ihrer Auflösung (1573-1803), in: *WZ* 115 (1965), S. 49 Anm. 403.
[54]) StMS A VI Nr. 8 fol. 3. Vollständig im mittelniederdeutschen Wortlaut abgedruckt
bei ASCHOFF, *Geschichte*, S. 39.

Der Geleitsbrief macht die Gründe deutlich, aus denen Bischof
Franz von Waldeck Juden in sein Stift aufnahm. Sie waren vor allem
wirtschaftlicher Natur[55]. Es geht um die Juden als Geldgeber und
ihre für diese Tätigkeit zu entrichtende Bargeldsteuer, in den Amts-
rechnungen des Stiftes gewöhnlich Judentribut genannt. Dabei wird
die Höhe des Zinses begrenzt. Zwei münsterische Pfennige Wochenzins
von einem Goldgulden lassen einen Zinssatz von 27% errechnen,
was in jener Zeit im Rahmen des Üblichen lag[56].

Man mag es auffällig finden, daß Simon in dem Geleitsbrief in
seiner Eigenschaft als Jude, als Andersgläubiger nicht erscheint. Schließlich war Franz von Waldeck Geistlicher, ja Bischof in einer religiös
außerordentlich bewegten Zeit. Daß eine solche Erwähnung fehlt, zeigt,
wie ausschließlich die Juden als Wirtschaftsfaktor betrachtet wurden.

Diese Einstellung hatte sowohl Tradition als auch Zukunft. Schon
die Bischöfe am Rhein vor den Kreuzzügen sahen in den Juden in
erster Linie wirtschaftlich nützliche Untertanen, die eben darum geschützt werden mußten[57]. Auch Christoph Bernhard von Galen, ein
gewiß glaubenseifriger Nachfolger Franz von Waldecks auf dem münsterischen Bischofsstuhl, machte hier keine Ausnahme. Vor allem aus
wirtschaftlichen Gründen gefördert, nahm das münsterländische Judentum unter ihm einen außerordentlichen Aufschwung[58].

Die Geleitsbriefe waren für die Juden unterschiedlich günstig[59].
Je nach der finanziellen Leistungsfähigkeit des einzelnen, seinem Ver-
handlungsgeschick und der Gunst des Landesherrn schwankte die

---

[55]) Daß bei der Zulassung von Juden aus seiner Heimatgrafschaft Waldeck auch
persönliche Motive wirksam waren, versucht mein oben, S. 133 Anm. 30 genannter
Aufsatz über Korbacher Juden S. 165ff. zu zeigen, vor allem S. 168f.

[56]) Zugrundegelegt wurde die Münzresolution aus „Die Abrechnung des Johannes
Hakebroke über die Kosten der Belagerung der Stadt Münster 1534/35", hrsg. von
E. MÜLLER, in: *GBM* 8, Münster 1937, S. 169. — Erst seit dem Reichstagsabschied
von 1548 dehnte sich der seit 1530 für den Rentenkauf festgelegte Zinsfuß von 5%auch
auf die Juden und ihre Zinsen aus; vgl. M. NEUMANN, *Geschichte des Wuchers in
Deutschland bis zur Begründung der heutigen Zinsengesetze (1654)*, Halle 1865, S. 344;
zu hohen Zinssätzen ebd., S. 407f.

[57]) Man vergleiche die berühmte Urkunde Bischof Rüdigers von Speyer vom 13. September 1084: *...putavi milies amplificare honorem loci nostri, si et iudeos colligerem...
Locum inquam illum tradidi eis ea condicione, ut annuatim persolvant tres libras et
dimidiam spirensis monete* (A. HILGARD, *Urkunden zur Geschichte der Stadt Speyer*,
Straßburg 1895, Nr. 11, S. 11, Z. 30.34f.). — OVERDICK, *Stellung*, S. 153, faßt für
süddeutsche Verhältnisse im 16. und 17. Jahrhundert zusammen: „In erster Linie
dienten alle ... Bestimmungen den finanziellen Interessen der Herrscher".

[58]) S. unten, S. 172f.

[59]) Das ist damals eine allgemeine Erscheinung; vgl. OVERDICK, *Stellung*, S. 97f.

Höhe der Tribute und die Dauer der Aufenthaltserlaubnis, diese etwa zwischen 6 und 25 Jahren[60]).

Unterschiedlich wie der Inhalt der Geleitsbriefe war auch das, was die einzelnen Juden aus ihnen machten. Hier sprechen die Judicial-Protokolle des Stadtarchivs Münster eine deutliche Sprache[61]). Wenn man die Häufigkeit, mit der sie das Stadtgericht bemühen, als Maß der wirtschaftlichen Aktivität betrachtet, haben die Brüder Jakob und Simon von Korbach ihre in Münster ansässigen Glaubensgenossen geschäftlich völlig an die Wand gedrückt, zumindest in den dreieinhalb Jahren zwischen Juni 1548 und Dezember 1551 in denen wir dies verfolgen können[62]). An den über 200 Terminen, in denen Juden als Kläger oder Beklagte in Zivilrechtsangelegenheiten vor dem Stadtgericht in jenen Jahren auftraten, sind Simon und Jakob zu 60 Prozent beteiligt. Es kann freilich nicht ausgeschlossen werden, daß Abraham, Samuel, Salomon von Wasungen und Smoer, die damals ebenfalls in Münster nachzuweisen sind, ihre Geschäfte, wie dies auch für Frankfurt vermutet wird, zum Teil unter Umgehung der Gerichtsöffentlichkeit betrieben[63]).

Überblickt man die Geleite Franz von Waldecks im ganzen, sind zwei Feststellungen erlaubt:

1. Alle erhaltenen Geleite in der Stadt Münster sind in der Zeit vor dem 5. August 1541 ausgestellt, dem Tag, an dem der Rat seine alten Rechte wiedererhielt, während im Stift, mit Ausnahme der Geleite für Warendorf und Beckum, alle Aufenthaltsgenehmigungen nach diesem Termin liegen[64]).

---

[60]) Die Angabe von Rixen, *Geschichte und Organisation*, S. 16, die Dauer des Aufenthaltes schwanke zwischen 6 und 12 Jahren, wird durch den Geleitsbrief des Bernd von Korbach ergänzt, dem am 11. September 1539 25 Jahre zugestanden wurden: STAM FM LA 39 Nr. 15 fol. 1.

[61]) Soweit ersichtlich ist diese für die Wirtschafts- und Sozialgeschichte der Stadt Münster außerordentlich ergiebige Quelle noch nie ausgewertet worden, was außer auf paläographische Schwierigkeiten wohl vor allem auf das zunächst schwer durchschaubare Abkürzungssystem dieser Stadtgerichtsprotokolle zurückzuführen ist. Die Judicial-Protokolle sind auch bei J. Ketteler, dem verstorbenen besten Kenner des Gerichtsarchivs Münster, nicht erwähnt, der in seinem Aufsatz: Genealogische Quellen des Stadtarchivs Münster, in: *Westfalen* 18 (1933), S. 163 f., die einzelnen Bestände kurz vorstellt.

[62]) StMS B VI Nr. 1 und 1a. — Nach 1551 sind die Jahrgänge der Judicial-Protokolle bis 1571 nicht erhalten. In der Zwischenzeit waren die Juden ausgewiesen worden.

[63]) Vgl. I. Kracauer, *Geschichte der Juden in Frankfurt a.M. (1150-1824)*, Band 1, Frankfurt 1925, S. 106.

[64]) Vgl. unten, S. 150 Anm. 110.

2. Die neu zugelassenen Juden stammten offenbar ganz überwiegend aus unter hessischem Einfluß stehenden Gebieten. Für Benedikt hatte sich, wie wir gesehen haben, schon 1536 Philipp von Hessen eingesetzt. Wie wir aus den noch zu betrachtenden Interventionen ausländischer Landesherren für münsterländische Juden wissen, geschah dies in der Regel nur, wenn die Juden früher in deren Territorien gelebt hatten. Stammte Benedikt aus Hessen, ist das gleiche für seine Brüder David und Isaak anzunehmen[65]). Drei andere Brüder, Simon, Bernd und Jakob, kamen aus Korbach in Waldeck, der Heimatgrafschaft des münsterischen Fürstbischofs. Er bevorzugte ganz eindeutig jüdische Familien aus seiner Heimat und deren weiterem Umkreis[66]).

Hier zeigt sich ein bemerkenswerter Unterschied zu der jüdischen Gemeinde vor 1350. Diese war wie die anderen westfälischen und wohl auch in welfisch bestimmten Territorien liegenden Gemeinden zum Niederrhein hin orientiert, vor allem nach Köln[67]).

Daß die neu vergleiteten Juden mit ihren früher in Münster vergleiteten Glaubensbrüdern nicht vergleichbar waren, zeigt sich auch an den Zahlenverhältnissen. Mit Familien und dem Gesinde, das fast in jedem Geleitsbrief erwähnt wird, dürften die münsterischen Juden zwischen 1540 und 1550 etwa 50 bis 70 Köpfe gezählt haben[68]).

---

[65]) Daß Benedikt, David und Isaak Brüder waren, geht aus Davids Geleitsbrief vom 14. April 1539 (STAM FM LA 39 Nr. 1 fol. 1) und einem Gerichtsprotokoll vom 4. Februar 1544 hervor (StMS A VI Nr. 8 fol. 24).

[66]) ASCHOFF, Schicksale S. 165f.

[67]) Vgl. Art. Westfalen, in: GJ II, S. 880; zu Minden KRIEG, Minden, S. 114f.; zu Niedersachsen vgl. RIEMER, Juden in den niedersächsischen Städten (Jg. 1907), S. 312.
— Später setzte sich die historische Ausrichtung der münsterländischen Judenschaft zum Rheinland hin wieder durch, sicher begünstigt durch lange Zeiten der Personalunion zwischen den Stiften Köln und Münster. Dies ging später so weit, daß in der ersten Hälfte des 18. Jahrhunderts der Kölner Landesrabbiner auch für Münster zuständig war; vgl. RIXEN, Geschichte und Organisation, S. 47f.

[68]) Der von mir bei der Berechnung zugrunde gelegte Faktor von 6 bis 7 Personen pro Familie stützt sich auf das Personen-Schatzungsregister der Stadt Warendorf aus dem Jahre 1685, wo wohl zum ersten Mal im Stift Münster für mehrere Geleite eine Einzelaufschlüsselung der Angehörigen einer jüdischen Familie erhalten ist:

    1. Familie Jakob Levi
       Ehepaar, 3 Kinder, Knecht, Magd   = 7 Personen
    2. Familie Jakob Meyer
       Ehepaar, 4 Kinder, Magd   = 7 Personen
    3. Familie Jakob Abraham
       Ehepaar, 4 Kinder, Knecht, Magd   = 8 Personen
    4. Familie Nini Levi
       Witwer, 1 erwachsene Tochter, 1 Enkel   = 3 Personen

Die gewiß viel größere Zahl ihrer Glaubensgenossen vor 1350[69]) können wir nicht genau abschätzen, aber, was wichtiger ist: sie bildeten eine voll ausgestattete Gemeinde[70]), die nach 1535 ins Land gekommenen Juden, soweit uns bekannt ist, nicht. Es ist keine Rede davon, daß diese das noch vorhandene Friedhofsgelände und die ebenfalls noch nachweisbaren gemeindlichen Einrichtungen ihrer mittelalterlichen Glaubensbrüder wieder in Besitz nahmen[71]). Im Gegensatz zu ihnen besaßen die Juden des 16. Jahrhunderts nicht mehr Grund und Boden[72]).

Waren sie vor 1350 im Zentrum der Stadt, dem Areal hinter dem Rathaus, ansässig, finden wir sie nun in marktfernen Straßen, wie dies nach der Pestkatastrophe auch sonst nachzuweisen ist[73]).

Sie wohnten auch nicht mehr gemeinsam in einem geschlossenen Bezirk oder in einer Judengasse, sondern trotz der zum Teil engen verwandtschaftlichen Beziehungen getrennt voneinander in verschiedenen Stadtvierteln (Leischaften)[74]).

(Stadtarchiv Warendorf, Altes Archiv, Abt. 2 D X 11 fol. 12v.28v.60v). Den Hinweis auf dieses Register verdanke ich Herrn W. FLEITMANN, Warendorf. — Zum Teil sind aus der von uns behandelten Zeit vor 1650 sehr viel höhere Zahlen bekannt. So bittet etwa Moses von Borken am 2. Januar 1555 für seine „negen ser kleine kindern" (STAM FM LA 39 Nr. 1 fol. 16). Salomon klagt vor dem 19. September 1560 angesichts einer drohenden Ausweisung, er sei „myth zehen kleinen kindern beswerth" (STAM FM LA 39 Nr. 1 fol. 33). Man vergleiche allgemein das Kapitel „Der Aufbau der jüdischen Familie" bei F. BAER, *Das Protokollbuch der Landjudenschaft des Herzogtums Kleve. Erster Teil: Die Geschichte der Landjudenschaft des Herzogtums Kleve* (Veröffentlichungen der Akademie für die Wissenschaft des Judentums, Hist. Sektion, 1. Band), Berlin 1922, S. 60ff., besonders Anm. 16. WILHELM, *Göttingen*, S. 37, rechnet für das 15. Jahrhundert in Göttingen bei Juden mit „durchschnittlich acht Familienangehörigen".

[69]) Dies dürfte für alle bedeutenderen westfälischen Städte anzunehmen sein, vgl. KRIEG, *Minden*, S. 114f.

[70]) Damit wird vorausgesetzt, daß die Judenschaft in Münster aus mindestens zehn religionsmündigen, d.h. über 13 Jahre alten männlichen Personen bestand, vgl. H. J. GAMM, *Judentumskunde*, Frankfurt 1962, S. 32.

[71]) Anders in Minden, wo sie wieder eine Synagoge besaßen, ihre Toten aber wohl in Hausberge beerdigten, vgl. KRIEG, *Minden*, S. 142.145.

[72]) RIXEN, *Geschichte und Organisation*, S. 29; LITTMANN, *Studien*, S. 26; H. HEIDER, *Die Rechtsgeschichte des deutschen Judentums bis zum Ausgang des Absolutismus und die Judenordnungen in den rheinischen Territorialstaaten*, Diss. jur. Bielefeld, Fotodruck Bamberg o.J. (um 1973), S. 59f.

[73]) H. VEITSHAUS, Die Judensiedlungen der schwäbischen Reichsstädte und württembergischen Landstädte im Mittelalter, in: *Arbeiten zum historischen Atlas von Südwestdeutschland*, Heft 5, Stuttgart 1970, S. 60.

[74]) So wohnten nach den Schatzungsregistern, die für einzelne Leischaften ab 1548 erhalten sind, 1548 Abraham in der Jüdefelder-, Smoer und Salomon (nicht als Nachbarn) in der Liebfrauen-, zwei namentlich nicht genannte in der Lamberti-Leischaft

Die veränderte Wohnlage spiegelt die veränderte berufliche und wirtschaftliche Situation der Juden. Es genügte ihnen, wie Veitshaus für den süddeutschen Raum feststellte, „überhaupt in der Stadt zu wohnen"[75].

Kennzeichnend war weiter, daß den Juden die Niederlassung nicht mehr generell zugestanden, sondern nur noch Einzelgeleite gewährt wurden[76].

In der früheren Zeit gehörten zumindest einige Mitglieder der Gemeinde, etwa Leo von Münster — nicht anders sein Geschäftspartner Gottschalk von Recklinghausen —, zu den bedeutenderen Geldgebern des nordwestdeutschen Raumes[77]. Im 16. Jahrhundert dagegen waren in Münster wie auch sonst die Tage des ins Große gehenden jüdischen Geldhandels vorüber[78]. Das Judentum gehörte jetzt wirtschaftlich und sozial zum Kleinbürgertum, in Münster wie anderswo[79]. Der Übergang vom Großhandel zum Leih- und Pfandgewerbe hatte sich vom 14. Jahrhundert an vollzogen[80]. Mit der Kundschaft hatte sich der Sozialbezug verändert. Fürsten und Städte und später deren Großbürgertum waren längst nicht mehr Geschäftspartner der Juden. Es ging nun um die Befriedigung der Bedürfnisse der kleinen Leute[81]. Charakteristisch für den Lebenszuschnitt der

---

(StMS A VIII Nr. 259; Jüdefelder-L. Band 1 fol. 3r; Liebfrauen-L. Band 1 fol. 2r und 3v; Lamberti-L. Band 1 fol. 23r). — Daß Juden nicht mehr in Nachbarschaften lebten, erwähnt RIEMER, *Juden in den niedersächsischen Städten* (Jg. 1908), S. 21.

[75]) VEITSHAUS, *Judensiedlungen*, S. 60.

[76]) HEIDER, *Rechtsgeschichte*, S. 58 f.

[77]) Zu Leo *WJ* I, Nr. 132f.135.139-141.145.150.153.159.163-165.173.176f.181.183. 187-189; vgl. oben, S. 134f. Zu Gottschalk H. POPPERS, *De Joden in Overijssel van hunne vestiging tot 1814*, Utrecht-Antwerpen 1926, S. 1-3. Vgl. allgemein R. STRAUS, *Die Juden in Wirtschaft und Gesellschaft*, Frankfurt 1964, S. 62. Man vergleiche die Bemerkung von W. VON STROMER, daß bis zu den sogenannten Judenschulden-Tilgungen von 1388 in Nürnberg einige reiche Juden eine besondere Art wirtschaftliche Oberschicht bildeten (Reichtum und Ratswürde, in: *Deutsche Führungsschichten in der Neuzeit* 6 [1973], S. 8).

[78]) Für Frankfurt mit seiner großen Judenschaft und guten Quellenlage zeigt dies KRACAUER, *Frankfurt*, S. 88.

[79]) W. MAURER, Die Zeit der Reformation, in: *Kirche und Synagoge* (Band 1), Stuttgart 1968, S. 375. — Im 17. und 18. Jahrhundert wandelte sich das Bild erneut: die Bedeutung der sogenannten Hofjuden stellte selbst die der großen jüdischen Geldhändler vor 1400 noch in den Schatten; vgl. OVERDICK, *Stellung*, S. 26 Anm. 10.

[80]) KRACAUER, *Frankfurt*, S. 85ff.; F. PRIEBATSCH, Die Judenpolitik des fürstlichen Absolutismus im 17. und 18. Jahrhundert, in: *Forschungen und Versuche zur Geschichte des Mittelalters und der Neuzeit. Festschrift für Dietrich Schäfer*, Jena 1915, S. 565; zu den Hintergründen vor allem STRAUS, *Wirtschaft*, S. 54ff.; S. M. STERN, Art. Germany, in: *EJ* 7 (1971), Sp. 472.

[81]) STRAUS, *Wirtschaft*, S. 63.

neu in Münster vergleiteten Juden dürften die in den Judicial-Protokollen überlieferten durchweg kleinen Darlehens- und Pfandleihge-
schäfte gewesen sein[82]).

Gewandelt hatten sich auch die innerstädtischen Verhältnisse. Das
alte Stadtpatriziat war in der Zwischenzeit zurückgedrängt worden,
der kleine Mittelstand, die Zünfte, zu politischer Macht gelangt. Wie
in den meisten deutschen Städten waren auch in Münster die Gilden
die eigentlichen Träger der Judenfeindschaft, was die vom Landesherrn
protegierten Juden sofort zu spüren bekamen[83]).

Für diese wurde entscheidend, daß die Stadt Münster das Geleitsrecht grundsätzlich und nach der Restitution des Rates im August
1541 auch tatsächlich besaß. Der Domkantor Röchell sah dies wieder
in aller Deutlichkeit: „Auch nach der Restitution sind die Juden
noch eine Zeitlang geblieben", schrieb er, „doch geschah dies mit
Verwilligung des Rates, denn sonst hätte sie der Fürst nicht länger
vergleiten können"[84]).

Die neue Rechtslage wurde schon ein Jahr später deutlich: Simon
wurde beschuldigt, mit einer, wie es heißt, „Christenfrauensperson"
Unzucht getrieben zu haben und Vater eines Kindes geworden zu sein.
Simon mußte sich deswegen vor dem Rat verantworten[85]).

Das heißt: für die Juden in Münster war nun nicht mehr der
bischöfliche, sondern der städtische Gerichtsstand maßgebend. Wenig
später inhaftierte die Stadt einige Juden und weigerte sich, dem
bischöflichen Richter Gründe dafür anzugeben, so daß der Fürst
selbst nachfragen mußte[86]). Ein halbes Jahr später scheint die Stadt
mehreren Juden das Geleit aufgekündigt zu haben, was sie später
bestritt[87]). Jedenfalls mußte sich Franz von Waldeck einschalten[88]).
Mehr als einen Aufschub der seit der Restitution des Rates drohenden
endgültigen Ausweisung konnte er freilich auch nicht erreichen, zumal

---

[82]) Ähnlich in Minden: s. KRIEG, *Minden*, S. 126f.; allgemein vgl. STRAUS, *Wirtschaft*,
S. 62f.

[83]) Zum Umschwung der jüdischen Verhältnisse, den der Aufstieg der Zünfte für
die Juden mit sich brachte, am besten STRAUS, Wirtschaft, S. 50ff.; weiter S. W. BARON,
Art. Economic History, in: *EJ* 16 (1971) Sp. 1286; zu Gilden und Juden in Münster
vgl. ASCHOFF, *Stadt Münster*, S. 102-106.

[84]) *GBM* 3, S. 234.

[85]) Schreiben vom 3. Juli 1542: StMS A VI Nr. 8 fol. 19; vgl. HUYSKENS, *Münster*,
S. 265.

[86]) Schreiben vom 30. September 1542: StMS A VI Nr. 8 fol. 20.

[87]) StMS A VI Nr. 8 fol. 22.

[88]) Anfrage vom 15. März 1543: StMS A VI Nr. 8 fol. 21.

er seit 1541 erst im Inneren, dann auch im Äußeren immer mehr isoliert wurde[89]).

1550 war zu erkennen, daß die Juden nicht mehr lange bleiben konnten. Damals bat der bereits erwähnte Salomon von Wasungen den Rat, ihn, sein armes Weib und seine Kinder günstig ansehen zu wollen „und uns die geringe Zeit, die die anderen Juden noch hier sein werden, auch zu bleiben in Gunst verstatten"[90]).

In dieser kritischen Situation verwandten sich der frühere Landesherr von Salomon, Graf Wilhelm von Henneberg, und die Gräfin Katharina von Schwarzburg-Rudolstadt, eine geborene Gräfin Henneberg, für Salomon[91]). Bischof Franz gab die an ihn gerichteten Bittschreiben an Bürgermeister Hermann Heerde und den Rat der Stadt weiter, offenbar noch einmal mit Erfolg[92]).

Doch die Zeichen standen auf Sturm. Immer neue Interventionen wurden nötig. Der Bischof tat sein Bestes.

Endgültig hoffnungslos wurde die Lage in den Sommermonaten 1553. Am 17. Mai dieses für die münsterischen Juden schicksalhaften Jahres wurde die Vereinigung der überall in deutschen Städten judenfeindlichen Zünfte, die sogenannte Gesamtgilde, in Münster wieder als politische Korporation zugelassen[93]). Zwei Monate später, am 16. Juli 1553, starb Franz von Waldeck. Bis zu seinem Tode hatte er die Hand über die Juden von Münster gehalten. Am 27. Juni 1553 hatte er den Bürgermeister noch daran erinnern lassen, daß das, „was er den Judden versprochen, guitlich moge gehalten werden"[94]).

Dieses Vermächtnis zu hinterlassen war das Letzte, was er für die Juden tun konnte. Drei Wochen später war er tot. Wenn G. Engel von Bischof Franz von Waldeck schreibt: „Er starb 1553, gescheitert

---

[89]) KIRCHHOFF, *Belagerung*, vor allem S. 164ff.

[90]) StMS A VI Nr. 8 fol. 26.

[91]) Schreiben des Grafen vom 3. Februar 1550, der Gräfin vom 10. Februar 1550: StMS A VI Nr. 8 fol. 35 und 27; vgl. HUYSKENS, *Münster*, S. 263.

[92]) HUYSKENS, ebd., S. 263f., hat das Schreiben fälschlich auf den 27. Februar 1552 datiert. — Gedruckt als Quellenanhang Nr. 1 bei ASCHOFF, *Schicksale*, S. 171f.

[93]) Vgl. oben, S. 145 Anm. 83.

[94]) StMS Handschriften 55 fol. 29r. — Dieses Dokument läßt es als möglich erscheinen, daß man schon damals wie nach 1650 das Geleit als persönlichen Vertrag des Landesherrn mit dem Juden ansah, mit dem Tode des Ausstellers erlosch. Vgl. JACOB, *Hofkammer*, S. 50, für die spätere Zeit im Stift Münster. Diese Auffassung läßt sich im benachbarten Hochstift Paderborn nachweisen (vgl. KRAFT, *Paderborn*, S. 117), ebenso in Hildesheim (vgl. A. REXHAUSEN, Die rechtliche und wirtschaftliche Lage der Juden im Hochstift Hildesheim, in: *Beiträge für die Geschichte Niedersachsens und Westfalens* 44 [1914], S. 59; vgl. OVERDICK, *Stellung*, S. 152).

und von niemandem als von seiner zahlreichen Kinderschar betrauert"[95]), muß dieses harte Urteil zumindest ergänzt werden. Die Juden des Stifts und besonders die der Stadt Münster haben gewiß um den Landesherrn Trauer getragen. Ihm verdankten sie alles. Unter ihm begann wieder jüdisches Leben im Stift Münster, vorübergehend nur in der Hauptstadt, aber in einer zwar lange gefährdeten, aber letztlich durchgehaltenen Kontinuität im Münsterland.

4. Das Ende der Judenschaft in der Stadt Münster 1553-1562

Am 15. Februar 1554, ein halbes Jahr nach dem Tode Bischof Franz von Waldecks, beschloß der Rat der Stadt Münster im Verein mit den Alter- und Meisterleuten der Gilden, daß die Juden bis zum 8. März ihre Geschäfte abwickeln sollten „und sich darnach in dusser stadt nicht finden laten willen"[96]). Um die Pfand- und Geldleihgeschäfte ohne Schaden für Gläubiger und Schuldner abzuwickeln, konnte die gesetzte Frist nicht ausreichen. So richteten acht Wochen später, am 16. April des Jahres, sämtliche Juden von Münster die Bitte an den Rat, noch über den 1. Mai hinaus in der Stadt bleiben zu dürfen, da es ihren Schuldnern außerordentlich schwerfalle, in so kurzer Zeit abzurechnen[97]).

Die Stadt lehnte zunächst ab, gab dann aber auf Intervention des neuen Bischofs Wilhelm von Ketteler wenigstens den beiden geschäftlich aktivsten Brüdern Jakob und Simon noch eine Frist von vierzehn Tagen[98]).

Aber auch andere Juden müssen vorerst weiter in der Stadt geblieben sein. Am 28. Dezember 1554 finden wir noch Salomon von Wasungen in Münster[99]). Dies ist freilich die letzte Nachricht, die ein kontinuierliches Wohnen von Juden in der Stadt bezeugt. Wie Röchell überliefert, verzogen die letzten Juden ins nahe Wolbeck, wo wir Jakob in den Jahren 1556 bis 1558 noch finden[100]).

---

[95]) *Politische Geschichte Westfalens*, Bielefeld 1968, S. 159.

[96]) StMS A VI Nr. 8 fol. 48; gedruckt unten, Quellenanhang Nr. 3.

[97]) StMS A VI Nr. 8 fol. 51f. — Das Schreiben findet sich wörtlich wiedergegeben bei HUYSKENS, *Münster*, S. 265f. — In ähnlicher Lage erbitten die Mindener Juden am 23.2.1647 Aufschub, um ihre Angelegenheiten ordnen zu können (KRIEG, *Minden*, S. 119). Vgl. auch FEILCHENFELD, *Rabbi Josel*, S. 99.

[98]) StMS A VI Nr. 8 fol. 53f.

[99]) StMS A VI Nr. 8 fol. 55.

[100]) *GBM* 3, S. 234. — Am 7. Oktober 1556 entrichtete Jakob „tor Wolbecke" 15 Reichstaler Tribut: STAM FM LA 446 Nr. 1, Nach StMS Acta criminalia 212 fol. 2r-3v wohnte Jakob auch 1557 und 1558 noch in Wolbeck.

Von dort setzte er offenbar alle Hebel in Bewegung, um wieder
nach Münster zu gelangen. Jakob konnte Heilungserfolge bei Verwandten und Dienern des Domkellners Dietrich von der Recke auf-
weisen, den er im Dezember 1558 zum Fürsprech bei dem Fürstbischof
gewann[101]). Dessen prompte Intervention beim Rat hatte Erfolg.
Nach einer Judenliste des Jahres 1560 finden wir Jakob als einzigen
Juden des Stifts in der Hauptstadt vor[102]).

Als Ende August 1560 sein Geleit auslaufen sollte, versuchte Jakob
das erprobte Mittel von neuem. Neben dem Drosten Heidenreich
von Horstmar und dem münsterischen Bürgermeister Dr. Wieck konnte
Jakob vor allem einflußreiche Kräfte des Domkapitels für sich gewinnen, so den Senior Wilbrand von Schagen, den Probst Melchior
von Büren, den Bursar Johann Schenking, den Domscholaster Heinrich
von Raesfeld und wiederum den Domkellner Dietrich von der
Recke[103]).

Die massive Fürsprache hatte Erfolg: von Bischof Bernhard von
Raesfeld, dem die Stände gerade die Ausweisung aller Juden aus dem
Stift abgerungen hatten, erhielt Jakob ebenso ein neues Geleit wie
von der Stadt Münster, die ihn zunächst bis Ende April 1561 in
der Stadt beließ, freilich — aus Schikane oder um ihm sein Aus-
nahmerecht deutlich zu machen — wider den sonstigen Brauch ohne
seine Familie[104]).

Am 28. April 1561 verlängerte die Stadt den Aufenthalt des Juden
auf Bitte des Bischofs und vieler Herren des Domkapitels noch
einmal um ein Jahr unter der Bedingung, Jakob möge „sich des
Wucherns, Lästerns, Scheltens und Disputierens auf unseren christ-

---

[101]) StMS A VI Nr. 8 fol. 56f. — Zu von der Recke vgl. M. FRHR. VON TWICKEL,
*Die verfassungsrechtliche Entwicklung und persönliche Zusammensetzung des Hohen Dom-
kapitels zu Münster in der Zeit von 1400-1580*, Diss. phil. Münster (masch.) 1952,
S. 290f. und S. 372f.

[102]) Auf das angezogene Bittschreiben von der Reckes vom 20.12.1558 reagierte
der Bischof am 28.12.: StMS A VI Nr. 8 fol. 58. — Zu den 1560 im Stift vergleiteten
Juden s. unten, Quellenanhang Nr. 5. — H. SCHNEE, *Die Hoffinanz und der moderne
Staat* (Band 3), Berlin 1956, S. 54, sieht Jakob 1560 in einer „bevorzugten Stellung"
in Münster und reiht ihn S. 80 als Judenarzt in eine Liste der Hoffaktoren ein.
Von beidem kann keine Rede sein.

[103]) STAM FM LA 39 Nr. 1 fol. 26 und 42. — Zu den Domkapitularen vgl.
TWICKEL, *Entwicklung*.

[104]) Zum Ständebeschluß vgl. ASCHOFF, *Stadt Münster*, S. 87f. — Daß Jakob
weitervergleitet wurde, geht aus einem Schreiben der Stiftsjudenschaft vom 20.8.1560
hervor, in dem sie sich eine ähnliche Behandlung erhofft: STAM FM LA 39 Nr. 1
fol. 40. — Zur Vergleitung Jakobs ohne Familie s. seine Eingabe an den Rat vom
26.12.1560: StMS A VI Nr. 8 fol. 63f.

lichen Glauben enthalten" und sich ausschließlich medizinisch betätigen [105].

Nach nochmaliger Geleitsverlängerung um vier Wochen mußte Jakob endgültig Ende Mai 1562 aus der Stadt weichen [106].

Gedeckt durch das Domkapitel, das glaubte, auf Jakobs medizinische Hilfe nicht verzichten zu können, übte dieser zum Ärger des Rates seine Praxis im nahen St. Mauritz aus. Er verkaufte dort auch Fleisch. Seine Kinder kamen ohne Genehmigung in die Stadt. Er hatte in ihr auch Helfer, die für ihn, wohl in Gelddingen, tätig waren. Die Stadt versuchte Druck auf das Domkapitel, das für St. Mauritz zuständig war, auszuüben, offenbar ohne Erfolg [107].

Ebenso vergeblich war freilich das nie aufgegebene Bemühen Jakobs, in der Stadt noch einmal Fuß zu fassen. Unter den gegebenen Umständen hatte er keine Chance mehr. Zwei Gesuche der waldeckischen Grafen in den Jahren 1565 und 1568 hatten keinen Erfolg. 1569 bat schließlich die Stadt die fürstlichen Intervenienten, sie wegen Jakobs und Simons, der in die Bitte mit einbezogen war, „hinferner gnädiglich verschonen zu wollen" [108].

Mit Jakob ging die Episode gebliebene zweite jüdische Ansiedlung in Münster zu Ende [109]. Sie hatte kaum 20 Jahre gedauert. Über 1554 hinaus konnte sich allein Jakob dank seiner ungewöhnlichen Zähigkeit in der Stadt halten, begünstigt durch seine medizinischen Kenntnisse und sein diplomatisches Geschick im Umgang mit dem Domkapitel.

5. Die Krise der Judenschaft im Münsterland 1553-1585/90

Zur selben Zeit, als die Judenschaft der Hauptstadt in die letztlich existenzvernichtende Krise gekommen war, drohte das gleiche Schicksal den Juden des Münsterlandes.

Bischof Franz von Waldeck hatte spätestens seit Ende der dreißiger Jahre des Jahrhunderts Juden auch im Stift vergleitet. In seinem

---

[105] StMS A VI Nr. 8 fol. 65.
[106] Nachbemerkung auf der Ausfertigung vom 28.4.1562: StMS A VI Nr. 8 fol. 65.
[107] Ratsprotokoll vom 28. April 1564: StMS A II Nr. 20 Band 1 fol. 22v-23r. — Zur Zuständigkeit des Domkapitels in St. Mauritz vgl. SPIEKERMANN, *Geschichte des Domkapitels*, S. 71-75.
[108] Dazu HUYSKENS, *Münster*, S. 265; ASCHOFF, *Schicksale*, S. 164.
[109] ASCHOFF, ebd., S. 171. — In den benachbarten Bischofsstädten Paderborn und Minden gelang die angestrebte Vertreibung der Juden im Gegensatz zu Münster nicht; vgl. KRAFT, *Paderborn*, S. 109f.; KRIEG, *Minden*, S. 117-119.

Todesjahr 1553 sind Juden in Warendorf, Beckum, Ahlen, Ochtrup und Rheine nachweisbar und in anderen Landstädten wie Dülmen, Borken, Werne und Telgte anzunehmen. Bis 1560 kommen noch Enniger, Oelde und Sassenberg hinzu, 1562 Bocholt[110]). Der Zuzug von Juden in Kleinstädte und Dörfer der größeren Territorien des Reiches war damals nichts Ungewöhnliches. Er wird im 16. Jahrhundert allenthalben in erhöhtem Umfang beobachtet[111]).

Nach dem Tode ihres großen Gönners waren auch die Stiftsjuden gefährdet. So schrieb Simon von Beckum am 1. Oktober 1554 der Äbtissin von Herford, er sorge sich, der neue Fürstbischof werde „uns Judden nit gerne in ihrer furstlichen gnaden furstendum umen manniger beswerung dulden", und bat sie, sich bei diesem dafür zu verwenden, ihm wenigstens noch die zugestandene Zeit in Beckum die Wohnerlaubnis zu belassen[112]).

In diesen Zusammenhang ist wohl auch eine isolierte Notiz einzuordnen, derzufolge „deß stiftz Munster verordnete stadtholdere begeren, das die Jodden, so binnen Warendorff sich enthalten, vom raede mit leib und guit bekummert werden"[113]).

---

[110]) *Warendorf* 1538/39: STAM FM Amt Sassenberg Rechnungen Nr. 382 fol. 28. (Den Beleg verdanke ich Herrn W. FLEITMANN, Warendorf).
Beckum 1540 August 25: STAM FM LA 39 Nr. 1 fol. 2.
Ahlen 1545/46: STAM FM Amt Wolbeck Rechnungen Nr. 15 fol. 34r.
Ochtrup 1547: J. BARLEV: Aus der Chronik der Beckumer Familie Windmüller, in: *Heimatblätter der Glocke* II/1978, S. 109.
Rheine 1553 Dezember 1: Stadtarchiv Rheine I 1125 Nr. 7.
Dülmen 1554 Juni 19: STAM FM LA 446 Nr. 1 (8. gebundenes Heft) fol. 4r.
Borken 1550 Mai 1: STAM FM LA 446 Nr. 1 (3. gebundenes Heft) fol. 3r. —
    Unter Bezug auf die „Inventare der nichtstaatlichen Archive" erwähnt RIXEN, *Geschichte und Organisation*, S. 5, einen Juden Moises in Borken, der 1522 durch Schimpfreden auf Christus den Zorn der Stadt erregt habe. Auf meine Bitte hin unterzog Herr K. PÖPPING die angezogene Akte J I des Stadtarchivs Borken einer genauen Durchsicht, konnte aber weder hier noch in anderen Beständen den Beleg finden.
Werne 1554 September 2: STAM FM LA 446 Nr. 1 (8. gebundenes Heft) fol. 4v.
Telgte 1555 April 14: STAM FM LA 39 Nr. 1 fol. 14.
Enniger, Oelde, Sassenberg 1560 März 30: STAM FM LA 39 Nr. 1 fol. 30.
Bocholt 1562 Mai 22: STAM FM LA 39 Nr. 1 fol. 23.
    Hier wurde jeweils die erste Erwähnung in den Quellen angegeben. In der Mehrzahl dürften Juden schon vorher in den genannten Städten gelebt haben. — Bei Ahlen, Bocholt, Dülmen, Enniger, Oelde, Sassenberg, Telgte und Werne handelt es sich um das erste nachweisbare Vorkommen von Juden überhaupt. — Zu den mittelalterlichen Niederlassungen s. oben, S. 132 Anm. 24.
[111]) OVERDICK, *Stellung*, S. 95; Gründe dafür ebd., S. 63f.
[112]) STAM FM LA 39 Nr. 1 fol. 8.
[113]) Stadtarchiv Warendorf, Altes Archiv, Abt. 2 D XII Nr. 1 fol. 5v. — Ohne

Der jüdische Zuzug im Münsterland erregte Anstoß. Getragen von den Ständen, Domkapitel, Ritterschaft, der Hauptstadt und den landtagsfähigen Städten des Stifts[114]), artikulierte er sich vor dem 28. Februar 1560 in einem Beschluß, der den Fürstbischof Bernhard von Raesfeld verpflichtete, die Juden des Stifts innerhalb von sechs Wochen auszuweisen. Zur Begründung wurden Gotteslästerung, Schmähung Jesu Christi, verbotener Wucher, Anstiftung des gemeinen Mannes, des Dienstvolkes und von Kindern zu heimlicher Untreue und schließlich Diebereien angegeben[115]).

Wie konkret die Anschuldigungen waren, wissen wir nicht. Vielleicht sind, wie die Reaktion der Betroffenen nahelegen könnte, Einzelfälle verallgemeinert worden. Möglicherweise versteckt sich auch hinter den Vorwürfen der Gotteslästerung und des Anstiftens zu heimlicher Untreue die Befürchtung, ein allzu gutes Verhältnis der Juden zum Volke könne eine religiöse Gefahr für manchen Christen werden[116]).

Die gemeinsame Bedrohung veranlaßte die Juden des Stifts erstmals zu gemeinsamem Handeln[117]). Sie schickten ein Geschenk an den Fürstbischof mit der Bitte, dem Beschluß nicht zu entsprechen, ohne sie vorher gehört zu haben. Sie seien sich keiner Schuld bewußt, bäten aber um Verzeihung, wenn sich irgendeiner von ihnen ungebührlich verhalten oder jemandes Mißgunst erregt hätte. Vor allem ersuchten sie darum, die Bleibefrist zu verlängern, um Schulden und

---

Belegstelle erwähnt bei K. ZUHORN, Die Juden in Warendorf, in: *Warendorfer Blätter für Orts- und Heimatgeschichte* 1 (1914), S. 1f. Die Tatsache, daß die Anordnung von den Statthaltern ausgeht, zeigt, daß es sich um die Zeit nach dem Tod Franz von Waldecks am 16.7.1553 handelt.

[114]) Auch in den benachbarten Stiften Köln und Paderborn standen die Stände hinter den judenfeindlichen Beschlüssen. Zu Köln vgl. E. L. EHRLICH, Geschichte und Kultur der Juden in den rheinischen Territorialstaaten, in: *Monumenta Judaica* (s. oben, S. 129 Anm. 15), S. 247; zu Paderborn KRAFT, *Paderborn*, S. 110f. Dies gilt ganz allgemein; vgl. W. TREUE, Die Juden in der Wirtschaftsgeschichte des rheinischen Raumes 1648 bis 1945, in: *Monumenta Judaica*, S. 419; PRIEBATSCH, *Judenpolitik*, S. 566.

[115]) STAM FM LA 39 Nr. 1 fol. 28 und 38. Bei RIXEN, *Geschichte und Organisation*, S. 6, wohl infolge eines Druckfehlers, unter dem 2. Februar 1560 zitiert; vgl. unten, Quellenanhang Nr. 4.

[116]) Derartige Vorwürfe begegnen auch in der Beschwerde hessischer Städte zu Zeiten des Landgrafen Moritz (1592-1627), in der den Juden ebenfalls vorgeworfen wird, sie zögen Dienstboten heimlich an sich und verleiteten sie dadurch zur Untreue; vgl. A. COHN, *Beiträge zur Geschichte der Juden in Hessen-Kassel im 17. und 18. Jahrhundert*, Diss. Marburg 1933 (Teildruck), S. 66.

[117]) Ähnlich in Paderborn angesichts der drohenden Ausweisung 1607; vgl. B. ALTMANN, *Die Juden im ehemaligen Hochstift Paderborn zur Zeit des 17. und 18. Jahrhunderts*, Diss. Freiburg (masch.) 1923, S. 40.

Gegenschulden zu regeln[118]). Sie wurde ihnen auch am 30. März 1560
bis zum 29. September des Jahres gewährt[119]).

Wie Jakob in Münster so fanden auch die Juden des Stifts in
dieser kritischen Zeit eine Reihe von Fürsprechern, etwa im Rat der
Stadt Telgte und bei einigen Vertretern des Adels[120]). Ein erschüt-
terndes Dokument in diesem Zusammenhang ist das Bittgesuch des
gerade von einer längeren Krankheit genesenen Juden Salomon von
Telgte für seine zehn unmündigen Kinder, die bei einer Ausweisung
den Winter nicht überstehen könnten[121]). Gebunden an den Ständebeschluß, lehnte Fürstbischof Bernhard jedoch jede Verlängerung des
Aufenthaltes über Michaelis 1560 hinaus ab[122]). In der Praxis jedoch
muß wenigstens die Hälfte der zehn Familien, die damals im Stift
vergleitet waren, geblieben sein, darunter auch Salomon mit seiner
großen Familie[123]). Der Ständebeschluß war offenbar nicht voll durch-
setzbar.

Am 3. August 1562 wurde ein Jude namens Michael vom Fürstbischof selbst für 12 Jahre nach Bocholt neu vergleitet. Der Grund
für diese dem Ständebeschluß stracks zuwiderlaufende Erlaubnis lag
in den medizinischen Kenntnissen des Juden, für den sich die Stadt

---

[118]) Schreiben vom 15. März 1560: STAM FM LA 39 Nr. 1 fol. 25. — Daß
Bittgesuche von Geldgeschenken begleitet sein mußten, „war immer selbstverständlich";
so M. FREUDENTHAL, Zur Geschichte des Judenprivilegs Kaiser Maximilians II. auf
dem Reichstag zu Augsburg, in: *Zeitschrift für Geschichte der Juden in Deutschland*
N.F. 4 (1931), S. 95.

[119]) STAM FM LA 39 Nr. 1 fol. 32; vgl. unten, Quellenanhang Nr. 5. — Auch
anderswo war die Unmöglichkeit, Schulden kurzfristig zu begleichen, der Grund für
eine Verlängerung der Aufenthaltsrechte, vgl. OVERDICK, *Stellung*, S. 57 und S. 75
Anm. 164.

[120]) Die Stadt Telgte setzte sich vor dem 14. März 1560 für den Juden Salomon
ein (STAM FM LA 39 Nr. 1 fol. 38), Johann von Raesfeld am 27. August 1560 für
Simon von Dülmen und Salomon von Telgte (STAM FM LA 39 Nr. 1 fol. 34).
Zur Begünstigung von Juden durch den Stiftsadel vgl. unten, S. 155 Anm. 139 und
S. 156 Anm. 145.

[121]) Praesentatum am 19. September 1560: STAM FM LA 39 Nr. 1 fol. 33.

[122]) Schreiben vom 19. August und 21. September 1560: STAM FM LA 39 Nr. 1
fol. 25 und 27.

[123]) Zu den neun im Quellenanhang Nr. 5 genannten Juden trat nachträglich noch
Jost von Dülmen durch ein fürstbischöfliches Schreiben vom 18.6.1560 (STAM FM LA
39 Nr. 1 fol. 31), so daß damals insgesamt zehn Familien im Stift lebten, wonach
die bei RIXEN, *Geschichte und Organisation*, S. 8, gegebene Tabelle zu korrigieren ist. —
Welche Juden über 1560 hinaus im Stift verblieben sind, kann durch einen Vergleich
der im Quellenanhang unter Nr. 4 und 5 wiedergegebenen Dokumente leicht festgestellt werden. — Daß Salomon weiter in Telgte ansässig war, geht aus einem
Schreiben des Erzbischofs Georg von Bremen vom 18.5.1562 an Bischof Bernhard von
Münster hervor: STAM FM LA 39 Nr. 1 fol. 20.

nachdrücklich eingesetzt hatte [124]). 1563 setzte sich Warendorf, 1566 Werne mit der Neuvergleitung von je zwei Juden über den Ständebeschluß hinweg [125]), offensichtlich ohne deshalb Repressalien fürchten zu müssen. Am 1. August 1568 versprach der neue Fürstbischof Johann von Hoya unter Berufung auf Franz von Waldeck sogar zehn namentlich genannten Juden mit ihren Familien das Geleit im Stift, von denen fünf schon vor dem Ausweisungsedikt von 1560 im Stift nachzuweisen sind [126]). Dies geschah freilich kaum in bewußtem Gegensatz zu den Ständen, sondern in Unkenntnis der bestehenden Landtagsbeschlüsse, deren Einhaltung die Stände nun erzwingen. Am 9. April 1570 muß der Fürstbischof seinen Amtsleuten befehlen, die Juden des Stifts innerhalb von 14 Tagen auszuweisen [127]).

Durchgreifender Erfolg war freilich auch dieser Anordnung nicht beschieden. Am 11. Oktober 1574 muß die münsterische Regierung eine Verordnung erneuern, im Stift keine Zigeuner, Heiden und Juden zu dulden [128]). Bei den behördlich angeordneten Nachforschungen stellte sich heraus, daß zumindest zwei Juden in Werne und einer in Olfen das Ausweisungsdekret von 1570, offenbar ohne Schaden, überstanden hatten [129]). Mehrere Versuche, dieser und anderer Juden habhaft zu werden, führten zu keinem Erfolg [130]).

1579 mußte der neue Landesfürst, der Koadjutor Johann Wilhelm von Kleve-Berg, den Ständen versprechen, Juden im Stift keine Aufenthaltserlaubnis zu geben [131]). Noch im selben Jahr tun gerade dies Bürgermeister und Rat der Stadt Werne [132]). Desgleichen gab es damals Juden in Ahlen, Drensteinfurt, Dülmen, Haltern, Lembeck, Metelen, Nienborg, Olfen, Warendorf und in der Herrschaft Gemen [133]).

---

[124]) STAM FM LA 39 Nr. 1 fol. 17. — Das Geleit Bischof Bernhards von Raesfeld findet sich STAM FM LA 39 Nr. 1 fol. 36.

[125]) Stadtarchiv Warendorf, Altes Archiv, Abt. 2 D XII Nr. 1 (loses Blatt); Stadtarchiv Werne A I 6.

[126]) STAM FM LA 39 Nr. 1 fol. 45; vgl. unten, Quellenanhang Nr. 6.

[127]) STAM Manuskripte I Nr. 31a fol. 161v-162r.

[128]) Landesmuseum Münster J 2590 Band 1 fol. 23.

[129]) Schreiben des Richters von Werne an die verordneten Statthalter des Stifts Münster vom 2. November 1574: STAM FM LA 39 Nr. 1 fol. 59.

[130]) Schreiben des Drosten von Bocholt vom 18.2.1575, in dem er berichtet, er habe die Juden von Rhede nicht fangen können: STAM FM LA 204 Nr. 1 fol. 3. — Schreiben des Richters von Werne vom 6.2.1575: STAM FM LA 39 Nr. 1 fol. 61.

[131]) Erschließbar aus einem im Landsbergischen Archiv Gemen B 23 fol. 17 erhaltenen Brief des Matthias von Westerholt vom 14. Januar 1605.

[132]) Vergleitbrief der Stadt vom 21. Februar 1579: Stadtarchiv Werne A I 7.

[133]) STAM FM Reg. Protokolle Nr. 3 Band 1 fol. 191; wiedergegeben im Quellenanhang Nr. 7. Für Drensteinfurt, Metelen und Nienborg ist es die erste Erwähnung

Trotz eingehender Beratungen der Regierung über die Frage, „welcher gestalt gegen die stette zu procediren, so die Juden fur sich selbst vergleitet"[134]), scheiterten alle Versuche, den Landtagsbeschluß zu exekutieren. Kurz: im Gegensatz zum Rat der Hauptstadt gelang es den Ständen nicht, die Juden aus dem Stift Münster zu verdrängen.

Dies lag zu einem Teil sicher daran, daß die judenfeindlichste Bevölkerungsgruppe der Städte, die organisierten Handwerker, im Landtag nur indirekt Einfluß ausüben konnte. Noch schwerer dürfte ins Gewicht gefallen sein, daß die Fürstbischöfe wohl durchweg, vor allem aus wirtschaftlichen Gründen, daran interessiert waren, Juden im Stift zu vergleiten. Auch wenn sie von den Ständen gezwungen wurden, Ausweisungsdekrete zu erlassen und zu erneuern — ihr eigener Wille stand nicht voll dahinter. Entsprechend inkonsequent wurde die Vollstreckung des Ständebeschlusses betrieben[135]). Selbst wenn sie seine Durchführung anstrebten, waren die meist schwachen und kurz regierenden Bischöfe und die ständischen Regentschaften, die jahrelang die Geschäfte allein führten, vor 1585/90 nicht in der Lage, sich die Vergleitung als wichtigsten Bestandteil des landesherrlichen Judenregals allein vorzubehalten[136]).

Das Geleitsrecht der Hauptstadt wurde schon vor der Restitution des Rates zumindest respektiert und stand später außer Frage. Die

---

von Juden überhaupt. — Juden scheinen sich fast in der Regel in größerer Zahl an für sie attraktiven Orten aufgehalten zu haben als ihnen rechtlich zustand; vgl. KRIEG, *Minden*, S. 119ff.; FEILCHENFELD, *Rabbi Josel*, S. 109.

[134]) So in dem in der vorigen Anmerkung angezogenen Regierungsprotokoll vom 13. Oktober 1581.

[135]) So schrieb etwa der Koadjutor Johann Wilhelm von Kleve-Berg am 3. April 1584 an die Stadt Warendorf: „Nun habe wir zwarn mit befrembdung vernohmen, das Ir Euch solcher ingegebener verglaidung unter dießes unßers stifts auff gemeinem landtag beschlussener und folgentz publicirte abschiedt und edicta angemaßt haben, wollen unß derwegen dessen, weß Ir dadurch verbrochen, mitnichten begeben, sonder Euch dabey gnediglich ermahnet haben, den supplicanten Wolff Juden clagloß zu stellen" (STAM FM LA 39 Nr. 1 fol. 69). — Die Inkonsequenz in der Behandlung der Juden wird auch sonst als ein Hauptgrund für das Scheitern einer strengen Judenpolitik angesehen, vgl. OVERDICK, *Stellung*, S. 104. Der Interessenkonflikt zwischen Ständen und Fürsten in der Judenfrage war damals allgemein (vgl. STERN, *Germany*, Sp. 473), z.B. in Hessen-Kassel (vgl. COHN, *Beiträge*, S. 27ff.), in Süddeutschland, z.B. in der Markgrafschaft Baden (vgl. OVERDICK, *Stellung*, S. 102f.). Für die norddeutschen geistlichen Fürstentümer wird der Interessenkonflikt betont von SCHNEE, *Hoffinanz 3* (1956), S. 77, für Paderborn auch von ALTMANN, *Hochstift Paderborn*, S. 11. Hier war der Gegensatz in späterer Zeit noch ausgeprägter; ebd., S. 147ff.

[136]) Zu diesen Verhältnissen vgl. K. SCHAFMEISTER, *Herzog Ferdinand von Bayern, Erzbischof von Köln, als Fürstbischof von Münster*, Diss. Münster 1912, S. 14ff.; H. G. SCHMITZ-ECKERT, Die hochstift-münsterische Regierung von 1574 bis 1803, in: *WZ* 116 (1966), S. 34f.82. — Für Minden gilt Ähnliches; vgl. KRIEG, *Minden*, S. 173.

Landstädte beanspruchten das Recht der Mitvergleitung. Dies trat 1552 in besonderer Deutlichkeit hervor, als die Stadt Coesfeld sich erfolgreich weigerte, Juden, die Franz von Waldeck bereits vergleitet hatte, aufzunehmen[137]). In der zweiten Hälfte des 16. Jahrhunderts setzten nicht nur die kleineren Stiftsstädte, sondern, wie die oben erwähnte Ortsliste des Jahres 1579 zeigt, auch einzelne Wigbolde das volle Geleit über Juden praktisch durch[138]). Darüber hinaus maßen sich aber auch die Drosten einzelner Ämter, ja selbst einfache Ritter ein Judenschutzrecht an[139]).

Ausschlaggebend für das Überstehen der Krisenzeit dürfte letztlich gewesen sein, daß die Stände in der Judenfrage gespalten waren. Die judenfeindliche Politik wurde ohne Zweifel vor allem von der Hauptstadt getragen[140]). Da sie in der Ständevertretung nach dem Domkapitel die stärkste Stellung innehatte[141]), war sie in der Lage gewesen, auf dem entscheidenden Landtag des Jahres 1560, auf dem sie die Städte vertrat, den Ausweisungsbeschluß durchzusetzen[142]). Einige der kleineren landtagsfähigen Städte des Stifts setzten sich dagegen, wie wir gesehen haben, von Anfang an über das Edikt hinweg.

---

[137]) StMS Handschriften 55 fol. 22r; vgl. RIXEN, *Geschichte und Organisation*, S. 19.

[138]) Ein städtisches Geleitspatent, ausgestellt von der Stadt Werne für die Juden Hertz und Marx (bei RIXEN fälschlich Mares), vom 21. Februar 1588, findet sich als Beilage 2 bei RIXEN, *Geschichte und Organisation*, S. 73f.

[139]) 1574, also in dem Jahr, in dem, wie oben erwähnt, das Edikt gegen Juden erneuert wurde, vergleitete der Droste des Amtes Dülmen einige Juden für 12 Jahre in Dülmen: StMS A VI Nr. 8 fol. 92f. — Vor dem 9. August 1590 hatte Johann von der Recke, Droste des Amtes Werne, zwei Juden Aufenthaltsrechte in Werne gegeben: STAM FM LA 39 Nr. 1 fol. 92. — 1575 beherbergte der Ritter Lubbert von Rhemen zu Rhede im westlichen Münsterland einen Juden, weswegen es zu einem längeren Kompetenzstreit mit der münsterischen Regierung kam: STAM FM LA 204 Nr. 1. — Ein Jahr später stellte sich heraus, daß Bernhard von Westerholt im Dorfe Lembeck eine jüdische Familie wohnen ließ (STAM FM LA 165 Nr. 3). Am 7. Juni 1576 begründet er dies damit, daß „alle stende des reichs die Judden vergleiden und ich dann in meiner herlicheidt wegen meines dragen lehens auch vergleidungh habe" (ebd. Nr. 3 fol. 33), wobei er sich wohl auf die Reichspolizeiordnung von 1548 bezieht, die allen privilegierten Reichsständen, d.h. auch den Reichsrittern, das Recht gab, Juden zu vergleiten, was sie auch oft taten; vgl. E. RIEDEMANN, Reichsritterschaft und Konfession, in: *Schriften zur Problematik der deutschen Führungsschichten in der Neuzeit* 2 (1965), S. 31; I. ELBOGEN und E. STERLING, *Die Geschichte der Juden in Deutschland*, Frankfurt 1966, S. 102f.; PRIEBATSCH, *Judenpolitik*, S. 568f.571.

[140]) Näheres dazu im Kapitel „Münster und die Judenpolitik der Stiftstände" bei ASCHOFF, *Stadt Münster*, S. 87f. — Allgemeiner zur Judenpolitik der Städte innerhalb der Stände: STERN, *Josel*, S. 206f.

[141]) SCHMITZ-KALLENBERG, *Landstände*, S. 65; vgl. F. JACOBS, Die Paderborner Landstände im 17. und 18. Jahrhundert, in: *WZ* 93 (1937) 2. Abt., S. 56f. Anm. 9.

[142]) Vgl. ASCHOFF, *Stadt Münster*, S. 87f.

Daneben haben sich zumindest zeitweise starke Kräfte des Domkapitels für den Verbleib einzelner Juden eingesetzt, vor allem solcher, die medizinkundig waren.

Ähnlich dürfte es bei der Ritterschaft des Stiftes gewesen sein, die der gleichen sozialen Schicht angehörte wie die Mitglieder des Domkapitels[143]. Auch hier hören wir von ärztlicher Hilfeleistung durch Juden[144]. Mehrfach setzten sich auch sonst Angehörige des Adels für Juden ein[145].

So können wir feststellen: die unterschiedliche Interessenlage von Landesherrn und Ständen, die Gespaltenheit der Stände selbst und die mangelnde Einheitlichkeit des frühneuzeitlichen Territorialstaates gaben den Juden im Stift Münster die Möglichkeit, die existenzbedrohenden Gefahren der ersten Generation zu überstehen.

Freilich mußten sie empfindliche Einschränkungen hinnehmen, vor allem in religiöser und wirtschaftlicher Hinsicht. So durften sie zeitweise „keine jüdischen Zeremonien haben und gebrauchen, auch von unseren Untertanen keine Pfande auf Wucher nehmen oder Wucher treiben"[146]. Hier mußten sich die Juden von nun an größere Zurückhaltung auferlegen, auch wenn sie, soweit dies feststellbar ist, niemals auf ihr religiöses Leben und ihren Hauptberuf, die Geldleihe, grundsätzlich verzichteten und verzichten konnten.

Wie überwanden sie die existenzbedrohenden Gefahren? Zunächst verstanden sie es, wie das Beispiel Jakobs von Münster in besonderer Deutlichkeit zeigt, immer wieder Menschen zu finden, die ihnen in den Lücken und Nischen des frühneuzeitlichen Territorialstaates Schutz bieten konnten, Mitglieder des Domkapitels, hohe Beamte, Bürgermeister und auch einzelne Adelige auf ihren Gütern. Unter ihnen fanden sie auch Fürsprecher bei der für sie wichtigsten Instanz, dem Fürstbischof. Interventionen auswärtiger Fürsten, deren sich Jakob in

---

[143] Cl. STEINBICKER, Das Beamtentum in den geistlichen Fürstentümern Nordwestdeutschlands im Zeitraum von 1430-1740, in: *Schriften zur Problematik der deutschen Führungsschichten in der Neuzeit* 5 (1972), S. 125.

[144] So bat der Droste von Stromberg am 31. Juli 1552 um Geleit für den Salomon von Münster „umb gebrechen halven, so myner kinder eyn gehat": StMS A VI Nr. 8 fol. 36.

[145] Am 22. Mai 1562 schrieb die Stadt Bocholt, sie sei „auch von etlichen vom adel" um die Aufnahme des Juden Michael angegangen worden: STAM FM LA 39 Nr. 1 fol. 23. — Ähnlich ließen am 14. Juli 1568 „etliche vornheme adelspersonen" die Regierung um die Vergleitung eines Juden nach Warendorf „in undertenigkeit ersuechen": STAM FM LA 39 Nr. 1 fol. 46.

[146] So in der unten, Quellenanhang Nr. 5, wiedergegebenen Verlängerungsbewilligung vom 30. März 1560.

massiver Form bedient hatte, fehlten nicht völlig, sind aber seltener geworden [147]). Sie hatten sich auch im ganzen als nicht allzu wirksam erwiesen. Entscheidend war vielmehr die aktive und passive Hilfe der Städte und des Domkapitels, gewährt aus ganz unterschiedlichen Motiven.

Beim Rat der Städte herrschten zweifellos wirtschaftliche Motive vor. Man hielt offenbar die jüdischen Kleinkredite für unentbehrlich [148]). Daß die einzige Großstadt des Stiftes, Münster, hier in einer anderen Lage war, lag an dem, wie wir aus den Judicial-Protokollen des Stadtarchivs wissen, gut entwickelten Kredit- und Pfandgewerbe christlicher Geldgeber, das der Juden nicht mehr bedurfte [149]). Diese waren hier vielmehr Konkurrenten. Ihre Ausweisung dürfte von manchem mit Freude gesehen worden sein. In den kleineren Städten des Münsterlandes dagegen war ein Kapitalmarkt entweder nicht vorhanden oder ließ doch Raum für jüdische Initiativen, die auch auf das platte Land hinauswirkten [150]). Solange sich die Juden nicht gegenseitig das Brot streitig machten — wie in der winzigen Herrschaft Gemen im westlichen Münsterland [151]) — und sich an die stets festgesetzten

---

[147]) So setzte sich etwa Erzbischof Georg von Bremen am 18. Mai 1562 für Salomon von Telgte ein: STAM FM LA Nr. 1 fol. 20.

[148]) Dies war schon im Spätmittelalter einer der Hauptgründe für die Wiederaufnahme der Juden in die Städte nach der Pestverfolgung gewesen; vgl. LITTMANN, *Studien*, S. 19; RIEMER, *Juden in den niedersächsischen Städten* (Jg. 1908), S. 3. Nach NEUMANN, *Geschichte des Wuchers*, S. 395f., wurden die Juden, die vorher von sich aus Darlehen gegeben hatten, später geradezu genötigt, unter bestimmten Bedingungen Pfänder zu beleihen. — Zwingende wirtschaftliche Notwendigkeiten konnten auch das in der Regel judenfeindliche Eigeninteresse der Zünfte zurückdrängen, etwa in Warburg im Hochstift Paderborn, wo Juden den daniederliegenden Getreidehandel organisierten; vgl. ALTMANN, *Hochstift Paderborn*, S. 6f.

[149]) Zu den Judicial-Protokollen vgl. oben, S. 141 Anm. 61. — Ähnlich war es auch in anderen großen Städten. So schrieb 1499 der Lübecker Chronist Reimar Kock von seiner Heimatstadt: „Tho Lubecke sin nene joeden; men bedervet erer ock nicht" (zitiert nach F. RÖRIG, Die deutsche Hanse, in: *Vergangenheit und Gegenwart* 25 [1935], S. 204). Für Schweizer Verhältnisse schon seit Ende des 14. Jahrhunderts vgl. F. GUGGENHEIM-GRÜNBERG, *Die Juden in der Schweiz* (Beiträge zur Geschichte und Volkskunde der Juden in der Schweiz, Heft 7), Zürich 1961, S. 12. — Was das 16. Jahrhundert angeht, stellte Josel von Rosheim in einer Bittschrift unwidersprochen fest, daß christliche Reichsuntertanen zehn Prozent Zins und mehr nähmen; vgl. FEILCHENFELD, *Rabbi Josel*, S. 69; STERN, *Josel*, S. 93.

[150]) So berichtet der Richter von Ahlen am 14. September 1589 den Statthaltern des Stifts, die Juden Salomon und Moises von Hamm hätten „etzliche schult bei burgern und dem landtvolck ... nachstendig" (STAM FM LA 39 Nr. 1 fol. 88).

[151]) Arndt von Gemen begründet seinen Wunsch, nach Billerbeck vergleitet zu werden, am 5. August 1567 mit der Feststellung, er könne sich in Gemen „durch die vilheit mherer Juden" nicht mehr ernähren (STAM FM LA 39 Nr. 1 fol. 44).

Zinssätze hielten, erfüllten sie offenbar in den kleineren Landstädten ein echtes Bedürfnis. In den größeren Landstädten, vor allem in Coesfeld und Warendorf, wird freilich schon im 16. Jahrhundert das Gegenspiel der Zünfte bemerkbar, die in der Hauptstadt die Judenpolitik maßgeblich beeinflußten und wie fast überall für die Fernhaltung der Juden verantwortlich waren[152].

Angesichts der gewiß in der Regel minimalen Einsicht der christlichen Kreditnehmer in die Gesetze des Kapitalmarktes — nicht nur Zinseszins, sondern auch Zins galt annähernd als Wucher[153] —, angesichts der nicht durchführbaren obrigkeitlichen Überwachung des Gewerbes und des hohen Sicherheitsrisikos der ständig von der Ausweisung bedrohten jüdischen Geldgeber, der hohen Abgaben und der dadurch bedingten hohen Zinssätze[154], von natürlich auch vorkommendem Wucher im heutigen Wortsinn und konkreten Unregelmäßigkeiten zu schweigen[155], angesichts schließlich der stets stark empfundenen religiösen Unterschiedenheit war das Verhältnis von christlicher Majorität und winziger jüdischer Minderheit im Münsterland erstaunlich gut. Von einem mit der Hinrichtung gesühnten Mord an einem Gemener Juden abgesehen hören wir relativ selten von Beleidigungen und Tätlichkeiten, von denen die Brüchtenverzeichnisse des

---

[152] Vgl. oben, S. 145 Anm. 83.

[153] Nach den Reichspolizeiordnungen von 1548 tit. 19 §6 und 1577 tit. 20 §7 beginnt „Wucher" schon jenseits der 5%; vgl. NEUMANN, *Geschichte des Wuchers*, S. 541. — Für münsterische Verhältnisse vergleiche man die bei RIXEN, *Geschichte und Organisation*, S. 20 Anm. 2, zitierte Klage der Amtleute von Dülmen über die dort tätigen Juden vom 6. März 1618 : STAM FM LA 39 Nr. 3 fol. 7. — Zur Erklärung des mittelalterlichen Judenwuchers vgl. STRAUS, *Wirtschaft*, S. 69ff.

[154] Der Circulus vitiosus ist glänzend beschrieben bei NEUMANN, *Geschichte des Wuchers*, S. 346. — Daß diese Zusammenhänge zum Teil auch den Regierungen bekannt waren, zeigt eine Bestimmung in einem Privileg Karls V. vom 18. Mai 1530, in dem er den Juden höheren Zins erlaubt als den Christen, da sie höher besteuert würden und „daneben weder ligende gueter noche andere stattliche handtierung, ampter oder handwerk ... haben oder treiben" (vgl. FEILCHENFELD, *Rabbi Josel*, S. 126f.); ebenso 1544 (vgl. STERN, *Josel*, S. 198), als ihnen derselbe Kaiser zugesteht, „daß sie ihre barschaften und zinsen sonst zu ihrem nutzen und notdurft um so viel höher und etwas weiter und mehreres, dan den Christen zugelassen ist, angelegen und verwenden" (zitiert nach NEUMANN, *Geschichte des Wuchers*, S. 344).

[155] Schon im Jahr 1226 sah das „Buch der Frommen" im Familienunglück eines Juden bisweilen eine Strafe dafür, daß er sein Geld in unredlicher Weise von Christen erworben habe (nach KRACAUER, *Frankfurt*, S. 129). — Als ebenso unverdächtige Quelle vergleiche man die Beschlüsse der Frankfurter Rabbinerversammlung von 1603, in: *Von jüdischer Gemeinde und Gemeinschaft*, hrsg. von K. WILHELM, Berlin 1938, S. 44f.; weiter FEILCHENFELD, *Rabbi Josel*, S. 45f.; STERN, *Josel*, S. 201.

Stifts fast überquellen[156]). So haben denn auch Städte und stift-
münsterische Beamte den Juden immer wieder bescheinigt, daß sie
sich, wie es einmal heißt, „in aller billigkeit verhalten und zahlung
und zins nach gebühr nehmen"[157]).

War das Interesse der Städte an den Juden, ob es sich nun für
diese positiv oder negativ auswirkte, wirtschaftlich bedingt, so das
des Domkapitels in erster Linie persönlich. Die Interventionen ein-
flußreicher Mitglieder dieser Korporation galten ausschließlich jüdischen Ärzten. Darum hat dieses persönliche Interesse einen allgemeinen Hintergrund: es weist auf die offenbar erbarmungswürdig
schlechte medizinische Versorgung selbst der höchsten Stände des
Stifts im 16. Jahrhundert hin, von den unteren Schichten des Volkes
ganz zu schweigen[158]).

Die medizinische Unterversorgung auch des Domkapitels war so
groß, daß sich viele Mitglieder dieser hochgestellten Körperschaft in
der persönlichsten Weise und mit allen ihnen zur Verfügung stehenden
Mitteln für Juden verwandten[159]), die in der Regel gewiß keine
ärztliche Fachausbildung hatten, sich zum Teil jahrelang aufs intensivste
dem Beruf eines Geldverleihers hingegeben und in dieser Zeit eine
medizinische Tätigkeit höchstens nebenher ausgeübt hatten[160]). Die

---

[156]) Von Mord und Hinrichtung berichten die Amtleute von Ahaus am 16. März
1605 an die münsterischen Statthalter: STAM FM LA 73 Nr. 9 fol. 9. — Ich habe vor,
die Geschichte Isaaks von Gemen, der in der winzigen Herrschaft bis zu seiner
Ermordung funktionsmäßig die Rolle eines Hofjuden spielte, in einem eigenen Aufsatz
zu behandeln. — Als Beispiele auch für das Eingreifen der stadt- und stiftsmünsterischen
Obrigkeit seien zwei Fälle von Angriffen auf Simon von Telgte erwähnt. Er klagte
Ende Juni 1603 vor dem Rat in Münster, ein Einwohner der Stadt habe ihn „under-
schiedliche mahlen thätlich und mit worten angefertigt und gescholten"; daraufhin
drohte der Rat dem Täter eine Strafe von 20 Reichstalern an, wenn er den Juden
weiter belästige: StMS A II Nr. 20 Band 35 2. Teil fol. 61v. In Telgte belegte der
dortige Richter im Rechnungsjahr 1604/05 einen Bürger der Stadt mit einem Taler
Strafe, weil er „Simon den Juden in beiden seinen handen verwundet": STAM FM
Rechnungen Amt Wolbeck Nr. 51 fol. 96r.
[157]) So Heinrich Gruter, Richter zu Ahlen, in einem Schreiben vom 14. September
1589: STAM FM LA 39 Nr. 1 fol. 88. Ähnlich hat Dietrich Bauermann, Richter zu
Warendorf, nach einem Schreiben vom 30. Januar 1607 „nit anders gehort, dan daß
sich die Juden Saligman und Jonas hieselbsten irer judenarth nach zimblich verhalten":
STAM FM LA 39 Nr. 2 fol. 19; vgl. auch unten, Quellenanhang Nr. 9.
[158]) Vgl. RIXEN, Geschichte und Organisation, S. 21 f. Dies galt weithin im deutschen
Bereich; vgl. R. LANDAU, Geschichte der jüdischen Ärzte, Berlin 1895, S. 100.106 ff.;
für den norddeutschen Bereich RIEMER, Juden in den niedersächsischen Städten (Jg. 1907),
S. 335. — Ich habe vor, aus unveröffentlichtem Archivmaterial einen Aufsatz über
Juden als Ärzte im Stift Münster im 16. und 17. Jahrhundert vorzulegen.
[159]) Ähnliches ist auch in anderen Städten bezeugt; vgl. OVERDICK, Stellung, S. 62.
[160]) Akademische Bildung kam freilich auch schon vor; vgl. LANDAU, Ärzte, S. 108 f.;

allgemeine medizinische Notlage läßt sich durch die Feststellung unterstreichen, daß sich sogar der Bischof eines jüdischen Wundarztes
bediente[161]).

In wohl noch höherem Maße litt das Volk unter den Verhältnissen.
Der Ruf nach dem jüdischen Arzt war in Münster so stark, daß
sich der Rat gezwungen sah, gegen alle Grundsätze Jakob von Korbach
nach der ersten Ausweisung und allerhand vorangegangenen belastenden
Auseinandersetzungen noch einmal für wenigstens zwei Jahre in der
Stadt aufzunehmen[162]), einen Juden, der, wie die Judicial-Protokolle
ausweisen, nach seinem Bruder Simon der geschäftstüchtigste Geldverleiher in Münster gewesen war.

Die bei ihnen offenbar weitverbreiteten medizinischen Kenntnisse
waren einer der stärksten Trümpfe der Juden in ihrem Kampf um
das Überleben.

Daneben betätigten sie sich vor allem im 17. Jahrhundert, aber
auch schon vorher, als Hausierer in Kaufmannswaren, im Vieh- und
Fleischhandel, im Wein- und Branntweinverkauf, als Textilienhändler
und im nicht zunftgebundenen Handwerk. So ist in Haltern ein
jüdischer Glasmacher bezeugt[163]). In den hier genannten Bereichen

---

M. RICHARZ, *Der Eintritt der Juden in die akademischen Berufe*, Tübingen 1974, S. 24.
Ihre Fachausbildung empfingen sie, solange ihnen deutsche Universitäten verschlossen
waren, in Italien oder in den Niederlanden (vgl. ebd., S. 11). — REXHAUSEN, *Hochstift
Hildesheim*, S. 29, bemerkt von den jüdischen Ärzten in Hildesheim, „daß sie sich
mit der Praxis allein nicht begnügten, sondern auch Geldgeschäfte, vielleicht sogar in
erster Linie betrieben".

[161]) Vgl. ASCHOFF, *Schicksale*, S. 167 f.

[162]) Vgl. oben, S. 148. Am 28. März 1561 erhielt er ein Jahr Aufenthalt in Münster
zugebilligt, „umb seyner kunst in der medicin ... zu gebrauchen".

[163]) Hausierer in Kaufmannswaren; vgl. ZUHORN, *Warendorf*, S. 6. — Am 24. Juni
1660 klagt die Stadt Coesfeld, daß Juden „zum nicht geringen nachtheil hiesiger
verarmten burgerschaft mit allerhand wahren alß kraemwandhandel, höckerei, fleisch,
wein, brantwein und allerhandt getränckte ihre commercien gebrauchen" (STAM FM
LA 242 Nr. 28 fol. 3). — Dieser Warenhauscharakter des jüdischen Handels mit
seinem bunten Angebot dürfte wie in dem benachbarten Hochstift Paderborn zum
großen Teil aus der Geld- und Pfandleihe hervorgegangen sein; vgl. ALTMANN, *Hochstift
Paderborn*, S. 111.134 f. — Am 13. Mai 1586 bittet die Stadt Haltern für Jakob
Heilbart und Antzell, von denen „der eine Jude seines handtwercks in glasemacher ist
und der ander mit leinenwant und koiffenschaft handelt und daneben, wer es von
ihnen begert und wannehe sie es haben, woll ein stuck geltz uf gepurlichen zinß
bedagen" (STAM FM LA 39 Nr. 1 fol. 73). Ähnliches ist auch im Herzogtum Westfalen
und im Stift Hildesheim bezeugt; vgl. M. HOLTHAUSEN, Die Juden im kurkölnischen
Herzogtum Westfalen, in: *WZ* 96 (1940), S. 104; REXHAUSEN, *Hochstift Hildesheim*,
S. 107 f. In der kurkölnischen Judenordnung des damals auch im Stift Münster regierenden
Erzbischofs Ernst von Bayern vom 1. September 1599 ist den Juden von allen Hand-
werken nur das eines Glasmachers gestattet (in: *Vollständige Sammlung deren die*

und Berufen dürften Juden wie anderswo Fuß gefaßt haben, weil hier
auf seiten der christlichen Bevölkerung kein Interesse bestand oder
sie dank ihres besonderen Einsatzes, ihrer Begabung oder auch ihrer
Beziehungen Gewünschtes oder Benötigtes besser beschaffen konnten
als christliche Kaufleute [164]. Schließlich fanden sie wie sonst auch im
Münsterland überall dort Eingang, wo sich Berufe aufspalteten, etwa
wo neben dem zünftigen Handwerker der Zulieferer wichtig wurde,
der den Zunftgesetzen nicht verpflichtet war, vor allem im Vieh-,
Edelmetall- und Stoffhandel [165].

Wenn es erforderlich war, arbeiteten Juden geschäftlich eng mit
Christen zusammen. Von Jakobs Helfern in Münster war schon die
Rede [166]. Moses von Hamm hatte einen Bevollmächtigten in Ahlen [167],
und einem Gemener Juden drohte 1597 die Folter, weil er die Namen
der ihm verbundenen christlichen Geldverleiher nicht preisgeben
wollte [168].

Trotz des Ständebeschlusses aus dem Jahr 1560, der über ein
Menschenalter lang wie ein Damoklesschwert über den Juden des
Stiftes hing, gab es bis zum allmählichen Durchdringen der juden-
freundlichen Politik Kurfürst Ernsts von Bayers in den neunziger
Jahren des Jahrhunderts Überlebenschancen für die Juden des Münster-
landes. Sie haben diese Chancen erkannt und in einem unerhört harten
Existenzkampf genützt.

Daß damals bei den Juden des Stifts über die unmittelbar an-
drängende Not hinaus nirgends ein Zug ins Große erkennbar wird,

---

Verfassung des Hohen Erzstifts Cölln betreffenden Stucken usw., [Band 1], Köln 1772,
2. Abt., 4. Abschnitt, § 5, S. 218). — In Paderborn ist Ähnliches belegt; vgl. KRAFT,
Paderborn, S. 164. — In Werl zeigte ein Glasmacher am 26. Januar 1656 einen Juden an,
weil er Glasfenster verfertige; vgl. R. PREISING, Zur Geschichte der Juden in Werl, in:
Nachrichten aus dem Werler Stadtarchiv, Heft 1 (1971), S. 15. — Vgl. OVERDICK,
Stellung, S. 123.129. BARON, *Economic History*, Sp. 1286f., vermutet, die Juden hätten
das Glaserhandwerk vor allem deswegen ausgeübt, „because no other qualified personal
was available".

[164] Vgl. OVERDICK, *Stellung*, S. 124; vgl. oben, S. 157 Anm. 148.

[165] OVERDICK, *Stellung*, S. 162.

[166] S. oben, S. 149 Anm. 107.

[167] Schreiben der Stadt Ahlen an die Statthalter des Stifts vom 14. August 1595:
STAM FM LA 39 Nr. 1 fol. 96.

[168] STAM Landsbergisches Archiv Gemen B 23 fol. 9. — Christlichen Wucherern,
die schon im Schwabenspiegel getaufte Juden heißen, drohten hohe Strafen; vgl.
NEUMANN, *Geschichte des Wuchers*, S. 23.94ff. Zu Einlagen von Christen bei Juden ebd.,
S. 328f.345.390. Kompagniegeschäfte zwischen jüdischen und christlichen Geldverleihern
kamen schon vor 1350 „nicht ganz selten vor"; so AVNERI, *GJ* II, Einleitung, S. XXX:
ähnlich REXHAUSEN, *Hochstift Hildesheim*, S. 103; KRACAUER, *Frankfurt*, S. 93; STRAUS,
Wirtschaft, S. 57.

darf angesichts solcher Umstände und auch der bescheidenen Zahl der Stiftsjuden nicht verwundern, wie denn überhaupt im 16. und 17. Jahrhundert die kulturelle Abschließung der Juden in Deutschland ihren Höhepunkt erreicht [169]).

6. Die Konsolidierung der münsterländischen Judenschaft unter Ernst und Ferdinand von Bayern 1585/90-1650

Die 65jährige Regierungszeit der beiden hintereinander im Stift Münster herrschenden wittelsbachischen Kurfürsten Ernst und Ferdinand von Bayern war weitgehend bestimmt durch schwere verfassungsrechtliche Kämpfe. In ihrem Verlauf gelang es, wie bekannt, den Landesherren dank für sie günstiger Umstände, die religiöse und die ständische, vor allem städtische Opposition fast ganz auszuschalten und eine absolutistisch ausgerichtete Regierungsform durchzusetzen [170]).

Da die Fürstbischöfe an den Juden weiterhin interessiert blieben, bedeutete die Entwicklung für diese eine Entspannung ihrer gefährdeten Lage. Dies zeigte sich sofort. Während sich die bis in die neunziger Jahre des Jahrhunderts ausschlaggebende Statthalterregierung der Stände bei ihrer konservativen Judenpolitik immer auf den alten Beschluß von 1560 berief [171]), forderte Ernst von Bayern gleich zu Beginn seiner Regierung seine münsterischen Räte am 15. Juli 1586 von Bonn aus auf, den alten, kranken Juden Hirsch, der sich an ihn gewandt hatte, weiter nach Dülmen zu vergleiten [172]). Der Kurfürst entsprach auch den vorher fast immer abschlägig beschiedenen Gesuchen um Reisegeleite und gewährte kurzfristige Aufenthaltsgenehmigungen zur Wahrnehmung bestimmter Geschäfte [173]).

Am 14. Januar 1590 ersuchte der Landesherr seine münsterischen

---

[169]) RICHARZ, Eintritt, S. 1.

[170]) Th. KLÜMPER, Landesherr und Städte im Fürstentum Münster unter Ernst und Ferdinand von Bayern 1585-1650, Diss. Münster 1939, S. 2. — L. KELLER, Die Gegenreformation in Westfalen und am Niederrhein (Band 3) (Publicationen aus den kgl. preussischen Staatsarchiven 62), Leipzig 1895, S. 263 ff.

[171]) So in Schreiben vom 19. Mai 1586, 2. August 1586, 15. Oktober 1587 und 24. Januar 1590: STAM FM LA 39 Nr. 1 fol. 72.78.85.91.

[172]) STAM FM LA 39 Nr. 1 fol. 75. — Ernst war den Juden schon in seiner Hildesheimer Zeit (seit 1573) wohlgesonnen. In seinen Diensten stand ein jüdischer Hoflieferant und ein jüdischer Leibarzt; vgl. REXHAUSEN, Hochstift Hildesheim, S. 50.

[173]) So am 6. Juli 1587 für Salomon von Hamm nach Ahlen (STAM FM LA 39 Nr. 1 fol. 83) und vor dem 14. September 1589 für Moises von Hamm ebenfalls nach Ahlen (STAM FM LA 39 Nr. 1 fol. 88).

Statthalter, über die Kanzlei Geleitsbriefe für sechs Juden nach Warendorf, Beckum und Ahlen auszustellen, mit der Begründung, Juden hätten auch schon früher Aufenthaltsrecht im Stift erhalten[174]). Einreden der Statthalter, dies sei gegen die Landtagsabschiede und werde bei den Untertanen Unruhe und Beschwer stiften[175]), wurden offensichtlich nicht beachtet. Das heißt: um 1590 setzte sich der Landesherr der Ständeregierung gegenüber in der Judenfrage endgültig durch.

Die in der Folgezeit mehrfach ausgeübte Vergleitpraxis[176]) wurde acht Jahre später durch ein generelles Durchzugsgeleit ergänzt: am 1. Januar 1598 gab der Kurfürst allen Juden, gleich ob sie Stiftsuntertanen waren oder nicht, auf ihre Bitten hin einen Schutzbrief im Stift Münster, damit sie dort frei und ungehindert verkehren und die Märkte besuchen könnten[177]).

Das hier deutlich gewordene judenfreundliche Verhalten Ernsts von Bayern entspricht seiner Judenpolitik im Stift Hildesheim, das er als erstes Bistum übernommen hatte, ebenso wie seiner eben damals vorbereiteten und am 1. September 1599 publizierten Judenordnung für das Erzstift Köln[178]).

Eine Gefährdung der neu errungenen Position bedeutete die von Kaiser Rudolf II. für das ganze Reich einberufene Kommission, die die angeblich 1603 in Frankfurt geplante Konspiration der vornehmsten Juden des Reiches gegen Kaiser und Stände untersuchen sollte[179]). Obwohl der münsterische Landesherr als Kurfürst von Köln gemeinsam mit dem Erzbischof von Mainz mit der Leitung der Kommission betraut war, scheint der Wittelsbacher die von den Juden ausgehende Gefahr zumindest in seinen münsterischen Landen nicht allzu ernst

---

[174]) STAM FM LA 39 Nr. 1 fol. 90.

[175]) Schreiben vom 24. Januar 1590: STAM FM LA Nr. 1 fol. 91.

[176]) So am 8. April 1593 für Moises von Dülmen (STAM FM LA 39 Nr. 2 fol. 31 f.), am 15. November 1597 für Isaak von Gemen (STAM FM LA 39 Nr. 14 fol. 13).

[177]) STAM FM LA 166 Nr. 2 fol. 5; abgedruckt unten im Quellenanhang Nr. 8. Vgl. ASCHOFF, *Stadt Münster*, Kapitel 5: Die münsterischen Sende und die Juden, S. 92-95.

[178]) Für Hildesheim vgl. REXHAUSEN, *Hochstift Hildesheim*, S. 52. Für Köln vgl. *Vollständige Sammlung* (s. oben, S. 160f. Anm. 163), S. 216-221. Positive Wertung der Kölner Ordnung bei BARON, *History* XIV (1969), S. 204.

[179]) Dazu im einzelnen KRACAUER, *Frankfurt*, S. 330-357; BARON, *History* XIV (1969), S. 187f. und S. 375 Anm. 44f. — Eine Kopie des Schreibens Rudolfs II. vom 16. Februar 1606 an die Fürsten des Reiches ist auch nach Münster gelangt: STAM FM LA 39 Nr. 2 fol. 2-4. Vgl. RIXEN, *Geschichte und Organisation*, S. 8.

genommen zu haben; denn er vergleitete auch damals Juden im Stift, ohne irgendwelche neuen Sicherheitsmaßnahmen zu treffen [180]).

Immerhin ließ er die im Bistum ansässigen Juden überprüfen [181]). Aus der Art der hierfür getroffenen Maßnahmen geht hervor, daß seine Statthalter in Münster keinerlei Überblick über die im Stift lebenden Juden hatten [182]). Die „erkundigung" ergab, daß Anfang 1607 mindestens sieben jüdische Familien fest im Stift ansässig waren, wenn man die in Gemen mitrechnet, acht [183]). Irgendwelche Folgen der Untersuchung sind nicht ersichtlich.

War fast die ganze Regierungszeit Ernsts von Bayern von unglücklichen politischen Verwicklungen durchzogen [184]), so hatte sein Neffe und Nachfolger Ferdinand (1612-1650) vor allem durch den Übertritt Wolfgang-Wilhelms von Pfalz-Neuburg zum katholischen Glauben von vornherein eine viel stärkere Stellung. Er konnte „unbekümmert von Stimmungen und Drohungen minder mächtiger Nachbarn oder Untertanen eine selbständige Politik in kirchlichen wie in weltlichen Dingen verfolgen" [185]).

Ferdinand führte die Judenpolitik seines Onkels fort. Hatte Ernst auf die Ständeregierung und frühere Beschlüsse des Landtages schon

---

[180]) So verlängerte er am 24. Juni 1606 das Geleit für Simon von Telgte um weitere sechs Jahre und reduzierte dabei sogar den Jahrestribut des Juden: Stadtarchiv Telgte II F 3 fol. 1. Am 2. Januar 1607 erhielt Isaak von Dülmen Geleit auf zehn Jahre: STAM FM LA 39 Nr. 2 fol. 10.

[181]) Schreiben vom 17. Januar 1607: STAM FM LA 39 Nr. 2 fol. 1.

[182]) In der Sitzung der münsterischen Regierung ist auf das kurfürstliche Anschreiben am 23. Januar 1607 „conclusum, an alle beambten dieses stifts zu schreiben. Sollen verstendigen, an welchen örtern sich die Juden allein im stift verhalten, item wie sie sich in ihrem weßen halten" (STAM FM Regierungs-Protokolle Nr. 11 fol. 14r).

[183]) Die Beamten von Rheine/Bevergern, Emsland, Borculo, Cloppenburg, Bocholt und Stromberg melden zwischen Januar und März 1607 nach Münster, in ihren Ämtern lebten keine Juden. Im Amt Sassenberg fanden sich in der Stadt Warendorf nach Auskunft des dortigen Richters die Juden Saligman und Jonas „beide noch jung, jedoch beweibett, haben aber keine kinder" (STAM FM LA 39 Nr. 2 fol. 19), in Haltern ist seit Jahren ein namentlich nicht genannter Jude vergleitet (STAM FM LA 39 Nr. 3 fol. 3), im Amt Dülmen halten sich mehrere auf (STAM FM LA 39 Nr. 2 fol. 22 und Nr. 3 fol. 4). In den zusammen verwalteten Ämtern Ahaus und Horstmar waren in Borken und Gemen je eine jüdische Familie nachzuweisen, dazu noch einige wohl nur vorübergehend sich dort aufhaltende jüdische Existenzen (STAM FM LA 39 Nr. 2 fol. 23; vgl. unten, Quellenanhang Nr. 9), und schließlich in Werne Soete und sein Schwager Abraham, von denen es heißt: „Und hatt der Abraham 4 kinder, ist geringes vermugens, der Soete aber ein kindt" (STAM FM LA 39 Nr. 2 fol. 30 und 33).

[184]) So das Resümee von A. HEGER, Die Landespolitik Herzog Ernsts von Bayern als Administrator von Münster, Diss. Göttingen 1931, S. 47.

[185]) SCHAFMEISTER, Ferdinand von Bayern, S. 39.

keine Rücksicht mehr genommen, wurde von Ferdinand der Anspruch auf ungehinderte Vergleitung der Juden überall im Stift bewußt und grundsätzlich vertreten und in einem Fall auch konsequent durchgesetzt.

1618 war Bernd Levi, ein auch mit einem kaiserlichen Schutzbrief versehener Jude aus Bonn, dem Regierungssitz der Erzbischöfe und Zentrum der kurkölnischen Judenschaft[186], von Coesfeld, wo er sich um Aufnahme bewarb, mit der geläufigen Begründung des Wuchers, jüdischer Zeremonien und Lästerung Christi abgewiesen worden[187]. Das ausführliche Gegengutachten der münsterischen Regierung führte dazu aus, der Wucher sei nicht so erheblich, daß die Stadt deswegen die Aufnahme von Juden verweigern dürfe. Wer Juden nicht brauche, könne sich ja der Christen bedienen. Bei Verstößen der Juden aber sei die Obrigkeit zur Stelle. Juden sei weiter von Anbeginn christlicher Gesetzgebung an freie Religionsausübung eingeräumt worden. Sogar die Kirche gestatte ihnen das Feiern ihrer Feste. Würde ein Jude die christliche Religion verächtlich machen, verliere er seine ganze Habe. Alle angeführten Punkte werden sorgfältig belegt. Das entscheidende Argument folgt am Schluß: da der Kurfürst das Geleitsrecht als hohes Regal besitze und sich dessen auch anderwärts bediene, sei nicht einzusehen, warum Coesfeld hier Sonderrechte beanspruche[188]. Im Ergebnis muß die Stadt nachgeben.

Parallel dazu setzte sich Erzbischof Ferdinand auch dort durch, wo bisher die Fürstbischöfe keine Juden betreffenden Rechte hatten geltend machen können, so in der Herrschaft Büren im Stift Paderborn. Hier ging von 1616 an das Judenregal immer stärker in die Hände des Landesherrn über, so daß 1649 alle Bürener Juden unter seinem Schutz stehen. Das gleiche gilt für die Stadt Warburg, die das im

---

[186] SCHNEE, *Hoffinanz* (Band 3), S. 14.

[187] StMS Handschriften 55 fol. 24-27.

[188] STAM FM LA 39 Nr. 14 und 15 fol. 2-9. Gutachten undatiert, aber wohl unmittelbar nach dem 29. Mai 1619, als die Regierung beschließt „den Juden Berndt Levi b[etreffend] an statt Coesfeld zu schreiben" (STAM FM Regierungs-Protokolle Nr. 26 fol. 83r). — In Kurköln hatte Ferdinand schon 1612 den ständischen Unterinstanzen Aufnahme und Duldung unvergleiteter fremder Juden untersagt, da die „Vergleitung vermöge der Goldenen Bulle nur den Churfursten so wie den mit den Reichs-Regalien Beliehenen und den sonst dazu vom Reiche Privilegirten zustehet" (aus: J. J. SCOTTI, *Sammlung der Gesetze und Verordnungen, welche in dem vormaligen Churfürstentum Cöln ... ergangen sind*, 1. Abt., Düsseldorf 1830, Nr. 50, S. 217f.). — Ähnlich schrieb am 6. Dezember 1635 die paderbornische Regierung an den Magistrat der Stadt Paderborn (zitiert bei KRAFT, *Paderborn*, S. 124).

16. Jahrhundert ausgeübte Geleitsrecht 1607, spätestens aber 1628
verlor [189].

Ganz unbestritten blieb dem Landesherrn die alleinige Bestimmung
über die Juden jedoch nicht; denn in dieser Zeit wurde er zweimal
mit dem Ansinnen des Kaisers konfrontiert, auch von den stiftmünsterischen Juden eine Krönungssteuer und, jeweils zu Weihnachten,
den Güldenen Opferpfennig fordern zu dürfen [190]. Da jedoch Archiv-
forschungen in Münster zu eventuellen Präzedenzfällen negativ ver-
liefen [191], dürfte der Versuch Ferdinands II., sich im Dreißigjährigen
Krieg im Stift neue Geldquellen zu erschließen, gescheitert sein.

Der Krieg wirkte sich im Münsterland bald auch auf die Juden
aus. 1623 mußte die Stadt Dülmen monatelange Einquartierungen
kaiserlichen Kriegsvolkes hinnehmen, unter dem auch die drei dorthin
vergleiteten Juden Isaak, Moses und Samuel schwer zu leiden hatten.
Da Dülmen wie die anderen Stiftsstädte infolge der fehlgeschlagenen
Rebellion gegen den Landesherrn hohe Strafsummen zu zahlen
hatte [192], bat der Rat der Stadt am 4. Februar 1625 die Regierung,
auch die drei Juden zur Beisteuer heranziehen zu dürfen, was ihm
auch „*proportionaliter*" zugestanden wurde [193].

In mehreren ausführlichen Stellungnahmen, aus denen die ganze
Not der Zeit spricht, wehrten sich die drei Juden gegen eine nach-
trägliche Umlage der Kosten für Einquartierung und Kontribu-

---

[189] ALTMANN, *Hochstift Paderborn*, S. 5-9. — Schon 1597 hatte Kurfürst Ernst der
Stadt Werl das bisher in Anspruch genommene Judenvergleitrecht entzogen; vgl.
J. S. SEIBERTZ, *Urkundenbuch zur Landes- und Rechtsgeschichte des Herzogtums Westfalen*
(Band 3), Arnsberg 1854, Nr. 1036.
[190] Am 24. Februar 1624 und 4. Juni 1629: STAM FM LA 475 Nr. 24 fol. 2
und STAM FM LA 10 Nr. 9b fol. 5. Ähnlich in Essen und Friedberg; vgl. S. SAMUEL,
Geschichte der Juden in Stadt und Stift Essen bis zur Säkularisation des Stifts (1291-
1802), in: *Beiträge zur Geschichte von Stadt und Stift Essen* 26 (1905), S. 144, und
F. H. HARTMANN, Aus der Geschichte der Friedberger Judengemeinde, in: *Wetterauer
Geschichtsblätter* 16 (1967), S. 52. Zum güldenen Opferpfennig vgl. KRACAUER, *Frankfurt*,
S. 28 f.
[191] Wenigstens bei dem ersten Versuch: Schreiben vom 12. Februar 1625 (Praesentatum) (STAM FM LA 475 Nr. 24 fol. 3 f.). Der zweite Versuch dürfte ein entsprechendes Ergebnis gehabt haben.
[192] KLÜMPER, *Landesherr*, S. 62.
[193] STAM FM LA 39 Nr. 3 fol. 16: Schreiben vom 26. Februar 1625. — Die
Zuziehung der von den städtischen Lasten befreiten Juden ist allgemein im 17. Jahr-
hundert zu beobachten und im Zusammenhang mit dem Dreißigjährigen Krieg zu sehen.
Zu Hamm vgl. J. LAPPE, Zur Geschichte der Juden in der Grafschaft Mark, in:
Jahrbuch für die Westfälische Mark. Kalender auf das Jahr 1927, Dortmund 1926,
S. 56. Vgl. REXHAUSEN, *Hochstift Hildesheim*, S. 77; ALTMANN, *Hochstift Paderborn*,
S. 79; WILHELM, *Göttingen*, S. 71.

tionen [194]). Sie argumentierten, sie seien selbst nicht von Einquartierungen verschont geblieben. Dazu seien sie zu kostspieligen Einzelarrangements mit den Besatzungstruppen gezwungen gewesen und trotzdem übel schikaniert worden. So hätte Isaak vier Wochen lang drei am Sabbat ins Haus gebrachte Pferde füttern müssen. Sie seien auch sonst über Gebühr belastet worden, etwa als bei einer in die Stadt kommenden Einheit von 70 Mann alle drei Juden hätten Quartiere stellen müssen, obwohl Dülmen mehrere hundert Einwohner habe. Schließlich habe man ihnen unter Vorspiegelung falscher Tatsachen ihre Pfänder abgeholt. Jetzt sollten sie innerhalb von vier Tagen 700 Reichstaler aufbringen, unter Strafandrohung und Verbot, ihn, den Kurfürsten, mit der Angelegenheit zu behelligen [195]).

Die trotzdem gewagte Appellation der Juden an den Landesherrn hatte Erfolg: Ferdinand ordnete am 29. Juni 1625 an, daß sie nur im selben Verhältnis wie die Bürger zu den Lasten herangezogen werden dürften [196]).

Damals war infolge der Katastrophe von 1623 Macht, Reichtum und Selbstbewußtsein der münsterländischen Stiftsstädte, von der Hauptstadt abgesehen, bereits gebrochen [197]). Zu ihren verlorenen Privilegien und Rechten gehörten die gewohnheitsrechtlich gewachsenen Ansprüche an Juden, die jetzt ganz in die landesherrliche Verfügungsgewalt übergingen. Entsprechend nahm Kurfürst Ferdinand in einem Edikt vom 14. Februar 1628 das Judenregal ausdrücklich und allein gegen alle anderen Gewalten und Instanzen des Stifts für sich in Anspruch. Neben grundsätzlichen rechtlichen spielen hier wieder wirtschaftliche Motive eine Rolle. Mit Nachdruck verbot der Landesherr allen Ständen, an die Juden irgendwelche Geldforderungen zu stellen,

---

[194]) Der Anschlag, den RIXEN, *Geschichte und Organisation*, S. 26, unrichtig als tatsächlich geleisteten Betrag wertet, findet sich dort voll zitiert S. 26f., wörtlich aufgenommen bei A. WESKAMP, *Geschichte der Stadt Dülmen*, Dülmen 1911, S. 184f.

[195]) Geschrieben zwischen dem 22. und 29. Juni 1625: STAM FM LA 39 Nr. 3 fol. 8-10. Klagen über zu hohe Kriegslasten infolge von Einquartierungen erheben 1628 auch Essener Juden; vgl. SAMUEL, *Essen*, S. 143. Ähnlich in Halberstadt; vgl. M. KÖHLER, Die Juden in Halberstadt und Umgebung bis zur Emanzipation, in: *Studien zur Geschichte der Wirtschaft und Geisteskultur* 3 (1927), S. 73.

[196]) STAM FM LA 39 Nr. 3 fol. 17. — ALTMANN, *Hochstift Paderborn*, S. 218 Anm. 41, stellt für die Verhältnisse im Nachbarstift entsprechend fest: „Wenn eine Stadt glaubte, bei Einquartierungen von Juden zum Ersatz Steuern erheben zu müssen, so hatte sie die Abgaben ‚gemaßentlich' festzusetzen" (vgl. ebd., S. 77); vgl. REXHAUSEN, *Hochstift Hildesheim*, S. 77.

[197]) KLÜMPER, *Landesherr*, S. 67; SCHMITZ-ECKERT, *Hochstift-münsterische Regierung*, S. 43; SCHAFMEISTER, *Ferdinand von Bayern*, S. 46ff.; KELLER, *Gegenreformation*, S. 342ff.

und verwies diese in allen finanziellen Angelegenheiten ausschließlich
auf seine Kommissare[198]).

7. Ausblick: Christoph Bernhard von Galen

Die am 1. September 1599 für Köln erlassene Judenordnung hatte
infolge der damals bestehenden Personalunion zwischen den beiden
Stiften auch Auswirkungen auf das Fürstbistum Münster[199]).

1627 hatte der Marschall von Velen den Juden Jonas von Telgte
in der Nähe von Münster überfallen und ihn gezwungen, eine ihm
versetzte Perlenkette ohne Entgelt herauszugeben. Alexander von
Velen hatte noch 50 Goldgulden erpreßt und sich alle ihm entstandenen
Unkosten ersetzen lassen. Um ein Urteil angerufen, wies Kurfürst
Ferdinand unter Hinweis auf die in Auszügen beigefügte Kölner
Judenordnung den münsterischen Kanzler an, dem Marschall auf-
zuerlegen, Jonas voll zu entschädigen und den Zustand vor dem
Überfall wiederherzustellen[200]).

Die Anwendung der Kölner Judenordnung blieb damals Episode.
Eine Generation später diente sie jedoch als Vorbild für die Judenordnung des Stifts Münster. Diese wurde 1662 von Fürstbischof
Christoph Bernhard von Galen erlassen, unter dem eine neue Epoche
der Geschichte des münsterländischen Judentums begann. Dies zeigte
sich schon in seiner ersten Maßnahme, die Juden betraf, seinem
Edikt vom 1. Oktober 1651.

Die Judenschaft des Stiftes wurde hier zu einer Gesamtorganisation
zusammengefaßt und an ihre Spitze ein sogenannter „Befehlshaber
und Vorgänger" mit weitreichenden Befugnissen gestellt. Seine Verantwortung betraf das jährliche Schutzgeld, die Veranlagung der ein-

---

[198]) Edikt vom 14. Februar 1628: Stadtarchiv Werne B I b/18. Einen Tag später
ordnete Ferdinand an, daß auch die Paderborner Juden in rechtlicher Beziehung
„unseren hiesigen commissarien" verantwortlich seien (STAM Herrschaft Büren, T 2;
zitiert nach ALTMANN, *Hochstift Paderborn*, S. 156).

[199]) RIXEN, *Geschichte und Organisation*, S. 32f.; vgl. L. DEHIO, Zur Verfassungs-
und Verwaltungsgeschichte des Fürstbistums Münster im 17. und 18. Jahrhundert, in:
WZ 79 (1921), S. 6. Zur Judenordnung Ernsts vgl. HEIDER, *Rechtsgeschichte*, S. 87f.;
hier, S. 88f., auch zur Judenordnung Ferdinands vom Jahre 1614.

[200]) Schreiben vom 18. Mai 1627: StMS Handschriften 55 fol. 57f. Der mitgeteilte
Paragraph aus der Kölner Judenordnung findet sich in der oben, S. 160f. Anm. 163
genannten „*Vollständigen Sammlung*" (dort Nr. 5, S. 219). — Ähnliches gilt für das
gleichfalls Ferdinand von Bayern unterstehende Fürstbistum Paderborn; vgl. ALTMANN,
Hochstift Paderborn, S. 41 und S. 217 Anm. 33.

zelnen jüdischen Familien, die Regelung der Streitigkeiten der Juden untereinander und die Wahrnehmung ihrer Rechte nach außen[201].
Alle diese Bestimmungen sind fast wörtlich der anderthalb Jahre vorher publizierten Urkunde entnommen, in der Kurfürst Friedrich Wilhelm von Brandenburg Bernd Levi zum Vorsteher der Juden in seinen westlich der Elbe gelegenen Ländern ernannte[202]. Wie der Große Kurfürst dürfte sich auch Christoph Bernhard von Galen von der organisatorischen Maßnahme eine ins Gewicht fallende Vereinfachung, Straffung und Effektivierung des Judenregals versprochen haben. Bisher hatten in Münster der Fürstbischof oder seine Beauftragten in häufig offenbar persönlich geführten Verhandlungen[203] die schwer bestimmbare finanzielle Leistungsfähigkeit des Gegenübers einzuschätzen gehabt, danach das Geleit offiziell ausfertigen und die Tribute der einzelnen Juden durch die Rentmeister der Ämter einziehen lassen. Jetzt wurde lediglich eine bestimmte Summe als Soll der gesamten Stiftsjudenschaft festgesetzt. Alles andere besorgte der Judenvorgänger.

Der 1651 auf 20 Goldgulden festgesetzte Judentribut wurde 1654 auf mehr als das Vierfache gesteigert[204]. 88 Goldgulden schien aber wiederum zu hoch gegriffen. So wurden 1657 bis 1664 der Judenschaft jedes Jahr 78, 1664 bis 1669 75 Goldgulden abverlangt[205]. Bei der

---

[201] STAM FM LA 39 Nr. 6 fol. 1 f.; Druck bei BAER, *Kleve*, S. 134 f., und unten, Quellenanhang Nr. 10; wichtigste Bestimmungen auch bei J. J. SCOTTI, *Sammlung der Gesetze und Verordnungen, welche ... in ... Münster von 1359-1806/11 ergangen sind* (Band 1), Münster 1842, Nr. 141, S. 257 f. — Am 7.2.1650 war Bernd Levi aus Bonn zum „Befehlshaber und Vorgänger" der Juden in den westlich der Elbe gelegenen Gebieten des Kurfürstentums Brandenburg ernannt worden; vgl. BAER, *Kleve*, S. 131-134; KRIEG, *Minden*, S. 148 f. Ein Jahrzehnt später, am 1. August 1661, wurde auch im Stift Paderborn ein Obervorgänger eingeführt; vgl. KRAFT, *Paderborn*, S. 135.174-178. Die Maßnahme Christoph Bernhards war also keineswegs isoliert (vgl. auch die nächste Anmerkung).

[202] Beide Ernennungsurkunden sind nacheinander gedruckt bei BAER, *Kleve*, S. 131-135, so daß sie leicht miteinander verglichen werden können.

[203] Die Geleitsbriefe sprechen in der Regel von „gegenwärtigen Juden"; vgl. oben, S. 139.

[204] Ganz parallel schnellten die Tributgelder auch im Stift Paderborn im selben Jahrzehnt „auffallend plötzlich zwischen 1652 und 1661 auf mehr als das Dreifache empor" (so ALTMANN, *Hochstift Paderborn*, S. 73).

[205] SCOTTI, *Gesetze-Münster*, S. 257 f.; RIXEN, *Geschichte und Organisation*, S. 42 f. — Die zahlenmäßig erheblich stärkere paderbornische Judenschaft — 1666 zahlten dort 97 Juden Tribut (vgl. ALTMANN, *Hochstift Paderborn*, S. 215) — während RIXEN, *Geschichte und Organisation*, S. 10, für das Stift Münster 1667 nur 19 Familien nachweist — trug eine relativ etwa gleich hohe Steuerlast, z.B. 1664 nach KRAFT, *Paderborn*, S. 140, 500 Reichstaler.

Bewertung des Tributs ist zu berücksichtigen, daß die Juden 1651 eine sogenannte Verehrung von 12 Pfund Silber und 1654 sogar eine Gebühr von 600 Reichstalern erlegen mußten, um sich das Geleit verlängern zu lassen [206].

War der Jahrestribut im ganzen wohl niedriger als die Jahresleistungen der einzeln vergleiteten Juden in früheren Zeiten insgesamt, so bedeutete die hohe Gebühr für die immer nur kurzfristig erneuerten Geleite eine schwere finanzielle Bürde für die Juden und eine ins Gewicht fallende zusätzliche Einnahmequelle für den häufig von Geldnöten bedrängten kriegerischen Bischof.

Für die Juden hatte das Gesamtgeleit Vor- und Nachteile. Einerseits waren jetzt die Chancen für mehr Gerechtigkeit bei der Zumessung von Gebühr und Tribut eher gegeben; denn der Judenvorgänger konnte die finanzielle Leistungsfähigkeit seiner Glaubensgenossen besser abschätzen als die Regierung. Weiter besaß der einzelne Jude nun einen Vertreter seiner Anliegen, der das Ohr des Landesherrn in höherem Maße hatte als der einzelne vorher. Andererseits besaß der gewöhnliche Geleitsjude in der Regel keinen unmittelbaren Zugang zum Landesherrn mehr. Alles lief über den Judenvorgänger, der nach Berufung und Zielsetzung Werkzeug des Fürstbischofs war, nicht aber gewählter oder bestimmter Vertreter der Landesjudenschaft. Hier lag der Keim zu Spannungen, die schon beim ersten Judenbefehlshaber, Nini Levi von Warendorf, zum Ausdruck kamen, wie dies auch bei den gleichzeitigen Judenvorgängern in vielen anderen Territorialstaaten Nordwestdeutschlands beobachtet werden kann [207].

---

[206] P. BAHLMANN, Zur Geschichte der Juden im Münsterlande, in: *Zeitschrift für Kulturgeschichte* 2 (1885), S. 386.

[207] Beschwerdeschreiben des Abraham Isaak von Dülmen, der pikanterweise den Warendorfer im Amt des Befehlshabers ablöste, über Nini Levi vom 22. August 1654, „weil er sich mit keinem beschwernisse oder außgeben bekummert und in keinen dingen bruderlich gegen unß verhalten" (StMS A VI Nr. 8 fol. 97). Man vergleiche dazu ein undatiertes, zeitlich wohl unmittelbar nach der Beschwerde anzusetzendes Schreiben Christoph Bernhards, das folgendermaßen beginnt: „Demnach die gemeine Judenschafft dieses stiffts Münster über den vergleiteten Juden Nini Levi von Warendorf unterschiedliche clagten introducirt..." (StMS A VI Nr. 8 fol. 94f.). Die Würdigung Nini Levis bei RIXEN, *Geschichte und Organisation*, S. 34, muß entsprechend korrigiert werden. — Die stiftmünsterischen Juden hatten auch später mit ihren Vorgängern Schwierigkeiten; vgl. F. LAZARUS, Judenbefehlshaber, Obervorgänger und Landrabbiner in [sic] Münsterland, in: *Monatsschrift für Geschichte und Wissenschaft des Judentums* 80 (N.F. 44) (1936), S. 109.115; A. HERZIG, *Judentum und Emanzipation in Westfalen* (Veröffentlichungen des Provinzialinstituts für westfälische Landes- und Volkskunde, Reihe 1, Heft 17), Münster 1973, S. 8f.; SCHNEE, *Hoffinanz* (Band 3), S. 55. — Der kurbrandenburgische Hofjude Bernd Levi traf in allen Landesteilen auf eine lebhafte

Aus dem Edikt vom 1. Oktober 1651 spricht ein neuer Geist. Zwar wurden die Juden schon von Franz von Waldeck vor allem aus wirtschaftlichen Gründen in Stadt und Stift Münster vergleitet. Aber dabei waltete doch auch ein persönliches Gefühl. Die Stiftsjuden jener Zeit stammten überwiegend aus der Heimatgrafschaft des Bischofs. Ihr Schicksal und Wohlergehen beschäftigten ihn noch auf dem Sterbebett. Diese fast familiäre Verbundenheit war natürlich in der Zwischenzeit geschwunden, aber immer noch konnten sich Bischöfe persönlich für einzelne Juden verwenden[208]. Jetzt wurden die Beziehungen zwischen Fürstbischof und Juden rationalisiert. Der einzelne Jude verschwindet in der Stiftsjudenschaft, von dem sich immer höher erhebenden Landesherrn getrennt durch den von diesem eingesetzten und ganz von ihm abhängigen Judenvorgänger, der bald sein Hofjude wurde[209]. Eine neue Zeit hatte begonnen.

Ergänzt und vervollständigt wurde das Edikt über Gesamtgeleit und Judenvorgänger durch die erwähnte Judenordnung Christoph Bernhards. Sie wurde nach fast zehn Jahren der Vorbereitung erlassen, in die auch Juden eingeschaltet waren[210]. Am 29. April 1662 publiziert, blieb sie die Grundordnung der Juden im Stift Münster bis zum Ende des Alten Reiches und darüber hinaus.

Opposition bei den einheimischen Juden: zu Kleve-Mark vgl. BAER, *Kleve*, S. 23.136-139; zu Paderborn vgl. ALTMANN, *Hochstift Paderborn*, S. 43 und S. 209 Anm. 50; zu Minden, Ravensberg und Halberstadt KRIEG, *Minden*, S. 149. Am 16. September 1652 setzte der Große Kurfürst Bernd Levi als Vorsteher über die Juden von Kleve-Mark ab. Absetzungsdekret gedruckt bei BAER, *Kleve*, S. 139f.

[208]) Bei Ernst von Bayern, dem später auch das Stift Münster unterstand, vermutet REXHAUSEN, *Hochstift Hildesheim*, S. 81, den Hildesheimer Juden gegenüber Gefühle „persönlicher Natur". Er ließ sich durch Handschlag Treue geloben.

[209]) Abraham Isaak von Coesfeld, der zweite Judenvorgänger, führte den Titel noch zu Lebzeiten Christoph Bernhards, spätestens seit 1677. Man vergleiche den Abdruck einer Abraham erteilten Kommission vom 2. März 1677 bei SCHNEE, *Hoffinanz* 5 (1965), Nr. 98, S. 129; näheres zum münsterischen Hofjudentum ebd. 3 (1955), S. 54ff. — Die beiden ersten Vorgänger, Nini Levi und Abraham Isaak, waren ohne Mitwirkung der Juden einfach ernannt worden. Erst von Abrahams Sohn Isaak wird berichtet, die Judenschaft habe ihn 1720 wieder zum Judenvorgänger vorgeschlagen, nachdem er schon mindestens ein Jahrzehnt im Amt gewesen war; vgl. LAZARUS, *Judenbefehlshaber*, S. 113. — Eine ähnliche Entwicklung ist im Stift Paderborn zu beobachten, wo die Judenschaft schon früher ein Mitspracherecht gewann; vgl. ALTMANN, *Hochstift Paderborn*, S. 41ff.

[210]) Am 2. Oktober 1653 erboten sich die Kammerräte, „bey der cammer nachzusuechen, auch anderwerts unß zue erkundigen, waß vor eine ordnung unter den Juden gehalten werde und davon undertenigst berichten": STAM FM LA 236 Nr. 33. — Die Mitarbeit von Juden ist aus einem Schreiben Abraham Isaaks zu erschließen, in dem er am 22. August 1654 u.a. die Vorlage eines von Ernst von Bayern ausgestellten Geleits überschickt: StMS A VI Nr. 8 fol. 97.

Im wesentlichen regelte sie die Geleits- und Paßvergabe, gab den Juden bis in Einzelheiten hinein Verhaltensvorschriften der christlichen Umwelt gegenüber, etwa die, daß Juden nicht in der Nähe von Kirchen und christlichen Friedhöfen wohnen dürften, und enthielt dann, ebenfalls bis ins Detail, Vorschriften über Beruf und Geschäft der Juden. Ihnen wurden beispielsweise Darlehen an Minderjährige verboten, ferner die Annahme von diebstahlverdächtigem Gut, von Waffen, Acker- und Kirchengeräten als Pfänder. Die Zinssätze sind, je nach Höhe des Darlehens, dreifach gestaffelt, Immobilienbesitz ist untersagt. Der Gerichtsstand der Juden sollte ausschließlich vor dem Landesherrn und seinen Kommissaren sein [211]).

Interessant ist die Regelung des Verkehrs der Juden in die Hauptstadt Münster. Ihn hatten auch die judenfeindlichen Zünfte nie ganz unterbinden können. Zwischen 1616 und 1621 waren aus diesem Grunde mehrere Anläufe gemacht worden, die Paßvergabe zu regeln und eine Gebührenordnung dafür zu erlassen [212]). Während Christoph Bernhard auf die Gebühren verzichten konnte, da die jüdischen Besucher schon an den Grenzen oder im Stift besteuert wurden, hatten sich die Juden wie in früheren Jahren bei den Torwärtern zu melden, dann den dazu verordneten Inspektoren und Aufsehern Namen und Herkunft sowie Zweck und Dauer des Aufenthalts anzugeben und sich einen Erlaubnisschein zu erwirken [213]).

In der Judenordnung war keine Rede davon, Juden wieder in die Hauptstadt selbst zu vergleiten, sosehr Christoph Bernhard Juden

---

[211]) Die in mehreren Druckexemplaren erhaltene Judenordnung ist benützt nach StMS A VI Nr. 8 fol. 49-52; Auszüge bei SCOTTI, Gesetze ... Münster, Nr. 41, S. 257; Zusammenfassung bei BAHLMANN, Juden im Münsterlande, S. 387f.; übernommen von ASCHOFF, Geschichte, S. 40f., unten als Nr. 11 des Quellenanhangs erstmals vollständig veröffentlicht. Man vergleiche dazu das Gesamtgeleit des Bischofs Clemens-August vom 12. Januar 1720, abgedruckt als Beilage 3 im Anhang bei RIXEN, Geschichte und Organisation, S. 75-79. — Die Kölner Judenordnung wirkte zum Teil bis in die Formulierungen hinein nach. Man vergleiche besonders die Vorschriften über Beruf und Geschäft der Juden mit den entsprechenden Passagen in dem kurkölnischen Edikt (s. oben, S. 160f. Anm. 163) § 5, S. 219, die auch die paderbornische Ordnung vom 4. Oktober 1651 beeinflußt haben; vgl. KRAFT, Paderborn, S. 163, und ALTMANN, Hochstift Paderborn, S. 202 Anm. 85. Die paderbornische Ordnung findet sich vollständig abgedruckt bei KRAFT, Paderborn, S. 200-202. — Ein Vergleich der einzelnen Judenordnungen würde sicher lohnen. Einige Hinweise dazu finden sich bei TREUE, Wirtschaftsgeschichte, S. 432. HEIDER, Rechtsgeschichte, die im zweiten Teil ihrer Dissertation „Die Judenordnungen in den rheinischen Territorialstaaten" behandelt (S. 82ff.), reiht die Judenordnungen rein deskriptiv aneinander, ohne auf Abhängigkeiten einzugehen.

[212]) Vgl. ASCHOFF, Stadt Münster, S. 95-98.

[213]) Vgl. ebd., S. 112f.

im wohlverstandenen eigenen Interesse förderte und ihre Zahl sich unter ihm kräftig vermehrte[214]. Im Gegensatz zu Franz von Waldeck gab er Juden kein dauerndes Niederlassungsrecht in Münster, obwohl sein siegreicher Einzug in die Hauptstadt bei Erlaß der Judenordnung noch kein Jahr zurücklag, er sich in dem Unterwerfungsvertrag vom 26. Mai 1661 alle Rechte eines Fürsten ausdrücklich vorbehalten hatte, die politische Macht der Zünfte in Münster gebrochen war und sich die psychologischen und wirtschaftlichen Voraussetzungen ihres Kampfes gegen die Juden grundsätzlich geändert hatten[215]. In der Judenfrage kam der Landesherr seiner gedemütigten Hauptstadt entgegen. Sie bewahrte ihr hergebrachtes Recht, keine Juden bei sich aufnehmen zu brauchen, so daß der gut unterrichtete Frankfurter Konrektor Johann Jakob Schudt Anfang des 18. Jahrhunderts schreiben konnte, in Westfalen fänden sie sich überall, außer in „Münster und Osnabrück, wo man die Juden nicht duldet"[216].

Während die Stiftsjudenschaft nach dem Dreißigjährigen Krieg einen stetigen Aufstieg nahm, blieb die Hauptstadt den Juden verschlossen, bis das 19. Jahrhundert auch hier grundlegenden Wandel schuf.

QUELLENANHANG*)

Nr. 1

Die Begegnung Judas ben David halewi mit Bischof Ekbert von Münster 1127/28. „Hermannus quondam Judaeus. Opusculum de conversione sua", hrsg. von G. NIEMEYER, in: *MGH.* Quellen zur Geistesgeschichte des Mittelalters (Band 4), Weimar 1963, S. 72,12-73,23.

---

[214] Nach der Aufstellung von RIXEN, *Geschichte und Organisation*, S. 10, belief sich die Zahl der im Stift vergleiteten Juden 1667 auf 19, 1683, fünf Jahre nach dem Tode des Fürstbischofs, auf 30 jüdische Familien. Ganz allgemein scheint sich nach 1650 die Zahl der Juden in Nordwestdeutschland außerordentlich vermehrt zu haben; vgl. BAER, *Kleve*, S. 56 Anm. 4; weiter ALTMANN, *Hochstift Paderborn*, S. 11f.114.

[215] STRAUS, *Wirtschaft*, S. 90ff. — Die Juden waren vor allem durch ihre Unentbehrlichkeit geschützt, wie der Fürstbischof von Paderborn 1651 ausdrücklich feststellte; vgl. ALTMANN, *Hochstift Paderborn*, S. 145. — Zu den Rechten, die sich Christoph Bernhard 1651 ausdrücklich vorbehielt, vgl. ASCHOFF, *Stadt Münster*, Anm. 241.

[216] *Judische Merckwurdigkeiten*, Frankfurt und Leipzig 1714, Teil 1, S. 396.

*) Bis auf Nr. 1 und 10 sind die im folgenden wiedergegebenen Quellen ungedruckt.

Nr. 1 wurde aufgenommen, weil das ganze erste Kapitel der vorstehenden Ausführungen im Grunde eine Interpretation des Berichtes des Juda-Hermann darstellt und die angezogene Episode in den Regestenwerken des ARONIUS (s. oben, S. 129

Septimo igitur post hec anno Maguntiam cum variis mercatorum commerciis negotiaturus   1
adveni. Siquidem omnes Iudei negotiationi inserviunt. Erat ibi eo tempore gloriosus rex
Lûtharius secum habens venerabilem ac totius consilii virum Ekebertum Monasteriensis
ecclesie antistitem. Qui cum ibidem detinente eum rege circa regni negotia occupato
ultra propositum suum moratus fuisset, exhausta sistarciis pecunia, argentum a me mutuari   5
necessitate compulsus est. Nullum tamen ab eo, quod Iudeorum mos exigebat, vadimonium
accepi, pretiosum scilicet pignus tanti viri reputans fidem.

Quo agnito parentes et amici mei dura me satis invectione obiurgant, nimium me
negligentem dicentes, quod sine vadimonio pecuniam cuiquam et maxime homini in multis
frequenter occupationibus distento accomodare presumpserim, cum etiam notissima mihi   10
Iudeorum consuetudine duplo maioris pretii pignus exegisse debuerim. Itaque eorum consilii
fuit, ut ad memoratum me conferens presulem tam diu ei adhererem, donec universum
debitum ab eo reciperem. Timentes autem ne, quod evenit, Christianis commanens eorum
instinctu ab emulatione paterne traditionis averterer grandevum quendam Iudeum Baruch
nomine mercede conducunt et eius me pedagogio sollerti cura committunt.   15

Parentum itaque et amicorum meorum acquiescens consilio Monasterium petii, que videlicet
civitas episcopatus illius sedes est; ubi invento episcopo debitum repeto, dicens non me
nisi eo recepto parentes audere revisere. Qui ad presens, unde redderet, non habens,
viginti ferme septimanis me secum detinuit. In quo temporis spatio cum sepius, ut solebat,
commissis sibi ovibus pabulum verbi Dei bonus ille pastor administraret, ego amica   20
adolescentibus curiositate illectus earundem me ovium gregi admiscui, temeraria quidem
presumptione, quippe qui ob erroris feditatem in edorum adhuc potius quam ovium numero
dignus eram computari.

Nr. 2

Der Amtsdroste von Sassenberg rechnet Kosten eines Heilverfahrens für den bei
Instandsetzungsarbeiten an einer Brücke schwer verunglückten Burgmann Hermann von
Osterfelde ab. Dabei wird der münsterische Jude Johann als Arzt beigezogen, der
zweimal Salben und Heilkräuter nach Sassenberg bringt und am Ende auch für seine
ärztlichen Bemühungen Honorar erhält. 1447 September 2, 5 und 7 (Saterdag na
Egidii; dinxedag na Egidii; in profesto Nativitatis Marie)

Anm. 14), Nr. 223, S. 103f., und in der *WJ* I, Nr. 5, naturgemäß nur auszugsweise
vorliegt.

Nr. 10 ist bei BAER, *Kleve* (s. oben, S. 143 Anm. 68), S. 134f., mit geringfügigen
Auslassungen gedruckt. Da man aber das Einsetzungsedikt des ersten stiftmünsterischen
Judenvorgängers kaum im „Protokollbuch der Landjudenschaft des Herzogtums Kleve"
suchen dürfte, wurde der auch für die spätere Geschichte des münsterländischen
Judentums grundlegende Text mit einigen Verbesserungen neu ediert.

Zugrundegelegt wurden dabei wie sonst für die anderen Texte die „Richtlinien für
die äußere Textgestaltung bei Herausgabe von Quellen zur neueren deutschen Geschichte" von J. SCHULTZE, in: *Blätter für deutsche Landesgeschichte* 98 (1962), S. 1ff.
Zum Inhaltlichen verweise ich auf den vorliegenden Aufsatz und die darin angeführte
Literatur.

Die anderen Texte sind hier erstmals im Wortlaut wiedergegeben. Sie wurden
ausgewählt nach ihrer allgemeinen Bedeutung für die Geschichte der Juden im Stift
Münster. In Nr. 5 und 7 werden elf Orte des Münsterlandes im Zusammenhang mit
Juden nach dem heutigen Stand der Forschung zum ersten Mal genannt (vgl. oben,
S. 150 Anm. 110 und S. 153f. Anm. 133).

Gräflich Droste zu Vischeringsches Archiv, Darfeld, Archivbestand Bevern, Drosten-
amt Sassenberg, Rechnung des Drosten Schencking, 1447, fol. 20

1 Vort bewys an gelde to maniger hande zaken (et cetera).
Item des saterdages na Egidii leyt ich de bruggen tymeren vor der porten, daer men
ter capellen geit, daer Hermen van Oesterfelde over meisterde und van unlucken vel
kranck ter doet.
5 Reden my de borchmans Serck van Baeck, Albert Vyncke und de twe broders van
Karzem, nadem dat he to achtern were, und de val in myns hern gnade denste
geschen were, dat ich em dan besorgede, wes en noet were in der krancheit. Deme
ich also dede als nabescr[even]steit. ...
Item des dinxedag[es] na Egidii leit ich halen van Munster meister Joh[ann] den Joden,
10 de em mede brachte zalven und krut, so ist kundig der Nasscherdeschen, dat kostete
6 s[chillinge]. ...
Item in profesto Nativitatis Marie was meister Johan de Jode an der werf ten
Sassenberg und brachte so vele krudes und zalven mede. So ist kundich Rolove den
vogede. Dat kostede 8 s[chillinge].
15 Item so heb ich den vors[creven] meister Joh[ann] den Joden gegeven vor syn arbeyt,
so is kundich den vors[creven] borchmans, daer se my dat up hulpen degedingen,
6 r[heiniche] gul[den], fac[it] 6 marc 9 s[chillinge].

Nr. 3

Rat und Gilden der Stadt Münster beschließen die Ausweisung der Juden bis zum
8. März 1554.
1554 Februar 15
StMS A VI Nr. 8 fol. 48 (Konzept)

1 Den Judden anzusagen durch die botmeistere, das sie alle ire sachen ader handlungen
hie binnen mit iderman richtich und clair abrechnen ader pliggen schicken und austeilen
willen zwischen hir und erstkunftigen Lunendach (et cetera) und sich darnach in
dusser stadt nicht finden laten willen.
5 Ita conclusum in senatu mit alder- und meisterlueden den 15. Februarii anno (et cetera)
[15]54.

Nr. 4

Bischof Bernhard von Raesfeld befiehlt sieben Amtleuten des Stifts Münster, die
in ihren Ämtern ansässigen Juden nur noch bis Sonntag Palmarum (7. April) zu dulden.
Ahaus 1560 Februar 28
STAM FM LA 39 Nr. 1 fol. 28 (Konzept)

1 Amptluden Wolbeck, Sassenberg, Dulmen, Bocholth, Ahues, Horstmar, in Iuwen
bevolln amptern[a]).
Bernhardt.
Leve getruwe! Nachdem ut der Judden dagelinge bywonning, conversatien und handelung
5 nicht vile anders dan an gotzlesterunge und smehunge unsers erlesers Jesu Christi
unde verbodden woeker befunden, ock den gemeynen mann und denstvolck unde
kynderen to allerley heymliger untruw und deverien grote orsake wert gegeven, hebben
wy uns derwegen entlich unde eyndrechtlich entslotten, denselven in unsern gebeden
nicht to gedulden.

Und is derhalven hyrmede an Iuw unse bevell, so yn Iuwen bevollen ampte bynnen 10
edder bueten den steden, des gy Iuw eygentlich to erkunden heben, jenyge Judden
worden befunden, dat gy denselven antzeigen unde gebeden, eren wandel und hantirynge
dermaten darna to richten, also dat ze sick nar dem schirstvolgenden sundage Palmarum
in dussen unsern stichte henforder nycht vynden laten, sunsten werden wy tegen ze
als de ungehorsamen myt geborliger straeff verdachte syn. Dusses wullen wy uns to 15
Iuw also gensligen versehen.
Gegeven ton Ahues am 28ten Februarii anno (et cetera) [15]60.
  a) Gestrichene erste Anschrift: Allen dusses stichts amptlueden.

Nr. 5

Bischof Bernhard von Raesfeld gibt sieben Amtleuten des Stifts Münster Anweisung,
neun namentlich aufgeführte Juden noch bis Michaelis (29. September) unter bestimmten
Bedingungen zu dulden.
   Meppen 1560 März 30
   STAM FM LA 39 Nr. 1 fol. 30 (Konzept)

Amtlude Wolbecke, Sassenberge, Stromberge ut annotatum, Dulmen, Ahueß, Horstmar, 1
Werne ut annotatum.
Bocholt iß nicht geschreven.

   Bernhardt (et cetera).
Leve getruwe! Wewall wy Juw am 28. Februarii jungstverschennen schriftlich bevollen, 5
gyne Judden in Juwen bevollen ampte a) binnen eder buten den steden to gedulden,
sunder denselven antotzeigen und to gebeiden, eren wandel und hanteringe dermaten
darna to richten, dat se sick na dem schirstvolgenden sundage Palmarum in unserm
stichte henforder nicht finden leten eder geborliger straff eres ungehorsambs gewertig
weren, so b) mogen wy Juw dannoch nicht verhalden, dat uns bestendichlich wert 10
vorbracht, dar se in bestempter tyt unser stift luit unsers vorigen bevels ruemen solden,
dat solchs to nicht geringen nadeill und schaden unser underdaenen, darmede se eren
handel und hanterunge gedreven, soll gereichen.
Dewyll wy dan gerorter unser underdaenen gelegenheit bedacht und to herten gefört,
hebben wy demna und umb beschener vorbitt willen gemelten Judden mit namen Jacob 15
to Munster, Symon to Dulmen, Berndt to Alen, Jordan und Jost to Werne, Salomon
to Telgett, Berndt tom Sassenberge, Moyses to Enniger und Hertz to Oelde geßetten
sampt eren frouwen und kindern ut gnaden vergunt, dat se beß up schirstkumstigen
Michaelis in unserm stift mogen verblyven und unsers gegeven gleides gneiten. Jedoch
sollen se gyne juddische ceremonien aven und gebrucken, ock von unsern underdaenen 20
gyne pande up woeker wyder upnehmen eder woeker dryven uterhalven weß se var
dato dieser unser bevelschrift albereitz entfangen, darvan ock to woeker nicht mer
nehmen dan weß ennen von unßerm vorhern bischop Frantzen christliger gedechtnuß
derwegen vergunt und togelaten.
Und ist diesem allem nach hirmede an Iuw unße bevell, dat gy gerorten Judden 25
de boven bestempte tyt in Iuwem bevelle gedulden und se darentaven nicht beschweren,
jedoch dat underdes van Iuw flytige upsicht geschee, dat se sich dieser unser ange-
togener begnadunge gemeß halden, wie my dan uns dessen to Iuw genßligen verlaten.
Gegeven to Meppen am 30ten Martii anno (et cetera) [15]60.

^a) Für die Amtleute von Werne und Stromberg ist folgender Briefanfang vorgesehen: Wy willen Iuw gnediger meynung nicht verhalden, welcher gestalt wy etligen unsern amptlueden schriftlich bevollen, gyne Judden in eren bevollen amptern (statt: „Wewall ... ampte").
^b) Für die Amtleute von Werne und Stromberg gilt statt „So ... uns": „Nu begiffe et sich aver, dat unß".

Nr. 6

Bischof Johann von Hoya verspricht, binnen Monatsfrist zehn genannten Juden samt ihren Familien im Stift Münster Konsensbriefe für „ire commertia, handlungen und sicherheit" auszustellen.
Bevergern 1568 August 1
STAM FM LA 39 Nr. 1 fol. 45 (Kopie)

1 Wir Johan von gottes genaden bischoff zw Munster, administrator deß stifts Osnabruck und postulirter der kirchen zw Paderborn, grave zw Hoia und Bruchausen (et cetera) hieran vor unß und unser nachkommende zum stift Munster bekennen und tun zu wissen, das wir uff vleissige underhandlung und furbit hiernach beschribener Juden
5 gnediglich bewilligt und eingeraumbt, sich auff condition und mittel wie sie dessen hievor van ierliger gedechtnus bischoven Franntzen (et cetera) versigelungsbrieff ausgebracht, im unserm stift Münster alß nemblich Jacob samt seinen kinderen, bestätter und unbestätter, beneben Bernten mit seinem weib und kinden binnen unserer statt Aelen, Simon sambt seinem weib und kinden, bestatter und unbestatter, in unser statt
10 Dilmen, die wittib genant Golckhen mit iren bestatten und unbestatten kindern zw Telgde, Gerdt mit seinem weib und kindern, bestatter und unbestatter, binnen der statt Werne, Bernt und Sander gebruder, beide zw Warnndorff, Samuel Jud zw Ulffen in unserm ambt Werne und Samuel zw Ulde in unserm ambt Stromburg zusambt zweyen Juden in unserm amt Wollegen, neben iren weiben, bestätt und unbestatten
15 kindern, alß dieselben vorgenannten Juden uns austruckenlich berichten lassen, das sie solcher irer wohnung, underhaltung und hantierung von gemelten unsern stetten, burgermeistern und reten eine sonderliche begunstigung, consent und guetten willen erlangt und bekommen hetten und es also auf uns, alß dem landesfursten verner begnadigung, nachlaß und vergunstigung beruhrt, das wir hieruff vorgemelter furbit
20 halber eingeraumet und gnediglich bewilligt haben, tun auch das hiemit in craft diß brieffs von dato an binnen monatsfrist iedem teill, wie es die gelegenheit erheischet, underschaidene versigelte consenßbrieff verfertigen und uberantworten zu lassen unserer zeyt genedigung[!] bewilligung nach, ire commertia, handlungen und sicherheit berurter underscheidener örter zw exerciren, treiben und handeln.
25 Heben daß in urkunde disen brieffs mit unserm furstlichen secret wissentlich besigeln lassen, der gegeben ist uff unserm haws Bevergern, sonntags den ersten deß monats Augusti anno (et cetera) 15 und im achtundsechtigsten.

Nr. 7

Die regierenden Ständevertreter des Stifts Münster erörtern die Frage, wie man gegen elf Stiftsorte vorgehen solle, die Juden entgegen den Landtagsabschieden vergleitet haben.
1581 Dezember 13

[Anwesend: Domprobst, Marschall Velen, Amtmann von Horstmar, Droste von Wolbeck und Lizentiaten Frei und Jacobi]
STAM Regierungs-Protokolle Nr. 3 Band 1 fol. 191r-v (Protokollbuch)

Randbemerkung:

Juden.   1
Welcher gestalt gegen die stette zu procediren, so die Juden fur sich selbst vergleitet.
Drost Wolbeck refert, daß nachvolgende stede die Juden contra landtagsabscheidt vergleitet haben: Dilmen, Halteren, Werne, Olffen, Alen, Warendorff, Metelen, Dreinsteinfurdt, Nienborgh, Gemen, Lembeck.   5

Text:

Velen: Ob nit den drosten an den örtern, dae die geleidung geschehen, zu bevehlen,   1
     das die Juden wegkgeschaffet werden und principi deßwegen abtrag tuen.
Drost Wolbeck: Stehlt in bedencken, ob nicht durch die gelerten articula auß den
     landtagsabscheidten tu zustellen, welcher gestalt gegen den stedten zu procediren
     sein möchte. Videtur eciam, die stadt Munster werde sich daer nicht einstecken.   5
     Item ob nicht furirst die von Dulmen furzunemen. Er hat confisio, darnach auch
     die anderen.
Horstmar: Dieweil die stede die landtagsabscheide mithelfen schließen und bewilligen,
     non displicet, gegen sie zu procediren et placet, jegen die von Dulmen furzunemen.
     Darnach finde es sich mit den anderen.   10
Frei: Weiß sich zu erindern, daß die underschleiffung contra landtagsabscheidt et
     edicta sei.
     Interim dieweil post publicationem Judaei geduldet sein, lest sich ansehen, als
     solt von den edicten abgewechen sein, jedoch videtur, irsten in der gute zu ver-
     suchen, uf die stede wollen abtragt machen, si non, andere wege für die handt   15
     zu nhemen.
Jacobi: Ob nicht princeps an die von Dulmen scharf zu schreiben und inen der
     landtagsabscheid und das sie dawidder gehandlet erindern mit ermannung, principi
     derwegen abtracht zu machen.
Conclusum: An die stadt Dulmen zu schreiben deßwegen, das sie contra landtags-   20
     abscheidt gehandlet mit ermanung, principi abtragt zu machen cum comminatione.
     An richter und rentemeister zu schreiben, das sie die noch zu Dulmen anwesenden
     Juden zur abtragt kommen laißen und derwegen die fideiiussoren zu fordern und
     sollen insamt 500 taler von inen gefurdert werden.
     Die urkunden der erledigter Juden sollen biß auff ferner anhalten verpleiben.   25

Nr. 8

Kurfürst Ernst von Bayern gibt allen Juden unabhängig davon, ob sie in seinen Stiften leben oder nicht, einen Schutzbrief für das Stift Münster.
Arnsberg, 1598 Januar 1
STAM FM LA 166 Nr. 2 fol. 5 (Kopie)

Wyr Ernst, von gottes gnaden ertzbisschoff zu Colln (et cetera), thun kundt und   1
bekennen hiemit gegen jedermenniglich: als uns die sembtliche unsere vergleidete Judden
under unseren ertz- und stiften undertenig zu erkennen geben, welchermassen innen
und anderen sembtlichen auslendischen Judden, so under anderen benachbarte gesessen

5 und innen zum teill verwandt sein, allerhandt molestationen in unseren stift Munster,
wan sie ihrer noturft nach auf marckten und anders verreisen, zugefuegt und underweilen
angespiegt werden. Derhalb haben sie uns sembtlich undertenigst angelangt, das wyr
innen ein generalgleidt und schutzbriff gnedigst geben und mitteilen wolten.
    Und wyr solches nit zu verweigern, sunder hiemit kraft habender macht geben und
10 zustellen wollen, geben und stellen innen solichen hiemit auch kraft dieses also und
dergestalt: da ein Jud oder Juddinnen, sie sein gleich under uns gesessen oder nit,
macht haben und bewilligt sein soll, der noturft nach, so oft es innen geliebt, in
berurten unseren stift Munster in und aus den marckten und sunst frey und unbe-
hindert fur gelt zehren, doch sich seines habendem gleidt gemees verhalten soll, als
15 bevelen wyr hirauf unsern munsterischen stathalter, vort drosten, ambtleuten, vogten,
scholtissen und rentmeistern, auch allen insgemein und wollen, das gleidt also steet
und vast halten und geinem Judden dem zuwidder einige molestation oder verhinderung
wederfaren zu lassen, dan das meinen wyr also ernstlich.
    Urkundt unsers handtzeichens und zu endt aufgetruckten secretsigels. Geben auf
20 unserm schloß Arnßberg am ersten tag monatz Januarii anno (et cetera) [15]98.

Nr. 9

    Der Vogt von Borken teilt dem Drosten von Ahaus und Horstmar das Ergebnis
der angeordneten Nachforschungen über Juden in seinem Amtsbereich mit.
    Borken 1607 März 5
    STAM FM LA 39 Nr. 2 fol. 23 (Ausfertigung)

1 Den edlen, ernvesten Heidenreich Droste zu Vischerinch, drost zum Ahauß und
Horstmar, meinem großgebietenden herrn.
    Edler ernvest großgebietender herr drost!
    Negst erbietunch meines underthenigen dienstes und vermug kan ich E[uer] e[dlen]
5 nicht verhalten, wie E[uer] e[dlen] ahn herrn gograven und mir wegen fleißiger er-
kundunch, ob auch in diesem unsern ahnbefohlenen gogericht und vogtei sich einige
Judden nidergetan, schriftlich glangt und befehlen, hab ich nach fleißiger erforschunch
E[uer] e[dlen] nicht konnen vorhalten, wie daß alhie zu Borcken ein Jud Jsaac gnandt
von Arwiler geboren, mit weib und kinder gesessen, so sich alhie auß gnedigst empfan-
10 genen bevelch ihre churfurstl[icher] durchlaucht nidergeschlagen und sich mit geburlichen
juddenwucker, wie man bißhero nicht anderß erfarn, genotigen lest.
    Anlangent aber der Juddinnen, so sich zu Gemen under giebeit der herrn zu Gemen
vorhaltet mit zwien manbare sohne und etlichen unmundigen kindern, ist auch
kunftich, wie daß gedachte Juddin nach todt ihres abgestorbenen mans Jsaac gleich
15 mit zugelassenen wucher bißhero zufriden gewest.
    Ob aber etliche Judden, so sich underweils alhie verfugen und ihre handel und wandel
treiben, ist unbewust, ob daßselb mit oder sunder gleid gescheie.
    Hab sulchs E[uer] e[dlen] nach fleißiger erforschunch undertenigst zu verstendigen
geben, dienstlich bittendt, E[uer] e[dlen] wolt eingelachte copei meins von furstl[ichen]
20 munsterischen heimbgelassene räte promotions ubersehen, so E[uer] e[dlen], alß ich
selbst alda gewesen, gefurdert. Nun heimit E[uer] e[dlen] in gotts schutz und schirm
undertenigst emphelendt.
    Datum Borcken ahm 5. Martii anno (et cetera) [1]607.
    E[uer] e[dlen] undertenigster deiner Everhardt Geck, vogt.

Nr. 10

Fürstbischof Christoph Bernhard von Galen ernennt Nini Levi von Warendorf zum
„Befehlshaber und Vorgänger" der vergleiteten Juden des Stifts Münster und bestimmt
seine Pflichten und Rechte.
Münster 1651 Oktober 1
STAM FM LA 39 Nr. 6 fol. 1r-2v (Beglaubigte Kopie)

Von gottes genaden wir Christoff Bernhardt, bischoff zue Munster, deß heyligen   1
romischen reichß furst und burggrave zum Stromberg, tuen kundt und bekennen
hiemit vor menniglich, sonderlich denen eß zue wißen angelegen: demnach wyr vor
nötig befunden haben, uber die in unßeren stift Munster vermögh unßer regalien
vergleideten Juden einen befelchaberen und vorgänger zu verordnen, damit unßer   5
hierunter habendeß interesse desto beßer und fleißiger beobachtet und kein unterschleif
geschehe, alß haben wyr zue solchen ende verordnet unßeren vergleideten Juden
Nino[a]) Levi.

Befehlen demnach allen und jeden unßeren officianten und beambten, unsern richtern,
auch in den steten burgermeistern und rat, hiemit g[nädi]gst, ihme, ieterweneten Nino 10
Levi, zue verrichtung dieser unßerer g[nädi]gst aufgebener und zu beforderung unßeres
interesse angesehener bedienung auf sein gebuerendeß ansuchen alle hulfliche handt-
leistung zue tuen, denen Juden aber eineß ietwederen ortß in unßern stift zue befeligen,
daß sie dießer unßer g[nädi]gsten verfuegung bey verlierung ihreß gleidtß sich undertenigst
untergeben, ihme, Nino Levi, vor ihren vorgestelten befelchaberen und vorgenger 15
erkennen und in demjenigen, waß in unßeren namen er ihnen vortragen wirdt, gepürent
parirn, sonst auch ihre anliggen durch ihnen, Nino Levi, iedeßmahlen angeben laeßen
sollen.

Daferne nun unter ihnen, Juden, einige streitigkeit entstehen mogte, so sollen dieselben
ahn ihnen, Nino Levi, zuvorderst verwiesen werden, und wirdt er hiemit befehliget, 20
einen rabbinen solche streitigkeiten zue entscheiden unß zue benennen, und da ein
oder die andere party deßen entscheidung nit einfolgen wurde, solle der ubertretter
unß mit zehen goltgulden zur straeff iedeßmaell heimbgefallen sein und biß er solche
von unseretwegen ihme, Nino Levi, entrichtet, von dem vorgestelten rabbinen in dem
judischen bann genohmen und gehalten werden.   25

Nebenß diesem soll auch er, Nino Levi, oder wie er zue vortsetzung dieser unßer
g[nädi]gsten verordtnung weiterß bevolmechtigt wirdt, schuldig sein, unß getreu und
aufrichtig — wofur unß dan derselbe haften solle — undertenigst zue dienen, daß
jahrliche schutzgeldt besteß fleißes beyzutreiben, unßern darzue verordneten gegen
gepüerliche quitung zur rechter zeit einliefferen und waß deme zue unßern interesse 30
mehr anhengig undertenigst gehorsambst beobachten.

Ferner solle auch bey hoher straeff niemandt keine erbschaft auß dem landt führen,
er habe sich dan zuvorn wegen einer erkentnuß zue unßeren behueff bey ihme,
Nino Levi, und unßeren verordneten angegeben und da er einige Juden zue sich
entweder mit ihme wegen der schutzgelder zue rechnen oder sonsten in unßeren hohen 35
nahmen etwaß anzuedeuten verschrieben wurde, sollen sie sich bey demselben ein-
zustellen schuldig sein, gestalt dan diejenige, so hierwieder tun werden, unß zu arbitrari
straff heimbgefallen sein sollen.

Daferne auch einige sich unterstehen wurden, ohne unseren habenden g[nädi]gsten
40 specialbefelch, von den Juden einige schatzung, steur, bruchte oder contribution, wie
die nahmen haben mogten, zu forderen, sollen unßere beambten solcheß auff sein,
Nino Levi, gepürendeß ansuchen remedyren und nicht gestatten.

Damit nun dieße alleß von ihme, Nino Levi, desto beßer und getreuligst fortgesetzt,
so wollen wyr denselben seineß jahrlichen tributß freylaßen und vergleiden, daß er in
45 unßer stadt Warendorff frey und unbeschwert sambt seinen sohn, weib, kinder und
broedtgesindt wohnen und haußen, seine handtierung gleichß anderen von unß vergleideten Juden treiben und sich ernehren möge, wozue dan unßere beambten, richtere,
auch magistraten und communen, ihnen nit behinderlich zu sein kraft dieseß befehliget
werden.
50 Urkunde unßeres handtzeichenß und vorgetruckten secretß.
So geschehen in unßer statt Munster den 1. Octobris anno 1651 Christopff Bernardt
(subscripsit).
ª) So in der Abschrift. Sonst heißt er immer Nini; vgl. BAER, *Kleve*, S. 134 Anm. 1.

Nr. 11

Ordnung des Fürstbischofs Christoph Bernhard von Galen für die Juden des Stifts
Münster.
Münster 1662 April 29
StMS A VI Nr. 8 fol. 49-52 (Druck)

1 Von gottes gnaden wir Christoff Bernhardt, bischof zu Münster, deß heiligen römisch[en]
reichs fürst, burggraf zum Stromberg und herr zu Borckelo (et cetera) tuen hiemit
kundt und menniglichen zu wissen, waßmassen uns vielfaltige clagten vorkommen
und in der tat auch nunmehr befunden, daß viele frembde unbegleidte Juden in
5 unserem stift nicht allein ihres gefallens hineinkommen und durchgehen, sondern auch
ohne unseren gesuchten urlaub und gleidt in unseren städten, wigbolten, flecken und
dörferen herumblauffen und untern schein ihres nötigen durchzugs zum eingrieff- und
verschmelerung unser hohen regalien und nachteil unserer undertanen, da sie nicht
wissen, allwo und an wehme sich des oft unterlauffenden betrugs halben zu erholen
10 haben, verdächtigen handel und handtierung treiben.

Weilen wir nun eine hohe notturft erachtet, mit ernstlichen auf- und einsehen denselben
zu bejegnen und darwieder anderen zum abschew und exempel mit confiscation ihrer
güter gefencklicher anhaltung, auch anderer bestraffung nach befinden verfahren zu
lassen, alß wollen wir alle frembde ohnvergleidet einschleichende Juden vor ihren
15 schaden und ungelegenheit mit diesen unseren offenen edict und patent ernstlich
gewahrnet und unseren undertanen, sie sein was standes sie wollen, bey tausend
goltgülden straff und sonsten nach ermeßigung anbefohlen haben, keinen Juden mit
vermeintlichen gleidt unterschleiff zu verstatten noch auch einem, unter was schein und
praetext es auch sein mag, an leib oder guet zu beleidigen, sondern wan einer auff
20 den weg nach untenbenenten gränßstädten oder orteren betretten werde dorthin ungehindert gehen, sonsten diejenige, welche erstgemelte orter unvergleitet vorbey zu streichen
suchen, an unsere negste bediente gegen gebührende belohnung führen zu lassen.
Allermassen dan auch den Juden selbsten bey fünftzig goltgülden straff verbotten wirt,
sich solchen vermeintlichen schutz und gleidts zum unterschleiff, abbruch und elusion

unserer regalien nicht zu bedienen noch solche begleidung zu verschweigen, sonderen 25
unseren commissariis zu gebührender remediirung vorzutragen.

Wir wollen gleichwol dennenselben, welche durch diesen unseren stift ihrer gescheften
halber zu gehen oder bey unseren vergleideten Juden zu tun haben werden oder sich
sonsten darein auff einige zeit zu treibung ihrer handtierung aufhalten wollen, wan
sich nur friedt- und unärgerlich bezaigen, nicht behinderlich sein, sondern nach gelegenheit 30
ihrer vorhabender reiße und durchzugs oder aufhaltens in unserem stift auf sichere
maaße und zeit in unseren gränßestädten oder orteren alß Vreden, Bocholt, Halteren,
Werne, Beckum, Olde, Sassenberg, Vechta, Kloppenburg und Meppen bey unseren
jedes orts gerichtschreiberen und zu jetzbesagten Sassenberg bey unseren rentmeistern
daselbst unseren paß und gleidtsbrieff in gnaden wiederfahren lassen.   35

Würde aber darwieder gefrevelt und solcher unser gnedigster befelch verwindtschlaget
werden, wirt hiemit unseren jedes orts beambten, gograffen, richteren, vogten, frohnen,
führeren und anderen ernstlich anbefohlen, darauff fleissige acht zu geben und wan
ohne unseren paß oder gleidtszettul solche frembde Juden ausserhalb weges nach
obgemelten gräntzstädten oder orteren ertapfet werden, solche zur bestraffung an leib 40
und guet nach befindung an unsere ambthäußere zur haft zu liefferen oder sonsten
biß unsere weitere gnedigste verordnung in gueter verwahrsamb zu halten. Solten
sonsten wo ein oder mehr Juden auß den benachbarten landen auff eine monat,
vierteljahrs mehr oder weniger zur handtierung in unserem stift unseren absonderlichen
gleidtsbrieff suchen wollen, dieselbe haben sich nach erlangten paß bey vorgedachten 45
unseren gräntzorthern in unser residentzstadt Münster zu erlangung sotenigen gleidt-
briefs gebührlich anzugeben.

So viele nun aber auch weiters diejenige Juden, welche zur wohnung und gebührlicher
handesarbeit nach dem gebrauch anderer benachbarter landen unserer fernerer disposition
und der reichsabscheiden gemessener handtierung in unserem stift von uns vergleidet 50
worden sein und ferner vergleidet werden mögten, belanget, dieselbe sollen sich bey
unseren undertanen, welchen dieses alles zur guter nachrichtung angezeiget wirt, friedlich,
still und unärgerlich ohne gotteslästerung und schmähung oder veracht der catholischen
religion und glaubens verhalten, keinen Christen zu ihrer judenschaft mit worteren
oder wercken verleiten, ihre wohnungen an den orteren, wo unsere undertanen ihre 55
processiones und andacht gemeintlich verrichten, alß bey kirchen und kirchhöven nicht
haben, auff den heiligen son- und anderen heiligen tagen sich zuhauß und vor abgang
der vesper auff den gassen nicht finden lassen und auf den heiligen Ostertag und
negst vorhergehenden dreyen tagen in der heiligen Carwochen wie auch anderen hohen
jahrlichen feyrtagen ihre laden, finster und häußer versperret halten, sonsten auch mit 60
keinen Christen zugleich in einem hauße wohnen noch darvon saugammen oder gesinde
bey sich haben, wie dan auch keinen soldaten auff ihr gewehr, wapfen, harnisch noch
sonsten den bawrsleuten auf pflüge und andere ackergereidtschaft, viel weniger diesen
oder jenen auff kirchengueter und zierat oder andere argwohnige gestohlene gueter und
also keinen dienstboten auf verdächtige sachen, sie wissen dan vorhin, daß selbige den 65
zubringeren zustendig oder ihnen zu verpfanden von deren rechten herren anvertrawet
sein, wie ebenmeßig den minderjährigen ohne der elteren oder vormünderen wissen,
eß were dan, daß sie selbst handels- oder kaufleute weren, keine gelder verliehen,
sonsten auch ihre actiones wieder die Christen keinen anderen Christen bey verlust
derselben zu cediren und zu uberlassen und darüber einigen contract fertigen zu lassen, 70
eß were dan, daß die action gerichtlich insolutum ubergewiesen wurde.

Worbey dan auch gnedigst anbefohlen wirt, daß kein verarbeitet oder nicht verarbeitetes ohnvermuntzetes goldt oder silber ohne urlaub und gebührlicher anerbietung bey unseren müntzmeisteren ausser landes bringen, wie auch ebenfalß bey versetzung der pfanden
75 nach der zu Franckfurt im jahr 1577 aufgerichteter reichspoliceyordnung kein geding mit den Christen, alß da die gesetzte pfande nicht in rechter zeit geloeßet würden, daß dieselbe ihnen verfallen sein, machen sollen, sondern wan innerhalb gebührender zeit nicht geloeßet werden, durch erkandtnuß deß ortsrichtern gewöhnlicher weise auff kosten der debitoren verkauffet und das ubrige geldt, wan den Juden das ihrige
80 entrichtet, den schuldigern gefolget und außgegeben werden solle.

Und demnach wir auch berichtet werden, daß taglich viele Juden ihres gefallens in unsere stadt Münster kommen und nicht ohne verdacht herumblauffen und ohne erlaubnuß sich auch oft viele wochen darein aufhalten, alß sollen dieselbe zwarn, wan sich an den pforten und wachten alß Juden angeben, aber vorhin zu alß hierzu
85 verordneten aufseheren und inspectoren geführet und alda deren nahmen und wohin sie kommen und was in unser stadt Münster zu tuen haben und wie lange und an welchen ort sich aufzuhalten vermeinen, verzeichnet und aufgeschrieben und zu etwan 1, 2 oder 3 tagen denselben — eß were dan, daß von uns oder unseren hofcamern aigentlich verschrieben oder berueffen weren — uhrlaubschein ihres aufhaltens unser
90 unseren vorgedachten aufseheren und inspectoren erteilter instruction gemeeß herauß- gegeben werden. Da sonsten auß erheblichen ursachen sich lenger alhie aufzuhalten benötigt würden, haben sich ferner derhalben bey unseren commissarien zeitlich anzu- geben und weitere zeit zu suchen und mit denselben sich zu vergleichen.

Und weiln uns auch obrigkeitlich aufligt, gebührendes einsehen und verordnung zu tun,
95 damit unsere und andere undertanen in diesem unserem stift untraglich nicht beschwert werden und dahero jedermenniglichen zu wissen nötig, was den Juden in jedem jahr oder monat bey außlehnung der gelder nach proportion derselben abzustatten und dan auch, da die Juden mit aufnemmung und bewahrnung der pfanden und herliehung geringer geldtsorten viel zu thuen haben und in hohen nöten den unvermögenden
100 leuten, welche anderwertz fast nicht geholfen werden können, hülf leisten und ohne unser belieben keine unbewegliche guetere aigentumblich haben und behalten mögen, alß können wir zusehen und gedulden, daß wan die sumb zwantzig reichstaler und darunter ist, nicht uber zehen zum hundert und ferners biß fünftzig nicht uber acht und das uber fünftzig sich erstrecket, nicht mehr als landtsitzlich interesse empfangen
105 und sich zahlen lassen mögen. Wir wollen aber und befehlen gnedigst, daß keine betrieglickeit hierunter bezaigen und die sumben uber zwantzig und fünftzig in ver- scheidene geringere nicht verteilen nach verschreiben und dadurch also ein mehrers alß alhie verstattet wirt zu geniessen und dardurch sich unzuleißig zu bereichen nicht suchen sollen. Da sonsten ein oder ander darwiederhandlen würde, derselb soll nicht
110 allein der verschossener gelderen verlüstig sein, sondern auch nach ermessigung ander gestalt bestraffet werden, wie dan auch hiemit ferner anbefohlen wirt, falls ein oder ander unser undertanen ein geringes gegen versetzung eines pfandes nötig haben mögte, die vergleidete Juden selbige ungetröstet nicht lassen, sondern auff einige zeit behülflich sein, gleichwol zu diesen und anderen behueff keine gelder von Christen aufnemmen
115 und denselben darvon höhers alß landtsitzliches interesse geben sollen, sondern falls dargegen gehandlet würde, sollen sowol der Christen den Juden zum wucher verliehene gelder confiscirt alß die Juden derentwegen mit fünftzig goltgülden gestraffet werden.

Was sonsten andere alhie nicht befindtliche stücke und puncten belanget, selbige sollen
nach des h. römischen reichs abscheiden und gemeinen rechten und wie es sonsten
in anderen benachbarten landen hergebracht und gewohnlich ist, gehalten, auch solches 120
in zeit der vergleitung weiters deutlicher, damit sich der unwissenheit nicht zu beklagen
haben mögten, von unseren commissarien vorgehalten und ein exemplar von diesem
unserem getruckten edict und verordnung mitgeteilet werden. Hingegen wir dan auch
sotanige unsere vergleidete Juden in kraft unser hohen regalien in landtfürstlichen
gnedigsten schirm und protection nemmen und zum fall ichtwas strafbahres von ihnen 125
begangen wurde, dieselbe allein in unsere straff stehen und gefallen und dero excessen
und clagten cognition uns vorbehalten sein und pleiben, auch nirgents anders alß vor
unseren commissarien zu recht gefordert oder besprachet und wan auch zu einigen
auflagen oder lasten anzuhalten, die erklerung und disposition darüber bey uns gleicher
gestalt allein stehen und deß tuens oder lassens halber gnedigst verordnet werden solle. 130
Befehlen diesem nach vorbemelten unseren beambten, richtern, gograffen, hohen und
niederen kriegsofficieren und andern unseren bedienten und sonsten jedermenniglichen
auff diese unsere ordnung steiff und fast zu halten, auch dahin zu trachten, daß die
sowol in- alß außlåndische Juden, solang dieselbe in unseren gleidt stehen und selbst
denselben nicht brechen, gebührlich geschützet und gehandhabet und alle darzu bevor- 135
stehende dienliche mittele vorgenommen werden. Darnach sich ein jeder zu richten
und zu vermeidung unser ungnad und ernstlicher bestraffung zu halten hat.
Urkundt unsers fürstlichen handtzeichens und vorgedruckten cammereinsiegels.
So geschehen in unser stadt Münster den 29. Aprilis anno 1662 Christopff Bernhardt.

DIE PRAGER JÜDISCHE GEMEINDE ALS FÜRSPRECHERIN UND VERTRETERIN DES DEUTSCHEN JUDENTUMS IM 16. UND 17. JAHRHUNDERT

von

BERNHARD BRILLING

Herrn Prof. Dr. Karl Heinrich Rengstorf
zu seinem 75. Geburtstag in Verehrung zugeeignet

I

Nachdem der Prager Judengemeinde im Jahre 1567 ein kaiserliches Privileg erteilt worden war, das sie vor der Gefahr weiterer Austreibungen schützen sollte[1]), konnte sie sich ungestört entwickeln. Die dortigen Juden konnten trotz der starken antijüdischen Tendenzen der Prager Zünfte ihre wirtschaftliche Tätigkeit fortsetzen und auch darangehen, eine jüdische Gemeinde mit all ihren Institutionen aufzubauen. Im Laufe dieser Entwicklung begann die Prager Jüdische Gemeinde, eine angesehene Stellung unter den jüdischen Gemeinden des Reiches einzunehmen, und zwar sowohl dank dem Ansehen der führenden Persönlichkeiten der Gemeinde als auch dank der Autorität des dortigen Rabbinats, das mit angesehenen Gelehrten besetzt wurde.

Das Selbstbewußtsein der jüdischen Gemeindevorsteher von Prag zeigte sich nicht nur darin, daß sie begannen, für die Juden Böhmens einzutreten[2]), wenn diese verfolgt oder angegriffen wurden, sondern auch darin, daß sie um 1590 die Vertretung der Interessen der Juden des Deutschen Reiches beim Kaiser in einer Zeit übernahmen, in der es keine andere Zentralinstanz oder keine sonstige jüdische Gemeinde in Deutschland gab, die sich an den Kaiser mit Erfolg wenden konnte.

Die Vertretung der deutschen Juden bzw. der Juden des Deutschen

---

[1]) S. Dubnow, *Weltgeschichte des jüdischen Volkes*, VI, Berlin 1927, S. 229; S. W. Baron, *A Social and Religious History of the Jews*, XIV, 2. Aufl., Philadelphia 1969, S. 161; J. Janacek, The Prague Jewish Community before the Thirty Years war, in: *Prague Ghetto in the Renaissance Period* (Jewish Monuments in Bohemia and Moravia IV), Prag 1965, S. 46; G. Bondy und F. Dworský, *Zur Geschichte der Juden in Böhmen, Mähren und Schlesien*, Prag 1906, S. 698.
[2]) Bondy-Dworský, *Geschichte*, Nr. 862 (Intervention für die Juden von Kollin 1589) und Nr. 872 (für die Juden von Ellbogen 1590).

Reiches (die nur theoretisch eine Körperschaft bildeten)[3]) gegenüber dem Kaiser hatte in der ersten Hälfte des 16. Jahrhunderts in den Händen des Josel (Joseph) von Rosheim (im Elsaß) gelegen, der sich „Befehlshaber der Judenschaft im Heiligen Römischen Reich deutscher Nation" nannte und der auf den Reichstagen vor dem Kaiser, vor Fürsten und anderen Persönlichkeiten mit Mut und Tatkraft die Interessen der Juden des Deutschen Reiches wahrgenommen hatte[4]). Ihm war es gelungen, von Kaiser Karl V. im April 1544 ein wichtiges Privileg für die deutsche Judenschaft zu erhalten, die „Privilegiorum Universorum, Teutoniae Nationis Hebraeorum Confirmatio"[5]). Dieses kaiserliche Privileg enthielt gewisse notwendige Grundrechte für die deutsche Judenschaft, auf die sie sich berufen konnte.

Nach dem Tode Josels (1554) sahen sich die deutschen Juden gezwungen, einen Nachfolger für ihn zu ernennen, dessen Hauptaufgabe darin bestanden haben dürfte, dafür zu sorgen, daß die von Josel errungenen kaiserlichen Generalprivilegien der deutschen Judenschaft immer wieder von neuem bestätigt würden. Der zwischen 1554 und 1560 von den Vertretern westdeutscher Judenschaften gewählte Nachfolger des Josel von Rosheim namens Cosman zum Rade (Moses ben Chajim aus Worms)[6]) führte allerdings nicht mehr wie Josel von Rosheim den Titel eines Regierers oder Befehlshabers der Gemeinen Judenschaft, sondern begnügte sich mit der bescheideneren Bezeichnung „Gesandter gemeiner Judenschaft Theutscher Nation"[7]). Cosman hatte nun auf Grund seiner Bestallung im Jahre 1560 von Kaiser Ferdinand I. (1556-1564) und im Jahre 1565 von dessen Nachfolger Kaiser Maximilian II. (1564-1576) Schutz- bzw. Geleitsbriefe erhalten, die ihn auf

---

[3]) Nur für die deutschen Kaiser, die die Juden als ihre „Kammerknechte" betrachteten, bildeten die deutschen Juden eine Einheit. Durch ein Privileg vom Jahre 1236 waren die Juden des Reiches dem Kaiser unterstellt, der ihnen Schutz versprach, während sie ihm gewisse Abgaben zu entrichten hatten; s. S. STERN, *Josel von Rosheim*, Stuttgart 1959, S. 3f. und S. 64. Die Juden des Reiches waren aber nicht in einer Organisation zusammengefaßt, sondern in Gemeinden und Landjudenschaften organisiert, die voneinander unabhängig waren. Zuweilen traten Vertreter dieser Gemeinden oder Judenschaften zusammen, um gemeinsame Interessen zu vertreten; s. z.B. STERN, *Josel*, S. 52f.

[4]) Seine Biographie s. in dem in der vorigen Anmerkung erwähnten Buch von STERN.

[5]) STERN, *Josel*, S. 161 bzw. 257.

[6]) D. J. COHEN, Cosman zum Rade – Emissary of the Jews of Germany in the 1560's, in (der hebräischen Zeitschrift): *Zion* XXXV (1970), S. 117-126; dort auch die Urkunden über seine Geleite in deutscher Sprache. Die Identifizierung des Cosman zum Rade mit Moses ben Chajim aus Worms auf Grund der von COHEN auf S. 119 gebrachten Belege scheint mir geglückt zu sein.

[7]) So unterschreibt er sich in seinen Eingaben aus den Jahren 1560 und 1565; s. *ebd.*, S. 122 und S. 126.

seinen Reisen, die er kraft seines Auftrages durchzuführen hatte — wenn er z.B. vor dem kaiserlichen Kammergericht oder anderen Instanzen erscheinen mußte[8]) —, vor Übergriffen und Belästigungen schützen sollten. Bisher sind keine Einzelheiten über die Tätigkeit des Cosman zum Rade bzw. seines Sohnes Chajim, der im Geleitsbrief vom Jahre 1565 als sein Vertreter genannt wird, bekannt geworden. Aber man könnte annehmen, daß es Cosman war, der durchsetzte, daß das Judenprivilegium Karls V. am 19. August 1562 durch Kaiser Ferdinand I. in Prag bestätigt wurde[9]). Die Bestätigung dieses Privilegs durch Kaiser Maximilian II. am 8. März 1566 auf dem Reichstag zu Augsburg dagegen wurde von zwei weiteren Juden, Abraham aus Fürth und Jacob aus Roth bei Fürth, beantragt, die anscheinend als Vertreter der Reichsjudenschaft erschienen[10]). Eine weitere Bestätigung des Privilegs erfolgte am 15. Juni 1575 durch Kaiser Rudolf II., ohne daß wir wissen, wer damals im Namen der Reichsjudenschaft amtierte[11]). Unter den in diesem Privileg immer wieder aufs neue bestätigten Rechten und Freiheiten der deutschen Judenschaft war auch die wichtige Erlaubnis enthalten, alle Territorien des Deutschen Reiches, auch diejenigen, in denen Juden der Aufenthalt verboten war, gegen Erlegung von Geleitsgeldern passieren zu dürfen[12]).

II

Dieser für die deutschen Juden wichtige Paragraph des kaiserlichen Privilegs wurde verletzt, als die Herzöge von Braunschweig-Lüneburg seit 1557 (d.h. seit der Vertreibung der Juden aus ihren Ländern) den Juden nicht nur den Aufenthalt in ihren Staaten, sondern auch das Passieren ihres Gebietes verboten hatten[13]). Unter Berufung auf

---

[8]) Dies wird ausdrücklich im Geleitsbrief vom Jahre 1560 erwähnt; s. *ebd.*, S. 123.

[9]) Dieses von Kaiser Ferdinand I. bestätigte Privileg wurde von S. STEIN in seinem Artikel „Eine wichtige Urkunde" im *Jahrbuch der Jüdisch-Literarischen Gesellschaft* (Frankfurt, Main) IX (1911) auf S. 308-316 abgedruckt. Wie dort dann auf S. 317 angegeben ist, ist eine Abschrift dieser Urkunde zwei Juden aus Worms (Jacob zum Ast und Isaak zur Wage) erteilt worden.

[10]) M. FREUDENTHAL, Zur Geschichte des Judenprivilegs Kaiser Maximilians II., in: *Zeitschrift für die Geschichte der Juden in Deutschland* (= ZGJD) IV (1932), S. 95 und S. 99; dort S. 88ff. über die beiden Juden.

[11]) STERN, *Josel*, S. 156 Anm. 15.

[12]) Den Text dieses Paragraphen s. bei STEIN, *Urkunde*, S. 312.

[13]) M. WIENER, Die Juden unter den Braunschweigischen Herzögen Julius und Heinrich Julius, in: *Zeitschrift des Historischen Vereins in Niedersachsen* (1861), S. 244, sowie ders., in: *Monatsschrift für Geschichte und Wissenschaft des Judenthums* (= MGWJ) 10 (1861), S. 241 ff.

das kaiserliche Privileg wandten sich nun die Vertreter der deutschen Judenschaft im Römischen Reich (N.N. gemainer Judischaft im Römischen Reich Abgesandte) am 25. Februar 1570[14]) an Kaiser Maximilian II. und baten ihn, auf Grund des kürzlich von ihm auf dem Augsburger Reichstag bestätigten Privilegs die Aufhebung des Passierverbots durch die Herzöge von Braunschweig-Lüneburg zu veranlassen, das im Widerspruch zu dem kaiserlichen Judenprivileg stand und allen Juden, die durch diese Gebiete reisten, große Unannehmlichkeiten bereitete. Auf Grund dieser Eingabe forderte Kaiser Maximilian II. am 8. März 1570[15]) die Brüder Wolfgang und Philipp, Herzöge von Braunschweig, auf, das von ihnen erlassene Verbot für Juden, ihr Land zu durchziehen, aufzuheben und diesen gemäß den Reichsordnungen gegen Zahlung von Geleitsgeldern und Zollabgaben den Durchgang durch ihr Land zu gestatten, und zwar unabhängig davon, ob den Juden die Niederlassung in ihrem Lande verboten sei. Nach weiteren Interventionen seitens des Kaisers ließ sich Herzog Julius von Braunschweig im Jahre 1578 dazu bewegen[16]), das von seinem Vater im Jahre 1557 erlassene Austreibungsedikt wieder aufzuheben und den Juden wieder den Durchzug durch sein Land zu gestatten. Aber nach seinem Tode im Jahre 1589 beschloß sein Nachfolger Herzog Heinrich Julius, den Juden den Aufenthalt in seinen Ländern vollkommen aufzukündigen. Nach einem Dekret vom 6.1.1590 wurden zuerst die Juden, die kein längeres Schutzgeleit besaßen, vertrieben und nach einem weiteren Dekret vom 15.7.1591 mußten alle Juden ohne Ausnahme sein Land verlassen. Aber zugleich wurde ihnen wiederum auch das Passieren seines Landes verboten[17]).

III

In jener Zeit, um 1590, wird es nicht mehr möglich oder, wahrscheinlicher, sehr schwierig gewesen sein, eine Versammlung von Vertretern jüdischer Gemeinden im Deutschen Reich zum Zwecke der Wahl einer Persönlichkeit einzuberufen, um diese zum Kaiser zu senden und sich bei diesem über das im Widerspruch zu den Privilegien der Juden stehende Passierverbot durch Braunschweig zu beklagen.

---

[14]) Abschrift des Schreibens bei WIENER, *Julius*, S. 282f. (= *MGWJ* 10 [1861], S. 250f.). Leider sind die Namen der Vertreter der Juden nicht unterschrieben.
[15]) WIENER, *Julius*, S. 283f.
[16]) Ebd., S. 250.
[17]) Ebd., S. 255-257.

Nun fiel der Prager Jüdischen Gemeinde bzw. den Ältesten dieser Gemeinde, die mit dem Kaiser und seinem Hof in (finanziellen) Beziehungen standen, die Aufgabe zu, die Rechte der Juden des Deutschen Reiches vor dem Kaiser zu vertreten.

Das erste Auftreten der Prager Judenältesten in ihrer Funktion als Fürsprecher für die Juden des Deutschen Reiches ist im Jahre 1591 erfolgt bzw. nachweisbar. In einem Schreiben vom 11. bzw. 13. September 1591 [18]) wandten sich die Ältesten der Prager Judengemeinde an Kaiser Rudolf mit der Bitte, veranlassen zu wollen, daß das von Herzog Heinrich Julius von Braunschweig am 15. Juli 1591 erlassene Dekret bezüglich des verbotenen Durchzugs der Juden durch sein Land aufgehoben werden solle. Die Prager Judenältesten wiesen zur Begründung ihres Antrages darauf hin, daß dieses Dekret, durch das den Juden nicht nur der Aufenthalt im Herzogtum Braunschweig sondern auch das Passieren dieses Gebietes verboten wurde, im Widerspruch zu den kaiserlichen Privilegien der deutschen Judenheit stehe, wonach den Juden der Durchzug durch jedes Land, auch dort, wo sie kein Wohnrecht besäßen, nach Erlegung von Gebühren gestattet werden mußte. Die kaiserlichen Behörden wollten anfänglich das Recht der Prager Juden, als Fürsprecher für andere Juden aufzutreten, nicht anerkennen. Man wandte ein, daß die Prager Juden gar nicht berechtigt wären, sich im Namen der Juden aus den Herzogtümern Braunschweig-Lüneburg an den Kaiser zu wenden, weil sie weder einen Auftrag noch eine Vollmacht dazu erhalten hätten [19]). Darauf antworteten die Prager Judenältesten in einer Eingabe an den Kaiser vom 16. September 1591 [20]). Sie erklärten darin, daß sie an sich gar keine Vollmacht für ihr Gesuch benötigten, weil es sich hier um ein Werk der Mildtätigkeit und der Nächstenliebe handle. Aber sie fügten hinzu, daß sie durch einen Abgesandten der von dem Gesetz betroffenen Braunschweiger Juden, der vor kurzem in Prag gewesen sei [21]) und

---

[18]) Die Schreiben der Prager Judenältesten vom 11. bzw. 16. September 1591 sind abgedruckt ebd., S. 291-298. Die Unterschrift lautet: „Die Eltesten und gemein Eltesten Jueden der gemain Juedischait Zue Prag im Khönigreich Behaimben". Die Originale dieser Eingaben wie auch der weiteren Eingabe vom 14. Juli 1592 befinden sich im Niedersächsischen Hauptstaatsarchiv zu Hannover im Bestand Calenberg Br. 23 IX, Nr. 3a; s. oben, S. 187 Anm. 10.

[19]) Erwähnt in der Eingabe der Prager Judenschaft vom 16. September 1595 (WIENER, *Julius*, S. 295).

[20]) WIENER, *Julius*, S. 294-298.

[21]) Zwischen den Juden Norddeutschlands und Prags bestanden im 16. Jahrhundert Beziehungen. Bereits in einer Prager Judenliste vom Jahre 1546 wird ein aus Braunschweig gebürtiger Jude Moses erwähnt; s. *ZGJD* I (1887), S. 179. Der 1613 in Prag verstorbene Annalist und Schriftsteller David Gans war 1541 in Lippstadt geboren.

ihnen auch eine Kopie des Mandates des Herzogs Heinrich Julius
übergeben habe, ausdrücklich um ihre Intervention gebeten worden
seien. Dieser Jude aus Braunschweig hätte auch ein Beglaubigungs-
schreiben bei sich gehabt, das sie ihm aber wieder zurückgegeben
hätten, da sie glaubten, es nicht zu benötigen. Aber auch sie, die
Prager Juden, wären selbst von diesem Passierverbot durch Braunschweig betroffen, von dem sie nur durch diesen Juden aus Braunschweig erfahren hätten. Denn auch die Prager Juden, die, ohne von
dem Edikt etwas zu wissen, das Land Braunschweig passieren wollten,
würden trotz der kaiserlichen Privilegien in eine gefährliche Lage
geraten und vom Herzog von Braunschweig bestraft und verfolgt
werden.

Am 16. September 1591 schrieb nun der Kaiser Rudolf II. auf
Grund der Eingabe der Prager Judenältesten an den Herzog Heinrich
Julius zu Braunschweig[22]) und wies darauf hin, daß den Juden gemäß
den kaiserlichen Privilegien, auch wenn sie in einem Land nicht wohnen
dürften, jedenfalls das Passieren dieses Gebietes gegen Erlegung von
Geldern gestattet werden müsse. Da sich aber Herzog Heinrich Julius
um dieses kaiserliche Schreiben nicht kümmerte, sahen sich die Ältesten
der Prager Judenschaft nochmals zu einer Eingabe an den Kaiser
gezwungen, die am 14.7.1592 erfolgte[23]). Dieser schrieb daraufhin am
21.8.1592[24]) an den Braunschweiger Herzog und bat ihn, den Juden
gemäß den kaiserlichen Privilegien den Durchzug durch sein Land
nicht zu verbieten. Als der Kaiser auch daraufhin keine Antwort
erhielt, fühlte er sich veranlaßt, bzw. sah er sich genötigt — wohl auf
nochmaliges Ansuchen der Prager Judenschaft —, dem Herzog Heinrich
Julius am 11. Oktober 1593[25]) ausdrücklich zu befehlen, entweder die
widerrechtliche Passiersperre für die Juden aufzuheben oder einen
speziellen Grund für sie anzugeben. Dies veranlaßte endlich den
Herzog Heinrich Julius, am 17. Dezember 1594 ein Edikt zu erlassen[26]),

---

[22]) WIENER, *Julius*, S. 298f.

[23]) Ebd., S. 299-301. Bei der dortigen Unterschrift („Eltesten und Gemaine Judischait
alhie zu Prage") dürfte es sich wahrscheinlich um eine Verschreibung oder irrtümliche
Abkürzung der sonst gebräuchlichen Unterschrift (s. oben, S. 189 Anm. 18) handeln.

[24]) Ebd., S. 301-303.

[25]) Ebd., S. 303f. Darin ist ausdrücklich gesagt, daß diese Mahnung auf Grund
der Eingabe „unserer im Königreich Böhaimb wohnenden Judenschaft" erfolgte, die
bei dem Besuch der Messen und beim Passieren der Landstraßen auf Schwierigkeiten
und Hindernisse gestoßen war. Dem Brief war, wie darin erwähnt, die Supplikation
der böhmischen Judenschaft beigelegt.

[26]) Ebd. S. 275.

worin er mitteilte, daß er sich durch die Interventionen des Kaisers und des Herzogs von Braunschweig-Grubenhagen sowie anderer vornehmer Herren veranlaßt sehe, den Juden zu erlauben, gegen Erlegung von Passiergebühren sein Land zu durchziehen. Allerdings durften sie sich darin höchstens ein oder zwei Nächte aufhalten und während dieser Zeit (außer bei den gewöhnlichen, für alle zugänglichen Jahrmärkten) keine Geschäfte mit seinen Untertanen machen.

So hatten die Eingaben der Prager Judenschaft als der Fürsprecherin der deutschen Juden beim Kaiser schließlich doch das gewünschte Ergebnis: Den Juden wurde die Erlaubnis zum Passieren des bisher für sie verbotenen Landes Braunschweig gegeben.

IV

Die Prager Judenältesten setzten ihre Interventionstätigkeit für die Juden des Reiches fort, und zwar nochmals für Juden in Norddeutschland. Dieses Mal handelte es sich um die Juden von Hildesheim, die vom Rat und der Geistlichkeit angegriffen und vertrieben worden waren. Der Grund für die Vertreibung lag in der Furcht vor der Konkurrenz durch die dortigen Juden, die erst seit 1587 gemäß dem Drängen des Landesherrn die Niederlassungserlaubnis in Hildesheim erhalten hatten[27]. Der erste Jude, dem die Stadt Niederlassung gewährte, war Nathan Schay, dessen Vater, Schay, 1550 ein Privileg von Kaiser Karl V. für das Reich erhalten hatte[28]. Den Anlaß zur Vertreibung der Juden aus Hildesheim im Jahre 1595 gab die Heirat des Nathan Schay mit der Schwester seiner verstorbenen Frau. Diese Heirat, die nach jüdischem Recht zulässig, nach kirchlichem Recht aber verboten war und als „blutschänderisch" galt, gab den Bürgern den Vorwand, mit Unterstützung der Prädikanten, die besonders gegen diese Heirat eiferten, die Vertreibung der Juden aus Hildesheim durchzuführen und ihnen sogar das Passieren der Stadt Hildesheim zu verbieten. Nathan Schay, der Beziehungen zu Prag hatte[29], bat nun,

---

[27] A. REXHAUSEN, *Die rechtliche und wirtschaftliche Lage der Juden im Hochstift Hildesheim*, Hildesheim 1914, S. 50ff. und S. 142.

[28] Nathan Schay war der Sohn des Schay von Kisslingen (Eisslingen?), der zusammen mit seinem Bruder Aron am 25. September 1550 zu Augsburg ein kaiserliches Privileg für das Reich erhalten hatte. Dieses Privileg war von Kaiser Rudolf am 3. Dezember 1596 auf Nathan und Samuel, die Söhne des eben erwähnten Schay, übertragen worden; s. Stadtarchiv Hildesheim, Judenakten 84,5 sowie REXHAUSEN, *Hochstift Hildesheim*, S. 54 Anm. 1.

[29] Nach den Judenakten des Stadtarchivs Hildesheim lebte Israel Jud, ein Sohn des in der vorigen Anmerkung erwähnten Aron, mit seinen Brüdern zu Prag.

wohl im Auftrag der Hildesheimer Juden, die Prager Judenältesten, sich beim Kaiser für die Hildesheimer Juden einzusetzen. Die Prager Judenältesten reichten nun zwei Eingaben beim Kaiser ein[30]), in denen sie ihn baten, sich der Hildesheimer Judengemeinde anzunehmen. Daraufhin richtete der Kaiser am 6. Mai 1596 einen Brief an den Bischof Ernst von Hildesheim, in dem er ihn auf die zwei Eingaben der Prager Judengemeinde hinwies und zu verstehen gab, daß die Juden in Hildesheim gemäß den vom Kaiser und seinen Vorgängern ausgestellten Privilegien unter kaiserlichem Schutz stehen und weder angegriffen noch beleidigt werden sollten. Er bat also den Bischof, die Stadt veranlassen zu wollen, daß sie die Vertreibung wieder aufheben und der Judenschaft keine Schwierigkeiten mehr machen solle. Wenn man etwas gegen die Juden vorzubringen hätte, sollte dies bei der zuständigen Stelle geschehen. Nach der Aufforderung des Bischofs an den Stadtrat, gemäß dem Schreiben des Kaisers die Juden wieder aufzunehmen, fanden Verhandlungen zwischen der bischöflichen Regierung und dem Rat statt, die scheiterten. Erst 1601 einigte sich der Rat mit den Hildesheimer Juden, die nun wieder in ihre Stadt zurückkehrten, da der Rat sich schließlich nicht dem Kaiser widersetzen konnte, an den sich die Prager Juden gewandt hatten. So dürfte auch hier die Intervention der Prager Juden, wenn auch nach längerer Zeit, zu einem Erfolg geführt und den Hildesheimer Juden zur endgültigen Niederlassung verholfen haben[31]).

V

Da nun die Interventionstätigkeit der Prager Judenältesten allmählich unter den norddeutschen Juden bekannt geworden war, wandten sich auch die Juden aus Emden in Ostfriesland, die um 1598 in Schwierigkeiten geraten waren, zwecks Erleichterung ihrer Lage an die Prager Judenältesten und erbaten ihre Hilfe. Im Zusammenhang mit Auseinandersetzungen zwischen dem Grafen von Ostfriesland und der Bevölkerung der Stadt Emden waren im Jahre 1598 drei Juden in Emden eingesperrt worden. Es stand zu befürchten, daß sie bei dem Haß der dortigen Bevölkerung gegen den Grafen von Ostfriesland,

---

[30]) Diese beiden Eingaben der Prager Juden werden in dem Schreiben des Kaisers Rudolf vom 6.5.1596 erwähnt, das im Stadtarchiv Hildesheim a.a.O. (s. oben, S. 191 Anm. 28) vorhanden ist und das ich (nach einer mir vom Stadtarchiv Hildesheim übersandten Fotokopie) unten im Anhang biete; s. auch REXHAUSEN, *Hochstift Hildesheim*, S. 54 und S. 142.

[31]) Ebd., S. 55.

als dessen Schützlinge die Juden galten, auch als Feinde der Bürgerschaft betrachtet und ebenso wie einige Bürger, die kurz zuvor verhaftet worden waren, hingerichtet würden[32]. So wandten sich nun Abgesandte der Emdener Juden auf der Leipziger Messe an die sich dort aufhaltenden Prager Judenältesten, und baten diese, für die drei eingesperrten Juden beim Kaiser eine Eingabe zu machen. Am 3. Juni 1598[33] schrieben die Prager Judenältesten an den Kaiser und baten ihn, zugunsten der in Emden verhafteten Juden einzutreten, da die Gerichtsbarkeit über die Juden des Reiches nach den kaiserlichen Privilegien dem Kaiser zustehe. Daraufhin scheint der Kaiser beim Rat der Stadt interveniert zu haben; denn es ist für diese Zeit nichts von einer Verurteilung oder Hinrichtung von Juden in Emden bekannt. Wahrscheinlich hat sich auch die Schuldlosigkeit der Juden hinsichtlich der gegen sie erhobenen Beschuldigungen herausgestellt[34].

VI

Auch nach 1600 setzten die Prager Judenältesten ihre Fürsprechertätigkeit und ihre Interventionen für die jüdischen Gemeinden im Deutschen Reich fort. Später traten an ihre Stelle die nach Wien übergesiedelten sogenannten „Befreiten Hofjuden"[35] bzw. die aus Prag stammenden Ältesten der Hofjudenschaft zu Wien. Zu den Gemeinden, die um die Intervention der Prager Juden beim Kaiser baten, gehörten Hanau und Worms. Bereits unter Kaiser Rudolf II. (1576-1612) fand die erste Intervention der Prager Judenältesten zugunsten der Juden von Hanau statt. Als diesen um 1607 bezüglich ihrer Privilegien bzw. bezüglich ihrer Niederlassung Schwierigkeiten gemacht wurden, intervenierte David Theodorus(?)[36] aus Prag, der wohl als Vertreter der Prager Judenältesten fungierte, beim Kaiser Rudolf, der am 17. 12. 1607 den Juden von Hanau die gewünschten

---

[32]) O. KLOPP, *Geschichte Ostfrieslands von 1570-1751*, Hannover 1856, S. 103 ff.

[33]) Die Eingabe der Prager Judenältesten ist bei BONDY-DVORSKÝ, *Geschichte*, unter Nr. 939 abgedruckt, wo als Quelle angegeben ist: „Staatsarchiv in Wien, Böhmen Fasc. 2". Vgl. auch G. WOLF in *ZGJD* III (1889), S. 181-82, wo als Datum irrtümlicherweise der 3. Januar (statt: 3. Juni) 1598 angegeben ist.

[34]) B. BRILLING, Die Entstehung der jüdischen Gemeinde in Emden, in: *Westfalen* 51 (1973), S. 210-224.

[35]) Über die „hofbefreiten Juden" (Hofjuden) in Wien s. A. F. PRIBRAM, *Urkunden und Akten zur Geschichte der Juden in Wien*, I, Wien und Leipzig 1918, S. XXVI; ferner M. GRUNWALD, *Samuel Oppenheimer und sein Kreis*, Wien und Leipzig 1913, S. 9 ff.; sowie G. WOLF, *Ferdinand II. und die Juden*, Wien 1859, S. 24 ff.

[36]) Es war mir nicht möglich, ihn auf Grund dieser Vornamen zu identifizieren.

Privilegien unter der Voraussetzung erteilte, daß auch der Graf von Hanau zustimme[37]). Unter Kaiser Ferdinand II. (1619-1637) wurde der Kampf gegen die Hanauer Juden weitergeführt, so daß diese sich 1627 an die Ältesten der Hofjudenschaft zu Wien wandten, die jetzt wegen ihrer Nähe und guten Beziehungen zum kaiserlichen Hof die Aufgaben der Prager Judenältesten übernommen hatten, und diese um Intervention beim Kaiser baten. Daraufhin wandten sich die Ältesten der Hofjudenschaft zu Wien an den Kaiser, der den Privilegien nach der oberste Schutzherr der Juden des Reiches war und baten ihn um sein Einschreiten zugunsten der Hanauer Juden. Am 13.7.1627 schrieb nun der Kaiser an den Grafen Philipp Moritz von Hanau, daß er durch eine Klage der Ältesten der Wiener Hofjudenschaft von den Beschwerden der Juden aus Hanau erfahren habe, und verlangte, daß der Graf die Verfügung erteilen solle, daß die Juden in seinem Herrschaftsgebiet nicht wider ihre Privilegien bedrückt werden dürften und daß keine Gelegenheit zur Aufwiegelung des gemeinen Volkes bei den ohnehin gefährlichen Zeiten gegeben würde[38]).

Zu denjenigen Prager Juden, die als Vertreter der Judenschaft des Reiches namens der Prager (und Wiener) Judenältesten auftraten, gehörte neben dem bereits erwähnten David Theodorus(?) auch Jacob Fröschel[39]) aus Prag, der bereits 1582 privilegierter Hofjude war. Er amtierte als Vertreter der Judenschaft bis zu seinem Tode im Jahre 1623. Sofort bei Regierungsantritt des Kaisers Ferdinand II. (1619-1637) mußte er für die Wormser Judengemeinde eintreten, deren Vorsteher sich an Prag gewandt hatten. Der Wormser Rat wollte nämlich nach dem Tod des Kaisers Matthias im Jahre 1619 die Privilegien der Wormser Juden wieder aufheben und die erneute Bestätigung der Privilegien durch den neuen Kaiser Ferdinand II. hintertreiben. Jacob Fröschel wandte sich nun als Beauftragter der

---

[37]) G. WOLF in *ZGJD* III (1889), S. 180, sowie in (der von Steinschneider herausgegebenen Zeitschrift) *Hamaskir* (hebräische Bibliographie) Nr. 6 von Nov./Dez. 1858, S. 131. Dort heißt es unter dem 17. Dezember 1607: „Infolge der Verwendung des David Theodorus, Rabbi Jude(?) [Fragezeichen von Wolf], zu Prag für die Juden zu Hanau erteilt der Kaiser Rudolph in der Voraussetzung der Übereinstimmung des Grafen zu Hanau den Juden daselbst Privilegien". Vgl. L. LÖWENSTEIN, Das Rabbinat in Hanau, in: *Jahrbuch der Jüdisch-Literarischen Gesellschaft* XIV (1921), S. 2.

[38]) G. WOLF, Ferdinand II., S. 10-11; Anhang, Urkunde 6; auch abgedruckt in: *Jahrbuch für die Geschichte des Judentums* I, (1860), dort S. 226f. bzw. S. 264f.

[39]) Jacob ben Morenu / Mose / Salomo halewi Fröschel starb im Ijar 5583 (Mai 1623) in Prag; s. S. HOCK und D. KAUFMANN, *Die Familien Prags*, Preßburg 1892, S. 289. Bei GRUNWALD, *Samuel Oppenheimer*, S. 15f. sind einige Angaben über ihn und seine Tätigkeit zu finden. Dort ist auch S. 16 die Jahresangabe in „1623" zu verbessern.

Prager Judenältesten an den Kaiser und bat um Bestätigung der Privilegien für die Wormser Juden. Daraufhin bestätigte der Kaiser, ebenso wie sein Vorgänger, Kaiser Matthias, die Privilegien der Wormser Juden[40]).

In seiner Eigenschaft als der von den Prager Judenältesten bestellte Vertreter der Judenschaft des Reiches mußte er auch die Prozesse der deutschen Judenschaft beim Reichshofrat durchführen, so daß er gezwungen war, dem kaiserlichen Hofe nachzureisen.

Auch für die Frankfurter Judengemeinde mußte Fröschel nach 1619 am Reichshofrat auftreten, und zwar in einem Prozeß um die Kosten der kaiserlichen Kommission, die sich mit der angeblichen „Rabbinerverschwörung" von 1603 befaßt hatte[41]). Mit ihm starb im Jahre 1623 wohl der letzte Beauftragte der Judenschaft des Reiches.

VII

Während die Funktion der Prager Judenältesten als Vertreter und Fürsprecher der deutschen Judenschaft am kaiserlichen Hof mit dem Dreißigjährigen Krieg zu Ende ging, konnte sich die Autorität des Prager Rabbinats als des führenden und anerkannten Rabbinats der Judenschaft des Reiches länger behaupten. Neben dem Prager Rabbinat im deutschen Reich galten die Rabbinate von Posen und Krakau in Polen als die angesehensten und obersten Gerichtshöfe der aschkenasischen Judenschaft Europas, deren Entscheidungen in strittigen Fällen angerufen wurden.

Den ersten Nachweis für diese hohe Einschätzung des Prager Rabbinats finden wir bereits in den Jahren 1550 bis 1560. In einem Streit, den die Juden der Mark Brandenburg gegen den vom Brandenburgischen Kurfürsten Joachim II. angenommenen jüdischen Münzmeister Lippold, der zugleich als ihr Judenvorsteher eingesetzt war, führten, hatten sich die Juden der Mark Brandenburg um 1556 an

---

[40]) *MGWJ* 10 (1861), S. 370. Leider ist dort das Datum der Eingabe des Jacob Fröschel sowie der Konfirmation der Wormser Privilegien durch Kaiser Ferdinand II. nicht angegeben. Ebenso fehlt dort auch die versprochene Beilage XXIV.

[41]) Näheres über seine Tätigkeit in diesem Prozeß s. in dem Aufsatz von Volker PRESS „Das Problem der Vereinigung der Judenheit im Reich", der in dem in Vorbereitung befindlichen Sammelband der Vorträge des im Oktober 1977 in Trier abgehaltenen Internationalen Kolloquiums „Die Juden im Herrschafts- und Sozialgefüge des späten Mittelalters und der frühen Neuzeit" erscheinen soll. Zu dem Prozeß selbst s. I. KRACAUER, *Geschichte der Juden in Frankfurt a.M.* I, Frankfurt a.M. 1925, S. 331f. bzw. S. 440f.

die Rabbinate in Prag sowie in Krakau und Posen gewendet, um diese zur Ausrufung des Bannes über Lippold zu veranlassen[42]).

Aber auch aus anderen Teilen des Reiches wandte man sich zwecks Entscheidung in wichtigen Angelegenheiten an das Rabbinat zu Prag und an die Rabbinate der polnischen Judenheit. Aus der Literatur sind zwei derartige Fälle aus dem 17. Jahrhundert bekannt. Es handelte sich um Streitigkeiten innerhalb der Jüdischen Gemeinde von Frankfurt am Main sowie unter den aschkenasischen Juden von Hamburg-Altona.

In den Jahren 1615 bis 1626 war innerhalb der Frankfurter Jüdischen Gemeinde ein Streit um die Besetzung der Vorsteherposten, d.h. um die Macht in der Gemeinde ausgebrochen. In dieser Angelegenheit wandten sich die Frankfurter Gemeindevorsteher nun an die Rabbinate in Prag und Polen, die also als die höchsten Instanzen der aschkenasischen Juden angesehen wurden, bezüglich einer Entscheidung[43]).

Etwa 50 Jahre später (1664) wandten sich die aschkenasischen Juden in Hamburg, die mit der aschkenasischen Gemeinde im (damals dänischen) Altona wegen eines von ihnen neu angelegten Friedhofs in einen Konflikt geraten waren, gleichfalls an das Prager Rabbinat und an die Rabbinate der polnischen Judenschaft und riefen sie zu Schiedsrichtern in ihrem Streit auf[44]).

VIII

Im 16. und 17. Jahrhundert nahm also die Prager Jüdische Gemeinde innerhalb der Judenschaft des Deutschen Reiches eine so wichtige Stellung ein, daß ihre Vorsteher als Fürsprecher von verschiedenen Judenschaften des Deutschen Reiches angerufen wurden und daß das

---

[42]) A. ACKERMANN, Münzmeister Lippold, in: *Jahrbuch der Jüdisch-Literarischen Gesellschaft* VII (1909), S. 29 bzw. S. 87 zu Punkt 16; vgl. auch dort S. 26, sowie BARON, *History*, XIII, 2. Aufl. Philadelphia 1969, S. 255.

[43]) Über diese Streitigkeiten innerhalb der Frankfurter Gemeinde s. den (hebräischen) Artikel „A Dispute Over the Election of the Community Council at Frankfurt a.M., and its Repercussions in Poland and Bohemia" von I. HALPERN, in: *Zion* XXI (1956), S. 64-91. Dort ist (auf S. 86-88) auch ein Brief des Prager Rabbiners / Jomtob / Lipman Heller und der Ältesten der Prager Gemeinde an die Frankfurter Gemeinde vom 26. Adar II 5388 (31. März 1628) abgedruckt.

[44]) Über den Streit zwischen den aschkenasischen Juden von Altona und Hamburg s. B. BRILLING, Der Streit um den Friedhof zu Ottensen, in: *Jahrbuch für die jüdischen Gemeinden Schleswig-Holsteins und der Hansestädte ...*, Nr. 3, 5692 (1931/32), S. 45-68. In einer Aufstellung der Ausgaben der Hamburger Jüdischen Gemeinde vom Jahre 1664 wird auch aufgeführt: „Darauf Brieffe in Pohlen undt nacher Prage geschickt, auch gute Antwort bekommen" (S. 60). Leider war weder der Text der Anfrage nach Prag noch der Antwort von dort im Archiv der Hamburger Jüdischen Gemeinde zu finden.

Rabbinat der Prager Gemeinde als entscheidende Instanz und als Schiedsrichter in strittigen inneren Angelegenheiten der jüdischen Gemeinden Deutschlands anerkannt wurde.

Mit der fortschreitenden Schwächung der kaiserlichen Macht und mit der zunehmenden Stärkung der Territorialherrschaften im 17. Jahrhundert begann diese wichtige Funktion der Prager Gemeinde und ihres Rabbinats allmählich an Bedeutung zu verlieren.

ANHANG*)

Schreiben des Kaisers Rudolph an den Bischof Ernst von Hildesheim, in dem die Eingaben der Prager Juden erwähnt werden. Gleichzeitige Abschrift.
Prag, 6. Mai 1596
Stadtarchiv Hildesheim, Judenakten 84,5

Rudolf p.

Ehrwürdiger und Hochgeborener Lieber Vetter und Churfürst, Uns haben unsere Undertanen N. Die Eltesten und Gemeine Judenschaft in unser Konniglichen Statt Prag hievor und itzo wiederumb/: nachdem wir sie vor diesem wegen etzlicher wieder die Predicanten der Stadt Hildesheim uns vorgepragter Klage an deine Liebden als Landtsfürsten und ordentliche Obrigkeit dies[es] Orts remittiret und gewiesen, durch beivorwardt Suppliciren ferner gehorsamlich zu erkennen geben, was massen ihre Bruder und Juden zu Hildesheim, sonderlich Nathan Schay Judt wegen einer Heirat, so er mit seines Weibes Schwestern getroffen, durch Anstiftung gedachter Predicanten zu Hildesheim, bei Burgermeister und Rat auch der ganzen Burgerschaft und gemeinen Man daselbst dermassen verfolgt und verhast, dass dieselbe ermelte Burgermeister und Rat [sie] nicht alleine aus der Stadt weggeschafft, sondern auch denen, so vor und dabey uff dem Berg woinen, aller Schutz und Pass uff- und abgekundiget und derwegen vor sich selbst und in Namen gemeiner in der Stadt und uff dem Berg zu Hildesheim gesessener Judenheit demutiglich gebetten: Wir geruheten ihnen mit unserm kay[serlichen] Einsehen hilflich zu erscheinen und sie bei Recht ihren judischen Gesetzen, Gepreuchen und Ceremonien auch erlangten Freiheiten gnedigst zu schützen und zu handthaben. Wan wir dan niemandt wieder Gepuer beschweren zu lassen geneigt und menniglich unverporgen, welcher gestalt vermöge des Heiligen Reichs Abscheidt auch sonderbaren kay[serlichen] privilegien der Juden, so viele derselben in des Heiligen Reichs Bezirk und Obrigkeit wonen, in unserm und des Heiligen Reichs Versprechung, Schutz und Schirm sitzen und als andere Reichs Einwohner, gemeiner Ruhe und Friedens Constitutionen, aber auch Reichs Recht und Ordnungen teilhaftig, sonderlich aber durch vorberurte weilandt unseren Vorfahren am Reich Roemischer Kayser und Konninge auch unser ihnen erteilte und bestedigte Privilegia dahin begnadiget, dass sie an denen

---

*) Der Text dieser Urkunde wurde unter Zugrundelegung der „Richtlinien für die äußere Textgestaltung bei Herausgabe von Quellen zur neueren deutschen Geschichte" von J. SCHULTZE (in: *Blätter für deutsche Landesgeschichte* 98 [1962], S. 1 ff.) normalisiert bzw. wiedergegeben.

Ortern, da sie sich heusslich niedergelassen, mit der Tat in keinerley weise betruebet, beleidiget oder angegriffen werden sollen, nach Ausweisung neben angezeigter supplication beiliggender Abschrift p. Hieraus so haben wir D[eine] L[iebden] solch der Juden Supliciren und Beschwerungen hiemit zufertigen wollen, mit dem angehefte[te]m gnedigen Gesinnen und Begehren, D. L. wolle bei ermelter Stadt Hildesheim die endtliche Verfuegung tuen, dass sie, im fall die Sachen geklagter massen beschaffen, obberurt usgepott wiederumb uffheben und die widerrechtliche Sperrung der Pass[ierung] und was ferner demselben Edict anhengig, relaxiren, auch hinfuro be[sagte] Judenschaft wieder unsere kayserliche Privilegia und ihr der Rat selbst etzlichen Juden gegebene Satzung, ferner keineswegs mit der Tat beschweren, noch anderen zu tuende gestatten, sondern ob sie etwass wider mehr be[nannte] Juden sambt und sonders zu klagen, dasselbe mit recht an Ort und Enden, wo und wie sulches gepuret, anprengen, und des Austrages ruhelich erwarten.

Daran tut D. L. nebens Handthabung der Pillicheit unseren gefelligen Willen und Meinung, dero wir mit vetterlichen Hulden und kay[serlichen] Gnaden vorders woll gewogen seindt.

Geben auff unserm koniglichen Schloss zu Prage den sechsten Tag Maii Anno [15]96, unser Reichs des Romischen im einundzwanzigsten, des hungarischen im vierundzwanzigsten und des Böhmischen auch im einundzwanzigsten p.

                                                              Rudolph/m.p.

BEGEGNUNG MIT MARTIN BUBER *)

von

KARL HEINRICH RENGSTORF

Das Thema, dessen Behandlung den Auftakt zur Eröffnung unserer Buber-Ausstellung bildet, hat seinen letzten Grund darin, daß ich zu den bevorzugten Menschen gehöre, die durch viele Jahre hindurch in einem sehr intensiven Verkehr und Austausch mit Martin Buber haben stehen dürfen. Buber ist in der Auswirkung des so entstandenen Miteinanders zweimal hier in Münster gewesen. Im Lauf meiner Darlegungen wird gerade auch darüber zu berichten sein. Zwei der Vitrinen der Ausstellung enthalten eine Dokumentation über das, was damals hier geschehen ist. Es hat sich übrigens für das Verhältnis Bubers zum Nachkriegsdeutschland ganz entscheidend ausgewirkt.

Zunächst einige biographische Daten:

Martin Buber ist am 8. Februar 1878 in Wien geboren und am 13. Juni 1965, also vor nun zehn Jahren, in Jerusalem gestorben. Er ist ein Enkel von Salomon Buber, dem großen Midrasch-Forscher, der zugleich ein führendes Glied der galizischen Haskala war, d. h. jener Bewegung im Ostjudentum, die auf dessen Synthese mit der westeuropäischen Kultur hinstrebte. Der Großvater, kein Berufsgelehrter, sondern eine Art hochgebildeter jüdischer Landedelmann, hat den bei den Großeltern in Lemberg und auf ihren großen Gütern heranwachsenden Knaben stark geprägt. Buber hat lange und intensiv studiert, aber schon 1900 in Wien zum Dr. phil. promoviert. Seine Dissertation läßt bereits erkennen, wie die Weichen für sein Leben gestellt waren; denn sie enthält, wie es ihr Thema in Aussicht stellt, *Beiträge zur Geschichte des Individuationsproblems*. In der Wiener Universität gab es damals keinen Druckzwang. So ist ein Ausschnitt aus dieser Arbeit erst aus Anlaß des 50. Geburtstags Bubers in einem Festband mit dem Titel *Aus unbekannten Schriften* durch seinen Freund Franz Rosenzweig, mit dem er bereits an der Übersetzung der hebräischen Bibel war, 1928 veröffentlicht worden. Sie ist eine Frucht seiner

---

*) Für den Druck überarbeitete Rede, die anläßlich der Martin-Buber-Gedächtnisausstellung in der Universitätsbibliothek in Münster am 8. Juni 1975 gehalten wurde; zuerst erschienen in *Tribüne* 14, 1975, S. 6544-6557.

Beschäftigung u. a. mit Nikolaus von Kues, dem großen katholischen Humanisten, und mit Jakob Böhme, dem bedeutenden und bis heute nachwirkenden protestantischen Mystiker des 17. Jahrhunderts. Im Grunde haben Buber die hier angegriffenen Probleme sein ganzes Leben und bis in das hohe Alter beschäftigt.

Durch seine Herkunft war Buber recht wohlhabend. Infolgedessen hatte er nicht nur die Möglichkeit, sich schon 1899 mit Paula Winkler zu verheiraten, einer Christin, die ihm später in das Judentum folgte und ihm bis 1958, also fast sechzig Jahre, eine ebenso verständnisvolle wie hilfreiche Lebensgefährtin gewesen ist. Er konnte es sich auch leisten, auf berufliche Bindungen zu verzichten und sich als frei-schaffender Schriftsteller zu betätigen. So war es ihm auch möglich, fast von den Anfängen an in der zionistischen Bewegung mitzuarbeiten und sehr bald prägend zu wirken, andererseits sich aber auch mehr und mehr in voller Freiheit mit zentralen Fragen des jüdischen Selbstverständnisses zu befassen. Erst 1923 fand er auch eine akade-mische Tätigkeit, als ihm die Frankfurter Universität einen Lehrauftrag für jüdische Religionswissenschaft unter besonderer Berücksichtigung der Ethik erteilte. Sehr bald wurde er Honorarprofessor. Seine wach-sende Wirksamkeit fand 1933 dadurch ihr Ende, daß ihm aufgrund des § 3 des Gesetzes zur Wiederherstellung des Berufsbeamtentums die Tätigkeit an der Universität Frankfurt unmöglich gemacht wurde. In der Zeit seiner Frankfurter Lehrtätigkeit — Buber wohnte damals in Heppenheim an der Bergstaße — hat er gleichzeitig am Jüdischen Lehrhaus in Frankfurt mitgearbeitet und schon bald mit Franz Rosenzweig die bereits erwähnte Übersetzung des Alten Testaments begonnen. Sie konnte, seit 1925 entsprechend den biblischen Büchern in einzelnen Bänden erscheinend und nach Rosenzweigs frühem Tod im Jahr 1929 von Buber allein fortgesetzt, in einem Zug zunächst nur bis 1938 und bis zum Buch der Sprüche einschließlich weitergeführt werden.

1938 waren dann die Verhältnisse in Deutschland für Buber so unerträglich und zugleich gefährlich geworden, daß er sich entschloß, eine Reise nach Palästina zu machen. Das, was er und seine Frau in Heppenheim erlebt haben, ist in Romanform von seiner Frau später in einem Buch mit dem Titel ˋMuckensturm dargestellt worden, das unter Verarbeitung der Erfahrüngen der Jahre 1933 — 1938 zwischen 1938 und 1940 geschrieben wurde und erst 1953 in Heidelberg erscheinen konnte — unter dem alten Pseudonym Georg Munk, unter dem sie seit 1912 mehrere Bücher veröffentlicht hatte. Nun schrieb sie in Jerusalem; denn Bubers kehrten aus Palästina nicht mehr zurück. Man kann nur sagen: Gottlob, daß sie es nicht taten! Es gilt der Vorstellung standzuhalten, daß Martin Buber sonst in Auschwitz sein Ende gefunden hätte. So ließ er alles, was er besaß, in Heppenheim, wie es war. Wenn ich mich recht entsinne, hat Frau Buber mir 1951, als beide zum ersten Mal nach dem Krieg auf meine Einladung hin in Münster waren — bezeichnenderweise sprach nicht er; er hatte alles hinter sich gelassen —, davon erzählt, wie sie ihr Haus nach zwölf Jahren wiederfanden. Soviel ich mich erinnere, haben Bubers von dem, was von ihnen in Heppenheim geblieben und noch vorhanden war, nichts mehr wieder an sich genommen. Es war ja nicht mehr das Ihrige und deshalb für sie fern und fremd.

1938 wurde Buber Professor an der Hebräischen Universität in Jerusalem. Interessanterweise erhielt er einen Lehrstuhl für Soziologie und nicht etwa für Auslegung der Bibel oder für Religionsphilosophie oder für Ethik. Das ist recht aufschlußreich für uns, wie es andererseits für Buber selbst schmerzlich war. Man hat ihn eben in Israel immer als eine Art Außenseiter empfunden und auch behandelt. Das geschah nicht nur wegen der Art und Weise, wie er zur Heiligen Schrift stand, und auch nicht nur deshalb, weil er es immer abgelehnt hat, sich in einer traditionellen Weise den Forderungen der jüdischen Orthodoxie hinsichtlich der Bindung an das Gesetz zu beugen. Es geschah vor allem auch deshalb, weil er von Anfang an zu den Wortführern jener Kreise gehört hat, die auf eine Verständigung mit der arabischen Bevölkerung im Lande hinarbeiteten. Das hat sich zum Teil in einer fast tragischen Weise später bis in die letzte Zeit seines Lebens hin ausgewirkt, als das eigene Land ihm die Unterstützung versagte, nachdem er für den Friedensnobelpreis vorgeschlagen war. Wir wollen es nicht unterlassen, daran auch jetzt zu denken. Buber hat daran schwer getragen. Er hat sich indes weder innerlich noch äußerlich dadurch beeinflussen oder gar beirren lassen — ein Zeichen für das ungewöhnlich hohe Maß persönlicher Freiheit und Sachlichkeit, das ihm zeit seines Lebens zu eigen gewesen ist.

Es ist diese Freiheit, die es Martin Buber möglich gemacht hat, trotz dessen, was ihm von deutscher Seite angetan worden war, die ihm von hier ausgestreckte Hand zu nehmen und die gewaltsam abgerissene Verbindung mit denen von uns, die seine Nähe und sein Wort in mehr als einem halben schlimmen Menschenalter hatten entbehren müssen, wiederanzuknüpfen, auch wenn er nicht wieder der Unsrige wie einst werden konnte. Unsere Universität und unsere Stadt dürfen sich dankbar dessen freuen, daß er sich ihnen in besonderer Weise zugewandt und aufgeschlossen hat. So ist er schon 1950/51 zum ersten Mal wieder in Deutschland gewesen und von Heidelberg, wo er seinen alten Verleger Lambert Schneider besucht hatte, zu mir nach Münster gekommen und hat dann 1953, während meines Rektorats, auch die Einladung der Universität angenommen, eine Gastvorlesung zu halten. Er hat damals im überfüllten Auditorium Maximum über *Das politische Prinzip und seine Grenzen* gesprochen. Es war eine Stunde der Einkehr und der Umkehr für alle, die dabei waren, und niemand, dem das beschieden gewesen ist, wird es je vergessen. 1962 hat ihn dann die Medizinische Fakultät unserer Universität aufgrund seiner Arbeiten, die es mit Fragen des menschlichen Miteinanders zu tun haben, mit der Verleihung des Ehrendoktors der Medizin geehrt. Die hier ausgestellte Dokumentation verdeutlicht daher mit gutem Grund auch Bubers Beziehungen zu unserer Universität und zu dem hier 1948 wiedereröffneten Institutum Judaicum Delitzschianum. Buber hat auch der Franz Delitzsch-Gesellschaft, die zu den Trägern dieses Instituts gehört, die Freude gemacht, die Ehrenmitgliedschaft anzunehmen. Ich sehe, in dem allen für uns und ganz besonders für unsere Universität eine bleibende Verpflichtung und zugleich das entscheidende Motiv dafür, daß wir hier heute überhaupt und daß wir zusammen sind. Wir dürfen eben in aller Bescheidenheit doch in gewisser Weise sagen, daß Martin Buber auch zu uns gehört hat, und zwar nicht etwa nur deshalb, weil wir ihn zu uns zu kommen gebeten haben und er gekommen ist, sondern weil er auch mit vollem Bewußtsein und mit einem vollen Ja zu der hiesigen Situation uns als Partner im Gespräch angenommen hat.

Es sei erlaubt, das, was nun weiter zu sagen ist, stark unter persönliche Aspekte zu stellen. Wer in ein unmittelbares Verhältnis zu Buber hat treten dürfen, wird zudem nichts anderes erwarten. Als Mensch des Gesprächs wie wenige forderte er seinen Partner als Person bis zum letzten, wie er sich aber andererseits auch ihm ohne Vorbehalt erschloß und gab. Begegnung mit ihm ist und bleibt deshalb persönliche Inanspruchnahme.

Ich weiß nicht, wann Buber zum ersten Mal spürbar in mein Leben hineingetreten ist. Spätestens ist es im Sommer 1926 geschehen, als ich Vikar in Leipzig und Hilfsarbeiter am Institutum Judaicum Delitzschianum war. Dort lagen die damals noch in fast regelmäßiger Folge erscheinenden Sonderhefte der von Buber gegründeten und herausgegebenen Zeitschrift *Der Jude* auf dem Tisch. 1927 habe ich mir zum ersten Mal ein Buch von ihm gekauft: *Der große Maggid und seine Nachfolge* und bin so zu einer ersten Berührung mit dem Buber so wichtigen Chassidismus gekommen. Gesehen und gehört habe ich Buber dann allerdings erst im März 1930, und zwar bei einer Studientagung über das Verhältnis von Christentum und Judentum, die von der Konferenzgemeinschaft der deutschen Judenmissionsgesellschaften in Stuttgart durchgeführt wurde. Die Vorbereitung lag, weil ich damals gerade in Tübingen habilitiert war, großenteils in meinen Händen. Bei dieser Gelegenheit habe ich den ersten persönlichen Kontakt mit Buber gehabt, der auch, wenn ich mich recht entsinne, auf meine Veranlassung gebeten war, sich mit einem Vortrag an der Veranstaltung zu beteiligen. Er sprach dann über die Seele des Judentums, während der damalige Leipziger Dozent und spätere Tübinger Professor Adolf Köberle über die Seele des Christentums zu sprechen hatte. Buber hat seinen Vortrag später unter dem Titel „Die Brennpunkte der jüdischen Seele" in der Sammlung seiner kleineren Arbeiten aus den Jahren vor 1933, die er *Kampf um Israel* genannt hat, veröffentlicht.

Bezeichnenderweise stellte Buber in seinen Ausführungen nicht das Gesetz in den Mittelpunkt, sondern äußerte sich über die zwei, wie er sich ausdrückte, Brennpunkte des Judentums, das er sich elliptisch angelegt vorstellte. Den ersten Brennpunkt sah er in der menschlichen Urerfahrung, daß Gott bei allem Entrücktsein für den Menschen doch stets gegenwärtig und ihm zugewandt ist, und zwar wirksam in dem, was die hebräische Bibel die Furcht Gottes nennt. Für Buber war es damals und ist es so geblieben, daß sich Gott in seiner Liebe allein durch dies ‚Furcht Gottes' genannte Verhalten des Menschen ihm erschließt und ihn in das Gespräch mit ihm hineinzieht, um das ganze Leben zu durchdringen. Natürlich werden hier Einflüsse erkennbar, die Buber in früher Jugend in seiner galizischen Heimat und in der Umgebung seines Großvaters vom Chassidismus empfangen hat. Für den Chassidismus gibt es ja nichts Profanes. Dort, wo der Mensch ist, wo er steht oder sich bewegt, ist immer ein nichtprofaner Raum, wenn sich dies Sein, Stehen und Bewegen in der Gegenwart Gottes vollzieht. Als zweiten Brennpunkt neben diesem ersten bezeichnete Buber dann das Grundgefühl, daß Gottes erlösende Kraft überall und immer wirkt und daß es doch jetzt nicht und hier schon ein Erlöstsein gibt, obwohl von dem zuerst Gesagten aus nicht nur kein Zweifel daran bestehen kann, daß es zur Erlösung der ganzen Welt und zum Heil aller kommen wird, sondern auch, daß jeder, der Gott in seinem Bewußtsein hat, zur Mitarbeit mit Gott auf das Werk der Erlösung hin berufen ist. Hier ist wiederum ein Stück Chassidismus als Motiv erkennbar, sofern der Chassidismus alles Gewicht darauf legt, daß der Mensch umkehrt und in der Umkehr nicht nur die entscheidende Wendung zu sich selbst, sondern auch zu Gott bzw. nicht nur zu Gott, sondern auch zu sich selbst vollzieht.

Einige Sätze aus diesem Vortrag von 1930 mögen einen Eindruck davon vermitteln, wie Buber damals in einer Situation, in der am Aufkommen des Nationalsozialismus, des Rassismus und auch eines sogenannten deutschen Christentums nicht mehr gezweifelt werden konnte, zu einer biblisch begründeten zwischenmenschlichen Solidarität aufrief. Er schloß mit einer Frage, die er an das große Auditorium von mehreren hundert vorwiegend jungen Menschen richtete, und antwortete selbst. Die Frage lautete: ,,Was ist uns und euch gemeinsam?'' Buber fragte nicht: ,,Was ist mir und Ihnen gemeinsam?''; er fragte: ,,Was ist uns und euch gemeinsam?'' Und seine Antwort war:

,,Wenn wir es völlig konkret fassen: ein Buch und eine Erwartung. Für euch ist das Buch ein Vorhof, für uns ist es das Heiligtum. Aber in diesem Raum dürfen wir gemeinsam weilen, gemeinsam die Stimme vernehmen, die in ihm spricht. Das bedeutet, daß wir gemeinsam arbeiten können an der Hervorholung der verschütteten Gesprochenheit dieses Sprechens, an der Auslösung des eingebannten lebendigen Worts. Eure Erwartung geht auf eine Wiederkehr, unsere auf das unvorweggenommene Kommen. Für euch ist die Phrasierung des Weltgeschehens von einer unbedingten Mitte, jenem Jahr Null, aus bestimmt; für uns ist es eine einheitlich gestreckte Tonfolge, ohne Einhalt von einem Ursprung zu einer Vollendung strömend. Aber wir können des Einen Kommenden gemeinsam harren, und es gibt Augenblicke, da wir ihm gemeinsam die Straße bahnen dürfen. Vormessianisch sind wir schicksalsmäßig getrennt. Da ist der Jude für den Christen unverständlich als der Verstockte, der nicht sehen will, was sich ergeben hat, unverständlich der Christ dem Juden als der Verwegene, der in der unerlösten Welt ihre vollzogene Erlösung behauptet. Das ist eine von keiner Menschenmacht überbrückbare Spaltung. Aber sie verwehrt nicht das gemeinsame Ausschauen in eine von Gott her kommende Einheit, die, all eure und unsre Vorstellbarkeit überfliegend, das Eure und das Unsre bestätigt und verwirft, verwirft und bestätigt, und alle Glaubenswahrheiten der Erde durch die Seinswahrheit des Himmels ersetzt, die Eine ist. Euch und uns, jedem geziemt es, den eignen Wahrheits-glauben, das heißt: das eigne Realverhältnis zur Wahrheit, unverbrüchlich fest-zuhalten; und euch und uns, jedem geziemt die gläubige Ehrfurcht vor dem Wahrheitsglauben des andern. Das ist nicht, was man ,Toleranz' nennt: es ist nicht an dem, das Irren des andern zu dulden, sondern dessen Realverhältnis zur Wahrheit anzuerkennen. Sobald es uns, Christen und Juden, wirklich um Gott selber und nicht bloß um unsre Gottesbilder zu tun ist, sind wir, Juden und Christen, in der Ahnung verbunden, daß das Haus unsres Vaters anders beschaffen ist, als unsre menschlichen Grundrisse meinen.''

Es kam dann zu einer Szene, die ich nicht vergessen habe und die mich begleitet und weiter begleiten wird als etwas, was Mahnmal zur Bewährung eigenen Menschseins ist. In der Diskussion, die auf Bubers Vortrag folgte und in der es um die Frage ging, ob nicht Jesus doch mehr sei als das, was Buber zugestehen wolle, und als Buber immer scheuer und zurückhaltender wurde, sagte der Leipziger Religionshistoriker Alfred Jeremias, der die Tagung leitete, zu ihm: „Verehrter Herr Doktor, haben Sie mir nicht einmal in Leipzig gesagt, wörtlich: ‚In niemandem ruht meine Seele lieber als in Jesus'?" Buber erstarrte und antwortete nur: „Das habe ich Ihnen unter vier Augen gesagt! Warum sagen Sie es hier?" Seitdem habe ich Buber geliebt.

Im Wintersemester 1932/33 habe ich dann in Tübingen mit einem kleinen Kreis von Studenten Bubers Buch *Ich und Du* in einer häuslichen Seminarübung gelesen. Während draußen die SA marschierte und die Herrschaft der Unmenschlichkeit begann, ließen wir uns von ihm Weisung und Hilfe in dieser unheimlichen Situation zukommen. Es war eine leise Stimme, die da zu uns sprach. Sie forderte nicht, sondern sprach zu, und sie hielt, was sie versprach, wenn man auf sie hörte und sie gelten ließ. Buber bot sich als Begleiter auf einem gefährlichen Weg an, und er wurde angenommen.

Im Sommer 1933 veröffentlichte der bekannte Tübinger Theologe Gerhard Kittel sein aus Vorträgen entstandenes, weniger böse gemeintes als schrecklich naives Büchlein *Die Judenfrage*. In ihm entwickelte er den Gedanken, es sei für das Judentum, zunächst das in Deutschland, an der Zeit, sich auf sich selbst zurückzuziehen und hinsichtlich der Mitwirkung im öffentlichen Leben wie im Kulturschaffen bewußte Zurückhaltung zu üben bzw. keine Ansprüche mehr zu stellen, zumal durch den nationalen Aufbruch seine Lage ohnehin grundlegend und folgenreich verändert sei. Diese Schrift sandte er mit einem freundlichen Brief auch an Martin Buber, den er 1930 in Stuttgart kennengelernt hatte und den er als Interpreten des Judentums hoch schätzte. Er war naiv genug zu meinen, gerade er würde ihm in wesentlichen Punkten zustimmen. Buber hat auf Buch und Brief in einem Offenen Brief in den *Theologischen Blättern* schon im August 1933 in großer Würde geantwortet und später auf Kittels Replik in einer zweiten Auflage seiner Schrift hin nochmals das Wort genommen. Er hat Kittels These, das Judentum müsse zu seiner vorgegebenen Fremdlingschaft unter den Völkern gerade auch um seiner selbst willen entschlossen ja sagen, von der jüdischen wie von der christlichen Bibel aus energisch und glaubwürdig widersprochen und damit ein bleibendes Zeichen gesetzt.

Wer nicht verblendet war vom Scheinglanz des Aufbruchs in das angeblich von Gott heraufgeführte Dritte Reich der Deutschen, konnte nur Buber recht geben. Die von uns Jüngeren, denen das Wasser an den Hals zu steigen begann, haben sich damals völlig und eindeutig auf seine Seite gestellt. Er ist dann auch in den ganzen folgenden Jahren unser stiller Mahner auf den Wegen gewesen, die wir zu gehen hatten.

Die Gespräche zwischen Christen und Juden, die Anfang der dreißiger Jahre begonnen hatten und bei denen Buber nicht zuletzt wegen seiner Bibelübersetzung und seiner theologischen Schriften führend beteiligt gewesen war, hatten schon im Januar 1933 im Jüdischen Lehrhaus in Stuttgart einen letzten Höhepunkt und zugleich ihr Ende gefunden in einem zu kirchengeschichtlicher Bedeutung gekommenen Gespräch zwischen ihm und dem Bonner Neutestamentler Karl Ludwig Schmidt, der wenige Monate später seine Professur verlor, ausgebürgert wurde und als Pfarrverweser in ein Schweizer Dorf zu gehen hatte. Wieder ging es um Christentum und Judentum, aber nun bereits unter einem Himmel, der von Wolken bedeckt war, die den Atem zu nehmen geeignet waren. Buber ist dann, was seine Beziehung zu seiner ganzen nichtjüdischen Umwelt betrifft, in eine Zeit tiefen Schweigens hineingekommen. Aber diese für ihn als Mensch des Gesprächs so schwere Zeit hat ihm eine vorher so nicht zu erwartende einzigartige Konsolidierung seines Selbstverständnisses als Jude eingetragen, sofern er sein Judesein als ihm von Gott aufgetragen und zu bewähren erkannte. So sind es Jahre einer ungewöhnlichen Konzentration, die sein Leben zwischen 1932 und 1938 bzw. 1945 gefüllt haben. In diesen Jahren ist das meiste von dem, was den Beginn seines Weges begleitet und gekennzeichnet hat, hinter ihm geblieben. Über Nikolaus von Kues und Jakob Böhme war er zu intensiver Beschäftigung mit dem inneren Leben fast aller großen Religionen und Kulturen geführt worden und hatte eine Fülle von einschlägigen Texten in eigenen Übersetzungen veröffentlicht. Auch seine Schriften zum Chassidismus sind, wenn auch nicht allein, in diesem Zusammenhang zu sehen. Gewiß, er war immer Jude, und er war sogar Zionist, wenn auch ein Zionist eigener Art. Aber nun wendet er sich, nachdem er die Bibel neu entdeckt hat, der Artikulation seines Judeseins von der Bibel her zu, und zwar unter dem Gesichtspunkt einer Aufgabe, die er sich als Jude allen Menschen gegenüber auferlegt sieht. Man muß einfach die Reden und Aufsätze aufschlagen, die er 1933-1935 gehalten und in einem Band mit dem Titel *Die Stunde und die Erkenntnis* veröffentlicht hat. Durch sie hat er in die neue Situation des deutschen Judentums dieser Jahre hineingesprochen. Es ist sehr bezeichnend für ihn, daß er nicht geklagt, sondern wirksame Hilfe zur jüdischen Bewußtwerdung für die, die seine Situation teilten, zu geben versucht hat. Schwerpunkt seiner Arbeit wurde das Frankfurter Jüdische Lehrhaus neben den jüdischen Volkshochschulen, die sich notgedrungen im ganzen Reichsgebiet bildeten. Hier trat Buber buchstäblich in den Riß; hier ist er auch zu dem Lehrer geworden, der angesichts einer sich mehr und mehr verschlechternden Situation in einer geradezu seelsorgerlichen Verantwortung für das deutsche Judentum grundlegende Fragen der Pädagogik anpackte und sich dabei von einem nun am biblischen Menschenbild orientierten Humanismus leiten ließ.

Ich hatte Buber als lebendige Persönlichkeit völlig aus den Augen verloren, als mich im September 1949 ein Brief von ihm aus Jerusalem erreichte. Gemeinsame Bekannte hatten ihn über das informiert, was hier in Münster im Institutum Judaicum Delitzschianum wieder entstanden, und über das, was weiter im Deutschen evangelischen Ausschuß für Dienst an Israel ebenfalls von hier aus in Gang gekommen war. Im Herbst 1948 hatte dieser eine erste Studientagung ‚Kirche und Judentum' in Darmstadt durchgeführt, bei der neben Martin Niemöller auch Leo Baeck gesprochen hatte, der dazu besonders aus England gekommen war. Ein weiteres Motiv der beginnenden Korrespondenz war der Büchermangel, unter dem wir litten, der aber auch ihn in Jerusalem behinderte. So schlug er einen Austausch von Publikationen vor, und ich bin darauf eingegangen. Unser Briefwechsel ist aber ziemlich bald sehr dicht geworden und hat alle Fragen einbezogen, die unsere damalige Situation stellte. In Verbindung damit habe ich mir die Anfrage erlaubt, ob er, Martin Buber, uns in unserer äußeren und inneren Verlorenheit nicht helfen könnte, menschlich wieder zu uns zurückzufinden. Dazu veranlaßte mich nicht zuletzt der Eindruck, den ich von der Hilfe hatte, die er den mitjüdischen Menschen in den Jahren des Dunkels und des Alleingelassenseins hatte zuteil werden lassen. Nach längerem Zögern hat er sich in einem Brief vom 20. August 1950 bereit erklärt, nicht nur nach Deutschland, sondern auch nach Münster zu kommen. Was ihn zunächst zweifeln ließ, ob seine Reise zu uns einen Sinn habe und sich rechtfertigen lasse, war, wie er sich ausdrückte, die Befürchtung, wir Deutschen hätten in den Jahren zwischen 1933 und 1945 unser Gesicht völlig verloren; er, als Mann des Gesprächs, könne aber nicht mit Menschen sprechen, die kein Gesicht mehr hätten. Bevor er sich dann auf die

Reise nach Münster machte, verlangte er deshalb auch, es dürfe unter gar keinen Umständen ein größerer Kreis mit ihm zusammengebracht werden. Er wünschte, einen kleinen Kreis von Menschen zu treffen, die mein Vertrauen hätten, um ihnen seinerseits in Vertrauen zum Gespräch zu begegnen. So sind wir denn am Abend des 31. Januar 1951 in meiner Wohnung zusammengetroffen. Ich werde gleich berichten, wie es zugegangen ist.

Zuvor aber noch etwas aus dem Briefwechsel, der der Begegnung und dem Gespräch vorausgegangen war! Buber hatte mir unter anderem geschrieben, ohne Liebe könne der Mensch nicht leben. Das hatte er getan, indem er eine Wendung von mir aufnahm. Ich darf gewiß aus dem bereits erwähnten Brief vom 20. August 1950, der auf seiner Seite einen gewissen Durchbruch bedeutete, einen Satz vorlesen:

> „Es ist, wie Sie sagen: Ohne Liebe kann der Mensch nicht leben, nicht wahrhaft, nicht als Mensch. Aber Liebe scheint heute mehr als je zuvor Gnade zu sein, aus Gnaden empfunden, aus Gnaden empfangen, Gott sei Dank, daß ich sie erkenne, wo ich ihr begegne."

Und dann dazu: „Ich komme."

Am 31. Januar 1951 hat er dann — er war damals zwei Tage hier — abends bei mir ein noch nicht veröffentliches Essay über die Opferung Isaaks aus dem Manuskript vorgelesen. Wir hatten vorher brieflich die Frage erörtert, ob es nicht sinnvoll wäre, wenn er ein paar Fragen stellte und wir dann mit ihm über seine Fragen sprächen. Er hatte aber entschieden, das wolle er keinesfalls tun. Er sei zu einer Diskussion weder in der Lage noch willig; was er suche, sei ein Gespräch, und Gespräche kämen dann zustande, wenn man ihn frage — nun, er würde durch eine Lesung aus seiner Arbeit, also durch eine Art eines Angebots seiner selbst, Fragen anregen. Genau so ist es dann gegangen, und es ist ein unvergeßlicher Abend geworden.

Über diesen Abend gibt es einen kurzen Bericht von Dr. Franz Norbert Mennemeier, der damals in Münster tätig war, in der Frankfurter Allgemeinen Zeitung vom 7. Februar 1951. Außerdem gibt es ein ausführliches Protokoll von Dr. Eva Schaper, das leider nur im Manuskript vorliegt, aber während der Ausstellung eingesehen werden kann. Wie aber sah der kleine, um Buber versammelte Kreis an diesem Abend aus? Teilnehmer waren außer den bereits Genannten der jetzige Bischof von Mainz, Kardinal Professor Dr. Hermann Volk, der damals mein Kollege und mein Nachbar war, der Germanist Clemens Heselhaus, der Theologe Ernst Haenchen und einige Studenten, die fast alle inzwischen selbst Professoren geworden sind, wie Ulrich Luck in Bethel, Günter Rohrmoser und Peter Hauptmann in Münster, Paul Schwarzenau in Dortmund neben Walter Magaß, heute als Pfarrer in Bonn eine führende Gestalt in der modernen Linguistik auf theologischem Gebiet.

Meine Frau und ich hatten natürlich etwas Angst gehabt, wie alles gehen würde, der Besuch von Bubers als solcher und natürlich auch dieser Abend. Indes verlief alles in einer ungewöhnlich menschlichen Weise ohne jede Komplikation. Was Buber sich gewünscht hatte, trat ein: Es wurde ein gutes abendliches Gespräch, tastend zuerst, aber dann doch so, daß es zum Miteinander führte. Buber selbst war von einer ergreifenden und befreienden Hingabebereitschaft. Er hat nach dem Mittagessen bei uns auf unserem Sofa geschlafen. Auch denken wir noch mit einem gewissen Vergnügen daran, wie er in einer Zeit des Zuckermangels — der Besuch fiel in die Zeit der Koreakrise; die Kinder auf der Straße sangen: ,,Eins, eins, eins Korea, der Krieg kommt immer näher'' — die Tasse voll Zucker schaufelte. Uns gingen die Augen über. Er verzehrte fast unseren ganzen Zucker für eine Woche in zwei Tagen und sagte dann, er sei so abhängig davon, daß er genügend Zucker zu sich nehme, daß das israelische Kabinett beschlossen habe, ihm eine doppelte Zuckerration zuzusprechen, um ihm seine geistige Arbeit zu ermöglichen.

Der Besuch ging am nächsten Tage, als ich Bubers zur Bahn gebracht hatte, so aus, daß Buber mich im Zug — ich hatte ihm den Koffer in den Wagen gestellt — einen Augenblick auf die Seite nahm und mir sagte: ,,Lieber Herr Rengstorf, ich gehe mit Hoffnung. Die Deutschen werden ihr Gesicht wiederfinden!'' Am 22. April 1951 hat er mir dann geschrieben, er habe bei seinem Besuch in Deutschland und gerade auch in Münster sehr viel gelernt, und das würde Konsequenzen haben. Diese Konsequenzen sind eingetreten. Buber hat im Sommer 1953 den Hamburger Goethe-Preis, der ihm angetragen wurde, aus der Hand meines Freundes Bruno Snell, des Rektors der Hamburger Universität, in einem unvergeßlichen Festakt an- und entgegengenommen, und im Herbst desselben Jahres hat er sich auch den Friedenspreis des deutschen Buchhandels in Frankfurt überreichen lassen. Beides hat ihm in Israel schwere Anfeindungen eingetragen. Buber hat das alles auf sich genommen, weil er in der Annahme beider Preise einen Schritt sah, zu dem ihn, so wenig er darüber sprach, sein Bild des Menschen und sein Verhältnis zu Gott verpflichteten. Seine Vorstellung von der Menschwerdung des Menschen als einem Prozeß, zu dem es nur kommen kann, wenn Menschen einander beistehen, ließ ihm nun nicht mehr die Möglichkeit, sich da zu versagen, wo man ihm ehrlichen Sinnes die Tür öffnete und die Hand bot.

Buber ist dann im Juni 1953 zum zweiten Mal in Münster gewesen und hat im Auditorium Maximum den bereits erwähnten, später berühmt gewordenen Vortrag über *Geltung und Grenze des politischen Prinzips* gehalten, nachdem er kurz vorher darüber schon in Frankfurt gesprochen hatte. In aller Kürze mag skizziert werden, was er damals gesagt hat: Da Gott der Herr des Daseins ist, ist er nicht etwa nur der Autor und der Herr von Religionen oder nun gar einer bestimmten Religion, sei diese Religion das Christentum oder auch das Judentum; das führt notwendig zu der Forderung auf volle Freiheit gegenüber allen geschichtlichen Bindungen und auch gegenüber einer bestimmten geschichtlichen Situation, eben um Gottes willen. Was damit gesagt war, lief nicht auf ein Plädoyer für ein Handeln um jeden Preis hinaus, wohl aber auf ein Plädoyer für ein Handeln, das in der Wahrheit Gottes sein einziges Motiv hat. Ich denke, es ist erkennbar, wie sich der Bogen von der Stuttgarter Rede von 1930 zu dieser fast 25 Jahre später gehaltenen Rede in Frankfurt und Münster hinzieht.

Wir haben dann noch einen dritten Besuch verabredet. Zu diesem ist es aber nicht mehr gekommen, weil Bubers Kräfte zunehmend nachließen. Ich habe ihn in der Zwischenzeit bis zu seinem Tode noch einige Male anderswo in Deutschland, vor allem aber dreimal in Jerusalem gesehen und ausführliche Gespräche mit ihm führen können: 1956, 1961 und zuletzt ein Jahr vor seinem Tode, 1964, als er schon seine schwere Augenoperation hinter sich hatte. 1961 war es ein Nachtgespräch bis in den frühen Morgen. Damals war er bekümmert, weil ihm, der — es wurde schon gesagt — von maßgebender Stelle für den Friedensnobelpreis vorgeschlagen war, die erforderliche Unterstützung des Antrags aus dem eigenen Lande nicht zuteil wurde, und zwar nur deshalb, weil er, frei, wie er war, an der offiziellen Politik seines Landes gegenüber der arabischen Minderheit harte Kritik übte. Der letzte Brief, den ich erhalten habe, ist vom 17. April 1963. Damals konnte Buber seine Briefe, die er bis dahin mit der Hand geschrieben hatte — in Jerusalem liegen mehr als 40 000 Originale und Kopien seiner Briefe —, seiner Augen wegen nicht mehr selbst schreiben, sondern mußte diktieren und sich auf das Unterschreiben beschränken — für ihn ein schwerer Verzicht angesichts der Überzeugung, ein Briefwechsel sei ein Stück Gespräch und bedürfe deshalb persönlicher Form.

Wir können nicht zum Ende kommen, ohne daß auch etwas zu der

Frage ,Christen und Juden' gesagt wird, ganz persönlich gefaßt: zu
der Frage: Martin Buber, der Jude, und wir, die Christen. Das erste
Wort soll wieder er haben. In jener Rede in Stuttgart fiel auch der
Satz: „Von euch abgesondert, sind wir euch beigegeben." Der Philologe,
der um die Passiva divina in der religiösen Sprache weiß, hört sofort,
daß das ein theologischer Satz ist: „Von euch durch Gott abgesondert,
sind wir euch durch Gott beigegeben." Das ist die Situation zwischen
Christen und Juden, wie Buber sie sah. Was bedeutet das für uns?
Ich kann nicht sagen, wieweit Buber wirklich den Deutschen geholfen
hat, wieder zu dem verlorenen menschlichen Gesicht zu kommen.
Die wir hier zusammen sind, werden nicht allzu optimistisch sein.
Ist in der Zeit seit 1945 wirklich alles oder fast alles wieder in
Ordnung gekommen? Liegt es nicht nahe anzunehmen, daß z.B. die
Unruhe, die in unserer Jugend ist und wahrscheinlich noch lange sein
wird, in der Unsicherheit gegenüber dem Menschengesicht der älteren
Generationen mindestens einen ihrer Gründe hat?

Mag es also sein, daß Buber den Deutschen nur unvollkommen
und daß er vielen gar nicht zur Wiederfindung ihres verlorengegangenen
Gesichts hat helfen können — den Christen in Deutschland hat er
ganz wesentlich dazu geholfen, ihr Gesicht wiederzufinden. Wenn ich
es wieder persönlich sagen darf: Er hat es getan, indem er uns von
neuem die Augen für das Judentum als ein Stück Verwirklichung
des Menschseins geöffnet hat. So gehört für mich durch Buber das
Judentum irgendwie zu meinem Christsein hinzu, und zwar deshalb,
weil es in Martin Buber einen Platz, sogar einen unverlierbaren Platz,
in meinem Leben gewonnen hat. Buber war — wie hätte es bei ihm
auch anders sein können? — kein Propagandist für das Judentum;
er hat nicht nur die christliche Mission, sondern auch jede mis-
sionarische Tätigkeit des Judentums verabscheut. Aber er war als
bewußter Jude ein bewußter Mensch, der sich als Geschöpf Gottes
zum Menschlichsein berufen und verpflichtet sah. Es kann kein Zweifel
daran bestehen, daß sich an seiner Menschlichkeit, also nicht etwa
nur an seinem Verständnis des Menschseins, sondern gerade an dessen
Praktizierung unter dem Willen des einen Gottes der Juden wie der
Christen, eine Fülle von Menschlichkeit entzündet hat, und das um
so mehr, als ihm gewiß war, daß ein Mensch, der zu seiner Menschlichkeit gefunden hat, nicht nur auf Gott hinzusehen und hinzuhören,
sondern auch mit Gott zu warten und mit ihm und für ihn zu leiden hat.

Es ist gelegentlich gesagt worden, in Buber seien irgendwie auch
messianische, genauer: automessianische Züge in Erscheinung getreten.

Wer Buber in dieser Weise zu definieren versucht, wird nicht im Recht sein. Indes hat Buber begriffen, daß es zu einer Menschlichkeit, die sich an Gott orientiert, unverlierbar gehört, daß der Mensch, den Gott zum Leiden bestimmt, zu seinem Leiden auch ja zu sagen hat. Er hat, was dies betrifft, die Erfahrung des Judentums durchsichtig und fruchtbar gemacht. So ist er ein Lehrer des Judentums, aber auf seine Weise und aus der ihm gegebenen Erkenntnis auch ein Lehrer der Kirche geworden. Es war bewegend, 1951, bei der ersten Begegnung mit ihm nach dem Krieg, aus seinem eigenen Mund kein einziges Wort der Bitterkeit über das zu hören, was ihm angetan war. Soweit Bitterkeit überhaupt in Erscheinung trat, kam sie durch seine Frau zum Ausdruck, sehr verständlicherweise, weil sie noch in einer ganz anderen Weise als er unter dem Verlust des Milieus litt, in dem er der geworden war, der er nun war.

Weil er wußte und weil er dazu auch ja sagte, daß Menschsein als Menschsein im Gebundensein an Gott nicht nur Warten, sondern auch Leiden bei sich hat, deshalb ist für Buber auch das Gespräch wichtiger gewesen als die Publizität; denn das Gespräch ist, wenn es nicht bloßes Geschwätz ist oder auch eine Diskussion, in der wir zu glänzen versuchen, die erste und schwierigste Ebene, auf der Menschen sich als Menschen bewähren und als glaubwürdig erkennbar machen können und sollen. Für Buber setzt zudem die Heilige Schrift insofern den Maßstab für alles Gespräch, als sie die Dokumentation des Gesprächs Gottes mit Israel und mit der Welt ist. Gottes Gespräch mit Israel und mit der Welt hat daher auch für ihn stets die Basis und die Anleitung für die Gespräche gebildet, an denen er sich selbst beteiligt hat. Es ist sehr bezeichnend für ihn, daß er in seinem gehaltvollen Buch *Königtum Gottes*, dem ersten Band einer Trilogie, die er wegen seiner erzwungenen Auswanderung aus Deutschland nicht hat abschließen können, zwei Männern gedankt hat, die ihm, wie er dort sagt, zum richtigen Lesen der Schrift geholfen haben. Der eine ist natürlich Franz Rosenzweig, mit dem er die Übersetzung der Schrift begonnen hat; er war Jude. Aber der andere, und ihn nennt er noch vor Rosenzweig, ist Florens Christian Rang, ein christlicher Theologe und Pädagoge. Buber wäre nicht der, als der er heute vor uns steht, wenn er nicht Anleitung zum rechten Lesen der Heiligen Schrift genommen und sich hätte geben lassen, wo immer sie ihm angetragen wurde.

Insofern gehört es auch in sein Bild hinein, daß er, wie er es gelegentlich gesagt hat, Jesus immer als einen großen Bruder angesehen und geliebt hat. Auch sein in Stuttgart an die Öffentlichkeit gezerrtes Bekenntnis besagt ja im Grunde nichts anderes. Buber war allerdings nicht etwa ein verkappter Christ. Er hat nie einen Zweifel daran gelassen, daß er Jesus als seinen großen Bruder, nicht nur als Bruder, wie es etwa bei Schalom Ben-Chorin zu lesen ist, in sein Judentum integrierte. Er war Jude, aber ein Jude mit Frömmigkeit, mit einer Religiosität oder besser mit einer Humanität, in der Jesus Raum hatte, sogar einen unverlierbaren Raum. Buber ist nicht nur jüdischer gewesen als viele Juden, so gewiß sein Judentum von der Orthodoxie häufig bestritten worden ist. Ich wage zu sagen, daß er in mancher Hinsicht sogar christlicher gewesen ist als viele Christen. Er war es durch sein Verbundensein mit einem Jesus, über den nicht nur reflektiert, sondern von dem erzählt werden will, wenn es zur prägenden Begegnung mit ihm kommen soll. Jesus ist für Buber einer der ganz großen Juden und doch auch wieder mehr als das gewesen, sofern er in ihm einen der wenigen gesehen hat, die jene Menschlichkeit verwirklicht und sich nicht nur um ihre Verwirklichung bemüht haben, auf die hin wir Menschen als Geschöpfe und Ebenbilder Gottes angelegt sind. In dieser Haltung bleibt Martin Buber ein Wegweiser über sein Leben hinaus, nicht allein für seine eigenen Glaubensgenossen, sondern auch für uns Christen und für das christlich-jüdische oder das jüdisch-christliche Gespräch. Er bleibt es durch seinen Mut zum Gespräch im Angesicht Gottes und durch sein Vertrauen auf das gesprochene Wort, wie es in klassischer Form in der Heiligen Schrift vorliegt und wie er es selbst immer wieder aufzunehmen versucht hat.

Ich schließe mit einem Wort, das ganz am Ende des Romans *Muckensturm* steht, in dem seine Frau die letzten Jahre des Erlebens in Heppenheim darzustellen und zu bewältigen versucht hat. Es ist so gut wie sicher ein Wort, das so, wie es dasteht, von Martin Buber formuliert und ihr zur Verfügung gestellt worden ist:

> „Worte haben ein langes Leben, sie sinken tief in den, dem sie zugesprochen sind, sie stehen zu ihrer Zeit wieder auf, zuweilen wenn der Sprecher selbst es nicht mehr vermag."

Es gibt einen ostafrikanischen Stamm, in dem man sich nicht, wie bei uns in Europa, mit dem kühlen „Guten Morgen", „Guten Abend", „Guten Tag" begrüßt, sondern, wenn man sich gegenübersteht, sagt: „Ich sehe dich" und der andere antwortet: „Ich sehe dich". Es wäre eine gute Sache, wenn wir nun an diesem Morgen Martin Buber als jemand vor uns haben würden, der uns ansieht und der uns dadurch, daß er es tut, hilft, in ihm unseren Nächsten, aber auch uns selbst ein wenig besser zu erkennen.

II

MISZELLEN

THE TEXT OF PHILO'S QUIS RERUM DIVINARUM HERES 167-173 IN VATICANUS 379

von

JAMES R. ROYSE

Many of the works of Philo of Alexandria are contained in a fourteenth century manuscript, Vaticanus graecus 379, which was found by Cohn and Wendland to belong to the family of Philo manuscripts headed by their U (Vaticanus graecus 381) and F (Laurentianus pluteus LXXXV 10)[1]). In his Prolegomena Cohn provides a list of the contents of Vat. 379, and says that after περὶ εὐγενείας (Virt 187-227): "sequuntur excerpta ex Euclide, tum (fol. 385ᵛ) ἐκ τῶν ἐν Ἐξόδῳ ἤτοι Ἐξαγωγῇ ζητημάτων καὶ λύσεων..."[2]). This last extract is in fact the complete text of Quaes Ex II 62-68, in a virtually uncorrupted form (as judged by comparison with the Armenian version)[3]).

Cohn fails to note, however, that a brief portion of Philo's Heres occurs between the excerpts from Euclid and the fragment of Quaes Ex[4]). This brief citation consists of Heres 167-173, and is of particular interest since Heres itself is not found in Vat. 379, nor elsewhere in the family UF. Moreover, the text of this portion of Heres in Vat. 379 frequently agrees alone with the sixth century papyrus containig Heres and Sacr (Parisinus suppl. gr. 1120; Cohn-Wendland's "Pap")[5]), and at one point confirms a conjecture of Wendland.

---

[1]) L. COHN (Ed.), *Philonis Alexandrini opera quae supersunt* I, Berlin 1896, pp. XXV-XXVII. (The Cohn-Wendland edition is henceforth cited as *PCW*; the works of Philo are cited according to the abbreviations in *Studia Philonica* 1 (1972), p. 92).

[2]) *Ibid.*, p. XXVII.

[3]) This selection from Quaes Ex was edited independently by MAI, GROSSMANN, and TISCHENDORF. R. MARCUS (Ed.), *Philo* (Loeb Classical Library) *Supplement* II, Cambridge, Mass., and London 1953, pp. 253-256, reprints Harris' text, who relied on Tischendorf. These 7 sections of Quaes Ex are found at fol. 385ᵛ, l. 13-fol. 388ᵛ, l. 7, and the heading is at fol. 385ᵛ, l. 12-13 (where the manuscript actually reads ἐξαγωγαί). COHN erroneously says that there are 386 folios in Vat. 379 (*ibid.*, p. XXV), whereas it in fact has 389, plus a folio I at the beginning.

[4]) The presence of the text from Heres is correctly noted in R. DEVREESSE, *Codices Vaticani graeci* II. *Codices 330-603*, Vatican 1937, pp. 73-74.

[5]) See COHN, *ibid.*, pp. XLI-XLVIII, and P. WENDLAND, *PCW* III, Berlin 1898, pp. III-XI. COHN, p. XLII, thought that the papyrus might well be earlier than the

The citation thus merits close examination, although Cohn's oversight seems to have resulted in its being completely ignored so far[6]).

The excerpts from Euclid (which begin on fol. 383ʳ) end at fol. 384ᵛ, l. 13, with the words ἀλλήλοις ἐστὶν ἴσα, and the mention of "equals" perhaps caused the scribe (or a predecessor of him) to think of the subtitle of Heres, just as the mention of the ὄνομα κυρίου at Heres 170 may have suggested the relevance of the concluding citation from Quaes Ex. In any case, after Euclid follows at fol. 384ᵛ, l. 13-16, the heading:

παρεκβόλαιον τῶν ἀναγκαίων Φίλωνος·
εἰς τὸν περὶ τοῦ τίς ὁ τῶν θείων πραγμάτων κληρονόμος·
ἢ περὶ τῆς ἴσα καὶ ἐναντία τομῆς λόγων αὐτοῦ.

The title of Heres thus agrees with that of the Philo codices, except for the presence of ἢ (instead of καὶ) which is supported by Pap and Eusebius[7]). The spelling of λόγον is characteristic of the confusion between o and ω in this extract.

After this introduction the text of Heres 167-173 (inc. Αἱ δὲ αἱ... συμβέβηκεν expl.) is cited at fol. 384ᵛ, l. 17-fol. 385ᵛ, l. 12. It is here collated against the text printed in Cohn-Wendland (*PCW*, Vol. III, p. 38, l. 22-p. 40, l. 7), and unless otherwise noted the reading of Vat. 379 is singular. Cohn-Wendland's use of 'codd.' for the Philo manuscripts (except Pap) containing these sections, namely ABGHP, is retained.

p. 38, l. 22	τί δ';	Αἱ δὲ
p. 39, l. 1	εἰσὶν	ἐστὶν
l. 3	θεσμοθέτου	νομοθέτου
l. 3	ἔργον θεοῦ	θεοῦ ἔργον

---

sixth century, and M. HARL, *Les Œuvres de Philon d'Alexandrie* 15, Paris 1966, p. 155 n. 1 comments: "Nous pensons, après l'avoir examinée avec notre collègue papyrologue A. Bataille, qu'aucune raison n'interdit en effet de remonter à la fin du IVᵉ siècle". In the latest catalog (Charles ASTRUC and Marie-Louise CONCASTY, *Catalogue des manuscrits grecs. Le supplément grec* III, Paris 1960, p. 241), Concasty gives the date as "VIᵉ s. (?)".

[6]) My examination of Vaticanus 379 was made by means of a microfilm of fol. 383ᵛ - end (fol. 389ᵛ), which was kindly furnished by the Institut de Recherche et d'Histoire des Textes in Paris. Originally requested for the purpose of examining the final extract (from Quaes Ex), the microfilm was also discovered to have included the portion from Heres.

[7]) WENDLAND, *PCW* III, p. 1 (cf. also p. XVI). Wendland accepts the readings (in Pap and Eusebius) ἐστιν instead of πραγμάτων, and εἰς τὰ ἴσα instead of ἴσα.

1. 4	καὶ μὴν	καὶ μὴν καὶ
1. 5	αὐταῖς (Pap)	αὐτοῖς (ταύταις codd.)
1. 9	δὲ	omit
1. 10	αἷς (Pap)	omit (ἅς codd.)
1. 10	Μωυσῆς (Pap)	Μωσῆς (cum codd.)
1. 11	καθ᾽ αὑτὸν (Pap)	κατ᾽ αὐτῶν (κατ᾽ αὐτὸν codd.)
1. 11	ἵν᾽ (codd.)	ἵνα (cum Pap)
1. 13	ὃ οὐδ᾽ ἦλθεν (Pap AB)	ὃ οὐδὲ ἦλθεν
	(ὃ οὐ διῆλθεν GP²: οὐχ ὃ διῆλθεν Η²: ὃ διῆλθεν Η¹Ρ¹)	
1. 13-15	ἀλλὰ - ματαίῳ	omit
1. 18	ἱερὸς	ἱερῶς
1. 19	ὅλοις	λόγοις
1. 20	ἀλλ᾽	δὲ ἀλλ᾽
1. 20	δ᾽ ὁ	δὲ ὁ
p. 40, 1. 3	μὲν	omit
1. 4	δ᾽ pri (Pap)	δὲ (cum codd.)
1. 4	ἀτιμότατον	ἀτιμώτατον (ἀτομώτατον ΑΒ)
1. 4	δ᾽ alt	δὲ
1. 6	γενικοὶ	omit

The significance of the text of Vat. 379 is not apparent, though, in such a list of divergences from the Cohn-Wendland text. Particularly important is the frequent agreement of Vat. 379 with Pap against all other manuscripts Wendland placed great value on the readings of Pap, and often followed its (then) singular readings. Thus, it happens that all except one of these agreements are found in Wendland's text.

The places where Vat. 379 and Pap agree alone are:

p. 39, 1. 3	μόνου
1. 6	ἑτέρα
1. 9	ὁ alt
1. 11	αὐταῖς
1. 11	ἵνα (ἵν᾽ in text)
1. 12	ὁ
1. 13	τὸ ὄν
1. 15	ὁ
1. 20-21	θεσμὸς
1. 21	ἐγράφη
1. 21	τεινούσης

The close relationship which Vat. 379 bears to Pap may also be judged from the following considerations. In the sections in question there are 54 variants present in the apparatus of Wendland as supplemented by the readings of Vat. 379[8]). Of these 54 variants 27 exist solely because of singular readings in the manuscripts: 14 in Vat. 379[9]), 10 in Pap[10]), and 3 in other manuscripts[11]). Almost all of these are minor variants, and we may see certain relationships more clearly if we dismiss the singulars temporarily[12]). Of the remaining 27 variants, one (p. 39, l. 1) is a singular reading of Vat. 379 which supports the conjecture of Wendland, five (p. 39, l. 5, l. 10, l. 10, l. 11; p. 40, l. 4) are singular readings of Pap accepted by Wendland[13]), and one is the conjecture of Wendland at p. 39, l. 13. The other 20 variants involve either more than two readings in the manuscripts or readings each of which has support from at least two manuscripts.

Wendland notes that the manuscripts (other than Pap) of Heres fall into two classes, the better one consisting of GHP, and the

---

[8]) This figure does not include the two places (p. 39, l. 20; p. 40, l. 3) where Mangey prints γεννήσεως for γενέσεως, nor the conjecture of Mangey (p. 40, l. 6). Also excluded is the variant at p. 39, l. 14, where Vat. 379 has omitted the larger context. Wendland's two conjectures are, however, included (p. 39, l. 1 and l. 13), the first of which is now supported by Vat. 379.

[9]) These are the readings at p. 38, l. 22; p. 39, l. 1, l. 3, l. 3, l. 4, l. 9, l. 13-15, l. 18, l. 19, l. 20, l. 20; p. 40, l. 3, l. 4, l. 6.

[10]) These are the readings at p. 38, l. 22 (ὀνομάζειν); p. 39, l. 2, l. 5, l. 8, l. 10; p. 40, l. 3, l. 4 (omit ἥ), l. 5, l. 6.

[11]) These are the readings of B at p. 39, l. 21, and of G at p. 40, l. 1 and l. 7.

[12]) The methodology of disregarding singular readings when studying the relations among manuscripts is based on the comments of Ernest C. COLWELL and Ernest W. TUNE, Method in Establishing Quantitative Relationships Between Text-Types of New Testament Manuscripts, in: COLWELL. Studies in Methodology in Textual Criticism of the New Testament, Leiden 1969, pp. 56-62, here pp. 57-58. The inclusion nevertheless of readings adopted by Wendland is based on COLWELL's later comment in "Hort Redivivus: A Plea and a Program" (ibid., pp. 148-171), p. 161, that the most certain examples of readings created by a scribe (rather than taken from a tradition) are nonsense readings and "readings that have won universal rejection not only from other scribes but from all editors as well". The fact that a singular reading agrees with a conjecture of Wendland confirms the value of including such conjectures in a list of variants, at least for Philo, where the manuscript tradition is much more limited than in the case of the New Testament.

[13]) Wendland's acceptance of the second of these singular readings of Pap was criticized by F. H. COLSON, Philo (Loeb Classical Library) IV, Cambridge, Mass., and London 1932, p. 366 n. 2, as "undue subservience to the Papyrus". The omission of the pronoun in Vat. 379, however, is perhaps more easily explained as resulting from the reading of Pap (τέχναις αἷς) by homoioteleuton, than from the reading of the codices. Colson's own two conjectures (p. 366 n. 1 and p. 368 n. 1) to our text are not included as variants.

inferior one consisting of OAB[14]). O is not extant[15]) for Heres 167-173, but the division between AB and GHP is clear. Examining the 27 variants in question, then, we find that the agreements among Vat, Pap, and these two textual classes are as follows:

Vat and Pap	$19/27 = 70\%$
GHP and AB (codd.)	$17/27 = 63\%$
Vat and GHP	$8/27 = 30\%$
Pap and GHP	$7/27 = 26\%$
Vat and AB	$5/27 = 19\%$
Pap and AB	$4/27 = 15\%$

The figures show clearly that the manuscripts in these sections form two textual traditions: that of Vat. 379 and Pap on the one hand, and that of ABGHP on the other. The fact that GHP agree more often with Vat and Pap than do AB, confirms Wendland's judgment that GHP are the better witnesses.

This close connection between Vat. 379 and Pap is further confirmed when we look at those places where Vat. 379 differs from Pap. There are 32 such variants, a surprisingly large number out of a total of 54 variants. However, 14 of these differences are due to a singular reading in Vat. 379[16]), only 3 of which seem to be anything other than obvious blunders or insignificant variations. The remaining three (p. 39, l. 3, l. 13-15, l. 19) are discussed further below. At 6 additional places Vat. 379 also has a singular reading, even though other textual variations are present[17]). Indeed, one of these provides confirmation of a conjecture of Wendland, but the others are minor matters. We are left, then, with 12 variants where Vat sides with one or more manuscripts against Pap.

In most of these 12 cases Pap is guilty of a rather trivial error. Itacisms account for 2 of them (p. 39, l. 2; p. 40, l. 5), and Pap's fondness for the movable-ν accounts for 4 more (p. 39, l. 5, l. 8, l. 10; p. 40, l. 6). The remaining variants consist of a matter of elision (p. 40, l. 4; accepted by Wendland), a case of the spelling of the name

---

[14]) *PCW* III, p. XVI.

[15]) O's text of Heres breaks off at Heres 103, at which point WENDLAND ceases to supply its readings (see *ibid.*, apparatus to p. 24, l. 5), although the remainder of Heres has been copied from Turnebus' edition and added to O (*ibid.*, p. 1).

[16]) Cf. note 9 above.

[17]) P. 39, l. 5, l. 10, l. 11, l. 13; p. 40, l. 4. There is also the singular at p. 39, l. 1, already conjectured by Wendland.

of Moses (p. 39, l. 10; again accepted by Wendland), an incorrect iota adscript (p. 40, l. 3), an incorrect shift to the infinitive (p. 38, l. 22), and 2 omissions (p. 40, l. 4 and l. 5).

Finally, the clear separation of the Vat Pap line of textual transmission from that of the other manuscripts may be seen by noting that in every case where Vat and Pap differ from one another, at least one of them has a singular reading.

Besides this general support of the readings of Pap, Vat. 379 provides a few noteworthy variants. We have already remarked upon the reading οὐ δύο at Heres 167 (p. 39, l. 1), which confirms the conjecture by Wendland. This reading is, if Wendland is right, the one place where Vat. 379 alone has preserved the original text of Heres.

Of further interest is the singular reading νομοθέτου for θεσμοθέτου at Heres 167 (p. 39, l. 3). Colson suggested that θεοῦ had fallen out after θεσμοθέτου (that is, by homoioteleuton, as has μόνου in all manuscripts except Pap and Vat. 379), and added: "The absolute use of θεσμοθέτης for God as legislator does not seem to have a parallel"[18]).

In fact, θεσμοθέτης occurs elsewhere in Philo only at Migr 23, where it is used of Moses. Although νομοθέτης is usually used by Philo for Moses, it also may be applied to God (Fuga 66, 99; Mut 126; Vita Mos II 48), and thus gives an easily understandable meaning in Heres 167. Indeed, the intelligibility of νομοθέτης and the difficulty and comparative rarity of θεσμοθέτης make it highly probable that the presence of the former in Vat. 379 is the result of an attempt to remove what was felt to be a problem. The substitution, moreover, may have been facilitated by the occurrence of νόμος at the beginning of Heres 167, even though θεσμοθέτης in fact fits well with the use of θεσμός in Heres 168, 169, and 172.

Thus, this variant in Vat. 379 is most likely secondary. The long omission of ἀλλὰ-ματαίῳ at Heres 170 (p. 39, l. 13-15) is clearly a blunder, due perhaps to the scribe's having skipped two lines of his exemplar. The mention of the δυνάμεις in the omitted text, like the later mention at Heres 172 (p. 40, l. 1), would make more intelligible the connection to the following extract from Quaes Ex. Finally, the curious reading λόγοις for ὅλοις at Heres 171 (p. 39, l. 19)

---

[18]) COLSON, *op. cit.*, p. 366 n. 1. M. HARL, *op. cit.*, p. 248 n. 1, echoes Colson's comment by saying: "Ce texte est le seul, semble-t-il, qui nomme d'une façon absolue Dieu θεσμοθέτης".

is paralleled at Vita Mos II 48 by the variant λόγου found in VOK, instead of ὅλου, the reading of the other manuscripts.

In his classification of the manuscripts of Philo, Cohn suggests that all the present manuscripts are descended from one archetype in the Caesarean library[19]), and that Pap and the UF family (to which the earlier treatises in Vat. 379 belong) are reliable witnesses to this archetype[20]). The brief fragment from Heres also found in Vat. 379 is now seen to side closely with Pap, and thus should also be traced back to this archetype. In fact, the final selection from Quaes Ex must also go back to a very early date, since it and the Armenian version agree almost perfectly. It is thus not far-fetched to imagine that the exemplar from which these few pages of Philo's lost *Quaestiones et solutiones in Exodum* come, was also found in Caesarea. Perhaps this exemplar even contained the entirety of Philo's *Quaestiones*, or at any rate the entire book of the Quaes Ex from which II 62-68 are an excerpt[21]). It is, of course, unfortunate that at some point a scribe was content to copy only a selection of "the necessary things" from Heres, along with a few sections from one book of Quaes Ex. While we could thus wish that the scribe had given us more, we must nevertheless be grateful that he preserved for us the longest continuous portion of Philo's *Quaestiones* extant in Greek, and also a witness, next only to Pap in importance, to Heres 167-173.

---

[19]) COHN, *PCW* I, pp. III-IV.

[20]) *Ibid.*, pp. XLVIII-XLIX. The general excellence of Pap is also noted by COLSON, *op. cit.*, pp. 282-283, and by HARL, *op. cit.*, pp. 154-155, who gives the following summary (p. 155): "bien que le Papyrus ait quelques fautes qui lui sont propres, et bien qu'il dépende d'un modèle déjà parfois fautif, dans l'ensemble, il est pur d'un très grand nombre d'erreurs qui se sont ajoutées au cours des siècles suivants. Le texte qu'il nous donne est très supérieur à celui, fort médiocre, de la tradition habituelle des ouvrages de Philon: il apporte un grand nombre de leçons nouvelles et excellentes".

[21]) In my "The Original Structure of Philo's *Quaestiones*", *Studia Philonica* 4 (1976-1977), pp. 41-78, I have argued that Quaes Ex II 62-68 formed a part of the original book 5 of Quaes Ex (which commented on Ex 25:1-27:19); see especially pp. 59-62. According to the theory there presented, this book 5 is the one Eusebius designates as being "on the tabernacle" (περὶ τῆς σκηνῆς).

ZUR CHRONOLOGIE DES JÜDISCHEN KRIEGES

von

GÖTZ SCHMITT

In seiner Darstellung des Jüdischen Krieges gibt Josephus bei zahlreichen Ereignissen die Daten an, meist nach Tag und Monat. Die Monatsnamen sind die mazedonischen; welcher Kalender den Daten zugrundeliegt, ist bis heute nicht abschließend geklärt. Es kommen in Frage: der jüdische Kalender[1]), weil Josephus Jude ist, weil zwei seiner Daten (Bell. Jud. 6,93 und 6,250) in Mischna Ta'anit IV 6 wiederkehren und andere Daten sich zu jüdischen Festen in Beziehung setzen lassen[2]); der römische Kalender[3]), weil sich die weitaus meisten seiner Daten (29 von 37 Tagdaten) auf Operationen des römischen Heeres beziehen, darunter auch solche, von denen Josephus keine unmittelbare Kenntnis haben konnte (3,306.315; 7,401); und schließlich der tyrische[4]), eine Sonderform des julianischen Kalen-

---

[1]) H. UNGER, *Die Tagdaten des Josephos*, Sitzungsberichte der k. Bayerischen Akademie der Wissenschaften zu München, Philosoph.-Philol. Abt., 1893 II, 453-492; E. SCHÜRER, *Geschichte des jüdischen Volkes im Zeitalter Jesu Christi* I, 3.-4. Aufl. 1901, 756-760 (Revised English edition G. Vermes und F. Millar, 1973, 596-599); F. KUGLER, *Von Moses bis Paulus*, 1922, 459-496. KUGLER gibt zu allen angenommenen jüdischen Daten die Entsprechungen im julianischen Kalender an; allerdings ist die Unsicherheit in Bezug auf die Einfügung der Schaltmonate und damit auf den Jahresbeginn größer, als KUGLER (S. 29f.) es wahrhaben will. Doch kann es schon wertvoll sein, für ein Ereignis zwei um einen Mondmonat auseinanderliegende mögliche Daten zu bekommen. Ein anderes wertvolles Hilfsmittel ist die Tafel der Monatsanfänge bei R. A. DUBBERSTEIN und W. H. PARKER, *Babylonian Chronology* 626BC-AD 75, 1956.

[2]) 2,430; 2,528 vgl. mit 515.517; 5,99. Zweimal findet sich eine nicht aufgeklärte Verschiebung um einen Tag (2,430 und 5,99); an der zweiten Stelle spricht Josephus nicht vom Passa, wie immer wieder behauptet wird, sondern vom Beginn des Festes der ungesäuerten Brote, also doch wohl vom 15. Nisan.

[3]) O. A. HOFFMANN, *De imperatoris Titi temporibus recte definienis*, Diss. Marburg 1883; A. SCHLATTER, *Zur Topographie und Geschichte Palästinas*, 1893, 360-367; F. WESTBERG, *Die biblische Chronologie nach Flavius Josephus*, 1910. — Der julianische Kalender mit mazedonischen Monatsnamen anstelle der römischen war in Antiochia in Gebrauch.

[4]) B. NIESE, Zur Chronologie des Josephus. *Hermes* 28, 1893, 194-299; E. SCHWARTZ, *Christliche und jüdische Ostertafeln*, Abh. der k. Gesellschaft der Wissensch. zu Göttingen, Phil.-hist. Klasse NF 8,6, 1905, 138-150, vgl. auch 122-124; S. ZEITLIN, *Jewish Quarterly Review* NS 10, 1919-20, 61-80; 237-287. Nieses Ansätze sind aus seiner editio minor in die annotierten Josephus-Übersetzungen übernommen worden: T. REINACH (E. HARMAND), 1912; H. St. THACKERAY, 1957-1958; O. MICHEL und O. BAUERNFEIND, 1959-1969, z.T. mit Ausnahme einiger als jüdisch interpretierter Daten.

ders mit eigenem Jahres- und Monatsanfang, weil er an einer Stelle offenbar vorausgesetzt ist (4,654: Tod des Vitellius), wenn der Text in Ordnung ist.

Soweit die Daten auf den römischen oder tyrischen Kalender bezogen werden, wird meist angenommen, daß Josephus für gewisse Vorgänge auf der jüdischen Seite die jüdischen Daten gebraucht und ohne Umrechnung neben die römischen oder tyrischen gestellt habe; Schlatter hat versucht, daraus eine Reihe von Rissen in der Darstellung der Belagerung Jerusalems zu erklären. Doch hat weder er noch ein anderer Forscher, der eine solche gemischte Chronologie vertritt, die Probe darauf gemacht und die möglichen julianischen Äquivalente der jüdischen Daten in die Rechnung eingesetzt. Ebensowenig haben Niese und seine Nachfolger die Beziehung des Datums 2,528 zum Laubhüttenfest beachtet. Wenn beim Kommen des Cestius das Fest im Gang war (2,515.517), kann neun Tage später (2,522-528) nicht der 30. Hyperberetaios tyrisch = 17. November gewesen sein; das Laubhüttenfest (15.-22. Tischri) fiel im Jahr 66 auf den 24.9. - 1.10. (Kugler) oder auf den 24.-31.10. julianisch. Dagegen bleibt die Gleichung 30. Hyperberetaios = 30. Oktober zur Not möglich, wenn wir zweimal einen angefangenen Tag in die folgende Ruhezeit einrechnen.

Das Kalenderproblem bei Josephus, das auch eng mit der Frage nach seiner Quelle im Aufstandsbericht verhakt ist und für jeden Ereigniszusammenhang gesondert untersucht werden müßte, kann hier jedoch nicht in seiner Breite aufgerollt werden. Es soll nur eines der Daten des Josephus näher untersucht werden (4,550), bei dem die verschiedenen Auffassungen vom Kalender des Josephus zu einem Ergebnis ganz besonderer Art geführt haben. Hier fallen die Interpretationen nämlich um fast ein Jahr auseinander.

Vespasian bricht am 5. Daisios von Cäsarea auf und nimmt die beiden Toparchien Gophnitike und Akrabatene (zwischen Jerusalem und Sichem); er legt Besatzungen in die Städte Bethel und Ephraim und stößt mit einer Kavallerieeinheit bis in die Umgebung Jerusalems vor; zur selben Zeit verwüstet Cerealius, der Kommandeur der fünften Legion (3,310), das obere Idumäa und zerstört Hebron. Zuvor hat Josephus von der Ermordung Galbas, dem Krieg zwischen Otho und Vitellius und Othos Tod gesprochen (5,546-549) und schon früher von Titus' Reise nach Rom im Winter 68/69, auf der er die Nachricht von der Ermordung Galbas erhielt (4,499). Vespasian erhält nach seiner Rückkehr von der erwähnten Kampagne die Nachricht, daß Vitellius Herrscher geworden sei (4,588). Josephus ordnet den Feldzug von 4,550 ff. also eindeutig unter die Ereignisse des Jahres 69 ein, und als ein Datum des Jahres 69 hat Niese es in seinem Aufsatz zur Chronologie des Josephus (S. 198) auch notiert. In seiner *editio minor* von 1895 aber gibt Niese zu Bell. Jud. 4,550 das Datum 23. Juni *68* an. Dieses Datum ist in die Noten verschiedener Übersetzungen aufgenommen worden; auch der Atlas of Israel (IX/8) zeigt die betreffenden Gebiete unter den Eroberungen des Jahres 68. Dagegen belassen Schürer (S. 621), Kugler (S. 487) und J. Klausner[5]) diesen Feldzug beim Jahr 69. Niese hat seinen Ansatz nirgends näher begründet. Man könnte an einen Druckfehler glauben; ich nehme aber an, daß Niese vielmehr auf eine chronologische Schwierigkeit aufmerksam geworden ist, die seinem früheren Ansatz anhaftete. Nach Nieses tyrischem Kalender bricht Vespasian am 23. Juni von Cäsarea auf, führt eine Operation aus, die ihn und sein Heer etwa 100 km weit führt, kehrt zurück, erfährt von den Vorgängen in Rom, entschließt sich nach einigem Zögern (5,591.603 f.) zum Kampf um das Imperium und sendet Botschaft zu Tiberius Alexander in Alexandria, der darauf die Truppen und Bevölkerung auf Vespasian vereidigt. Dies geschah nach Tacitus, Hist. II 79 am 1. Juli. Ersichtlich sind 9 Tage zu wenig für diese Ereignisse. Wenn wir aber 4,550-555 in das Jahr 68 verlegen, so kommen wir erst recht ins Gedränge, noch ganz abgesehen von dem Kontext, in den Josephus den Abschnitt gestellt hat. Am zweiten Daisios des Jahres 68 war Vespasian in Korea (4,449), am folgenden Tag, also am 3. Daisios, erreicht er Jericho; nach einem Besuch am Toten Meer kehrt er nach Cäsarea zurück (4,491). Wenn Vespasian am 3. Daisios in Jericho war, kann er nicht am 5. Daisios von Cäsarea aufgebrochen sein.

Das sieht nach einer bündigen Widerlegung Nieses aus. Lassen wir den Vorgang im Jahr 69, so geraten wir in Widerspruch zu den Angaben des Tacitus; setzen wir ihn ins Jahr 68, geraten wir in Widerspruch mit den Angaben des Josephus; und das ganze Dilemma wegen Nieses tyrischem Kalender. Nehmen wir Daisios als einen julianischen Monat in mazedonischem Gewand, 5. Daisios also als 5. Juni, so bleibt genug Zeit für alle Vorgänge bis zum 1. Juli; und erst recht, wenn wir Daisios als Äquivalent des jüdischen Sivan ansehen (5. Sivan 69 = 15. Mai)[6]).

---

[5]) *Historiya šel ha-bayit ha-šeni* V, 1954, 223.
[6]) W. WEBER, *Josephus und Vespasian*, 1921, setzt gleichfalls den tyrischen Kalender bei Josephus voraus (S. 16 Anm. 3), sucht aber eine andere Lösung: Josephus ist beim

Mir scheint aber, daß Niese dennoch recht hatte, und das abgesehen von der sehr unsicheren Kalender-Hypothese, die für Niese selbst ausschlaggebend gewesen sein mag. Vielleicht hätte nie jemand darüber nachgedacht, wenn Niese nicht mit seinem Kalender in Schwierigkeiten geraten wäre; aber dieser Feldzug des Jahres 69 ist tatsächlich ein Problem[7]). Da ist zunächst einmal das Zeugnis des Tacitus. Er weiß nichts vom Feldzug des Jahres 69. Und er ist der Meinung, mit den beiden Feldzügen der Jahre 67 und 68 sei das ganze Land bis auf Jerusalem unterworfen. *Intra duos aestates cuncta camporum omnisque praeter Hierosolyma urbis victore exercitu tenebat. Proximus annus civili bello intentus quantum ad Judaeos per otium transiit* (Hist. V 10). Nach der Darstellung des Josephus wäre im Sommer 68 Galiläa und Peräa unterworfen gewesen, aber nur etwa die Hälfte des eigentlichen Judäa. Das will noch nicht allzuviel besagen. Die Darstellung des Tacitus ist äußerst knapp; er mag den dritten Feldzug als zu unbedeutend übergangen oder übersehen haben, und das Urteil, das ganze Land sei in den beiden ersten Feldzügen unterworfen worden, könnte auf eine allzu pauschale Erfolgsmeldung Vespasians zurückgehen. Auch nach seiner letzten Kampagne ließ Vespasian noch die beiden Toparchien Jerusalem und Herodeion und wohl auch Engedi unbesetzt. Aber auch bei Josephus, der so viel detaillierter berichtet, finden wir ganz ähnliche Wendungen wie bei Tacitus. Am Ende des Feldzugsberichts für das Jahr 68 sagt Josephus, der Krieg habe *das ganze Bergland* und die ganze Ebene ergriffen, wodurch denen in Jerusalem jeder Ausweg genommen worden sei; das Heer habe Jerusalem von allen Seiten umfaßt (4,490). Nach dem Bericht, der vorausgeht, kann von einer Einschnürung Jerusalems auf dem Gebirge gar keine Rede sein, weder im Norden noch im Süden; lediglich die 4,487-489 berichtete Nebenaktion gegen Gerasa (nicht die bekannte Stadt des Ostjordanlandes, sondern am ehesten Ǧūriš nahe ʿAqraba nordnordöstlich von Jerusalem)[8]) berührte das Gebirgsland, aber nur

---

Exerpieren ein Versehen unterlaufen; der 5. Daisios (69) bezeichnet in Wirklichkeit den Abschluß, nicht den Beginn der Operationen.

[7]) Vgl. zum Folgenden H. LINDNER, *Die Geschichtsauffassung des Flavius Josephus im Bellum Judaicum*, Arbeiten zur Geschichte des antiken Judentums und des Urchristentums 12, 1972, 78f. Dies ist, soviel ich sehe, der bisher einzige Versuch, den Ansatz des Feldzugs im Jahre 68 auch sachlich zu rechtfertigen. Lindners Argumente sind richtig, aber sehr summarisch vorgetragen; und am entscheidenden Punkt (S. 79 Anm. 1) sind es dann doch wieder Komplikationen, die aus der Zeitfolge unter Voraussetzung des tyrischen Kalenders erwachsen, die gegen einen Ansatz im Jahr 69 angeführt werden.

[8]) S. C. MÖLLER und G. SCHMITT, *Siedlungen Palästinas nach Flavius Josephus*, 1976, 72f.

in einer Entfernung von an die 40 km von Jerusalem. Am Schluß
des zwischen die Ereignisse des Jahres 69 eingelegten Feldzugsberichts
sagt Josephus: „Nachdem nun alles genommen war außer Herodeion,
Masada und Machairous... lag bereits Jerusalem als Ziel vor den
Römern"; aber schon zum Jahr 68 heißt es, Vespasian habe nach
seiner Rückkehr nach Cäsarea Vorbereitungen getroffen, mit seiner
ganzen Streitmacht auf Jerusalem zu marschieren (4,491); wegen der
Nachricht vom Tode Neros habe er den Feldzug verschoben (4,497).
Nun darf man vielleicht auch die Worte des Josephus nicht zu
wörtlich nehmen. Er sah eben seine schriftstellerische Aufgabe darin,
dem Leser den Eindruck eines erfolgreichen, kraftvoll geführten Feldzugs zu geben. Da mochte er schon einmal allzu volltönende Worte
gebrauchen, die für einen künftigen Feldzug nichts mehr übrigzulassen
schienen. Aber man sieht überhaupt nicht, warum Vespasian die
Gophnitike und Akrabattene, also das Bergland nördlich von Jerusalem,
bei seinen Operationen des Jahres 68 ausgespart haben sollte. Er stand
gegen Ende des Feldzugs in Jericho. Von dort nach Cäsarea über
Gophna war es *ein* Weg; größeren Widerstand hatte er kaum zu
erwarten, er hat auch nach dem Bericht von 4,550f. keinen angetroffen.
Wenn er den Angriff auf Jerusalem plante, war es nicht besser, den
Anmarschweg schon zuvor unter Kontrolle zu bringen? Der Anmarsch
des Titus im Jahre 70 ging über Gophna, und dorthin war eine
Besatzung gelegt worden (5,50). Und wenn er den Angriff in Wirk-
lichkeit noch nicht plante, sondern den Krieg noch weiter zu ver-
schleppen gedachte — welchen Sinn hätte es haben sollen, eine
Besatzung in Jericho zu installieren und doch das Gebiet nördlich
Jerusalems, das sich weit in den besetzten Raum hineinschob, den
Aufständischen zu überlassen?

Auf der anderen Seite: Wenn Josephus in seiner Darstellung der
Ereignisse von 68 so spricht, als bleibe außer der Einnahme Jerusalems
nichts mehr zu tun, so spricht er später so, als habe Vespasian im
Jahre 69 tatsächlich nichts getan. Er hat nicht nur berichtet, wie
Vespasian seinen geplanten Vormarsch auf Jerusalem aufgeschoben
und Instruktionen Galbas abgewartet habe, sondern auch, wie Vespasian und Titus später, nach der Ermordung Galbas im Januar 69,
es nicht für angebracht hielten, in einer für das Reich so gefahrvollen
Zeit einen Angriff auf Fremde zu unternehmen (4,502). Josephus ist
hier deutlich bemüht, die Untätigkeit Vespasians zu erklären, fast
möchte man sagen: zu entschuldigen; also gab es da etwas zu erklären
oder zu entschuldigen. Sollte es nur ein Aufschub im Beginn der
Operationen gewesen sein?

Wir sehen: Alles drängt darauf, die Ereignisse von Bell. Jud. 4,550-555 nicht dem Jahr 69, sondern dem Jahr 68 zuzuweisen. Aber wenn der Abschnitt chronologisch nicht dorthin paßt? Er paßt sehr gut dorthin, wir müssen nur *eines* ändern: Vespasian ist am 5. Daisios 68 nicht von Cäsarea aufgebrochen, sondern von Jericho. Am 3. war er dort eingetroffen. Er hat schwerlich sein ganzes Heer ans Tote Meer mitgenommen; das Heer hatte am 4. einen Ruhetag in Jericho und konnte am 5. gut wieder aufbrechen. Wie der zeitliche, so ist auch der räumliche Anschluß vorzüglich. Die beiden Orte, die namentlich genannt werden, Bethel und Ephraim (eṭ-Ṭayyibe), liegen an alten Straßen, die von Jericho auf den Kamm des Gebirges führten[9].

Es bleibt die Frage, was der Autor mit dieser Manipulation bezweckt hat. Denn das ist es natürlich; es genügt nicht zu sagen, Josephus habe da etwas nachgeholt. Josephus will den Eindruck erwecken, als handle es sich um einen Feldzug des Jahres 69; beides, die Versetzung unter die Ereignisse des Jahres 69 und die Änderung von „Jericho" in „Cäsarea", läßt gar keine andere Erklärung zu. Warum will Josephus diesen Eindruck erwecken? — Josephus läßt Vespasian bei der Rückkehr von dem angeblichen Feldzug die Nachricht von den Unruhen in Rom und Vitellius' Erhebung zum Herrscher erhalten (4,588). Ganz ähnlich erhält Vespasian 4,491 die Nachricht von der Ermordung Neros, nachdem er vom Feldzug des Jahres 68 zurückgekehrt ist. In diesem Arrangement ist bereits der Gedanke angedeutet, den Josephus dann 4,592 den Soldaten Vespasians in den Mund legt: „Die Soldaten in Rom, die üppig leben und es nicht ertragen, ein Gerücht von Krieg auch nur zu hören, erwählen zur Herrschaft, wen sie wollen, und in Hoffnung auf schmutzigen Gewinn bestimmen sie Herrscher; wir aber, die wir durch so viele Mühen gegangen sind und unter unseren Helmen grau werden, überlassen dieses Recht anderen ...".

Schon die Darstellung des Josephus läßt einigen Zweifel an der Berechtigung dieses Aufschreis zu; denn vor jenem kleinen Feldzug von 4,550ff. lag nach Josephus ja fast ein volles Jahr der Untätigkeit. Josephus wird eben deshalb so sorgfältig bemüht sein, diese Untätigkeit zu begründen, weil man in Rom darüber gesprochen hat, vielleicht abschätzig gesprochen hat. Aber Josephus will nicht nur verteidigen,

---

[9] *Map of Western Palestine* ed. C. R. CONDER und H. H. KITCHENER, 1880, Sheet 14, 15, 17, 18; P. THOMSEN, *ZDPV* 40, 1917, 75. Als Straßen ausgebaut wurden die Strecken vermutlich erst später, aber sie werden wie in anderen Fällen eine längst begangene günstige Wegeführung bezeichnen.

er will für Vespasian das in jeder Hinsicht bessere Recht erweisen — und dazu gehört eben, daß Vespasian und seine Truppen den Krieg gegen die Feinde des Reiches führen, während die andern das Reich als ihre Beute behandeln. Um dies besser behaupten zu können, muß der Hergang frisiert werden. Der eine Feldzug des Jahres 68 wird in zwei zerlegt; so kann Vespasian im entscheidenden Augenblick wieder von einem Kriegszug zurückkehren.

Damit kann der zeitliche Verlauf der Operationen als geklärt gelten; zugleich gewährt die Untersuchung bemerkenswerte Aufschlüsse über die Arbeitsweise des Josephus — vorausgesetzt, daß wirklich er selbst für diese Anordnung des Stoffes verantwortlich ist. H. Lindner läßt ebenfalls 4,550-555 an falscher Stelle eingeordnet sein; nach ihm wäre die Umstellung aber durch einen Abschreiber verursacht, der Vespasian nicht mit einer so langen Untätigkeit belasten wollte (S. 80). Aber wer hatte daran größeres Interesse, ein Zeitgenosse Vespasians oder ein Späterer? Zudem haben wir gesehen, daß die Umstellung in 4,592 vorausgesetzt wird; sie kann also keinem Späteren zugeschrieben werden. Sehr viel ernstlicher käme die andere Möglichkeit in Betracht, daß Josephus die Umstellung bereits in einer von ihm benützten römischen Quelle [10] vorgefunden hat. Die Umstellung hat ihren Grund in der Rücksicht auf römisches Interesse und Urteil und wäre insofern einer römischen, flavianisch gefärbten Darstellung wohl zuzutrauen — aber ebensogut dem Josephus. Nun haben wir gesehen, daß Josephus den Bericht vom Feldzug des Jahres 68 mit Worten beschließt, die nur auf dessen wirkliches und unverkürztes Ergebnis zutreffen (4,490f.) [11]. Verschiedene Erklärungen sind denkbar; eine recht naheliegende ist — gerade wenn man mit einer dem Josephus vorliegenden, literarisch gestalteten Quelle für den Kriegsbericht rechnet — Josephus gibt hier die Worte seiner Quelle wieder, die die Vorgänge noch richtig dargestellt hat. Dann käme die Umstellung doch auf Rechnung des Josephus selbst.

Josephus erhebt im Proömium des *Jüdischen Kriegs* den Anspruch, mit seinem Werk der historischen Wahrheit zur Geltung zu verhelfen (1,16). Der Anspruch ist längst mit Skepsis betrachtet worden. Das Mißtrauen galt vor allem der Darstellung der Vorgänge bei den Aufständischen, weil hier der tendenziöse Charakter ganz offensichtlich

---

[10] S. zuletzt LINDNER; ein Überblick über die Forschungsgeschichte findet sich auf S. 9-16.
[11] Vgl. oben S. 227f.

ist; bei den Vorgängen auf der römischen Seite war es insbesondere der Bericht von der Zerstörung des Tempels, die nach Josephus gegen den Willen des Titus erfolgte, der vielfach verworfen wurde. Wir sehen nun, daß eine tendenziöse Bearbeitung auch den äußeren Verlauf der militärischen Vorgänge treffen konnte. Dabei hat Josephus aber nichts frei erfunden; er hat mit dem vorgefundenen Material gearbeitet und hat dieses so arrangiert, wie es seinen Absichten am besten diente.

DIE BEGLAUBIGUNG EINER SCHWURBIBEL

DER EID NACH JÜDISCHER SITTE, MORE JUDAICO

von

ZVI SOFER

Herrn Prof. Dr. Karl Heinrich Rengstorf
zu seinem 75. Geburtstag in Verehrung zugeeignet

Nach dem Talmud muß der Schwörende bei der Eidesleistung einen heiligen Gegenstand (eine Torarolle oder die Tefillin) in der Hand halten (b Schebu 38b). Diese Bestimmung hat sich in gewandelter Form auch in den europäischen Ländern durchgesetzt. Ein solcher Schwurgegenstand liegt in der hebräischen Bibel vor, aus der die reproduzierte Beglaubigung, es handelt sich um eine echte Bibel, stammt. Der sogenannte „Judeneid" hat eine lange Geschichte, die hier durch einige Streiflichter ein wenig beleuchtet werden soll.

Die Ursache für die Herausbildung eines speziellen Judeneides in den christlichen Ländern war die Forderung eines getauften Juden in *Byzanz* im Jahre 531, daß seine jüdischen Prozeßgegner sich vor der Eidesleistung mit Dornen umgürten, ins Wasser hinabsteigen und dreimal das beschnittene Glied anspeien sollten. Erst Konstantin VIII. (um 1026) scheint eine mildere Form der Eidesablegung eingeführt zu haben. Seitdem mußte ein Jude sich bei der Ablegung des Eides mit Dornen umgürten und in seiner Hand die Gesetzesrolle halten.

Der byzantinische Judeneid ist offenbar das Vorbild der entsprechenden europäischen Gesetzgebung gewesen; denn die Handlungen beim Eid im Prozeß eines Juden gegen einen Christen, die *Karl der Große* gefordert haben soll, gleichen den byzantinischen Bedingungen: Der Jude mußte sich auch hier mit Dornen oder Sauerampfer umgürten und in der Rechten die Torarolle oder eine lateinische Bibel halten. Dabei waren die Stellen 2 Kön 5,1-27 und Num 16,32 aufgeschlagen.

Nach dem *Sachsenspiegel* (I, 263 ff.), den Eike von Repko Repkow in den Jahren 1220 bis 1235 niederschrieb, mußte ein Jude barfuß auf einem Schafsfell stehen und mit den Worten schwören: Bereschit bara (Gen 1,1).

Der *Schwabenspiegel* (um 1275) enthält zusätzlich zu der soeben genannten Vorschrift Bestimmungen über besondere Kleidung (Judenhut, Judenmantel u.ä.).

Charakteristisch für das *schlesische Recht* war, daß ein Jude verpflichtet wurde, mit dem Gesicht gegen die Sonne gewendet, barfuß auf einem dreibeinigen Stuhl stehend, in Tallit und Judenhut zu schwören. Stürzte er dabei herab, mußte er eine Strafe zahlen. Wenn er zum vierten Male stürzte, galt der Prozeß als von ihm verloren. Nach dem *Dortmunder Status* (im 13. Jahrhundert) hatte der Schwörende eine vorgelesene Eidesformel nachzusprechen. Jedesmal, wenn er stockte, mußte er eine Strafe an den Richter zahlen.

Da viele deutsche Gesetze das Anlegen der Tefillin vorschrieben, erwies es sich als notwendig, Sonderbestimmungen für Jüdinnen zu erlassen. In *Breslau* wurde im Jahre 1737 von den Frauen verlangt, beim Prozeß wie die Männer in Tallit und Phylakterien (Tefillin) zu schwören. Aus Breslau wird weiterhin berichtet, daß beim Judeneid als besondere Erniedrigung das Aussprechen des Tetragramms ohne Kopfbedeckung verlangt wurde (Israel Isserlein, *Pessakim u-Ketawim* Nr. 203).

In Deutschland wurde der Judeneid zuerst, 1828, in Kurhessen abgeschafft, die anderen Territorien folgten später, Preußen erst im Jahre 1869.

Eine besonders grausame Prozedur wurde bereits im 11. Jahrhundert in *Frankreich* praktiziert. Bei ihr wurde dem Juden ein Dornenkranz um den Hals gelegt und ein Dornenzweig während des Schwurs gewaltsam an den Hüften vorbeigezogen. 1846 wurde im selben Land der Rabbi Isidor Lasar angeklagt, da er die Synagoge für einen Judeneid nicht geöffnet hatte. Isaac Adolphe Crémieux verteidigte ihn mit der Begründung, daß der Eid gegen das Gesetz verstoße. Der Eid wurde daraufhin abgeschafft.

In *Österreich* war das Juden-Zeremoniell milder. Nach dem Erlaß Herzog Friedrichs II. (1230-1246) mußte ein Jude nur dann einen materiellen Eid auf die Gesetzesrolle (rodale) leisten, wenn er vor den Herzog geladen wurde. Diese Regelungen des Fridericianums wurden mit einigen Änderungen von Ungarn, Böhmen, Polen und Litauen übernommen. Die Abschaffung des Judeneides erfolgte in Österreich erst im Jahre 1846.

Boleslaus II. der Fromme, Herzog von *Böhmen* (967-999), machte erstmalig die Prozedur des Judeneides von der Höhe des Streitobjektes abhängig. Wenn der Streitgegenstand 50 Silbermark überstieg, sollte auf die Torarolle geschworen, bei kleineren Prozessen vor der Synagoge an der Mesusa (Türpfosten) geschworen werden.

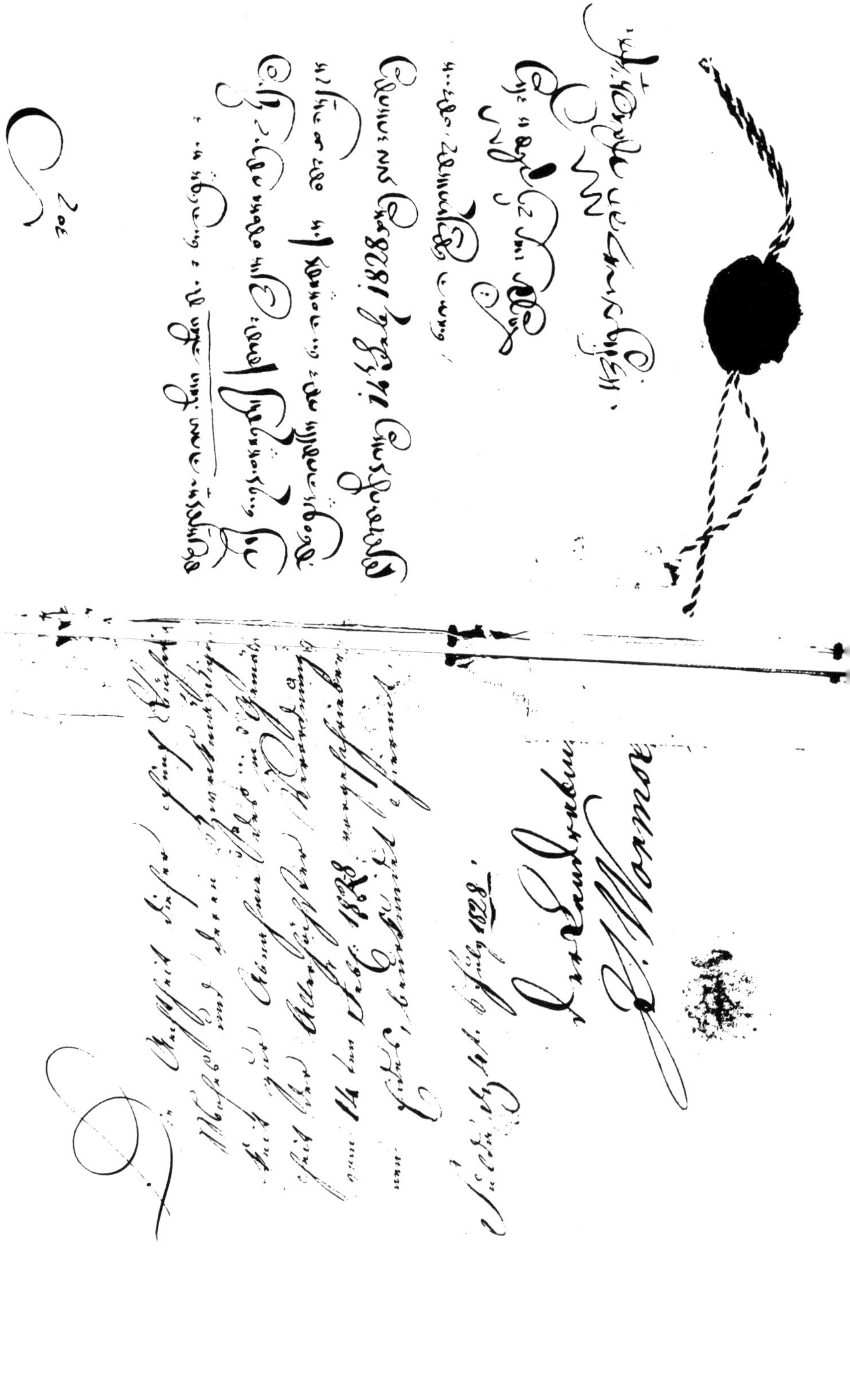

בס"ד

יצחק זעקיל ווארמסער הי"ו אב"ד דק"ק פולדא יע"א

אשר צוה ה' את משה בה"ם בכ"ק שיר קאסטרען

הסכמתי על החומשים הנ"ל אשר נדפסו

פה הק"ק פולדא להיות מוגה ומדוייק

כאשר צוה ה' ——— 1828 באם

המיאאללערהעכסטען פעראראדנונג

פאם 14טען פעברואר יאהר 1828 אונד

דען צוועקמעסיגקייט צור אבנאהמע דער

איידע ביאורקונדע הירמיט

פולדא דען 4 יולי 1828

Mit Gottes Hilfe
Die Aechtheit dieser fünf Bücher

Moses und deren Zweckmäßig-

keit zur Abnahme des in Gemäs-

heit der Allerhöchster Verordnung

vom 14ten Febr. 1828 vorgeschriebe-

nen Eides, beurkundet hiermit

Fulda den 4t. July 1828
       Der Landrabin[er]

J. S. Wormse[r]¹)

---

¹) Isack Seckel WORMSER, *Rabbiner in Fulda* (1806-1839).

Eine Regelung, bei der die Höhe des Streitobjektes ausschlaggebend war, findet man auch in *Spanien* im Gesetzbuch König Jakobs I. (1247). Bei einem Streitwert von zwölf Denaren wurde auf die Tora, bei darüber hinausgehenden Forderungen auf die „carta" geschworen. In manchen Prozessen wurde, in Angleichung an das sonst bekannte jüdische Eidritual, eine Totenbahre aufgestellt.

Im zaristischen *Rußland* gab es mehrere Formen des Judeneides. In Witebsk (1716) mußte der Schwörende die Strafdrohungen des Alten Testamentes (Lev 26,14-43; Dtn 28,15-68) auf sich nehmen. In Odessa war der Schwörende nach der 1818 eingeführten ausführlichen Judenformel gezwungen, den Eid barfuß im Sterbekleid, in Gebetsmantel und Phylakterien und mit dem Dekalog in den Händen zu leisten, während unterdessen schwarze Kerzen brannten und Schofar geblasen wurde. Die veralteten, diskriminierenden Eidesformeln wurden unter Alexander II. im Jahre 1859 wieder abgeschafft. So blieb es praktisch bis zur russischen Oktoberrevolution. Die Juden waren nun bei der Eidesleistung den anderen Konfessionen gleichgestellt.

LITERATUR

BÖCHER, Otto, Der Judeneid, in: *Evangelische Theologie* 30, 1970, S. 671-681.

FRANKEL, D. Z., *Die Eidesleistung der Juden in theologischer und historischer Beziehung*, Dresden, Leipzig 1847.

GEIGER, Ludwig, *Geschichte der Juden in Berlin* (2 Bde.), Berlin 1871, Bd. I, S. 72-74, Bd. II, S. 265-280.

LEWIN, Louis, *Geschichte der Juden in Lissa*, Pinne 1904, S. 8f. 351-353.

Moses MENDELSSOHNS *gesammelte Schriften*, hrsg. von G. B. MENDELSSOHN (7 Bde.), Bd. VI, Leipzig 1845, S. 405f.

MICHAELIS, Alfred (Hrsg.), *Die Rechtsverhältnisse der Juden in Preußen seit dem Beginne des 19. Jahrhunderts. Gesetze, Erlasse, Verordnungen, Entscheidungen*, Berlin 1910, S. 139-150.

RÖNNE, Ludwig VON, und Heinrich SIMON, *Die früheren und gegenwärtigen Verhältnisse der Juden des Preußischen Staates*, Breslau 1843, S. 496.

SCHERER, J. E., *Die Rechtsverhältnisse der Juden in den deutsch-österreichischen Ländern*, Leipzig 1901, S. 293-299.

SCHUDT, Johann Jacob, *Jüdische Merckwürdigkeiten ...* (4 Bde.), Berlin 1922 (Nachdruck der Ausgabe Franckfurt [und Leipzig] 1714-1717), Bd. II, S. 63-83, Bd. IV, S. 243-250.

STOBBE, Otto, *Die Juden in Deutschland während des Mittelalters in politischer, socialer und rechtlicher Beziehung*, Amsterdam 1968 (Nachdruck der Ausgabe Braunschweig 1866), S. 153-159. 262-265.

ZIMMERMANN, Volker, *Die Entwicklung des Judeneids. Untersuchungen und Texte zur rechtlichen und sozialen Stellung der Juden im Mittelalter* (Europäische Hochschulschriften, Reihe I, Bd. 56), Bern, Frankfurt/M. 1973.

ZUNZ, Leopold, *Die synagogale Poesie des Mittelalters*, Hildesheim 1967 (Nachdruck der Ausgabe Frankfurt/M. 1920), S. 36.

MARTIN BUBER ALS SOZIALPHILOSOPH

von

FRIEDER LÖTZSCH

Wenn man die Leuchtkraft des Gestirnes Bubers am heutigen Philosophenhimmel mit derjenigen vergleicht, die dieses Gestirn etwa vor zehn Jahren zum Zeitpunkt von Bubers Tod gehabt hat, so wird es nicht verborgen bleiben, wie gleichmäßig sie geblieben ist. Seine Bücher werden gelesen mit der nämlichen Emsigkeit wie zu Lebzeiten des Autors. Das ist keineswegs selbstverständlich, daß die Nachgeborenen an ihm das Interesse nehmen wie die eigenen Zeitgenossen; vielmehr muß seine Philosophie, wenn sie für Nachgeborene spricht, durchaus Mittel und Wege finden, um für offen gebliebene Fragen mögliche Antworten zu markieren, die die Nachwelt nicht von selbst findet (was freilich noch nicht heißen muß, daß sie die Antworten übernimmt). Nun sind solch offene Fragen rhapsodisch, und es hat für unseren Zweck, den wir hier verfolgen wollen, keinen methodisch ersichtlichen Wert, von diesen *Fragen* auszugehen und sie mit Buber zu konfrontieren; sondern wir wollen das *Zentrum* suchen, das als *Denkvoraussetzung* der Buberschen Philosophie im ganzen konstitutive Bedeutung erlangt, und wollen von hier aus *quoad nos* bestimmte Gegenwartsfragen behandeln.

I

Solch eine Denkvoraussetzung freilich entbirgt sich nicht als abstraktes Prinzip. Sucht man nach abstrakten Prinzipien, um von hier aus das Denken Bubers für seine Leser plausibel zu machen — die Suche endete vergeblich. Um so mehr gilt solches dort, wo sein Denken praktisch wird, wo es gesellschaftlich orientiert ist, wo es sich also im engeren Sinn *sozialphilosophisch* artikuliert. Auf dem Gebiet der konventionellen Sozialphilosophie haben etwa abstrakte Prinzipien *provisorischen Norm*charakter: die Norm ist hier ein praktischer Grundsatz, der tätliche Befolgung erheischt. Doch ist die Befolgung nicht selbstverständlich; nur wenn sie zu der Norm hinzutritt, ist diese konkret und hat *Autorität*[1]). Die Autorität ist Gültigkeit der

---

[1]) Vgl. hierzu mein Buch: *Kritik der Autorität*, Köln-Wien 1974, insbesondere S. 12 ff. 122 ff. 161 ff.

Norm für subjektive Befolgung, und dies macht ihre Qualität als eigentlich praktischen Satzes aus. Norm hat also Autorität niemals von vornherein aus sich selber; sondern nur, wenn diese hinzutritt als subjektive Gültigkeit, ist die Norm ein praktischer Satz. Hinterfragt man also die Norm auf ihre praktische Durchführung, so ist diese sekundär; und Normen bleiben ein Stück Papier, wenn sie autoritätslos sind. Also kommt es darauf an, die Norm als subjektive Autorität für sich selber gültig zu machen, indem man sie auf sich zurückbezieht: in diesem Fall wird sie erst konkret, in dem Fall wird erst nach ihr gehandelt.

Was bei Buber diese sozialphilosophische Konvention problematisiert und dadurch zugleich überholt, ist seine Bestimmung der *Gültigkeit* als חסד. Wir übersetzen diesen Begriff fälschlich mit „Gnade". Was mit ihm gemeint ist, ist indessen eine Art von „Bündnis", welches ich mit seinem Inhalt eingehe und wodurch ich mich um diesen Inhalt kümmere[2]). Also beziehe ich das von חסד Verlangte auf mich selbst, und חסד bekommt für mich Autorität. Man könnte den Begriff auch als Wechselverhältnis von *Dienst* und *Treue* wiedergeben. Dies zeigt sich in der Reflexion, die Buber dem Satz Jesajas, Kap. 7,9, intensiv gewidmet[3]) hat: אם לא תאמינו לא תאמנו (wenn ihr nicht Anstalten trefft, Vertrauen zu investieren, so läßt sich keinerlei Überzeugung auf euch ausüben). Aus diesem Satz ist in der Geistesgeschichte das *Credo ut intelligam* hervorgegangen. Buber würde dem *Credo ut intelligam* recht geben, freilich unter einer Bedingung: auch das *Credo* ist für ihn intellektuell. Ich muß von vornherein, wenn man von mir verlangt, daß ich mich irgendworauf verlasse, eine Investition an geistigem Vertrauen machen und dieses Vertrauen mitbringen, sonst kann ich mich nirgendworauf verlassen, und nichts hätte für mich Gültigkeit, nichts tatsächliche Autorität.

In diesem Sinn hat Buber das Rechtssystem der *Tora* verstanden. Tora bedeutet für ihn „Lehre" (ירה), aber nicht als spekulative Theorie, sondern als praktische Handlungsanweisung. Nur insofern der, der im Leben steht, angewiesen wird, etwas zu tun, wird Lehre oder, präziser formuliert, „Belehrung" auf ihn ausgeübt, und insofern kann allein von Praktischem die Rede sein. Sozialphilosophie, wie sie Buber vom Judentum her versteht, ist niemals isolierte Theorie;

---

[2]) M. BUBER, *Der Glaube der Propheten*, Zürich 1950, S. 164.
[3]) BUBER, ebd., S. 195 ff.

sondern in der Theorie, welche die Philosophie freilich auch bereithalten muß, geht es stets um (richtige) Praxis der Handlungsanweisung. Was in solcher Praxis das Richtige sei, dies muß der Lehrer stets untersuchen. Er ist für Buber im klassischen Verständnis נביא, Prophet, also nicht tote, institutionelle Figur, sondern persönliche Dynamik, die offen ist für Entwicklungen geistesgeschichtlicher Probleme und Gedanken, insofern diese Gedanken autoritätsmächtig werden sollen. Seine Funktion ist erzieherisch, indem er die Erziehung hineinspricht in eine bestimmte geistesgeschichtliche Gegenwart. Erst später, wo Prophetie geistig impotent wird und zur Apokalyptik degeneriert, hat sie es mit dem zu tun, was wir in der Geistesgeschichte institutionalisierte Lehrmeinungen nennen können. Wo sie aber noch virulent wirkt, wo sie wirkliche Erziehung ausübt und sich dem Menschen konfrontiert, da geht es um das Rechthandeln, da geht es um Ausspruch und Zuspruch von חסד.

Für Menschen, die in der חסד stehen, hat die Tora Autorität als *Erziehung*. Sie werden daher „Fromme" (חסידים) genannt. Sie sind nämlich dadurch fromm, daß ein *Impuls* des Rechthandelns auf sie ausgeübt wird und daß sie die Erziehung der Tora in ihrer subjektiven Gültigkeit auf sich selbst beziehbar machen. Der Lehrer, der den Impuls weckt, ist der Kundige, ist der, der da will, daß *gerecht* gehandelt wird: er ist צדיק. Er ist die personifizierte teleologische Bedingung, daß es חסד geben kann, daß Autorität kein abstraktes Prinzip bleibt, sondern konkret und praktisch wird. חסד und צדקה bedingen sich dialektisch einander, doch nicht im Sinne einer abstrakten Systembildung, sondern als die Praxis des Belehren-Könnens selbst, als der Dialog, der in sich pädagogisch geworden ist [4]).

Dieser Dialog ist möglich bei der Investition gegenseitigen Vertrauens. Man könnte dies auch *Gutwilligkeit* nennen, wenn man aus dem Kontext moderner Kommunikationstheorien Buber in eine heutige Sprachebene übersetzen wollte. Sie ist das methodische Postulat der Sozialpolitik, wie Buber diese aus der Perspektive seiner Sozialphilosophie bestimmt sieht. Sie ist der archimedische Punkt, um theologische Perspektiven der Politik zu formulieren, um in der Einheit politischer Planung *Langfristigkeit* von Prozessen zu sichern. Bezeichnend ist Bubers Stellung zu Gandhi in der Frage der (unblutigen) Gewaltanwendung. Gandhi hatte eine Zeitlang den Plan verfolgt, durch Verweigerung von Steuerzahlungen an die englische Krone die

---

[4]) M. BUBER, *Die Erzählungen der Chassidim*, Zürich 1959, Einleitung, S. 16 ff.

koloniale Frage ultimativ im Sinne der Kurzfristigkeit zu lösen, dann
aber diesen Plan verworfen, als er die Bildungslosigkeit der Massen
seines Volkes bedachte, die nicht in sofortige Unabhängigkeit überführt
werden könnten. Die Politik, so fand er heraus, sei ein langwieriges
Geschäft wie der Kampf mit den „Windungen einer Schlange"[5])
— man könne ihnen „nicht entschlüpfen", müsse „mit der Schlange
ringen", und wenn man nach dem Erfolg frage, sei er so wetter-
wendisch, daß es besser sei zu „experimentieren", „um die Religion
in die Politik einzuführen". Buber meint, diesem Standpunkt beipflichten
zu können, freilich mit der Maßgabe, daß die Schlange nicht nur
Symbol für das Auf und Ab des Erfolgs, sondern in dessen Frag-
würdigkeit auch der „Erlösungsbedürftigkeit" sei, welche die Kreaturen
der Welt rein als solche an sich tragen: also ist Religion die Maxime,
die nicht als Form von Resignation die Politik am Ende beerbt,
sondern die im Anfang steht und als Teleologie der Politik die
Richtung gibt — freilich als das Regulativ eines kritischen Gedankens[6]).
Die kritische Frage der Religion, wenn sie als Teleologie der Politik
die Maxime gibt, ließe sich auch auf die Formeln bringen: Ist eine
hinreichende Bemühung von Gutwilligkeit investiert worden zur Aus-
gleichung von Zweck und Erfolg? Ist der Ausgleich nicht nur kurzfristig, sondern langfristig gerechtfertigt? Ist mein Kalkül überhaupt
frei gewesen von bloß pragmatischen Tagesfragen? Nicht das vorder-
gründige und positivistische Interesse soll Maßstab meiner Entscheidung
beim Handeln sein, sondern dessen Perspektive soll teleologisch auf
langfristige Rechtfertigung angelegt sein. Die Langfristigkeit des Gel-
tungskalküls meiner möglichen Entscheidung ist theologisches Moment,
insofern hier Theologie als absoluter Standpunkt der Investition von
Vertrauen fungiert, einer Vertrauensinvestition, die ich machen muß,
um meiner humanitären Entscheidung Selbständigkeit und Autarkie
zu geben. Theologie in der Politik ist — so würde Buber sagen —
gewissermaßen ein Standpunkt des Mutes, den ich zur Überschreitung
meiner Gebundenheit an die Mannigfaltigkeit von Tagesinteressen
und Sachzwängen brauche, wenn ich überhaupt ein Ziel verfolgen
will, das mir sonst bei Abwägung aller Gründe und Gegengründe
im sachlichen Verlauf der Dinge als wirklichkeitsfremd erscheinen
müßte. Der Mut zur Geduld in der Politik, der es darauf ankommen
läßt, nicht bloße Augenblickslösungen zu erstreben, ist für Buber

---

[5]) M. BUBER, *Gandhi, die Politik und wir* (1930), in: ders., *Die Frage an den Einzelnen*, Berlin 1936, S. 109.
[6]) BUBER, ebd., S. 123f.

prophetischer Mut, er ist das Element, welches die Möglichkeit des Vertrauens (אמן) bzw. Verläßlichkeit in die Zielsetzung meiner politischen Konzeption integriert. Also ist meine politische Verläßlichkeit die teleologische Folge meiner Gutwilligkeit, die ich mitbringe, indem ich mich als Person in die Zielsetzung meiner Politik investiere: אם לא תאמינו לא תאמנו.

II

Buber hat gewußt, wie wenig er sich mit einem solchen Standpunkt durchsetzen könne. Er hat es gewußt, daß dieser Standpunkt, so oft man ihn zu lesen bekommt, imaginär sei, jedenfalls dann, wenn man ihn am Pragmatismus der tagespolitischen Interessen mißt. Denn der Pragmatismus mißt das, was schlechterdings nur nach Begriffen der Vernünftigkeit überhaupt teleologisch betrachtet werden kann, nach den Begriffen von Parteien und Klassen, die ihm aus der zeitgeschichtlichen Entwicklung geläufig sind. Bubers Prinzip des langfristigen Vertrauens ist quantitativ nicht verifizierbar — sagt die Statistik. Dieses Prinzip ist Träumerei — sagt die Tagespolitik. Dieses Prinzip ist christlich — sagt der Zionismus. Dieses Prinzip ist esoterisch — sagt die Kirche. Aber was soll die Statistik, was sollen Tagespolitik, Zionismus und Kirche mit einem Prinzip zu tun haben, das überhaupt nur unter der intentionalen Bedingung des אמן Realität haben kann? Also doch christlich? Oder wenigstens in verhaltenem Sinne christlich? Hat man nicht in Buber ohnehin einen heimlichen Christen wiederfinden wollen[7])? Aber die christliche Teleologie als Heilsbetrachtung der Menschheitsgeschichte bleibt als deren Hermeneutik ein dogmatisches Phänomen und kann als abgeleitete Interpretation unmöglich zu der Bedingung gehören, die als Intentionalität des אמן den Menschen erst zum Menschen macht und ihn *vor* aller Möglichkeit, überhaupt etwas *Bestimmtes* zu wollen, bezeichnet.

Freilich ist Buber im Entwurf seiner teleologischen Langfristigkeit nicht ohne historische Vorgänger. Derjenige, der sie als Postulat für die Bestimmung der Politik in Antithese zu Hobbes formulierte, ist Benedict Spinoza gewesen. Spinoza hat dies getan am Leitfaden der Erfahrungen, die er aus dem „Staat der Hebräer" in die politische Theorie einbringen konnte. Er hat in der Diskussion um die Verfas-

---

[7]) BUBERS Einstellung zum Christentum ist sehr plastisch gezeichnet von K. H. RENGSTORF, *Begegnung mit Martin Buber*, in diesem Band, S. 199-213.

sungsmäßigkeit innerstaatlicher Organe jahrzehntelang vor Montesquieu eine „Gewaltenteilung" vertreten und diese am Vorbild eines
Prozesses langfristiger Konsolidierung von Staatsverhältnissen nach
dem Beispiel der im Richterbuche beschriebenen Entwicklung in die
moderne Politik einzuführen versucht. Die Verhandlungsmaxime zwischen Priester- und Richterstand im Gesetzgebungsvorgang, die Tren-
nung von Gesetzgebung und Auslegung von Gesetzen, wie sie die
jüdische Geschichte langfristig entwickelt hat, wird bei Spinoza zum
Modell moderner Staatstheorie[8]) überhaupt, um dem staatlichen
Gemeinwesen eine auf Rechtlichkeit hin formulierte Verfassung zu
geben. Dies bedeutete für ihn: die gesetzgebenden und die richterlichen
Instanzen müssen miteinander im Gespräch bleiben und gegenseitig
ihre Macht einschränken, um verfassungsmäßige politische Verhältnisse
(Ordnung) zu konstituieren. Was nun Buber von hier aus angeht,
so finden wir die Sachbeziehung in der Funktion der Prophetie, die
sie für die Konstitution der Verfassungsmäßigkeit hat, sofern sich
dieselbe als langfristiger Prozeß von Veränderungen erklärt. Die Dynamik historischer Veränderung muß auf Verwirklichung hin entschieden,
d.h. zur Institution werden; hierzu bedarf es einer Instanz, die, selbst
ohne Institutionscharakter, als Prophetie die gesetzgebenden Mächte
verhandlungsbereit und gesprächswillig macht[9]). So wurden im Hebrä-
erstaat Priester- und Richterstand für den Gesetzgebungsprozeß zur
Kooperation verbunden. Der Prophet hat Vermittlungsfunktion zwischen den Standesinteressen in der Organisation der Gesetzgebungs-
maschine: Auslegung der Gesetze und Antragstellung zu ihrer Veränderung bringt der Prophet zur Konvergenz. Er ist der praktische
Volkserzieher und legt der Politik ihre kritische Richtung fest, indem
er durch seine Person den politischen Dialogzwang verkörpert und
dadurch Politik auf mögliche Langfristigkeit hin disponiert sein läßt.
Dies ist ein sehr moderner Gedanke, mochte auch das alttestamen-
tarische Gesetzgebungssystem sehr kompliziert gewesen sein und vielen
Umbrüchen unterworfen.

Aus der Sicht der Dinge, wie sie bei Spinoza vorliegt, hat Buber
für die Staats- und Gesellschaftsphilosophie den Dynamismus des
Dialogs als die institutionalisierte Gutwilligkeit[10]) der miteinander am

---

[8]) B. SPINOZA, *Theologisch-politischer Traktat*, 17. Kapitel.
[9]) Die Brisanz dieser Konzeption tritt freilich erst Jahrzehnte später bei MONTESQUIEU
zutage, wo das, was bei Spinoza Idee ist, Faktizität zu werden verspricht.
[10]) Hierzu vgl. auch BUBERS ersten Vortrag nach dem Kriege zu Münster 1953
über *Geltung und Grenze des politischen Prinzips*.

politischen Gespräch Beteiligten übernommen. Auch er unterstreicht die grundsätzliche Bedeutung der Prophetie für die Gesellschaftsphilosophie, sofern sich die Vertrauensdevise Jesajas in staatliche Funktion übersetzt. Nur läßt sich solche Gutwilligkeit — so müßte er kritisch zu Spinoza anmerken — nicht unmittelbar übersetzen in *Rechts*zwang. Ich muß sie von mir aus investieren, und dies führt auf die Autoritätsfrage als *pädagogisches* Problem in der Politik zurück.

Buber ist ein Mensch gewesen, der die Frage der Autorität als institutionalisierte Gutwilligkeit nur pädagogisch fassen konnte. Pädagogisch hieß für ihn: nicht als abstraktes Postulat eines objektiven Geistes, sondern existentiell genommen als Prinzip des Dialogs — und er hat diesen Dialog als Gestalt der Verständigung unter Menschen auch gelebt. Der Dialog *als Existenz* war Wahlspruch seiner Pädagogik: daß solche Existenz nur allzuhäufig isoliert war, bedarf keiner Worte. Einsam ist ihre Geistigkeit, die er in größter Freiheit und Unabhängigkeit artikulierte, sogar im Judentum geblieben. Der Wagemut dieser Existenz auf dem Standpunkt des אמן macht ihre eigene Größe aus — dies freilich um den gewichtigen Preis, esoterisch bleiben zu müssen. So scheint es, daß seine Philosophie fruchtbares Gedankengut zur Modellbildung entwirft, doch in der Praxis der Institutionen ihre Ohnmacht nicht verhehlt[11]). — Indessen wäre es fehl am Platz, ihr einen Vorwurf daraus zu machen. Man muß sie vielmehr diskutieren als Modell der Gedankenbildung und nach der Virulenz der Gedanken fragen, unabhängig von dem Boden, auf den diese fallen möchten. Was Buber hinterfragt hat, die Stellung menschlicher Subjektivität in einem immer anonymer werdenden Staatssystem, bedarf keiner umständlichen Legitimierung. Der Mensch ist bei ihm konkret geblieben als sich entscheidende Person, mag auch im Relationsverhältnis zur konkreten Schärfe des Menschen Kontur und Funktion der Staatlichkeit, als objektiven Rechts betrachtet, bisweilen in Unschärfe verschwimmen. Sein Verständnis der Prophetie stellt den methodischen Versuch dar, die Konkretion des Menschen zu sichern und alle Spannungen, in denen der Mensch lebt, also auch seine institutionelle Einengung, harmonistisch zu entschärfen[12]). Der Mensch als Mensch

---

[11]) Die institutionelle Sphäre ist für BUBER „Es-Welt" und intentional von der „Ich- und Du-Welt" unterschieden; vgl. seine Schrift: *Ich und Du*, Berlin 1936.

[12]) So ist für BUBER im Völkerrecht dialogische Existenz als Überwindung des unterkühlten Zustandes vom „Nichtkrieg" schon hinreichend, um positiv den Frieden zu sichern: vgl. seine *Ansprache anläßlich der Verleihung des Friedenspreises des deutschen Buchhandels*, Frankfurt/M 1953.

ist nicht zu verwalten — dies war für Buber zugleich Gebot und zugleich Aussage von Optimismus. Schade um die Sozialphilosophie! — würde er zu bedenken geben, wenn sie zur Magd der verwalteten Welt gemacht wird. Buber ist als Philosoph und als pädagogischer Denker durchaus Theologe geblieben, seine Devise konnte nur sein: Es kommt auf den Menschen „als einzelnen" an[13]). Ist dies nun Traum eines Idealismus, der im Erfahrungsverlauf der Dinge nur auf Kopfschütteln stoßen darf? Buber hatte für seine Person existentiell so zu leben versucht, wie es seine Devise verlangte; darf man ihm den Vorwurf machen, daß er als einzelner, einsamer Mensch Nachfolger im eigentlichen Sinn nicht sich hat heranbilden können?

Wenn Buber sagt, auf „den einzelnen" komme es an, so hat er damit vor allem im Auge, daß nicht vorschnell im Hegelschen Sinn aus der moralischen Subjektivität des Menschen eine juristische gemacht wird. Dieses würde soviel heißen: Für die gesellschaftliche Sicht interessiert der Mensch nur dann, wenn er vornehmlich *Bürger* ist. Menschsein wäre nur möglich, wenn man das Bürgersein voraussetzt. Doch Buber folgert umgekehrt: Freilich müssen wir Bürger sein, doch das ist nur unter Voraussetzung unseres teleologischen Menschseins möglich. Nur so definiert sich unsere Bürgerlichkeit in der dialogischen Existenz als sozial. Man kann sie „sozialistisch" nennen, wenn man hierunter das Faktum versteht, daß sie auch theoriebildend ist, theorie- bildend in dem Sinn, daß dialogische Existenz als Wechselseitigkeit im Gebrauch der Vertrauensdevise soziale Orthopraxie begründet. Wer sich nicht gegenseitig investiert als soziale Existenz, gelangt auch nie zur Überzeugung, als sozial geachtet zu sein: אם לא תאמינו לא תאמנו.

III

Zur Devise solchen Vertrauens kommt bei Buber noch ein Zweites, was für seine Sicht vom Menschen sozialphilosophisch konstitutiv ist und was doch mit dieser Devise im innersten zusammenhängt: sein Verständnis von der Zeit, wie er es von Kant her deutet. Buber schreibt über seine Jugend, wie er „unwiderstehlich getrieben" wurde, „den welthaften Gesamtablauf als faktisch fassen zu wollen, und das bedeutete, ihn, die ‚Zeit', entweder als anfangend und endend oder als anfangs- und endlos zu verstehen. Beides erwies sich bei jedem Versuch, es als Wirklichkeit anzunehmen, gleicherweise als widersinnig.

---

[13]) S. BUBERS gleichnamiges Werk: *Die Frage an den Einzelnen*, Berlin 1936, ebenso: ders., *Das Problem des Menschen*, Heidelberg 1948.

Ich mußte ja, wenn ich Ernst machen wollte (und eben dies zu
wollen war ich immer wieder genötigt), mich entweder an den Beginn
der Zeit oder an den Schluß der Zeit versetzen, und da bekam ich
unverzüglich das Vorher wie einen Stoß in den Nacken und das
Nachher wie einen Schlag gegen die Stirn zu spüren — nein, da ist
kein Anfang und kein Ende! — oder aber ich mußte mich in jene
oder diese Bodenlosigkeit, ins ‚Unendliche' werfen lassen, und nun
verwirbelte alles"[14]). Solche Bewußtseinsaporie, die Buber in Ver-
zweiflung trieb, ist als erste Antinomie der dialektischen Vernunft von
Kant in seiner Vernunftkritik auf das Plastischste beschrieben[15]).
Von Kant aus findet denn auch Buber an Hand der *Prolegomena zu
einer jeden künftigen Metaphysik* zur sachlichen Lösung seines Problems.
Er sah am Leitfaden von Kants Lehre, „Raum und Zeit seien ‚nichts
weiter als formale Bedingungen unserer Sinnlichkeit', seien ‚nicht
wirkliche Beschaffenheiten, die den Dingen an sich selbst anhingen',
sondern ‚bloße Formen unserer sinnlichen Anschauung'"[16]). „Diese
Philosophie hat eine große beruhigende Wirkung auf mich ausgeübt",
schreibt er. „Ich brauchte nun nicht mehr, gepeinigt, der Zeit ein
Letztes abzufragen zu suchen, sie war ja nicht über mich verhängt,
sie war mein, denn sie war ‚unser'. Die Frage wurde für ihrem
Wesen nach unlösbar erklärt, aber zugleich wurde ich von ihr, wurde
ich vom Fragenmüssen befreit. Kants damaliges Geschenk an mich
war die philosophische Freiheit"[17]).

Was folgt für Buber aus dieser Freiheit? In *Ich und Du* hat er
später gesagt, die Existenzform des Menschen ist „Gegenwart"[18]);
hier findet der Mensch die soziale Erfüllung. — Sozialismusmodelle
indessen, wie sie sich zumeist vorfinden lassen, kranken beharrlich an
dem Problem, daß sie um der Zukunft des Menschen willen seine
Gegenwart aufopfern; die Zukunftsfixierung hindert sie, der Gegenwart
menschlicher Existenz überhaupt gerecht zu werden. Oder sie gehen
historisch vor, sind vergangenheitsfixiert mit dem Selbstverständnis
der Abhängigkeit von den historischen Quellen des Sozialismus, und
die Gegenwart ist zwar Punkt, an dem der Mensch hier leibt und
lebt; aber als Punkt, der sich vom Anfang der sozialistischen Bewe-
gungen her definiert, ist sie kein autonomes Terrain. Dies ändert sich

---

[14]) M. BUBER, *Begegnung*, Stuttgart 1960, S. 17.
[15]) I. KANT, K.r.V., A 426 = B 454.
[16]) KANT, *Prolegomena*, IV, 283f., §10f.
[17]) BUBER, *Begegnung*, S. 18.
[18]) BUBER, *Ich und Du*, S. 19f.

in dem Augenblick, wenn durch neue Koordinaten des interpretierenden
Zeitschemas der sozialistischen Bewegung die *Gegenwart* zum *Zentrum*
wird. Buber kann auf die Differenzierung des nämlichen Zeitschemas
verweisen, wie es schon die hebräische Sprache im Imperfekt zur
Präparation der Stetigkeit von Zeitbestimmungen bei sich führt.
Zentrum ist die Gegenwart; in ihr existiere ich und investiere mich
existierend. Ich habe überhaupt keine andere Existenzform als nur
meine Gegenwart; diese ist für mich nicht abstrakt, sondern ist Ebene
des Lebens, in der ich mich selber artikuliere. Vergangenheit aber als
Retrospektive auf das Woher meines eigenen Seins wird zu einem
heuristischen Punkt, aus dem meine Existenz hervorgeht, — und auch
die Zukunft ist nur ein Punkt, ist nur von der Gegenwart her zu
begreifen.

Es ist zutiefst hebräisches Denken von der möglichen Aktionsart,
die ich handelnd artikuliere, das Buber mit der Zeitanschauung der
Kantischen Philosophie kombiniert. Die Zeit ist nicht als Fixum
veranlagbar, sie ist abhängig von dem, was der Mensch mit ihr macht,
indem er sie als Anschauungsform für sein Denken und Handeln
erarbeitet. Ich lege „Arbeit" in meine Zeitanschauung hinein und
lege „Zeit" nach meinen Existenzbedürfnissen aus. Also ist Zeit nie
das, was ich vorfinde und was mich fixieren kann, sondern das, was
ich selbst artikuliere, indem ich mich in sie *investiere*. Damit hat Buber
die Zeitanschauung des theoretischen Idealismus, wie sie bei Kant
ihm begegnete, zu einer praktischen gemacht — als mögliche Grundlage
menschlichen Handelns. Zeit erhält die Qualität, für mich praktisch
Impuls zu sein; sie wird als Lebenssphäre empfunden, die mir den
Impuls gibt zu handeln. Sie ist das Medium, in das ich mich selber
investiere und das mir die Existenzform gibt, praktisch im Verhältnis
zu Menschen mich als handelnd zu artikulieren. Meine zeitliche
Existenz wird mir so zur Möglichkeit, das Vertrauen zu investieren,
das mich zum Handeln inner viert. Ich existiere als Investition meines
Vertrauens zu anderen Menschen; die Artikulierung meines Lebens
ist diese zeitliche Investition, und die Investition meiner selbst ist
meine Existenz in der Zeit: אם לא תאמינו לא תאמנו (Wer sich nicht
investieren will, kann unmöglich *existieren*).

Wir resümieren auf: Von der hebräischen Wurzel אמן ist nicht nur
„Vertrauen" abzuleiten, sondern auch der Existenzbegriff. Beide sind
für Buber nur die verschiedenen Seiten ein und derselben Medaille.
Zwischen ihnen ist Einheit der Sache, und das hat für Bubers Sozialphilosophie als praktische Theorie des Handelns sehr weitreichende

Konsequenzen. Klassische Handlungstheorien, wie sie der Sozialidealismus seit Kant und Fichte konzipiert, kranken an dem Sachverhalt, daß die Möglichkeit des Handelns aus dem Primat des *Denkens* folgt. Auch der verwegenste Kalkül einer so aktual wie möglich gefaßten „intellektuellen Anschauung", die Denken und Handeln zur Konvergenz bringt, kann überhaupt nichts daran ändern, daß das, was nominell „Tathandlung" ist, sich praktisch Existenz verschafft als Selbstreflexion dieser Anschauung, als isolierter Akt des Denkens. Also ist der idealistische „Vernunftprimat", wie sehr er praktisch zu sein beansprucht, im Grunde spekulativ geblieben. Es hilft auch nichts, daß ich mit Fichte Anschauung setze als das „unmittelbare Bewußtsein, daß ich handle und was ich handle", daß sie das ist, „*wodurch ich etwas weiß, weil ich es tue*" [19]). Denn der praktische *status quaestionis* lautet vielmehr darauf hinaus: Wie komme ich dazu, etwas zu tun, solange ich lediglich weiß, daß ich's tun soll? Wo liegt also mein Impuls als Motivation des Sollens zum Wollen, als Motivation der Norm zum Tun? Fichte muß sagen: Jeder wird ihn unmittelbar in sich selbst finden, oder er wird ihn nie kennen lernen. Aber damit ist nicht gesagt, wie ich als suchende Existenz mich zu meinem Selbst verhalte, um als aktuierter Wille Wirksamkeit des Impulses zu sein. — Dies ändert sich in dem Augenblick, wo *a priori* die Ebene der *Möglichkeit* von Denken und Handeln in Bestimmung des Impulses zur identischen Ebene wird, weil dies schon der Sprachbegriff des hebräischen אמן als konkreten Gehalt expliziert. In diesem אמן liegt für Buber schon immer von der hebräischen Sprache her die *Synthesis* von Denken und Handeln, d.h. der Impuls vom Sollen zum Tun. Mithin ist die entscheidende Kluft des traditionellen Sozialidealismus von dieser Sprache her überwunden; und Sozialphilosophie von Buber ist der methodische Versuch, in immer wieder erneuten Anläufen Intention und Impuls des אמן in deutschen Begriffen zu bewähren.

IV

Damit haben wir wenigstens soviel sichergestellt, daß Bubers Philosophie des Vertrauens in der Existenzbeziehung, die ein möglicher Menschenwille innerhalb der Zeit aktuiert, jedenfalls nicht weltlos ist und zur Bedeutungslosigkeit absinkt. Daß sie sich gleichwohl darin schwer tut, Existenznachfolger zu finden — und *das* will doch ihr

---

[19]) J. G. FICHTE, *Zweite Einleitung in die Wissenschaftslehre* (1797), § 5, MEDICUS I, S. 463 = Darmstädter Ausgabe, 1962ff., III, S. 47 (kursiv von mir).

Erblasser als Existenzphilosoph erreichen —, liegt an der strapaziösen Tendenz, das moderne Geistesdenken seiner Abstraktheit zu entwöhnen. Ist dieses Denken insoweit persönlich, daß es sich wenigstens wie Fichte mit dem menschlichen Ich befaßt, so bleibt der Partner dieses Ichs in die Sphäre des Nicht-Ich gerückt; und die Beziehungsmöglichkeit, die ich zu dem Nicht-Ich habe, ist durch dieses außerstande, Investition meiner selbst zu sein. Es genügt für mich vollständig, dieses Nicht-Ich wahrzunehmen, indem es sich als Gegenstand eines Bewußtseins reproduziert, das namentlich geistige Anschauung ist; und daß ich diese aktuiere, macht meine ganze Verbindlichkeit aus. Aber das sagt keineswegs, daß ein so bestimmtes Nicht-Ich für mich je Person sein könne, daß es mir gegenübertritt in der Weise einer Beziehung, die über die äußere Erscheinung von Erfahrung schon hinausreicht. Soll es eine Beziehung geben, die die Erfahrung transzendiert, indem sie den Menschen als Menschen einholt, muß es eine solche sein, die ihn nicht als Polarität eines Ichs zum bloßen Nicht-Ich, sondern persönlichkeitsgebunden auf ein *Du* hin expliziert.

Buber kann sich hier berufen auf gedankliche Strukturen, die er von Jacobi hat und die er sozusagen als Grundstein in *Ich und Du* hinübernimmt. Schon bei Jacobi ist das Ich-Du-Verhältnis Grundvoraussetzung der eigenen Identität des Menschen, und die erfahrene Lebenswirklichkeit Gottes wird als Liebeserfahrung des Ichs zum Telos möglicher Religion. Wir werden etwas von Welt und Körper, sagt er, „ganz verschiedenes (gewahr), das weder bloß Empfindung noch Gedanke ist, ... und zwar mit eben der Gewißheit, mit der wir uns selbst gewahr werden; denn ohne *Du*, ist das *Ich* unmöglich"[20]. Die Grundbeziehung von Ich und Du, auf die Jacobi hierbei anspielt, die menschliches Wesen erst menschlich macht, hat auch Buber thematisiert: „Wer Du spricht, hat kein Etwas zum Gegenstand. Denn wo Etwas ist, ist anderes Etwas, jedes Es grenzt an andere Es, Es ist nur dadurch, daß Es an andere grenzt. Wo aber Du gesprochen wird, ist kein Etwas. Du grenzt nicht. Wer Du spricht, hat kein Etwas, hat nichts. Aber er steht in der Beziehung... Die Welt als Erfahrung gehört dem Grundwort Ich-Es zu. Das Grundwort Ich-Du stiftet die Welt der Beziehung... Man suche den Sinn der Beziehung nicht zu entkräften: Beziehung ist Gegenseitigkeit... Den Menschen, zu dem ich Du sage, erfahre ich nicht. Aber ich stehe in der Beziehung zu

―――――――
[20]) F. H. JACOBI, *Ueber die Lehre des Spinoza in Briefen an den Herrn Moses Mendelssohn*, Breslau 1785, S. 163.

ihm, im heiligen Grundwort. Erst wenn ich daraus trete, erfahre ich ihn wieder. Erfahrung ist Du-Ferne. Beziehung kann bestehn, auch wenn der Mensch, zu dem ich Du sage, in seiner Erfahrung es nicht vernimmt. Denn Du ist mehr, als Es weiß. Du tut mehr, und ihm widerfährt mehr, als Es weiß. Hierher langt kein Trug: hier ist die Wiege des Wirklichen Lebens"[21]). In der Beziehung, die menschliches Ich zum menschlichen Du unterhalten kann, liegt nach Buber für Sozialität, die Menschen erst zu Menschen macht, das schlechterdings entscheidende Wort.

Behalten wir es wirklich? Die Meinung, wir behielten es, beruht auf Bubers Argument, daß wir das אמן wahrnehmen, daß wir uns menschlich als *Existenz* in ein Du hin investieren. Buber hat diese Investition Sache der Religion genannt. Und er hat hinzugefügt: Wer sein Vertrauen investiert in das Du des anderen Menschen, schließlich in das Du der Welt, der kann nicht „zu Gott wahrhaft beten und die Welt bloß benützen", er kann nicht „sein Leben ... zwischen eine wirkliche Beziehung zu Gott und ein unwirkliches Ich-Es-Verhältnis zur Welt aufteilen". Täte er es, er — „nicht der ‚Atheist', der aus der Nacht und Sehnsucht seines Kammerfensters das Namenlose anspricht" — wäre der „Gottlose"[22]). So zeigt sich, daß und warum die Ich-Du-Beziehung in der Vertrauensinvestition den Menschen wirklich zum Menschen macht, ja daß sie auch darüber hinaus durch Herstellung der Geselligkeit erst *Philosophie zur Weisheit* macht. „Es gibt eine untrügliche Probe. Denk dich nur in einen Ursprung hinein, wo du allein wärst, ganz allein auf Erden, und du könntest eins von beiden bekommen, Bücher oder Menschen. Wohl höre ich manchen seine Einsamkeit preisen, aber das bringt er nur fertig, weil es eben doch die Menschen auf der Welt gibt, wenn auch in räumlicher Ferne. Ich habe nichts von Büchern gewußt, als ich dem Schoß meiner Mutter entsprang, und ich will ohne Bücher sterben, eine Menschenhand in der meinen. Jetzt freilich schließe ich zuweilen die Tür meiner Stube und ergebe mich einem Buch, aber nur, weil ich die Tür wieder öffnen kann, und ein Mensch blickt zu mir auf"[23]).

---

[21]) BUBER, *Ich und Du*, S. 10ff.
[22]) BUBER, ebd., S. 124.
[23]) BUBER, *Begegnung*, S. 55.

OTTO EISSFELDT (1887-1973)

von

GERHARD WALLIS

Am 23. April des Jahres 1973 verstarb in Halle an der Saale, der Stätte seiner über fünfzigjährigen wissenschaftlichen Tätigkeit, der Professor für Altes Testament und Semitische Religionsgeschichte D. Dr. Otto Eißfeldt DD. Seiner an dieser Stelle zu gedenken, nachdem sein Leben und Werk bereits an anderen Orten gewürdigt worden ist, gebietet der Dank gegenüber dem Ehrenmitglied der Franz Delitzsch-Gesellschaft, zu dem er vor nunmehr über einem Jahrzehnt gewählt worden ist.

Otto Eißfeldt kann als bedeutendster Schüler von Rudolf Smend (1851-1913) und Julius Wellhausen (1844-1918) gelten, zu deren Füßen er in den Jahren 1905/1906 und 1907/1908 in Göttingen gesessen hat. Damit wurde er auch der letzte große Repräsentant der literarkritischen Schule. Mit seinem Namen werden sich stets besonders die „Hexateuchsynopse" (Leipzig 1922; Nachdruck Darmstadt 1962) sowie seine „Einleitung in das Alte Testament" (Tübingen 1934, 752 S.; 3., neubearbeitete Aufl. 1964, 1129 S.) verbinden. Gerade letzteres Werk darf als charakteristisch für ihn gelten. Es zeichnet sich in seiner Ausführlichkeit und zugleich Konzentration dadurch aus, daß hier nicht allein die eigene Auffassung, sondern jeweils auch ein knapper Abriß der Forschungsgeschichte vorgetragen wird. Auf diese Weise hat Otto Eißfeldt in einer Art Bestandsaufnahme die Ergebnisse der Bemühungen mehrerer Generationen von literarkritischen Forschern zusammengefaßt und sichergestellt.

Es dürfte aber unzureichend sein, wollte man darin seine ausschließliche Bedeutsamkeit auf dem Gebiet der alttestamentlichen Wissenschaft sehen. Hat in Eißfeldts Berliner Studienjahr 1906/1907 auch Hermann Gunkel (1862-1932) mit seiner gattungsgeschichtlichen und religionsvergleichenden Arbeitsmethode Einfluß auf ihn gewonnen, wovon seine eben genannte „Einleitung in das Alte Testament" beredtes Zeugnis ablegt, so hat in derselben Zeit und weit darüber hinaus während seiner Berliner Privatdozentenzeit von 1912 bis 1922 (ab 1918 als Titular-Professor) vor allem der große Kenner der semitischen

Religionsgeschichte Wolf Wilhelm Graf Baudissin (1847-1926) bleibenden tiefen Eindruck auf ihn gemacht. Beide verband eine tiefe
Freundschaft, die über den Tod Baudissins im Jahre 1926 hinausging.
Sie brachte es mit sich, daß Baudissin seine langjährigen Vorarbeiten
für sein grundlegendes Werk „Kyrios als Gottesname im Judentum
und seine Stellung in der Religionsgeschichte" seinem früheren Schüler
und späteren jungen Kollegen Otto Eißfeldt übergab, um dieses Werk
nach seinem Tode zu Ende zu bringen und durch den Druck zu
führen. Eißfeldt nahm sich dieser Aufgabe in vorbildlicher Weise an,
bearbeitete das von Baudissin zusammengetragene Material unter
Mithilfe von Fachgelehrten und konnte es im Jahre 1929 der wissenschaftlichen Öffentlichkeit in vier Bänden vorlegen. Über Baudissin
stand er auch in einer gewissen wissenschaftsgenealogischen Beziehung
zu dessen Lehrer Franz Delitzsch (1813-1890). Die Herausgabe des
Briefwechsels zwischen beiden durch ihn und Karl Heinrich Rengstorf
(Briefwechsel zwischen Franz Delitzsch und Wolf Wilhelm Graf Baudissin 1866-1890, Opladen 1973) gehört zu den letzten Arbeiten, die
ihn beschäftigt haben.

Durch seine meisterliche Aufarbeitung des Nachlasses seines Lehrers
Baudissin hatte Eißfeldt sich nicht allein als Alttestamentler und
Religionsgeschichtler verdient gemacht, sondern auch als Wissenschafts-
organisator hervorgetan. Vor allem hatte er sich dadurch umfassend
in die Welt der Religionen des alten Vorderen Orients eingearbeitet.
Dies sollte für ihn besondere Bedeutung gewinnen. Nachdem im Jahre
1929 im antiken Ugarit, dem jetzigen Ras eš-šamra an der nord-
syrischen Küste, durch einen Zufallsfund unter vielen anderen Schrift-
dokumenten auch Keilschrifttexte zutage getreten waren, deren Schrift-
system unabhängig voneinander Edouard Paul Dhorme in Paris und
Hans Bauer in Halle als alphabetische Keilschrift erkannten und
entzifferten, öffnete sich der Weg zur Deutung dieser überwiegend
religiösen Texte. An ihr gewann in der Folgezeit Eißfeldt, auf die
geschilderte Weise hervorragend vorbereitet, erheblichen Anteil. Als
im Jahre 1947 die hebräischen Handschriften in den Höhlen bei
Qumrân am Nordwestufer des Toten Meeres ebenfalls durch einen
Zufallsfund ans Licht gebracht waren, beteiligte sich Eißfeldt ganz
selbstverständlich auch an der Auswertung dieser Dokumente. Unter
diesen Arbeiten wurde er zu einem der bedeutendsten Gelehrten und
Kenner der altorientalischen, syrisch-palästinischen wie israelitisch-
jüdischen Literatur und Religion. Ihm waren diese Forschungen jedoch
nicht Selbstzweck; sie dienten für ihn vielmehr dem immer besseren

Verstehen der Welt und der Botschaft des Alten Testaments, ja der Bibel überhaupt, wie er denn gelegentlich auch originelle Beiträge zur Erklärung des Neuen Testaments lieferte.

Um seiner wissenschaftlich profunden Kenntnis und seines sicheren Urteils sowie seiner wissenschaftsorganisatorischen Fähigkeiten willen wurde Eißfeldt schon frühzeitig in einen weiteren Kreis wissenschaftlicher Unternehmungen hineingezogen. Er war seit 1934 Herausgeber des Kommentarwerks „Handbuch zum Alten Testament", seit 1935 Herausgeber der Schriftenreihe „Alter Orient", seit 1934/1935 Mitherausgeber der „Theologischen Studien und Kritiken". Schon nach Rudolf Kittels Tod im Jahre 1929 hatte er dessen *Biblia Hebraica* zusammen mit Albrecht Alt in dritter Auflage herauszugeben übernommen, welche noch eine Reihe von Auflagen erfahren sollte; als sie später von der *Biblia Hebraica Stuttgartensia* (1968-1976) abgelöst wurde, gehörte Eißfeldt ebenfalls zu deren Mitarbeitern. Nach dem zweiten Weltkrieg war er von 1948 bis 1951 Herausgeber der „Halleschen Monographien", von 1948 bis 1966 Herausgeber der „Zeitschrift für die alttestamentliche Wissenschaft", von 1953 bis kurz vor seinem Tode Mitherausgeber der „Orientalistischen Literaturzeitung". Zu allen diesen Unternehmungen steuerte er selbstverständlich zahlreiche Abhandlungen bei.

Seinen gelehrten Leistungen gemäß, haben ihn bedeutende Gelehrtengesellschaften zu ihrem Mitglied berufen: Die Sächsische Akademie der Wissenschaften in Leipzig (1948), die Deutsche Akademie der Wissenschaften in Berlin (1949), die Akademie für Wissenschaft und Literatur in Mainz (1955), die Académie des Inscriptions et Belles Lettres in Paris (1957/1966), die British Academy in London (1958) und die Kungliga Humanistika Vetenskapssamfundet in Lund (1969). Die Theologische Fakultät zu Berlin (1922), die Universität Glasgow (1951) und die Reformierte Theologische Akademie in Budapest (1955) ehrten ihn durch die Verleihung der Ehrendoktorwürde.

Diese wenigen Daten vermögen indes nur schemenhaft anzuzeigen, was Eißfeldt in seinem langen und gesegneten Forscherdasein zu leisten vermochte. Die von Fritz Maass und Rudolf Sellheim (1962-1973) herausgegebenen, bisher fünf Bände zählenden „Kleinen Schriften", denen noch ein sechster Band folgen soll, insbesondere das von Karl-Martin Beyse erstellte Literaturverzeichnis in Band 5 (S. 222-287), bezeugen die Weite und die Tiefe des wissenschaftlichen Wirkens des Verstorbenen. Sein großes Ansehen als Gelehrter wie als Mensch bezeugt weiter die Tatsache, daß die Hallesche Universität ihn zweimal in schwerer Zeit zu ihrem *Rector magnificus* erkoren hat, in den Jahren 1929 und 1945.

Alles dies ergibt natürlich nur ein recht unvollkommenes Bild der Persönlichkeit und des Lebenswerks Otto Eißfeldts. Um so unerläßlicher ist ein kurzes Wort über sein Selbstverständnis als Theologe. Er hatte in Göttingen das Theologiestudium aufgenommen, weil neben dem Beruf des Juristen und Kaufmanns in seiner Familie auch der des Pfarrers vertreten war und er diesem Ziel eigentlich zustrebte. Erst dadurch, daß er gegen Ende seines Berliner Studiums im Dezember 1907 das Amt des Seniors im Studentenwohnheim „Johanneum" angeboten bekam, ergab sich ihm die willkommene Gelegenheit, sich auch wissenschaftlichen und pädagogischen Zielsetzungen zu widmen. Seit 1912 war er Früh- und Hilfsprediger an der Jerusalems- und Neuen Kirche in Berlin, wohinzu 1913 die Privatdozentur in der Berliner Theologischen Fakultät trat. Diese Doppeltätigkeit hat seine Kräfte stark in Anspruch genommen, zumal die folgenden Kriegsjahre ihm stärkere Belastungen eintrugen, als es ursprünglich von ihm bedacht war. Dennoch hat er diese Zeit später oft und dankbar erwähnt. Als er von der Hilfspredigerstelle 1921 in ein ordentliches Pfarramt berufen werden sollte, lehnte er dies jedoch, schon im Hinblick auf eine — im Jahre 1922 auch erfolgende — Berufung in das akademische Lehramt ab. Er schrieb am 14.1.1921 an den Gemeindekirchenrat der Jerusalemskirche: „Der Entschluß zu dieser Antwort wird mir sehr schwer. Der Prediger-Beruf ist mir, je länger ich ihn ausüben durfte, u. je vielseitiger und umfassender für mich diese Arbeit wurde, um so lieber geworden".

Nach seinem Weggang aus Berlin in das persönliche Ordinariat in Halle hat er seine Berufung in das kirchliche Prüfungsamt der Kirchenprovinz Sachsen ohne Zögern angenommen. Als nach dem Zusammenbruch des deutsch-christlichen Kirchenregiments im Jahre 1936 die Kirchenprovinz neu geordnet wurde, berief man ihn im Juni jenes Jahres als nebenamtlichen Konsistorialrat in das Magdeburger Konsistorium. Diese Aufgabe hat er dann ungefähr zwei Jahrzehnte wahrgenommen. Ebenso hat er die Berufung zum Domherrn der „Vereinigten Domstifter zu Naumburg und Merseburg und des Kollegiatstifts zu Zeitz" im Jahre 1945 angenommen, dessen Dechant er 1957 wurde. Dies macht deutlich, daß seine wissenschaftliche Arbeit nicht anders als im Dienst und Auftrag der Kirche geschehen gesehen werden kann. Sein Lehramt hat er im übrigen ebenso bewußt als Auftrag an den Theologiestudenten mit Hingabe wahrgenommen.

Wer Otto Eißfeldt persönlich näher kennenlernen durfte, war tief beeindruckt von der Einheit von Wesen und Werk in ihm und erlebte das Phänomen, daß ein Mann, der ganz vom Humboldtschen Wissenschaftsverständnis beseelt war, gleichzeitig von einer tiefen, unpathetischen Frömmigkeit getragen wurde.

MAX TAU (1897-1976)

von

HARALD KOCH

Dr. Max Tau, Ehrenmitglied der Franz Delitzsch-Gesellschaft, erster Träger des Friedenspreises des deutschen Buchhandels, ist am 13. März 1976 in Oslo gestorben.

Ein gütiges Menschenherz hat zu schlagen aufgehört. Ein Mensch ist von uns gegangen, der uns lehrte: „Man kann nie dankbar genug für das Leben sein". Wie oft sprach er vom „Fest des Lebens", wie oft mag er in seinen Briefen geschrieben haben: „Nun habe ich nur einen Wunsch, Euch bald wiederzusehen und mit Euch aufs Neue das Fest des Lebens zu feiern".

Wir werden ihn nicht wiedersehen. Wir fühlen es schmerzhaft: wir alle, die wir ihn kannten und liebten, die wir Freund zu ihm sagen durften, haben einen unersetzlichen Freund verloren. Mehr noch: alle Menschen haben einen Freund verloren, weil er allen, die Menschenantlitz tragen, Freund war. Ein Genie der Freundschaft in Freud und in Leid, das war Max Tau.

Max Tau ist am 19. Januar 1897 in Beuthen geboren, studierte in Hamburg, Berlin und Kiel Literaturgeschichte und Philosophie und wurde nach seinem Studium — nach einem kurzen Zwischenspiel bei dem Verleger und Buchhändler Friedrich Hintz in Trier — Cheflektor im Bruno-Cassirer-Verlag in Berlin. 1938 mußte er vor dem Rassenterror fliehen, zuerst von Berlin nach Norwegen, und 1942, als Hitlers Truppen Norwegen überfielen, von Oslo nach Schweden. 1946 kehrte Max Tau nach Norwegen zurück, das ihm zweite Heimat wurde. Von hier, von Oslo aus, wirkte er in die Welt. Er kam zwar gern — immer wieder — nach Deutschland, „der Heimatvertriebene als Gast", wo seine Freunde auf ihn warteten, auf das Gespräch mit ihm, gefangen von seinem gütigen Lächeln und von seiner Fähigkeit zu überzeugen und zu begeistern. Aber Norwegen war und blieb seine Heimat. Dies Land hatte ihm zweimal das Leben gerettet: als er als Emigrant kam und als er es als Emigrant verließ; hier hatte er seine Frau gefunden, eine liebenswerte geistesverwandte Frau, Tove Filseth, deren Bruder und Schwager Gestapoleute erschossen und die, frei von Haß, als Leiterin der Nansen-Hilfe viel Gutes für hungernde deutsche Kinder getan hat — auch sie ein Engel der Versöhnung wie einst ihre Landsmännin Elsa Brandström.

Max Tau war Jude oder — mit den Worten seines Vaters — „Deutscher jüdischen Glaubens". Zeitlebens war ihm sein Judesein Gut und Verpflichtung. Sein frommes, jüdisches Elternhaus hatte ihn gelehrt, daß wir alle Geschöpfe eines Gottes sind, und hatte ihm Toleranz und Achtung vor dem Menschen ins Herz gelegt. Von Kind an — in seiner Vaterstadt hatte er durch Anschauung gelernt, daß verschiedene Konfessionen und Volkstümer einander in tiefem Respekt begegnen und brüderlich miteinander leben können — wußte er um die Bedeutung der religiösen Haltung im Leben und um die Notwendigkeit der Versöhnung zwischen den Konfessionen, und unter die uralte Weisheit, die ihn sein Großvater gelehrt hatte, hatte er sein Leben gestellt: „Das gute Wort, das von Herzen kommt, bringt das Beste im Menschen zum Wachsen". Einen alttestamentlichen Propheten glaubt man zu hören bei den Worten, die ihm sein Vater auf den Lebensweg mitgab: „Nimmst du das Böse, das jeder Tag dir bringt, in dich hinein, verdorrst du; wenn du aber das Gute zu sehen dich bemühst, kannst du eines Tages blühen".

Max Tau war Oberschlesier und ist es Zeit seines Lebens geblieben: „ein oberschlesischer Norweger" oder — wie er manchmal im Freundeskreise scherzhaft sagte — „ein oberschlesischer Wikinger". „Eigentlich hat alles, wonach ich gestrebt habe, seinen Ursprung in Bildern des Lebens, die ich durch meine oberschlesische Heimat erfahren habe", bekannte er 1974 bei der Verleihung des oberschlesischen Kulturpreises.

Seinem Elternhaus und seinem Heimatlande, seinen Lehrern und seinen Freunden hat Max Tau in seinen autobiographischen Werken ein Denkmal gesetzt: „Mir war es vergönnt, in der Zeit des Unmenschen Menschlichkeit zu erleben. Darum will ich für das Gute zeugen, das meine Eltern, meine Erzieher, meine Freunde mir gaben", schrieb der durch Unmenschlichkeit vertriebene Emigrant in seinem Lebensbericht. Sprach Max Tau von Menschlichkeit, die ihm widerfuhr, so dachte er sicherlich auch an die drei Verleger, die ihm in den Berliner Jahren nach 1933 halfen und trotz aller persönlichen Gefahren zu ihm hielten: Paul von Bergen, Hans Otto Mayer, Walter Kahnert.

Die deutschsprachige Literatur hat Max Tau viel zu verdanken. Schriftsteller, die inzwischen internationalen Rang haben, hat Max Tau entdeckt und als Freund und Helfer gefördert: Hermann Stehr, dessen erste Gesamtausgabe er betreute, Josef Wiessalla, Walter Bauer, Marie-

Luise Kaschnitz, Gustav Regler, Wolfgang Koeppen und den Griechen
Nikos Kazantzakis. Seiner Kenntnis der skandinavischen Literatur
und seiner tiefen Liebe zu ihr verdanken wir Deutschen die Bekannt-
schaft mit Knut und Marie Hamsun, mit Sigrid Undset, mit Gabriel
Scott, mit Olav Dunn und mit Börn Björnson.

In Norwegen, als Emigrant, beriet Max Tau Verleger, die ihm
Freunde wurden, die ihm geholfen hatten, eine neue Heimat zu finden.
„Dank Max Tau", rühmte der norwegische Kultusminister Bondevik
1966, „haben wir Norweger die deutsche Kultur schon bald nach
dem Krieg wiederentdeckt". Auch Albert Schweitzer hat Max Tau
den Norwegern nahegebracht; dazu schreibt ein Mitglied des Nobel-
komitees: „Ohne Max Tau hätte es keinen Nobelpreis für Albert
Schweitzer gegeben... Albert Schweitzer war den Norwegern auch
nach dem Kriege ganz unbekannt. Daß sie ihn entdeckten, daß sie
sich mehr für ihn begeisterten als je für einen anderen Preisträger,
daß Albert Schweitzer fast über Nacht wahrhaft volkstümlich wurde,
das ist Max Taus alleiniges Verdienst". Und was Max Tau für die
Deutschen in Norwegen, das tat er für die Norweger in Deutschland
und in Europa. Die norwegische Staatsbürgerschaft erhielt Max Tau
für seine besonderen Verdienste um die Verbreitung norwegischer
Literatur — und dies mitten im Kriege (1944) — als besondere,
seltene Auszeichnung: „Keiner konnte ahnen, daß an diesem Tage
ein Mensch neu geboren, daß ihm das Recht auf das Leben aufs
neue geschenkt wurde".

In den wenigen Jahren von 1942 bis 1946, in denen ihn das
Schicksal nach Schweden verschlug, versuchte er, in diesem Lande den
Dichtern der Emigration in dem von ihm gegründeten deutschsprachi-
gen „Neuen Verlag" eine Heimatstätte zu schaffen. Er machte
Heinrich Mann in Schweden heimisch, und er förderte das Werk von
Nelly Sachs, der ersten Trägerin des nach ihr benannten Dortmunder
Literaturpreises, den auch Max Tau selbst später erhalten sollte, weil
dieser Preis mehr ist als einer der vielen anderen heutigen Literatur-
preise; denn mit ihm ehrt die Stadt Dortmund nur solche Persönlichkeiten, die für Toleranz und für Versöhnung unter den Völkern wirken.

Seine eigenen Bücher, zumeist autobiographische Bekenntnisse, stellte
Max Tau ganz in den Dienst seines Lebenszieles: die Herzen auf-
zuschließen für das Gute im anderen Menschen, für die Völker-
verständigung zu wirken und für das, was er Versöhnung nennt. Seine
eigenen Erlebnisse haben seine Bücher geprägt: „Das Land, das ich
verlassen mußte" (1961) und „Auf dem Weg zur Versöhnung" (1968).

Mit diesen Büchern hat Max Tau Brücken zwischen Menschen und
Völkern geschlagen über die Abgründe hinweg, die in unseliger Zeit
ein verbrecherisches Regime aufgerissen hatte. Der „Glaube an den
Menschen" erreichte uns in schwerster Nachkriegszeit, ein Zeichen
der Versöhnung nach verruchter Zeit. Trotz seines schweren Schicksals
— viele seiner Verwandten, seine herzensgute Mutter, seine Schwester,
viele seiner Freunde waren im Naziterror umgekommen — hatte
Max Tau den „Glauben an den Menschen" nicht verloren, nicht die
Hoffnung auf Versöhnung aufgegeben. Haß und Vergeltung kannte
er nicht. „Mit Haß kann man nicht aufbauen" — das war sein
immer wiederholtes Bekenntnis zu menschlicher Gesinnung und zu
weltoffener Brüderlichkeit.

Niemals hat Max Tau aufgehört, an den Menschen zu glauben.
Immer wieder — kaum schwiegen die Waffen — hat er seine Stimme
erhoben für die Aussöhnung zwischen den Menschen, zwischen seinen
beiden Vaterländern Norwegen und Deutschland, zwischen Juden und
Christen. In diesem Geiste gründete er die Internationale Friedens-
bücherei zusammen mit deutschen Verlegern; mit ihr wollte er dem
Friedensgedanken auf humanitärer Grundlage dienen. Dabei handelte
er ganz im Sinne seiner eigenen Worte: „Jeder von uns sollte danach
streben, etwas zu tun, was über ihn hinausweist. Der Humanist leidet
unter der Wirklichkeit und wird zum Rebellen gegen das Unmensch-
liche". So wurde Max Tau, wie sein Freund Paul Luchtenberg schreibt,
„durch Haltung und Leistung zum Wegweiser für Suchende in der
weiten Wüste dieser Zeit", „ein Lehrmeister der Versöhnung".

Max Taus Bücher lehren uns, was Mittelpunkt seines Denkens und
Handelns war: Versöhnung. Er war der beste Anwalt, den die Deutschen
in schwerer Nachkriegszeit in Norwegen haben konnten. Hatte er
schon als Emigrant vor dem Kriege, als Mitarbeiter und Lektor bei
dem Verleger Johan Gundt Tanum, deutsche Literatur in Norwegen
bekanntgemacht, so bemühte er sich nach dem Kriege um Begegnungen
zwischen Norwegern und Deutschen, die 1960 schließlich zur Gründung
der Norwegisch-deutschen Vereinigung, der „Norske-Tysk-Forening",
führten. Max Tau war der Motor dieses Freundeskreises, dem sein
Geist und sein Wille zur Versöhnung und zum Frieden Inhalt und
Richtung gaben. Unter den deutschen Schriftstellern und Dichtern,
denen Max Tau hier ein Forum schuf, war Heinrich Böll — noch
vor dem Nobelpreis — einer der ersten; ihm folgten Siegfried Lenz
und Max von der Grün.

Max Tau hat das Glück gehabt zu erleben, daß unzählige seiner
früheren Landsleute sein Leben und Werk anerkannten und ihm vor
allem auch für seine menschliche Haltung dankten. Die Anerkennungen
und Ehrenbezeugungen, die ihm in reichem Maße zuteil wurden,
hat er dankbar und glücklich angenommen, jedoch immer bescheiden,
ja, geradezu demütig — „dieser Ehrung muß ich mich verdient
machen", haben wir manches Mal von ihm gehört — und immer
von seinem Glück und von seiner Freude weitergebend gerade auch
an die, die Genugtuung darüber empfinden, daß ein solcher Mensch
wie Max Tau, ein einzelner, ein Idealist, wenn man so will, die Achtung
der Öffentlichkeit empfängt und genießt.

Den Friedenspreis des deutschen Buchhandels erhielt Max Tau als
erster — vor Albert Schweitzer und vor Martin Buber — schon 1950
und noch in Hamburg im Kreise Gleichgesinnter, die dem Anwalt
der Versöhnung und des Friedens ihren Dank sagen wollten. Kein
Geringerer als Adolf Grimme hielt ihm die Laudatio. Dem Friedenspreis
folgten 1957 die Eichendorff-Plakette, 1965 der schon erwähnte Nelly-
Sachs-Preis der Stadt Dortmund, 1966 der Literaturpreis der deutschen
Freimaurer, 1969 die Lippmann-Meckauer-Medaille des Wangener
Kreises, 1974 der Humanitas-Ring, im selben Jahre der Oberschlesische
Kulturpreis des Landes Nordrhein-Westfalen. Früher schon ehrten ihn
Kopenhagen mit dem Sonning-Preis, der nach dem Nobelpreis höchsten
Auszeichnung dieser Art, seine einstige Universität Kiel mit dem
Ehrenbürgerbrief und der Bundespräsident durch die Verleihung des
Großen Bundesverdienstkreuzes mit Stern.

Mit Max Tau ist ein liebenswerter gütiger Mensch von uns gegangen,
ein Genie der Freundschaft und des Brückenbauens. Sein Leben und
sein Wirken galten dem Frieden, der Toleranz, der Humanität und
der Versöhnung. Er war — mit den Worten seines Freundes Hans
Hellmut Kirst — „der wohl denkbar vorbehaltloseste Anwalt möglicher
Menschheit". Was er von dem Menschen als Humanisten sagte, hat
er gelebt: „Der Humanist stellt sein Leben unter ein überpersönliches
Gebot. Er kennt Vertrauen, Tapferkeit und fruchtbares Handeln. Dank
der Harmonie, die er in sich selbst erreicht, vermag er Vertrauen zu
schenken und Vertrauen zu empfangen. Er weiß, ohne Schmerz gibt
es keine Güte, und ohne den Mitmenschen ist ein sinnvolles Leben
nicht möglich. Stets versucht er, auch das Anderssein zu verstehen
und zu lieben". In diesen seinen eigenen Worten, die er bei der
Verleihung des Humanitas-Ringes 1974 in Bonn sprach, liegt der ganze
Max Tau, liegt sein Vermächtnis für uns. Die Franz Delitzsch-

Gesellschaft ist dankbar dafür, daß er 1973 die Wahl zu ihrem Ehrenmitglied annahm und sich durch sie auch mit dem Institutum Judaicum Delitzschianum verbinden ließ. Beide bleiben ihm über das Grab hinaus in tiefer Verehrung und Dankbarkeit verbunden.

III

BIBLIOGRAPHIE

BIBLIOGRAPHIE BERNHARD BRILLING

(FORTSETZUNG*))

1968-1978

NACHTRAG

41a. David Veit (1771-1814)
Kurzbiographie
A. Heppner: Jüdische Persönlichkeiten in und aus Breslau,
Breslau 1931, S. 45

237a. Alex Löwenstein aus Ibbenbüren zum 90. Geburtstag
Allgemeine v. 11.1.1963

258a. Oscar Bähr, Rabbiner in Prenzlau (1885-1942)
Bewährung im Untergang — Ein Gedenkbuch, herausgegeben
von E. G. Lowenthal, Stuttgart 1965, S. 20-21

ABKÜRZUNGSVERZEICHNIS

(Fortsetzung)

EJ	=	Encyclopaedia Judaica (16 Bde.), Jerusalem 1971(Bd. 2-16)-1972(Bd. 1)
Jahrbuch	=	Jahrbuch der Schlesischen Friedrich Wilhelms-Universität zu Breslau, Berlin-München
Studia Rosenthaliana	=	Studia Rosenthaliana, Amsterdam
Theokratia	=	Theokratia, Jahrbuch des Institutum Judaicum Delitzschianum (zu Münster), Leiden
Tradition und Erneuerung	=	Tradition und Erneuerung, Zeitschrift der Vereinigung für religiös-liberales Judentum in der Schweiz, St. Gallen
Udim	=	Zeitschrift der Rabbinerkonferenz in der Bundesrepublik Deutschland, Frankfurt/Main

*) Die Bibliographie für die Jahre 1928 bis 1967 und den Großteil des Jahres 1968 ist (mit den zu ihr erstellten Indizes) in *Theokratia, Jahrbuch des Institutum Judaicum Delitzschianum I, 1967-1969*, herausgegeben von K. H. RENGSTORF, Leiden 1970, auf S. 195-223 veröffentlicht worden. Da ihr die folgende Fortsetzung in den Abkürzungen — wie in allen Formalia — entspricht, ist es hier lediglich nötig, die neu hinzukommenden Abbreviaturen zusammenzustellen. Der Fortsetzung ist ein Nachtrag zum ersten Teil der Bibliographie vorangestellt.

BIBLIOGRAPHIE

1968

(Fortsetzung)

284. Das erste Gedicht auf einen deutschen Rabbiner (Jonathan Eibenschütz in Altona) im Jahre 1752
Bulletin des LBI, Nr. 41, S. 38-47

285. Zur Geschichte der Juden in Oesterreichisch-Schlesien 1640-1737
Judaica Bohemiae, Prag, IV, S. 101-118

1969

286. Der Hamburger Rabbinerstreit im 18. Jahrhundert
Zeitschrift des Vereins für Hamburgische Geschichte LV, S. 219-244

287. Archivgut und Dokumentation der Judenverfolgung unter besonderer Berücksichtigung von Nordrhein-Westfalen
Archivar XXII, Sp. 157-168

288. Zur Geschichte des jüdischen Goldschmiedegewerbes in Mähren (1550-1800)
ZGJ VI, S. 137-146

289. Aus Breslauer Archiven II: Zur Geschichte der zweiten Brüdergesellschaft
MVBI, Nr. 26

290. Nachruf auf Dr. Jacob Jacobson (letzter Leiter des Gesamtarchivs der deutschen Juden)
Archivar XXII, Sp. 234-236

291. Der Begriff „Erlerntes Handwerk" in den Prager Judenprivilegien von 1627 und 1648
Judaica Bohemiae, Prag, V, S. 140-143

292. Die Berliner Juden der Emanzipationszeit
Rez. des Buches von J. Jacobson: Jüdische Trauungen in Berlin 1759-1813
MB v. 10.1.1969; s. auch Archivalische Zeitschrift 65, S. 239-240

293. Zur Geschichte der Juden in Lübeck und Moisling (Bemerkungen zu D. A. Winter: Geschichte der jüdischen Gemeinde in Moisling/Lübeck)
Zeitschrift des Vereins für Lübeckische Geschichte und Altertumskunde, Bd. 49, S. 139-145

1970

294. **Bibliographie Bernhard Brilling, 1928-1968**
Bibliographie der von B. Brilling in den Jahren 1928 bis 1968 veröffentlichten (283) Arbeiten und Artikel (mit Orts-, Namen- und Sachregister)
Theokratia I, S. 195-223

295. **Das jüdische Goldschmiedegewerbe in Berlin 1700-1900**
Der Bär von Berlin, Jahrbuch des Vereins für die Geschichte Berlins, 19. Folge, S. 106-138

296. **Aus der rabbinischen Tätigkeit des Jonathan Eibenschütz**
betr. Fredericia, Kiel und Rendsburg
Udim I, S. 27-32

297. **Regesten zur Geschichte der Juden in Breslau vom 16. bis 18. Jahrhundert (1555-1749) aus dem Stadtarchiv Breslau**
Hamburger mittel- und ostdeutsche Forschungen, Hamburg, VII, S. 129-152

298. **Mittelalterliche jüdische Grabsteine aus Schlesien (Breslau-Brieg)**
Breslau: 1343; Brieg: 1348
Theokratia I, S. 88-96

299. **Friedrich der Große und der Waad Arba Arazoth (Organisation der polnischen Judenschaft). Ein Kapitel aus der Geschichte der Juden in Breslau im 18. Jahrhundert**
Theokratia I, S. 97-143

300. **Verschwundene jüdische Gemeinden: Massow in Pommern**
Allgemeine v. 17.7.1970

301. **Zur Geschichte der Juden in Ost- und Westpreussen**
Rez. der Bücher von H. J. Krüger über Königsberg und M. Aschkewitz über Westpreussen
Zeitschrift für Ostforschung, Marburg, XIX, S. 102-105

302. **Dr. Simon Fränkel aus Zülz OS — Der erste jüdische Arzt in Jerusalem im 19. Jahrhundert**
MVBI, Nr. 28

303. **Zur Geschichte der Juden in Baden**
Rez. der Bücher von L. Kahn über Juden in Müllheim und Sulzburg
Allgemeine v. 23.1.1970

304. **Streit um die deutsche Beschriftung jüdischer Grabsteine**
betr. hauptsächlich jüdische Gemeinden in Ostdeutschland
Tradition und Erneuerung, Nr. 29, S. 524-527

305. **Der Name Maram (Marum). Zur Geschichte der Familien Guggenheim, Weil und anderer Nachkommen des Meir von Rothenburg**

Forschung am Judentum, Festschrift zum 60. Geburtstag von
Rabbiner Dr. Lothar Rothschild, Bern 1970, S. 99-125

306. Besprechung zweier Bücher (von K. Kühling und Z. Asaria)
über Juden in Osnabrück
Osnabrücker Mitteilungen 77, S. 288-289

1971

307. Geschichte der Juden in Breslau 1702-1725
Jahrbuch XVI, S. 88-126

308. Die Privilegien der hebräischen Buchdruckereien zu Altona
(1726-1836)
Studies IX, S. 153-166

309. Das Erdbeben von Safed im Jahre 1759 (neue Dokumente über
die Spendenaktion für die Erdbebengeschädigten von Safed in
Deutschland und speziell in Hessen aus dem Staatsarchiv Marburg)
ZGJ VIII, S. 35-50

310. Artikel über die jüdischen Gemeinden Schleswig-Holsteins und
der Hansestädte 1926-1938
Eine bibliographische Zusammenstellung der im „Israelitischen Kalender für
Schleswig-Holstein'' (1926-1929) bzw. im „Jahrbuch für die jüdischen Gemeinden
Schleswig-Holsteins und der Hansestädte'' (1930-1938) erschienenen Artikel
betreffs der dortigen jüdischen Gemeinden
Kritische Solidarität – Betrachtungen zum deutsch-jüdischen
Selbstverständnis, Festschrift für Max Plaut zum 70. Geburtstag
(17.10.1971), Bremen 1971, S. 209-228

311. Zur Geschichte des Rabbinats in Rendsburg (Schleswig-Holstein).
Nachwirkungen des Emden-Eibenschütz-Streites (1771)
Udim II, S. 7-13

312. Zur Geschichte des Landrabbinats von Kurhessen (1843)
Tradition und Erneuerung, Nr. 32, S. 19-22

313. Moses Lissa in Amsterdam (= Moses Karo aus Lissa)
Studia Rosenthaliana IV, S. 103-105

314. Rabbiner Dr. S. Neufeld zum 80. Geburtstag (15.6.1971)
Allgemeine v. 11.6.1971

315. Baden (Land)
EJ 4, Sp. 59-61

316. Breslau
EJ 4, Sp. 1353-1356

317. Goerlitz
     EJ 7, Sp. 689
318. Homburg (Bad Homburg)
     EJ 8, Sp. 942-943
319. Minden
     EJ 12, Sp. 4
320. Muenster
     EJ 12, Sp. 504-505
321. Paderborn
     EJ 13, Sp. 6-7
322. Silesia (Schlesien)
     EJ 14, Sp. 1536-1538
323. Soest
     EJ 15, Sp. 74-75
324. Stettin (Szczecin)
     EJ 15, Sp. 399-400
325. Warendorf
     EJ 16, Sp. 302

1972

326. Die schlesische Judenheit im Jahre 1737
     Jahrbuch XVII, S. 43-66
327. Die jüdischen Gemeinden Mittelschlesiens, Entstehung und Ge-
     schichte (= Studia Delitzschiana Bd. 14), Stuttgart 1972
328. Beiträge zur Biographie des letzten Landrabbiners von Münster,
     Abraham Sutro (1784-1869), I. Leben und Tätigkeit bis zum
     Jahre 1816
     Udim III, S. 31-64
329. Zwei Briefe von R. Jonathan Eibenschütz in Altona an die
     jüdische Gemeinde in Rotterdam (1754)
     Studia Rosenthaliana VI, S. 204-214.
330. Die Intervention des Kurfürsten und Erzbischofs von Köln
     zugunsten der Prager und böhmischen Juden im Jahre 1745
     Annalen des Historischen Vereins für den Niederrhein, Düs-
     seldorf, 1972, S. 122-137
331. Besprechung des Buches von O. Schochow: Deutsch-jüdische
     Geschichtswissenschaft
     Archivar XXV, Sp. 221

332. Besprechung des Buches von M. M. Sinasohn: Die Berliner Privatsynagogen und ihre Rabbiner 1671-1971
Jüdischer Pressedienst, Informationen des Zentralrats der Juden in Deutschland, Düsseldorf, Nr. 6-7, S. 12

1973

333. Ein Kapitel aus dem Kampf der preußischen Juden um ihre Gleichberechtigung. Der Fall des Feldmessers und Bauführers Baruch Sutro in Münster (1853)
Theokratia II, S. 273-306

334. Zur Geschichte der Juden in Warburg (1786-1812)
ZGJ X, S. 49-72

335. Die Entstehung der jüdischen Gemeinde in Emden (1570-1613)
Westfalen 51, S. 210-224

336. Abraham Sutro: Ein Beitrag zum Leben und Wirken des letzten münsterschen Landrabbiners (1784-1869)
Westfälische Zeitschrift 123, S. 51-64

337. Das Archiv der Breslauer jüdischen Gemeinde (Geschichte und Bestände)
Jahrbuch XVIII, S. 258-284

338. Die Beziehungen der schlesischen Juden zu Erez Israel I
MVBI, Nr. 34

339. Geschichte der Juden in Weidenau (Oesterreichisch-Schlesien)
ZGJ X, S. 155-161

1974

340. Briefe des Königlich Westfälischen Konsistoriums der Israeliten in Kassel an die Rabbiner Abraham Sutro und Marcus Baer Adler (1809-1812)
Udim IV, S. 39-57

341. Jüdische Goldschmiede, Kupfer- und Petschierstecher in Ostpreussen. (Ein Beitrag zur Geschichte der Juden in Ostpreussen im 18. und 19. Jahrhundert.)
Jahrbuch für die Geschichte Mittel- und Ostdeutschlands, Berlin, 23. Bd., S. 113-160

342. Der erste jüdische Goldschmied in Schleswig-Holstein
betr. I. M. Herz in Schleswig, 1. Hälfte des 19. Jahrhunderts
Katalog: Jüdischer Alltag – Jüdischer Festtag, Lübeck 1974, S. 33-40

1975

343. Das jüdische Schulwesen in Westfalen im 19. Jahrhundert. Ein Kapitel aus dem Kampf um die Gleichberechtigung der jüdischen Religion
Udim V, S. 11-45

344. Zur Geschichte der Juden in Proskau OS
MVBI, Nr. 38

345. Veröffentlichungen zum Archivwesen in Israel (Besprechung)
Archivar XXIX, Sp. 228-229

1976

346. Zur Geschichte der hebräischen Buchdruckereien in Altona:
1. Zur Vorgeschichte des Druckereiprivilegs von Jacob Emden (1743)
Studies XI, S. 41-56

347. Über die Anfänge des Zionismus in Breslau (1897)
MVBI, Nr. 40

348. Zur Erinnerung an die Synagoge von Rheda (Westfalen)
Allgemeine v. 24./31.12.1976

349. Zur Geschichte der Juden in Nottuln (bei Münster)
Nottulner Weihnachtsmarkt, herausgegeben vom Männer-Gesangverein Nottuln 1860, Weihnachten 1976 (auch Sonderdruck)

350. Zur Geschichte des Rabbinats von Paderborn (1809-1869),
1. Kapitel (1809-1826)
Udim VI, S. 19-32

1977

351. Vier Generationen Pinkus aus Oberschlesien (Neustadt OS)
Aufbau, New York, 22.4.1977

352. Zur Erinnerung an Hans H. Pinkus (1894-1977)
MVBI, Nr. 41

353. Familie Joachimssohn (Breslau)
MVBI, Nr. 42
Der Name des Verfassers ist versehentlich ausgelassen.

354. Besprechung von Holger Lemmermann: Geschichte der Juden im alten Amt Meppen bis zur Emanzipation (1848), Meppen 1975.
Osnabrücker Mitteilungen 83, S. 266-268.

1978

355. Das Judentum in der Provinz Westfalen 1815-1945
Kirchen und Religionsgemeinschaften in der Provinz Westfalen
= Beiträge zur Geschichte der Preußischen Provinz Westfalen
Bd. 2 (Veröffentlichungen der Hist. Kommission für Westfalen
XXXVIII) S. 105-143. Münster 1978.

356. Die ersten Beamten der Breslauer jüdischen Gemeinde zur
preußischen Zeit
MVBI, Nr. 43.